Chinese Cultural History

中國文化史

高明士 ◎主編

張崑將　陳俊強　顏尚文　張嘉鳳　劉馨珺 ◎編著

編輯大意

一、本書的編輯目標是以兼顧多元、完整的介紹中國文化史，並提高學生學習興趣、擴大閱讀意願及層面為目標。

二、本書分為六個章節，係以歷史發生的時間先後、當時所形成的影響重點來畫分。

三、每個章節最前面都有一篇導言，以介紹該章的內容大要，引領學生能順利進入課文內容，進而了解而不致發生學習障礙。

四、本書可供大學院校、技術學院等相關課程領域之用。

五、本書全本採雙套色、圖文搭配的編製，期以圖片與文字的相輔相成，提供學生學習閱讀時還原歷史原貌，以加深、加廣其對課文的了解與吸收。

六、本書如有疏漏之處，尚請任課老師、學界各位先進不吝惠予指正，以作為本書修正之參考。

目　錄

圖　表　目　錄

第六章

第一章
漢字、漢文

第一節　導言

　　世界上幾種最古老的文字，都是在近代被發現，並經過專家們的研究，才逐漸揭開它們的神祕面紗。兩河流域蘇美人創造的楔形文字，產生於五千五百年前，在二千三百年前就已經消失了，一直到十九世紀才被發現和解讀出來。與此相似是五千多年前古埃及的聖書字，也被人們遺忘了一千多年，在一七九九年埃及被發掘，到十九世紀初才被解讀出來。中國商代晚期的甲骨文，也在地底埋藏了三千多年，到了一八九九年才被發現，經過長達近百年的研究，大部分甲骨文字才被解讀出來。

　　中國文字是上述世界最古老的三種象形文字中，僅存至今被使用的表意文字。但中國文字起源的確切年代和起源時的社會狀況，至今仍是很模糊，倉頡造字也甚為可疑，我們可以把他當作是古代一個善於書寫，並能統整歸納文字，使之成為系統的人。漢字字形的演變，經由考古的結果得知，在甲骨文之前有陶文，就是刻畫在陶片上，被發現在商代的小屯地區廢墟中；其次是殷商時代的甲骨文，進而是兩周時代的金文，即刻在宗廟祭祀青銅器上的文字；秦則是通行小篆，隸書在漢代通行，到了魏晉時期流行，唐朝盛行楷書，之後還有簡體與俗體的演變（圖1-1）。

　　古代幼童學習漢字時，先教以六種造字方法——「六書」，六書中的象形、指事、會意都和圖畫有密切的關係，本是表意的造字功能；形聲相當於表意與表音結合；轉注有同部首互為解釋的功能；假借具有造表音文

字的功能。漢字由於獨體方正，又是表意文字，形成其他表音文字所沒有的特色。例如漢字具有以文字控制語言的功能與特色，而不是由拼音來控制語言，又都屬單音節，古代人語言雖然不通，但文字相通，即使現代人也可以看懂古書。另外，漢字方塊化的藝術感，由於字形上與各字間的布局，變化多端，加上聲韻的平仄相對，把中國文字形體之美，在藝術上發揮到極致。再如漢字的單音節語與四聲變化，創造了中國文學的獨特性，這都是多音節的表音文字無法做到的。

甲骨文	金文	小篆	隸書	楷書

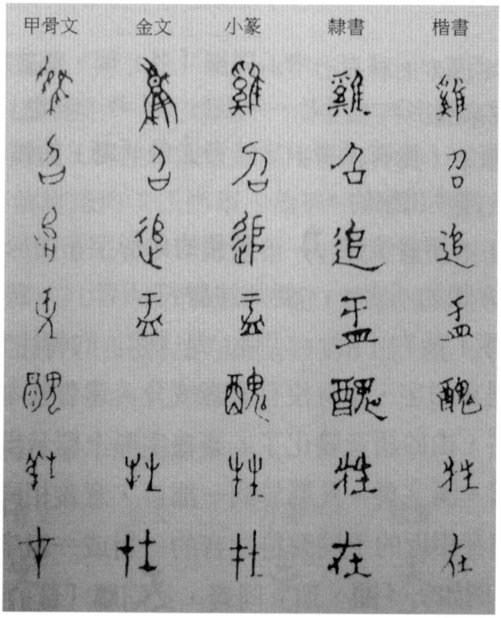

圖 1-1　古代各字體對照表

而漢字的一字多義與一字多音的豐富變化性亦非表音文字可比。

　　中國文字發展到成熟階段，固定的學習教法及童蒙教材也陸續出現，並且傳播到東亞國家，使得漢字成為近代以前在東亞通行的主要文字。漢字的發展到了戰國時代，六書的運用幾近完備，秦始皇一統天下後，進而統一天下的文字，當時就以蒙學書籍的編撰視為統一文字的必要手段，諸如李斯的《倉頡篇》、趙高的《爰歷篇》、胡母敬的《博學篇》等，雖然這類字書都已不見，但李斯和趙高都是秦朝的宰相，他們親自主持制定識字的用書，這些有關文字演變的蒙學書籍對漢字的統一和規範化具有積極的意義，加快了文字統一的步伐，並使秦通用的小篆成為標準通用於當時的漢字書寫體。到了漢代，蒙學書籍更不少，所知的就有司馬相如的《凡將篇》、史游的《急就篇》、李長的《元尚篇》，以後歷代有各類兒童的啟蒙書，作為識字教育的教材與學習基礎。其次，漢字教育需先由字形、字音去認識字體，進而研讀漢文，精熟後才能進一步講求意義。對吸收漢文化的東亞鄰近國家而言，由於漢音與字書都是外來者，對小學類的

漢字基礎教育自然高於漢人，故漢字可以說是作為東亞世界成立的首項要素，形成了「漢字文化圈」。

其次，中國漢字的推廣，隨著戰爭的接觸，以及靠著官方文書往還或是民間貿易往來，也在周邊的東亞國家中發酵，成為十九世紀中葉以前東亞世界通用的文書。不過，由於近代中國受到西方帝國主義的侵略，漢字在東亞的鞏固地位也漸漸動搖。在中國，漢字被當作是古代封建社會的產物，中國共產黨一度要以純粹拼音文字來取代它；朝鮮則在十九世紀末期正式通用「諺文」的國書，不再使用漢字作為官方公文；日本則從明治維新後，努力學習西方文明，一度也有廢除漢字的主張；越南則在十九世紀下半葉成為法國殖民地後，用羅馬字拼音的越南文使用者愈來愈多，於是在一九四五年獨立後經改良而成為官定文書。但是隨著近十年來中國經濟的大幅成長，東亞國家學習漢字的人口漸多，漢字在東亞世界邁入嶄新的階段。

另外，漢字文化的展開，必須要透過教育上的作用。中國教育史上大致可區分為官學與私學，從孔子私學到兩漢的官學及廟學制度，再到宋代書院的興起，這些書院與廟學制度也發展到東亞諸國，形成東亞教育圈的共同特色。春秋以前的教育，是政教合一，官師不分，能為人師者，本身附帶有化民成俗的象徵，因此是政治與教育不分的時期，「治統」的本身就是「道統」。到了孔子倡導有教無類的私學精神，確立道統，言必稱堯舜，開列禹、湯、文、武、周公等人物為聖王，強調「士」應以宣揚聖王道統，自任天下之重的求道精神，使教育獨立政治領域之外，奠立了儒學的教育精神，指導兩千年來中國知識份子安身立命的教育精神。儒學雖然歷經漢代獨尊，同時也是讓儒學道統從屬治統的階段。漢武帝設立的「太學」制度，即是十足的政治官位，以「養士」教育為主要目的。魏晉南北朝，政治分裂，為了爭治統的合法性，正式發展出所謂的「廟學」制，最初是在四世紀末的東晉孝武帝期間，教育領域中同時擁有祭祀空間與教育空間，道統有漸漸獨立治統之外的趨勢。到了唐太宗時代，更推廣「廟學」制到全國各地，以後歷代成為定制。官方與民間書院也從唐代日漸興盛，終於成為宋元明的教育主幹，「成聖成賢」的教育目的取代了「養

士」的教育目的，不僅孔子的私學精神在宋代以後得到繼承與發揚，而且「廟學」與「書院」更成為東亞韓、日、越共同的教育型態。

第二節　中國文字的起源與變遷

　　世界古文明對於文字的起源，都有它的神話傳說，所以文字的發明被當作是一項具有神聖性的創作之舉，例如埃及人稱文字的意思是「神的語言」；希伯來人稱摩西是文字的創造者；在中國，傳說倉頡造字，根據漢代《淮南子‧本經訓》所說：「昔倉頡作書，天雨粟，鬼夜哭。」也是相當傳神，至今中國大陸還有粟縣存在。總之，文字的發明在古代被看作一種神聖的現象，因為有了文字，人類的溝通便跨出了只靠面對面口耳相傳的方式，可以將語言更具體地記載下來流傳更為久遠，以後逐漸發展為歷史、文學，成為書寫以及學習語言的基礎。

■ 漢字的發明

　　在中國有關漢字起源的說法，有說起源包羲氏所作八卦的符號；有說神農氏的結繩而治；有說倉頡造字，不一而足。另外，漢字起源是單元或多元，歷史學家也沒有定論，但是漢字系統（指具有六書的完整形式）的形成，至少可上溯兩千年前。根據東漢許慎《說文解字‧序》中對漢字起源的解釋：「倉頡之初作書，蓋依類象形，故謂之文。」又說：「文者，物象之本。」所以「文」就是按照各種不同種類的事物形狀，依樣描寫出來的記號。

　　古代文字是否由倉頡所造，古今學者都有所疑惑，如宋代人羅泌《路史發揮》中就指出倉頡不是中國歷史上第一個造字的人。今日從陸續出土的陶文、甲骨文與金文等來看，比較折衷的看法是，文字既起源圖畫，應該是出於眾人之手，不成於一時，亦不出於一地，是一種自然演進的趨勢，並非某一人的創造之功。因此，所謂倉頡造字，寧可把他當作是一個

善於書寫的人，並能統整歸納文字，使之成為系統，如《荀子・解蔽》篇就說古代有許多喜歡書寫的人，而倉頡獨得其傳，故能統整歸納當時的文字。這樣一來，這些像倉頡一樣喜歡寫字表達語言的書法家，從看到各種鳥獸蟲魚的痕跡，為辨別它們之間的差異，想出利用圖畫線條的各種組合，來代表不同語言寫成的文字。換言之，文字的發明，一開始是根據具體的自然形象而造出，就是所謂的「象形文字」。

　　我們從世界最古老的三種象形文字的發展來看中國象形文字的特色。首先是五千五百年前兩河流域蘇美人創造的楔形文字（cuneiform），它是寫在泥版，所以也叫作泥版書；第二個是五千多年前尼羅河流域古埃及人創造的聖書字，寫於紙沙草紙；第三個就是中國四千年前的陶片以及三千三百年前殷商時期的甲骨文字，寫於陶片上的叫作「陶文」，寫於獸甲龜骨上的叫作甲骨文。以上古老的文字都由象形文字發展而來，以後都發展成表意文字。隨著歷史的演變，兩河流域的楔形字和古埃及的聖書字都已在歷史的風塵中湮滅。三種最古老的文字，僅存中國甲骨文字所演變成為現代的漢字，它一直保持著表意的形式，也是世界上唯一使用至今的表意文字。

　　中國甲骨文最初被發現於清光緒二十五年（1899），但普遍引起學者的注意與研究，則是民國以後的事。甲骨文文字形體多不固定，表示當時文字還在草創階段。甲骨文是屬於商代盤庚遷殷至帝紂亡國二百七十三年間的文字，時代最早約為西元前一三八四年，這並不意味中國文字的發明遠比埃及落後，因為文字脫胎於象形的圖畫文字，而甲骨文已非只有象形文字，它還有屬於「意形」，是「寫」的，不是「畫」的，並有大量的轉注字和形聲字，這都需要經過漫長歲月的孕育。

二 漢字的演變

　　漢字係由「形」、「音」、「義」三個質素所構成。過去稱一切有關文字「形」、「音」、「義」的學問為「小學」，民國以來改稱小學為「文字學」。漢字的造字方法有所謂的「六書」，就是六種造字方法，是漢代

學者從研究分析小篆（秦統一時流行）結構方法時總結出一種文字理論，雖然還有一些未統一的說法，一般是以班固《漢書・藝文志》中的六書為據，即是象形、象事、象意、象聲、轉注、假借，東漢許慎《說文解字》也分象形、指事、會意、形聲、假借、轉注等六種造字法。但是，嚴格說來，其中象形、指事、會意、形聲四項是造字的原理，稱為「造字法」，而轉注、假借兩項是使用的方法，稱為「用字法」，因轉注只是同部首互訓，假借則可以說是具有造表音文字的功能，都是在既有字源的基礎上運用方法。

　　漢字是起源於圖畫，故象形、指事、會意都和圖畫有著密切的關係，所以圖畫在前，而有標音成分的形聲字則在象形的基礎上發展起來。由於漢字是屬於表意體系的文字，造字之初，漢字的形體一般都能說明它所表示的意義，所以其字形和字義有著密切的關係，而表形、表音、表意是製造文字的三個基本法。漢字的六書造字法，象形相當是表形（如日、月）；指事相當是符號的約定（如上、下），用「指點」的方法表示出來，意義不難領悟。會意相當是表意（如武、信），意思是由幾個形體聯合起來表示，要人「想一想」，就能體會出意義，如「武」是「止」、「戈」二字形體結合，取其停止干戈之意；假借相當是表音（如莫、騙），原先沒有這個字，就向別處借個意義相關或聲音相近的字來用，用久了也就成為習慣了，而脫離了原意。如「莫」原是「暮」字的會意字「 茻 」，表示日在草莽中，以示太陽下山，借此字來表示否定副詞的「莫」。轉注相當是表音與表意的結合（如考、老），一般認為是指形似、音近、義同的一組字彼此互相解釋、轉相注解的意思，如「考」、「老」兩字同在「老」部，讀音相近，意義相通。「考」字的解釋是「老」；「老」字的解釋是「考」。再如「丁」字原指「頭頂」，後來被借去用作「等第」，於是另外造一個「頂」字來代替「丁」的原意，「頂」就是「丁」的轉注字。形聲相當是表意與表音之結合（即假借字上加上形符，如江、河），其意義和它的形旁有關，如江、河一見即知其形旁與水有關，再配合「工」、「可」的音，而讀成「江」、「河」。

　　至於漢字字形的演變歷史，我們必須要有一個概念，它是由許多學者

經過長期的研究與修正，最後才定型。因此我們不能斷定何種文字僅在古代的哪一個特定朝代存在。中國小屯地區發現商代的廢墟中，挖掘出一些甲骨文，以及一批陶片，其中陶片上面刻畫文字計 104 字。它們的結構，和甲骨文幾乎全同，大都是象形文字，這可以說是中國最早具有雛形的文字。甲骨文在商末周初使用近三百年，它既是漢字創始階段的尾聲，又是成熟階段的序曲。換言之，漢字發展到殷商晚期，字體結構已基本定型，尚未完全定型，已形成體系；尚不完備，已趨成熟。之後，文字的發展邁入兩周的金文。所謂金文，是指刻在鐘、鼎、宗廟祭器等青銅器上的文字。從金文的觀察看來，當時還沒有一個統一的標準文字。不過，甲骨文和兩周金文已有明顯的不同，甲骨文大都是表音，尚在表形過渡到表音的階段，兩周金文已有兼具表意與表音功能的假借字出現，為以後大量形聲字的出現奠基，轉注才有可能發展。

　　漢字要發展到比較具有規模統一的階段，起始秦相李斯等，以小篆統一文字，這就是秦始皇的「書同文」政策。但在實施「書同文」政策的同時，也是古文字的一種破壞。尤其秦始皇焚書的緣故，許多用古文字所寫的經籍被焚燒殆盡，僅存一些民間的私家珍藏。漢代初年，惠帝特設「寫書之官」，並開有獻書之路、建藏書之策，古文字才稍被保留與研究。今存漢代教人認字的字書，有司馬相如的《凡將篇》、史游的《急就篇》、李長的《元尚篇》，根據東漢許慎《說文解字》的統計，篆文加上古籀文（又稱大篆），共 9,353 字，重複者 1,163 字。由此可見，在秦始皇時代通行小篆之前，還有更早的古籀文，可說是小篆的前身。

　　秦通行小篆，是一統帝國必要的措施。即使小篆成為秦朝統一的文字，隸書已經開始廣泛通行於朝野，所以漢代興起之後，隸書取代小篆。不過，隸書和小篆仍是當時通行的文字，由此可以把具有文字統一象徵之始的小篆，當作「近古文字」，先秦之前的陶文、甲骨文、兩周金文當作是「古文字」，至於隸書為「近代文字」的開路先鋒，並且是透過秦漢統一而日漸定型。

　　但是，文字的最大功能在於實用，小篆筆畫還是很多，變化亦多，使用起來，較為不便，因此需要更為簡化的文字。漢代隸書到了唐代，成為

書法家所好，更有顏師古、杜延業、顏元孫等倡導「字樣」運動，才有「楷書」，從此沿習不廢。以後漢字是以楷書為主流，又有草書、簡體與俗體通行於世。簡而言之，漢字字形的演變依序如下：陶文、甲骨文（殷商）、金文（兩周）、小篆（秦通行）、隸書（秦已有之，漢通行，魏晉流行）、楷書（唐）、簡體、俗體，今日通行的是唐朝以後的楷書與俗體。

三 漢字的特色

(一)以文字控制語言

　　語言先於文字，文字本來是為語言而造，語言便是文字的音義；離開音義，所謂文字不復存在。中國文字的特點是標字而不標音，但形聲發明以後，中國文字裡聲的部門亦占著重要地位，由此遂使「文字」和「語言」常保持著若即若離的關係，譬如「虎」，有些地方叫作「於菟」，但因「虎」字通行，「於菟」的方言便取消了。因此，中國人是憑藉著文字而使全國語言不致分離而日趨統一。所以，漢字是一種「文字的組合」，不是如西方英語的「語言的組合」。在英語的字首或字根都是屬於語言的組合，並非個別文字之組合，如mal-（惡劣）、re-（再次）、de-（分離）、post-（在後），分別在其後配加 treat、mind、code、war，成為 maltreat（虐待）、remind（回憶）、decode（解碼）、postwar（戰後的），這種由語言的音節組合與中國文字靠由單音、獨體的複合詞組合不同，例如中文本沒有「電腦」、「火車」，是以「電」加上「腦」，「火」加上「車」的複合詞之組合形式，來表達英文意義的 computer、train，這就是典型的由文字來控制語言，與西方由拼音來控制語言情形不同，西方從拉丁文發展以來就是屬於聽覺符號，中文則是一種視覺符號。所以英語結構是用多音節來創造更多的語詞，中文則不由音節創造出語詞，而是由簡單的象形文字來控制語言，限制各文字都屬於單音節。因此，中文這樣以文字控制語言，讓語、文分離，非由拼音來掌控文字，縱然幾千年後的人，方言差別無論如何懸殊，今人照樣可以讀古書，非如拉丁文在文藝復興的方言化

後，幾被架空死亡。總之，雖然文字必須與語言結合，但結合之後，而仍獨立於語言之外的，只有漢字可以如此。其他的標音文字，文字被沒入語言裡，故文字沒有獨立的意義。

㈡方塊化的藝術

　　漢字產生以後，以漢字為本體產生了許多漢民族特有的文化現象，因為漢字結體方正，字距同等，筆畫均勻，看起來整齊美觀，再加上透過富彈性的毛筆作為書寫工具，產生了充滿文字線條之美的書法藝術；又中國繪畫傳統中，強調用筆方面的技巧，與書法藝術息息相關。其次，由文字線條之美產生的篆刻藝術，在字形上與各字間的布局，變化多端，把中國文字形體之美發揮到了極致。另外，由文字聲韻的平仄相對形成的對聯與迴文詩等，因其字體方正，字數相同，展現外觀上不僅有整齊之美，聲韻上亦抑揚頓挫之和諧感。如王融的這首迴文詩「斜峰繞徑曲，聳石帶山連。花餘拂戲鳥，樹密隱鳴蟬。」也可倒過來讀為「蟬鳴隱密樹，鳥戲拂餘花。連山帶石聳，曲徑繞峰斜。」除此之外，還有許多有趣的字謎和隱語，都是依託漢字的結構而構成。如《水滸傳》第三十六回說京師童謠有：「耗國因家木，刀兵點水工」，隱含「宋江」二字。又如漢字的形體產生了一些詞語，如「八字鬍」、「丁字尺」、「十字路口」等都是根據形體造出的辭彙。還有世界獨一無二的猜燈謎，其基礎就是文字遊戲，例如「麻屋子，紅帳子，裡面睡個白胖子」，猜一果品，謎底是「花生」。

㈢單音節語與四聲變化之文學性

　　外國人學漢字最困擾的即是平上去入四聲的變化，由於漢語有聲調，才有平仄四聲的變化；由於漢字的單音節性，才能產生雙聲、疊韻、疊字等音律上的技巧；也由於漢語是單音節語，同韻的字很多，才可以靈活地押韻，不致有詞彙缺乏之虞；更由於中文一字一音，而且結體方正，才能有對仗、句式整齊等形式之美。故文有四六，詩有律體，其他如各種應用的楹聯，遊戲的詩鐘，也無不是對偶的體製，即使日常用的成語，如「打草驚蛇」、「瞠目結舌」、「只可智取，不可力敵」、「往者不可諫，來

者猶可追」等，或可四字，或可五字，都以對偶的形式，成為中國文學修
辭的特性。

　　中文不但單音、詞彙可對，句子也可對；不但字義可兩兩相對，聲音
也可平仄相對，如柳中庸的〈征人怨〉詩句：「歲歲金河復玉關，朝朝馬
策與刀環；三春白雪歸清塚，萬里黃河繞黑山。」因為字體方正，字數相
同，便產生整齊之美；又因為聲音相對，就有抑揚頓挫之美，如「抽刀斷
水水更流，舉杯銷愁愁更愁」；再如字音的疊字運用，如李清照的〈聲聲
慢〉：「尋尋、覓覓、冷冷、清清、悽悽、慘慘、戚戚」，連用七組疊字，
不用多作解釋，藉著聲音的傳遞，其淒冷悲戚之感，自然流露無疑。以上
都是多音節的標音文字所無法做到的。

㈣一字多義與一字多音

　　漢字的造字皆由其本意，再引申、假借成為其他意思，因此一字多義
的現象十分突出。例如「之乎也者」的「之」字，古書中觸目皆是，論其
本義，當是前往的意思，如《孟子・滕文公上》說：「滕文公為世子，將
之楚，過宋而見孟子。」但古書中用「之」的本義者畢竟少數，大量的
「之」字用為結構助詞、代名詞、指示形容詞，還可作語助詞，置於句首
或句末，並無具體的意義，必須分辨清楚。故同樣一個漢字，用在不同的
語言環境裡，它的意思就不同了。如「明」這個字，至少就有七種解釋：
⑴明亮；⑵明白、清楚；⑶公開；⑷眼力好；⑸心地光明；⑹視覺；⑺懂
得、了解。如果用在比較具體的句子裡，意思也不同，例如：「他是個明
白人，不用多說就知道。」這裡的「明」指聰明或懂道理。但像「聽了報
告，他心裡明朗了。」這裡的「明」則是指明顯、清晰。

　　漢字除了一字多義以外，還有一字多音，如「不」字的古音就有「ㄅ
ㄨ」（名詞用）、「ㄅㄨˊ」（否定副詞）、「ㄅㄨˋ」（否定副詞）、
「ㄈㄡ」（未定副詞）、「ㄈㄨ」（名詞）等音，「ㄅㄨˊ」、「ㄅㄨˋ」
同屬否定副詞，念法不同有陽平和去聲的分別，連用在去聲字之前讀陽
平，如「不必」；連用在陰平、陽平或上聲字之前念去聲，如「不甘」、
「不平」、「不久」。漢字的一字多音，讀音若不同，置於句首或句尾，

意義亦有別，讀錯了意思就失之千里，所以也有多音多義的詞性。例如「吃過了」與「了卻心願」的「了」字、「銀行」與「行走」的「行」、「調解」與「音調」的「調」、「背部」與「背包」的「背」，在不同語脈下有不同的讀音與意義，以及動詞與名詞詞性的差別。一字的多音多義，也常運用在姓氏、地名上，如「單元」的「單」，若是姓氏就讀「單」（ㄕㄢˋ），複姓的「單于」則唸為「ㄔㄢˊ」；又如「中華、精華、昇華」的「華」（ㄏㄨㄚˊ），在地名的「華山」與姓名的「華」場合裡，須讀為「ㄏㄨㄚˋ」等等。標音文字雖也有一字多義與多音的情形，卻沒有像漢字這般豐富的變化。

　　總而言之，漢字在世界三大古老的非拼音文字中（其他兩者是埃及聖書字，舊稱埃及象形文字；蘇美人的楔形文字），是唯一至今仍在使用的文字，以其特殊的方塊符號組合，和豐富多采的結構內容，在世界文字之林中，獨樹一幟。漢字作為表意文字，藉文字來駕馭語言，使漢字帶有超方言化與超時代性，奠定了中華文化的基礎。因此，漢字適用於中國各地的漢語，它是古往今來的漢語，同時也是東西南北的漢語，所以漢字在三、四世紀，已通行於東亞，成為官方通用文字，精通漢文也成為知識階層的基本教育。朝鮮漢字的出現約略在戰國晚期，有「明刀錢」的出現，平壤亦出土「秦戈」；在日本九州，也出現了王莽時代的「泉貨」，《三國志‧魏志》中有「倭人條」，倭王所上表之文也是漢文，今日傳下來的日本兩本最古的八世紀史書《日本書紀》與《古事記》也都是用漢文寫成。至於越南，在五代時期建立獨立的王朝（939）以前，曾為漢唐時期所統治過，漢字與漢文已與當地人融為一體，被當作是自身語言文化的組成部分，獨立的越南王朝成立以後，事實上也一直都以漢字文為正式文字，越南史家所寫的史書也都使用漢字撰寫。朝鮮、日本、越南等地，後來雖然有自己文字的發明，並不影響漢字、漢文在當地的權威性。

第三節　漢字文化的展開㈠：
童蒙教材與漢字的傳播

　　識字教育是一般在家庭或私學中完成，官學中的教育通常不包括啟蒙的識字教育。要認識漢字，需由識字教育入手，童蒙教材提供的基本文字則不可少。由於漢字成為東亞地區的通行文字，所以古代東亞知識階層的教養，首先必須能夠靈活運用漢字、漢文。本節討論中國在漢字發展成熟後，古代的識字教育方法與童蒙教材的種類，並闡明漢字成為東亞世界通用的共通文字，形成所謂的「漢字文化圈」。

一　識字教育的基礎

　　古代關於啟蒙、識字教育的學問，叫作「小學」。到了清代，「小學」成為一門高深的學問，根據文字的形、音、義，發展出完備的文字學、聲韻學與訓詁學三大領域，今日這三大學問，即使在大學的中文系都是屬於相當難的一門學問。不過，兒童的識字教育必須先培養出興趣，小學教育以識字為主，如象形、指事、會意、形聲之字，往往選擇易解、易曉者，以幫助學童了解，強其記憶。漢代初年，規定史官測試學童，必須能夠模寫九千字以上者，將來才可當史官，因古代史書其實是字書的通稱，初學者必學習各種字體，經過六書的測試，最優者可為尚書御史或史書令史，吏民若上書陳情，字若寫得不正，是要被糾正處罰的。

　　古代的訓蒙方法不外識字、寫字，目的在於使學生能夠自我讀書與學習，進而能夠作詩文，所以蒙養教學，概括起來就是識、讀、寫、作這四種教學法，其實與今日小學教育差不多，介紹如下：

㈠識字教法

　　一般先教象形、指事，再根據漢字結構的特點，由單一之獨體以掌握

合體之形聲、會意字的獨體、偏旁與部首，先易後難，一般以能認識到兩千字，方可讀書。

㈡讀書教法

要讀書就必須有童蒙的教材，教材尤重句子簡短與押韻，以便易於朗讀記誦，故讀書包括背書、溫書、朗誦等。由於童子學習，因語詞認識不多，理解能力有限，故多以「多記性，少悟性」，能背誦愈多愈好，隨著認字愈多，漸能理解所背誦過的東西。

㈢習字教法

古代六藝（禮樂射御書數）中有「書」，「書」就是練習文字。以漢代而言，當時就要練習寫八種不同的書體，即大篆、小篆、刻符、蟲書、摹印、署書、殳書、隸書。小篆為秦時官定標準字，大篆為小篆的前身，其他隸書、刻符、殳書是日趨省易的簡體，蟲書、摹印為文飾華麗或體勢妍巧的美術字，五者又可以概括為實用變體。這八種書體是從秦代而來，因為各種書體有其不同的作用，如大篆只是皇帝使用的官方文書才使用，隸書則在秦簡流行後才漸通用。以後歷代書體日趨變化，不過生字的練習大致依照「篆、隸書、楷書、行書」的順序原則，例如以水部為例：先由篆字的「氺」，再寫成隸書的「水」，楷書的「水」，行書的「氺」。習字教學在蒙學中有一定的格式與切實的要求，加上持之以恆的訓練。

㈣作詩文訓練

前面三種讀書、識字、寫字，其目的就是要為作詩文而準備。會作詩文，除具有寫作書信的能力外，優秀者還能夠應舉考試。以學作文而言，從唐宋後，主要是學唐宋古文；學詩則以漢魏詩為先。所以以唐宋古文作為作詩文的範本，旨在先求大膽模仿，而後精雕細刻，形成自己的風格。

總而言之，古代蒙學教學非常注重教師的主導作用，尤其在習字與作詩文方面，須從模仿入手，同時注意基本功訓練，勤於練習，精於修改。

二 童蒙教材的種類

　　童蒙的教育，以識字與習字為首務，因此字書的解釋書是時代發展的必然現象。漢代解釋有關語言文字學的書籍，就有《爾雅》、《方言》與《釋名》等，而東漢許慎所著《說文解字》可以說是一部研究中國文字學的經典著作，以上都可算是今日的字詞辭典，為文字教育者不可或缺的工具書。

　　古代對兒童進行啟蒙教育的機構叫作「蒙學」，所使用的教材稱為「蒙學教材」。漢代以後，已有專為兒童所寫的童蒙字書，如史游編的《急就篇》、司馬相如編的《凡將篇》、李長編的《元尚篇》，還有揚雄編的《訓纂篇》、班固編的《太甲篇》等等。不過以上的童蒙字書僅有史游的《急就篇》尚存，其他都已亡佚。南北朝時代有《千字文》，唐代有歷史人物故事的《蒙求》，宋代有《百家姓》、《三字經》，理學興起後，也有《性理字訓》；元代有《二十四孝》；明代有《幼學瓊林》、《龍文鞭影》；清代有《弟子規》與《朱子家訓》等。下表係將歷史上的童蒙字書作一簡單分類，並大略介紹其特點：

表 1-1　歷代童蒙字書分類性質表

類別	書名	作者	年代	內容大要或特點
綜合性類	急就篇	史游	西漢	有唐代顏師古及王應麟注。內容大抵按姓名、衣服、飲食、器用等分類編成韻語，多數為七字一句。
	千字文	周興嗣	南朝梁武帝時代	所選千字，大都是常用字，生僻字不多，便於識讀。語言整齊押韻。內容又涉及到有關自然、社會、歷史、教育、倫理等多方面的知識。
	童蒙訓	呂本中	宋代	此書是作者在家塾的教材，教導子弟由實事理解為人處事之道，記載有許多格言、經訓、立身與從政之道。
	三字經	王應麟	宋代	內容大都採用韻文，每三字一句，四句一組，像一首詩一樣，背誦起來，如唱兒歌，廣為流傳，歷久不衰，其內容歷代有所增加或修改。

表 1-1　歷代童蒙字書分類性質表（續）

	龍文鞭影	蕭良有編撰	明代	此書廣泛地汲取了前人的若干蒙書的材料，加入了二十四史的不少人物典故和神話、小說、筆記，是一部集自然知識、歷史典故於一體的駢文讀物。
	幼學瓊林	程登吉	明代	不為字數所限，不拘短長，只求偶句成對，頗便誦讀。被公認傳統的蒙學讀本，編得最好的一本書。
名物姓氏類	名物蒙求	方逢辰	宋代	有條理地介紹各方面的知識，包括草木蟲魚等自然知識。
	百家姓	不詳	北宋初年	將常見的姓氏編成整齊的四字一句的韻文，像一首四言詩，便於誦讀和記憶。本來收 411 個，經增補到 504 個姓，其中單姓 444 個，複姓 60 個。
詩歌聲韻類	圖注解神童詩	汪洙	北宋	明、清時有人補充編選，成為村塾的蒙學讀物。該書以詩歌形式宣揚讀書至上，如一般耳熟能詳的「天子得英豪，文章教爾曹，萬般皆下品，唯有讀書高。」「久旱逢甘雨；他鄉遇故知；洞房花燭夜；金榜題名時。」
	千家詩	劉克莊編選	南宋	流行於宋元明清的蒙學讀本，蒐羅各名家易懂之詩，包含了唐、宋兩代近體詩的精華，此書流傳，亦有宋元之際的謝枋德編選之《千家詩》與清朝王相補選的《五言千家詩》。
	聲律啟蒙	車萬育	清代	內容包括相反詞與自然景象、歷史人物典故等，依三言、五言、七言、四言對句，配合字的聲律與對仗押韻，讀來甚有韻律感，順便記住許多歷史典故與人名。此書與《訓蒙駢句》，熟讀之後，可為吟詩作對的基礎。
	唐詩三百首	孫洙編纂	清代	集唐代有名詩人各家，彙編為冊，作為兒童吟詩背誦之教材。
道德教說類	少儀外傳	呂祖謙	南宋	內容多道德教說，例如：「讀書不輟，甚書不讀了？萬一都廢，且須自今重新勤苦下十分工夫，不可因循隱忍，甘心作庸人過一生。最是行義一事，不可放過，正心修身，念念須學前輩，久久自然相應。」（卷上）
	性理字訓	程端蒙	宋代	解釋程朱理學命題，如「天理」、「命」、「性」、「心」、「人欲」、「敬」等，如以下部分引文：「天理流行，賦予萬物，是之謂命。所稟受，莫非至善，是之謂性。主於吾身，統乎性情，是之謂心。」全文雖僅三十條，全是朱熹理學學說的提要。

表 1-1 歷代童蒙字書分類性質表（續）

	二十四孝	郭居敬	元代	集虞舜以下二十四人的孝行事略，各綴一首小詩以廣流傳。
	弟子規	李毓秀	清代	有多種刊本。這是清代中葉以後流行最廣，影響最大的一種。至今仍是民間啟蒙的優良讀物。全書以《論語》中的一句話：「弟子入則孝，出則弟，謹而信，泛愛眾，而親仁，行有餘力，則以學文」為綱，加以闡釋，共 1,080 字。
	朱子家訓	朱用純	清代	又稱《朱柏廬治家格言》，只是一篇文章，教導人通人事，明事理，簡要地闡明了傳統禮教的精華，如其開頭說：「黎明即起，灑掃庭除，要內外整潔。既昏便息，關鎖門戶，必親自檢點。一粥一飯當思來處不易，半絲半縷恆念物力維艱。」
歷史典故與治亂沿革	蒙求	李翰	唐代	全書內容大部分是歷史人物與傳說人物故事，體裁用四言韻文，每四個字是一個主謂結構的短句，上下兩句成為對偶，各講一個典故，總計 2,484 字。其體裁影響後代蒙書的製作方式甚大。
	十七史蒙求	王令編寫	北宋	十七史指的是宋人以前「十三史」，再加上四部正史（《南史》、《北史》、《新唐書》、《新五代史》）而成。模仿唐代李翰的《蒙求》體例而成。全書以四言詩形式，兩句為一聯，每聯對偶，每一對句押韻，每八句轉韻。

　　總而言之，蒙養教育作為兒童的基礎教育，從以上歷代的啟蒙書有各種類別來看，知識菁英份子相當重視幼兒的啟蒙基礎教育。童蒙字書的共同特點是整齊押韻，便於誦讀，達到訓練兒童識字的目的，同時又增長了兒童的知識，以期為往後的經典學習奠立良好的基礎。另外，由於漢字在中國周邊國家廣泛被使用，對童蒙教材的需求也相當迫切，《急就篇》與《千字文》傳頌千年，海外皆有讀本。《三字經》更受到近代海外的歡迎，清初又傳到俄國、歐洲和北美，國外一些大學也把它列為漢語專業的初級讀物。孩童是未來的主人翁，啟蒙教育只要有助於開發孩童智慧與增廣見聞，可以不分國別而廣受世人學習。

三 漢字在東亞的傳播與近代的挫折

(一)漢字文化圈

中華文字的特色，就是以文字來控制語言，並且也把文字作為統一的象徵，唐朝詩人溫庭筠〈送渤海王子歸本國詩〉中說：「疆理雖重海，車書本一家。盛勳歸舊國，佳句在中華。」當時渤海國與漢語雖不同，但這首詩反應了語言雖然彼此不通，卻可透過文字的「一家」，異國人也可透過習漢語、寫漢字，使其佳句在中華流傳千古。又如北宋宣和六年（1124）許亢宗出使金國，在黃龍府（今吉林農安）見到「凡聚會處，諸國人言語不通，則各為漢語為證，方能辨之。」這裡的「漢語」就是「漢字」。即使到了十九世紀以前，一些歐洲商人到東亞國家做生意，都以漢字作為彼此互相交流和理解的溝通工具，雖然這些人並沒有一個共通的語言，可見漢字是東亞地區作為互相溝通、辨認與信任的標準。漢字除了在東亞民族民間的溝通以外，各國外交上的國書也通用漢字，例如即使到了一八五三年美國艦隊初航至日本，要求日本開港通商，遞給日本的國書，全以漢字書寫，可見在十九世紀中葉以前，對西方人而言，東亞的共通文字是漢字，可說東亞世界是屬於「漢字文化圈」。所謂漢字文化圈是指從日本、朝鮮半島、琉球、臺灣、中國大陸、越南、南洋群島直到新加坡、馬來西亞等地區，曾經使用過並還在使用漢字的廣大地帶。

(二)漢字在東亞的傳播與方式

漢字在異族或異邦東亞的傳播，大概透過二種方式，一是靠戰爭的接觸，二是靠官方的文書往返或是民間貿易往來。靠戰爭的接觸傳播漢字的情形，可區分為漢人征服別的民族與漢人被別的民族征服兩種方式。前者如漢武帝於西元前一〇八年征服朝鮮，設置四郡，與當時朝鮮各族交往頻繁，關係密切，漢字成為通行官方語言，一直到漢代末年高句麗立國，有關其建國的史書《留記》，以及著名出土的「好太王碑」，皆是以漢字寫

成，可以充分說明漢字是高句麗的官方文字。後者如契丹人、金人、蒙古人曾經征服過中原，雖也有契丹文字、女真文字、蒙古文字，但終究不敵漢字的普遍。

漢字傳播的另一個重要的方式，是藉著與中國民間的互相貿易和雙方官方的文書往返。漢字傳入朝鮮，早在戰國時代已見其痕跡，從許多戰國「明刀」貨幣的出土得知，這些錢幣都刻有銘文。這種貨幣，後來在琉球那霸市外的貝塚遺蹟也有發現，都是屬於戰國末期到秦代在中國北方通用的貨幣，這證明漢字在西元前三至四世紀之間，已在朝鮮西北部流通，也是朝鮮與中國貿易的明證。漢武帝消滅「衛氏朝鮮」後，在西元前一〇八到一〇七年之間，在朝鮮半島設置了樂浪、玄菟、臨屯、真番四郡，並都設有郡太守以及縣令，不過在西元前七五年只剩樂浪郡的轄區，一直到西元三一三年，新興的高句麗王朝併吞樂浪郡以前，位於西北朝鮮的樂浪郡有近四百年的中國化統治，因此漢文化傳入朝鮮，樂浪郡實扮演極重要的角色。高句麗並於西元三七二年模仿東晉創設了太學，以後並增設了貴族化的國學，顯見高句麗漢字文化水平已達相當水準。

朝鮮半島的西南部百濟國，在西元三一三年與當時占據中北方的高句麗、東南方的新羅三強鼎立，東晉時，曾遣使而來，此後與中國來往不絕。由於地緣的關係，百濟很早就受到漢族文化的影響，自漢武帝置樂浪郡，文字即由北傳入，三世紀中葉以後，引入中原儒學，以漢文經籍為教本，培養學生。五世紀初百濟博士王仁應邀攜《論語》、《千字文》等典籍東渡日本，這是儒學傳入日本的開始。西元三七五年，博士高興編漢文百濟歷史《書記》。南朝宋元嘉二十七年（450）百濟從海路到建康請求《易林》等書。梁大同七年（541），又遣使梁武帝，求佛籍《涅槃》等經義，請派《三禮》、《毛詩》博士，結果《三禮》學者陸詡東渡百濟。《舊唐書‧東夷傳‧百濟國》：「其書籍有《五經》、子、史，又表疏並依中華之法。」其出土墓室的形制和構造，採用中國南朝制度，墓室內所置的石質墓志和買地卷，皆用漢字書寫。

再如新羅在朝鮮半島東南方，在四世紀時成為朝鮮半島東南部的大國。早在西元前秦漢移民就把漢字帶入該地，並在南朝梁時代曾經隨百濟

派遣使者，與中國通使，更廣泛吸收中國文化。六世紀初，新羅更把國號、王號改作漢文名稱，七世紀中期，衣冠同於中國。唐太宗貞觀十四年（604），其王派遣子弟入唐，求入國學。唐與新羅在西元六六〇年滅百濟，西元六六八年滅高句麗，西元六七六年統一了朝鮮半島，與中國唐朝保持密切的關係。在八、九二個世紀內，遣使團近九十次，唐回遣的使團近二十次，所以此時新羅人的商人與留學生大批進入中國，乃至沿海地區有所謂的「新羅坊」，即是新羅人的聚居區。值得注意的是，新羅於西元七八八年公布了以經學取士辦法，具體地規定了取士辦法，更有留學生參與唐朝的科舉考試，留在唐朝做官，例如唐末學者崔致遠即是其中之一。總之，新羅透過漢文字吸收中國文化，並與唐朝積極交流，當時歷史書記載新羅：「頗知書記，有類中國。」可想而知雙方交流的盛況。

　　東亞國家積極吸收漢字的外海國家，當屬日本與琉球。漢字傳到日本以前，日本只有刻本結繩，沒有通用的文字。而日本使用漢字，一開始是藉由百濟傳入，《隋書・倭國傳》記載日本是個「敬佛法，於百濟求得佛經，始有文字」的國度。可見日本對漢字與中國文化的吸收，是藉由朝鮮半島南方的貿易往來而開始的。韓國南方慶尚南道洛東江口附近，隔海與日本九州福岡相望，考古學家從九州到畿內一帶的彌生式遺蹟中，發現王莽時代的「貨泉」、「貨布」，而此貨幣在韓國濟州市山地港、慶尚南道金海會峴里貝塚也有發現。除了上述貨幣以外，在慶尚南道也發現了三面漢鏡與十一面仿制鏡，其中有日光鏡，銘曰：「見日之光，天下大明。」這說明了中國的物品經此進入日本，漢字可能在西漢或稍晚進入朝鮮半島南部，再進入日本，影響日本古代神話的記載。

　　稍晚於王莽「貨泉」而傳入日本的漢字物證，是有名的東漢光武帝頒給倭奴國的「漢倭奴國王」金印。接著《三國志・魏志》中記載魏國朝廷下詔冊封當時的倭女王為「親魏倭王，假金印紫綬」，女王還「上表答謝恩詔」，當時給倭王的贈品就有「銅鏡百枚」，這種銅鏡刻有漢字，在日本古墳中也常被發現。從日本倭王遣使中國與銅鏡的發現等這些事實來看，日本在當時至少已經有懂漢字的人，這些人可能也都來自朝鮮半島的歸化人。而日本古代偏好銅鏡，「鏡」乃成為日本古代神聖的寶物，日後

與「玉」、「劍」成為日本
天皇傳位的三大象徵寶物，
毫無疑問，這些鏡銘上的漢
字，也達到傳播漢字的媒介。
至於日本何時能夠開始熟練
使用漢字，可從西元四七八
年倭王武的上表文中看出，
因為該國書是一篇出色的駢
體文，並引用了《左傳》、
《毛詩》的句子。而且一九
六八年在崎玉縣稻荷山古墳

圖 1-2　傳王仁墓，位於今日本大阪府枚方市

中出土了一把鐵劍，劍上刻有 115 個銘文字，經證實是倭王武的年代，成
為日本最古的金文，為日本最早的兩部史書《古事記》、《日本書紀》的
成立，提供有力的證據。五世紀初百濟博士王仁應邀赴日，天皇太子拜之
為師，隨王仁研習諸經典，王仁因而被奉為「文首之祖」（圖 1-2）。根據
記載，王仁帶去了《論語》十卷、《千字文》一卷，這裡的《千字文》並
不是成書於六世紀南朝梁時代的《千字文》，學界比較支持應是更早的曹
魏時代，由鍾繇所作的《千字文》，其後失傳。總之，漢字傳入日本，最
遲應在西元前後之際，從王莽的「貨泉」以及「漢倭奴國王」等證物可
知。三世紀以來，上層社會已有使用漢文的能力，在五世紀後，日漸普
及，早已不限於上層社會階級。

　　日本在八世紀依據唐朝的律令所編纂而成的大寶與養老律令中，關於
學校教育的法令，大皆出自唐朝的學令，這可證明用漢字作為認知媒介的
漢字教育，日本與中國並無二致。在日本除了面對漢字以外，讀音也是個
重要的課題，故在日本古代學制中特設有音博士、音生以教授漢音，多以
歸化為日本人的唐人為之。不過，以漢音讀中國經典，實施上頗有困難，
實際上多採用「訓讀」，把漢文用日語文法讀之。例如日本最早的歷史書
《古事記》（712）、《日本書紀》（720）與最早的詩歌集《萬葉集》（759
年開始編纂），已經出現許多以漢字意譯日語的訓讀法。

　　漢字所以能深入日本社會，與日本引入唐朝教學制度密切相關。日本的律令規定，任用官吏必須通過中國儒家經典的學習和考核，到九世紀，在官吏考試中又增加寫作漢詩的項目，帶動日本貴族士人對中國文學作品的熱愛，不僅酷愛漢文漢詩，同時也吟寫創作。總之，漢字作為書面符號系統，服務於日本社會，又作為文學藝術的創作手段，深入日本社會，日本民族與漢字緊密結合，不是一下子就能分開。

　　琉球未與中國交流時，為酋長制，與中國言語不通，到了明代初年琉球與中國才有確切的交往，據當時出使琉球的使者稱：「無文字，不知節朔，視月盈虧以知時，視草榮枯以計歲。」當時琉球分中山、山南、山北三國，以中山最盛，洪武五年（1372），中山王遣王弟入朝，貢方物，七年、九年、十年再貢，以後貢奉不絕。一三七七年山南王始貢。當時二王正與山北王爭雄，互相攻戰，後山北王也遣使同二王一齊朝貢，明廷都賜以鍍金銀印、章服；中山等國奉正朔，以臣藩禮節事明，並不斷派子弟進入太學受教，一直到清朝末年，北京國子監還有琉球官生。

　　琉球與中國的來往，使得漢字和文化也傳入琉球，除學中國典籍外，連琉球國王都改用漢字名，叫作「尚清」。國內並舉辦漢學教育，規定「陪臣子弟與凡民之俊秀者，則令學讀中國書，以儲他日長史通事之用。」清康熙年間，在琉球久米村孔廟西建立中山學校，研習中國典籍並學習漢字，並編有學習漢語漢字的官話課文，可惜大部分已經失傳，現在保留在日本圖書館的只有三種，即《尊駕》（一名《學官話》）、《白化學官話》、《官話問答便語》。

　　越南的安南民族是屬於夏民族南遷到半島的苗裔，今日考古出來的越南新石器文化，以及以後的青銅文化，與中國華南、巴蜀、雲南等地關係至為密切。因此，漢字文化應是隨著越人南移至安南即存在，其時間約在西元前三、四世紀之間。自西元前二一四年秦始皇設象郡以後，漢字文化同時也隨官員的進駐而傳入越南，前此越人已有入仕於秦的史書記載，可見漢字文化傳入越南，應該上溯到秦併越南以前，即戰國後半期。秦朝滅亡後，漢人趙佗自立為南越武王，重視文教事業，與漢朝通使，有頻繁的國書往返，顯示漢字文化已流傳到越南社會，從東山及各地所出土的半兩

錢、五銖錢及王莽的「貨泉」，可證明此事。越南人使用漢字的能力到了東漢末年，因為士人南下越南避難，有了相當的進步，其中不乏一代名人大儒，如許靖、劉熙、許慈、程秉、薛綜、袁徽等，這些從中原避難而來的士大夫，輔佐交州郡太守士燮，使交州成為文治之地，史家稱三世紀初期的士王時代，是具有劃時代意義的「文獻之邦」，顯現漢字文化在越地的成熟發展。

　　以上說明了漢字傳入東亞的韓、日、琉球、越南等地區的傳播與發展過程，形成了所謂的「漢字文化圈」，一直到十九世紀中葉，漢字是當時東亞的通用溝通文字，不論是民間的貿易往來或是官方的國書往返。

(三)漢字在近代的挫折

　　從以上漢字在東亞的傳播情形，可知漢字實可作為「東亞文化圈」的共同文化之承載體，但是近代中國自一八四〇年鴉片戰爭後，由於受到西方帝國主義侵略，長達近一百年的民族主義挫折，喪失民族自尊心，一度有廢除漢字而代之以「漢字拉丁化」的運動。如被推為中國新文學之父的魯迅，就說過方塊字是一個死症，無可救藥；共產黨也曾經在一九三一年通過〈中國漢字拉丁化的原則和規則〉，其理由竟是漢字是古代與封建社會的產物，並要以純粹拼音文字來取代它。今日中國大陸通行的是簡體字，使得一般非文史科出身的中國人，看不懂繁體字。殊不知看不懂繁體字，便無法看懂古書。換言之，也就是無法了解傳承久遠的古代文化之精髓。過去所以以簡體取代繁體，是在反對傳統文化的態度上進行的改革，以為繁體字筆畫甚多，妨礙寫字的速度，不夠科學，但是今日靠著電腦的轉檔，便可簡單的解決這個問題，可見當初改革漢字的理由已經不存在了，不免讓人有「拋卻自家無盡藏，沿門持缽效貧兒」的感嘆。

　　中國國力的衰落，也使周邊民族有漸廢漢字之舉，首當其衝的是朝鮮、日本與越南。十九世紀末期，李氏朝鮮日漸接受西方文化，官方也發出「興諺廢漢」的指令，開始用「諺文」書寫官方公文，諺文乃成為正式的「國文」或「朝鮮文」，取代了長達1,500年以上的漢字。一八九五年甲午戰爭之後，國家法律文書等一律改為夾帶漢字的「國文」，一九一〇年

日本吞食韓國，「諺文」一時成為民族抗日的標誌；一九四八年，韓國政府公布《諺文專用法》，規定所有公務文件不得使用漢字。而北朝鮮則在一九四五年起完全廢棄漢字，純用朝鮮文。

　　漢字在近代日本方面的挫折，亦自十九世紀中後期。日本自明治維新（1868）後，努力學習西方文明，漢字與漢籍的教育開始受到懷疑，因為西方與日本的假名都屬標音文字，加上日本官方西化的色彩，乃至有廢除漢字的主張。在幕府末期和明治維新後，有過兩次廢除漢字運動，不過，因得不到廣泛支持而作罷。第二次世界大戰之後，一度擬定羅馬字拼音方案。美軍占領日本後，曾設想強行羅馬字化，結果招來了全社會一致的反對。但是，漢字在明治維新後，還是逐漸的被限制使用，日本政府的手段就是減少應用漢字的數量。明治六年（1873），福澤諭吉提出減少漢字至兩三千字的主張。一九二二年起規定，新聞限用 3,500 個漢字，以後逐步減少。一九三三年，文部省規定標準漢字為 2,669 字。一九四六年更縮減為「當用漢字」為 1,850 字；但因這些漢字不敷使用，又規定了「帶用漢字」為 1,945 個，同時又追加了 166 個漢字為人名用字，以《人名用漢字別表》頒發。那些在以往常被用的日語漢字，一律用假名替代。漢字在日本雖然進入了一個新的時期，但今日我們到日本，還是可以看到許多的漢字，雖不懂日文，但有時可以根據其漢字猜想它的大概意思，這與韓文全廢漢字比起來，感覺上還是比較有親切感。

　　漢字在近代越南同樣遭遇嚴重的挫折。越南在十世紀前半葉獨立後，教育型態也皆以儒學教育為主，在十三、四世紀之際，雖有「字喃」文字（以複合字的漢字表達的越語）的完成，但其流傳不廣，仍無法取代漢字在越南教育的地位。字喃無法成為流行的原因，除了官方文書仍用漢字以外，另外一個原因是「字喃」基本上是按照「漢字」造字的原理來創造，而且「字喃」仍維持漢字的外形，亦屬表意文字，不像韓、日文是用表音系統，故無法取代漢字而成為普遍流行。造成漢字最大的挑戰則是近代法國所傳入的越南羅馬字系統，該套越南羅馬字是法國傳教士在十七世紀作為傳教工具所發明出來，用羅馬字母來拼越南語，初期使用者只是少部分的天主教徒。但是，在一八六七年法國控制了整個湄公河三角洲後，越南

正式成為法國殖民地,越南羅馬字雖漸為流行,但仍不是越南的主流文字。不過,越南在一九四五年胡志明成立「越南民主共和國後」,採用修改過的越南羅馬字,宣布以羅馬化越南文為國語字,這套文字成為唯一的國定書寫系統,漢字完全被排除在官方的使用文書。

　　漢字雖然在近代的歷史發展上遭遇挫折,但是隨著中國近年來經濟的大幅成長,日本、韓國及越南學習漢字的人口愈來愈多,漢字在東亞社會中有逐漸恢復的趨勢,這是透過經濟力、社會力的主動學習漢文化,與以往政治力的干涉不同。因此,漢字文化圈在二十一世紀已經日漸擺脫上一世紀民族主義挫折的陰霾,反過來正視其優點與價值,使得漢字文化圈的東亞世界邁入嶄新的階段。

第四節　漢字文化的展開㈡:官學與私學

　　漢字文化的展開,主要是透過教育上的作用。春秋戰國時代,私學精神昂揚,孔子是將王官學轉化為民間學的關鍵人物,私學風氣由孔子開啟,以後百家興起,衍成戰國時代許多師生講學團體的出現。漢武帝以後尊儒,再度統一學術,興建太學,置五經博士及弟子員,使官學制度化。東漢明帝更在學校祭祀孔子,到了東晉孝武帝出現中國特有的「廟學」教育制度,學校兼有祭祀空間與教學空間兩項特質。一直到唐太宗時代,不論中央與地方的官學校,均建孔廟,沿至清末不變,而且韓國與日本的學校教育也因襲了中國的廟學制度,故廟學制堪稱東亞教育圈的一大特色。宋代書院教育興起,再創私學教育之高峰。書院仿官學,都建有祠宇,教育理想即是成聖教育,加上孔廟的從祀制度功能,使成聖理想得到具象化的教育效果。

一 私學到官學：從師生社團到廟學制

(一)春秋戰國私學的興起

古代中國隨著部落、城邦到一統帝國的擴張，漢字的創造也日趨成熟，由於族群與族群、城邦與城邦、國與國之間語言各不相同，必須要有溝通的工具，文字的統一功能因應而生。其次，隨著天下共主的出現（如三代夏商周），為了上命下達，必然出現掌管書寫的文官以及教導識字的教育機構，這可以說是歷史發展的必然趨勢。古代掌管書寫的文官叫作「巫」或「史」，稱呼教育的地方，在夏朝稱「校」，商代稱「序」，周代叫為「庠」。在春秋時代，魯國尚有「泮宮」，鄭國有「鄉校」，還存有西周官學之遺風。

一般教育制度，區分公立教育與私立教育兩大系統，中國的教育制度的發展，亦可分「私學」與「官學」。春秋戰國時間，不僅在政權上由公家轉入各國的卿大夫集團，在教育上則由官學轉入私學（指民間之學）。雖然西周時代，學校制度已具有相當規模，但都屬於官學性質，只有貴族才能接受教育，並且學校教育性質與政事密切相關。到了春秋時代以後，官學日趨沒落，《說文解字》的序文中說：「七國之時，文字異形，言語異聲。」可見東周末期，王官勢危，學術分裂，是個權力階層變動快速的時代，社會上由關閉到開放，政權上由公家轉到私家，一些大家族如齊國的高氏、田氏；魯國的季氏；晉國的韓、趙、魏三氏，都是在各國掌握政權的核心家族。由於大家族權力鬥爭的結果，有些得勢，有些覆滅，造成兼併之風盛，根據學者的統計，這個時代的戰爭次數，春秋有 1,211.5 次，戰國有 468.5 次，戰國時代之所以比較少，是因被兼併的國家愈多，戰爭的規模也愈大，貴族衰敗速度也愈快。於是貴族不再專有知識，到了孔子時，才有私學的興起，孔子是把貴族的知識移轉到平民身上的關鍵人物。這樣一來，知識不專屬貴族子弟，轉嫁到平民身上，結果也是權力轉移的開始。從孔子所處的春秋時代，講學時「書必大篆，語必雅言」看出，孔

子所講的是周代官方的語言，因為當時魯國還有周代派駐的王官，讀音最為純正，書寫的漢字也是周代末年流行的大篆，或許就是這個原因，後世儒家成為傳授最廣，領先群學的一個流派吧！因此，論古代教育制度，官學是從西周時代開始，私學則由孔子開啟風氣。

㈡師生講學團體的興盛與教育理想的變質

孔子「三十而立」後，已經奠立治學、做人、為政等堅實的學問與德業基礎，開始創辦平民教育，收徒講學，弟子來自四方，不限於魯國，學之有成者，共有七十餘人。弟子的身分，有貴族、平民，有富人、窮人，也有父子同來受教的。孔子也開啟了師生學團的風氣，師生學團是一種學習與生活的集合體，構成是出於自動自發的組合。孔子從五十五歲開始帶著學生周遊列國，途中嘗遭宋司馬桓魋欲害孔子，一度在陳蔡被困，絕糧七日，弟子因而對孔子的道產生了懷疑。稍晚於孔子的墨子，其徒三百人，弟子數量已遠超過孔子，但常常千里步行，以致到了衣破鞋裂的程度，孔、墨的師生學團生活艱困如此。但是到了戰國中晚期的師生學團，有日漸豐泰的現象，自稱私淑孔子的孟子，在當時已被弟子質疑：「跟隨的車隊有數十輛，從學的學生有數百人，藉此讓諸侯交相款待，難道不會過得太豐泰了嗎？」到了戰國中晚期，師生學團所展現的勢力，撼動當時的貴族，乃有齊宣王設稷下學館，禮賢下士，著名遊士騶衍、淳于髡、田馬、慎到等人皆到齊國臨淄城，賜列為上大夫，荀子也曾高踞稷下先生的首座。又如有名的戰國四公子：孟嘗君、信陵君、平原君、春申君等，以善於養士聞名於諸侯，他們的「養士」，即是效法當時的大師，聚養一些有智慧才能的門徒。但是為何當時有一群人會追隨大師講學甚至周遊列國呢？原因是古代講學團體同時也是著作團體，古代著述靠竹簡或布帛，不從師的話，根本也無法自學，一旦從師，就可透過自己的學識，得到諸侯王的賞識，從事管理國政的工作。我們從「學富五車」這句成語，可以想像當時是載著竹簡的車隊，師生共同周遊列國，向政治人物講經說道，弟子們也順便把大師的名言，一一摘錄下來，這都是要靠眾人的力量完成，《論語》、《孟子》的成書就是這樣來的。

　　但是，戰國時代的這種講學團體的風氣，愈來愈敗壞，最明顯的是騶衍以陰陽怪迂之術，迷炫諸王，且看《史記》對其記載：「騶衍到了梁國，惠王在國境上迎接他，行賓主的禮儀；到了趙國，平原君在騶衍旁邊特地用自己的衣服拂去座席的灰塵；到了燕國，昭王親自拿著掃帚、彎著身體在他面前掃去塵埃，懇請列為弟子座位，接受他的教導，並特別蓋了碣石宮，親身前往拜師聆聽受教，騶衍於是特地作了〈主運〉篇。像騶衍這樣周遊諸侯，受到尊敬的程度，哪裡可以和孔子在陳國、蔡國沒有糧食吃而面有菜色，以及孟軻受困於齊國、梁國的窘況相比啊！」這種日益豐泰的傳道授業生活，顯見時代愈亂，求道的精神卻愈模糊，師道風氣日漸卑微，孔子所建立的私學精神受到嚴重的挑戰。

　　孔子以前是官師合一，教育目的在於「化民成俗」，教育是為政治而服務的。孔子私學的精神將此一政治服務的教育目的轉為「以道自任」的主體性精神，所以孔子非常強調「士」的精神，此「士」的精神，是「求道」重於「求知」，「求道」與「求知」之差別，在於「求知」對象乃是「知識」，漢代編纂成書的《禮記》之〈學記〉篇所說「凡學，官先事」，是求為政事做官之事的知識；至於「求道」，可從《論語》得知，孔子說：「朝聞道，夕死可矣。」、「士而懷居，不足以為士。」、「士志於道，而恥惡衣惡食者，未足與議也。」等等，孔子的「士」是要有「以道自任」的「內省自得」之學。總之，孔子的教育目的是在促使學生由內的「自得」到外的「自任」天下之重的責任感，基本前提是要促成學生「自我主體性」的自覺，而不是在為政治服務。「以道自任」的精神，以及「自我主體性」的自覺，是以「修己以敬」成德之基本功夫，作為「修己以安人」、「修己以安百姓」的治人要求。學問上的修己功夫與政治上的治人功夫，雖非斷為兩橛，但仍宜妥善畫分，否則將使「求道」與「求知」產生錯置，錯把手段當目的，混淆了教育的本質。漢代雖立五經博士，並置學官，立意雖佳，但無法保證學統的本質，淪為只以《五經》作為求官取富貴的階梯。

　　雖然有以上講學風氣與教育理想的變質，但孔子以平民私人講學，開啟的私學之風，百家相繼興起，建立獨特的學團型態以及普遍的教育理

想，開創出秦漢以下士農工商的四民社會，平民可以透過讀書識字，躋身公卿與帝王同列，這是孔子開放受教權後，促進階級的變動具有的深遠意義。秦漢一統，教育再度成為官學化，社會私家講學事例仍然不斷，若干學術甚至家學化，到宋代書院教育興盛，再為私學教育開啟一番新氣象。

㈢漢代官學制度：博士弟子員與太學

　　大一統的政府必然要對教育權加以干涉與統整，以利於帝國的統治。秦始皇所實施的「書同文」，就是把戰國時代六國所使用的混雜不相統合的文字，由一些大臣李斯、趙高、胡母敬等，以當時秦國流行的「大篆」，進行簡化為「小篆」，通行於全國。這個工作史無前例，影響也很大，它加快了地區與地區、人與人之間的溝通，到了漢代又再次簡化為「隸書」。除了在文字的統一以外，教育制度也漸官學化，春秋戰國講學學團遊食列國的情形也不復見。

　　國家的官學化，要從博士官的設置論起。秦朝有博士官的設置，其職掌是通曉古今。所謂博士官的「官」，係「館」之意，即「黌舍」，就是國家提供博聞才學之士藏書與處理公務（含授學）的地方。有博士官頭銜的人，受政府的祿養，並無實際政治責任。秦始皇曾禁以古非今以及私學，更有焚書坑儒之舉，僅留下卜巫醫藥之書，對文化的傳承傷害很大。以致到了漢代，惠帝還要特別下令除挾書令，鼓勵民間踴躍獻書。漢初承襲秦的博士官制度，到了漢武帝乃遣散非為儒家的博士，進而設置五經博士，並為博士設弟子員，這就是後來所謂的「太學」教育。不過「太學」具有一定的校舍與校園，恐怕要到西漢末年王莽興學以後。太學教官主要為博士，博士的任用，或由徵召、薦舉、選試等方式；博士弟子員享有公費的太學生，通一經即可做官。所以這種官學教育是一種「養士教育」，以做官為目的。不過獨尊儒術後，往後的幾任皇帝陸續增加其名額，西漢末期「五經博士」的官職從原先的七家增到十四家，弟子員從五十人，往後亦逐年增加，以致出現有年六十歲以上的人還在太學當學生，無法通過任官考試的現象。可見這個制度實施下來，不論公私費子弟，有志想當官從政者，都必須向博士問學。

　　漢代除了中央政府教育的官學化外，地方的教育也漸趨官學制度化，這也是從漢武帝開始。武帝曾下令「天下郡國皆立學校官」，但是郡國以下的地方官學校的普遍設置，是要到西漢末年平帝時的王莽當政期間（西元3年）。當時郡國的官學校稱為「學」，次於郡國的縣、道、邑的侯國則稱為「校」，每個「校」中置經師一人；縣的官學校稱為「庠」，縣以下各聚落學校稱為「序」，在庠、序的學校中各置《孝經》教師一人。從郡國到地方的縣與聚落都實施了官學校，才真正達到天下設置學官的目標，故可說官立教育在漢代末年已經頗具規模地普及全國各地。如此一來，春秋戰國時代孔孟的私學講學學團周遊列國的現象，不復可見，重新回到西周時代的官學教育，只是不再限定貴族子弟就學。

　　不過，漢代在發展官學教育的同時，私家教學制度也逐步發展中。在漢武帝官學未制度化以前，私家教學制度已存在，儒術獨尊以後，向學子弟更多，西漢大儒如叔孫通、董仲舒、公孫弘等莫不教授生徒，學生也未必皆為博士弟子。西漢時已經有相當政府規模的太學程度私塾，東漢私家教學更盛，多者上萬人，少亦有數百人，所以全國私家教學之眾，可能比官學的太學生為多。入塾學生需繳簡單學費，教書只是讀書人的副業，他們或出而為仕，或退而耕種，並不單以教書為謀生工具。

㈣祭教合一的廟學制

　　漢武帝建立太學，提供一個由國家培育人才的教學場所，類似今日在首都的國立大學，以後又規定地方郡國成立官學校，這就很像今日地方性的大學。不過，古代學生在學校，除了知識的學習以外，還必須學習禮儀，這是自周代以來官立學校的「祭教合一」傳統，祭祀活動同時也是教育活動。漢代的「太學」是在尊儒的氣氛下成立的，故特別重視禮儀的教育，因此說它是個結合知識教育與禮儀教育的官學也不為過，這從中央的「太學」仍然隸屬於掌管禮儀、祭祀的太常寺可知，它保留了西周的「祭政合一」的古制。學校中的禮儀活動，有個很重要的「釋奠禮」之拜師儀式，即在學校開學之日，用肉乾及蔬菜作為祭品，在席上向老師進獻酒菜，以表示尊敬先聖先師及自己的老師。歷代帝王祭拜孔子，從漢高祖開

始。在學校祭祀孔子，最遲始於東漢明帝，《後漢書·明帝紀》記載明帝永平二年（西元59年）的行事：「郡縣行鄉飲酒禮，學校皆祀聖師周公孔子。」可見漢代的先聖、先師是周公、孔子，但曹、魏以後，將周、孔之制，改為聖、師是孔子與顏回。總之，這個「釋奠禮」的活動，從中央到地方學校，從皇帝到一般庶民，都要切實施行，塑造了中國尊師重道的文化傳統。

　　雖然漢代有舉行釋奠禮，但尚未發展出所謂的「廟學」制。所謂「廟學」，在「學」之中建置「廟」，廟指的是孔子廟，學則是指講堂。一直到了西元三八五年東晉孝武帝時代，才真正有了「廟學」教育制度。這樣建構了由祭祀空間（廟）與教學空間（學）合併的中國學校場所模式，把過去在學校所舉行的禮儀活動，開創性地給予具體空間的規劃。一開始「廟學」的設計，只見於中央的官學，到了北齊、隋漸推廣到地方的州（郡）學。到了西元六三〇年的唐太宗時代，推廣到縣學，自此以下，從中央到地方官學均須建置孔廟（圖1-3），並在孔廟內建立先賢先儒的從祀制度，直至清末不變。即使宋以後民間的書院教育發達也不例外，只是書院內不曰廟，而曰祠（宇），由於孔子是國家祭祀對象，而改祭祀先賢。

　　總而言之，一部中國教育史，可說是從「學」到「廟學」的發展過程。「學」建立制度化之初，是從漢武帝興「太學」的時候開始；「廟學」完成教育制度化之初，是在東晉孝武帝年間。所謂「廟學」，指教育園地主要是由祭祀空間與教學空間兩者構成。官學方面，「廟」是奉祀先聖孔子，以及諸儒門賢哲，韓、日、越諸國先儒均有奉祀聖廟之制；「學」是教學與藏書園地，後來通稱

圖1-3　山東曲阜孔廟大成殿

為明倫堂及藏經閣（或稱奎章閣）。私學的書院，仍有院祠，以奉祀宋六子（周敦頤、劭雍、張載、程顥、程頤、朱熹）或當地名儒先賢為多，教學園地用各種儒教德目以命名，如明道、敬業、明倫等，或通經講堂等。這種廟學制的學校建構型態，在七、八世紀也傳到朝鮮半島與日本，成為他們的教育制度，因此可說以廟學制為中心的教育制度，成為當時中、韓、日的共同體制，形成了「東亞文化圈」的一大特色。

二 從官學到書院：從養士教育到成聖教育

「古之學者為己，今之學者為人。」孔孟私學的主要精神，是基於「為己之學」，冀求成聖、成賢，建立道德主體性為主的「士」精神之學問，不是為謀求名利的「為人之學」。所謂「士」精神，用現代的話來說是知識份子的精神，而孔子「士」的精神，是「求道」重於「求知」，「求道」與「求知」差別在哪裡？「求知」指的是追求一般的「知識」，以現代來說，譬如歷史、文學、電腦、語言、醫學、政治、法律、土木工程等各種知識。至於孔子「求道」的本義，是追求仁德禮義的人倫秩序，以及自任天下之重的「道」的主體性自覺，並不是在為政治服務。但官學教育的目的在於養士，以為國家統治所用，但士子為學，卻多半以攫取官祿為職志，隋唐實施科舉之後，更是嚴重。這種養士教育性質是政教合一，官師不分，為人師者，必兼負「化民成俗」的任務，旨在培養忠臣孝子，忽視了原有的教育理想，使教育與學術喪失其自主性。它往往是站在統治者的立場看問題，一旦成為從政者，負有教化的重大角色，把「化民成俗」的教育手段，當作教育之本質或理想，反而使得君權不斷強化，置最高的成聖、成賢的道德教育理想及目的不顧，錯放了「求道」與「求知」的關係。

基於上述官學上的養士教育問題，到了宋儒，則有徹底的反省與批判，他們勉人勵學，首要立志，志為聖人，不在舉業。他們要回到孔孟的教育理想，如孟子說：「人皆可以為堯舜。」顏子也說：「舜何人也，予何人也，有為者亦若是。」荀子也進一步指出：「始乎為士，終乎為聖

人。」總而言之，教育理想在於成聖成賢。因此，宋代初期儒者周敦頤就說：「聖希天，賢希聖，士希賢。」大儒朱熹在〈白鹿洞書院〉規訓也說：「為學須思所以超凡入聖，如昨日為鄉人，今日便要為聖人。」更不用說明代儒者王陽明倡導人人心中皆有良知，能學以致良知者，就是聖人。

(一)書院發展與祭祀空間的教育作用

要扭轉官學的養士教育問題，達到成聖成賢的教育理想，唯有靠私學的精神。尤其宋代在活字版印書術發明後，書籍刻版流通漸多，於是民間藏書家興起，讀書者亦自方便，學校的書院教育應運而生。

具有學校性質的書院是始於民間的私人講學。私家創設的教育機構，自漢以來即有「精舍」、「精廬」，以「書院」為名具有學校教育性質的，起源於唐代，唐代已有不少私人創建的書院，它高於一般蒙學的特殊教育組織形式。宋代民間書院更為盛行，如白鹿洞書院、嵩陽書院、嶽麓書院、應天府書院等四大書院，是從五代期間私人的聚徒講學場所，發展到聞名天下的書院。宋代程朱理學興起後，由於元代不如漢人政權重視讀書人，使元代的民間書院發展較宋為盛。到了明代，社會上學術風氣濃厚，明代中葉後，卻因政治上的黑暗，有識之士或終身不仕，或退朝隱居，在民間書院講學，除講求聖賢之道外，批評時政也是當時的重點，書院的講學活動蔚為一股風潮。

書院的發展如上述，但論書院教育之際，實可分廣狹二義，狹義的書院教育，需具備藏書、講學的兩項功能。廣義的書院教育還包括祭祀空間及其活動，到了北宋初年，具備藏書、講學以及祭祀空間的廟學式的書院教育制度已臻完備。換言之，宋以後的書院必含有教學空間與祭祀空間，教學空間以講堂或明倫堂為中心。祭祀空間是以祠宇為中心，少數大書院如嶽麓、白鹿洞書院更蓋有孔廟，塑有先師十哲，畫七十二賢之像，用以祭祀先師、先賢。

書院中有祭祀活動，具有將以往官學的養士教育轉化為成聖教育的作用，成為宋代以後私學教育的特色。何以言之？因為書院祭祀的是古往今來的聖賢之像，是一種具象化的教育手段，以進行模範教育，提倡尊師重

道。除此之外，書院教育的供祀活動，更有以下的教育作用：

1. 教育理想的具象化

成聖教育的主旨就是立志為聖賢，孟子早說過人皆可為堯舜，所以宋儒為學立說，特別強調立志，回復古典的孔孟之道。宋初周敦頤的希聖希賢說，影響後來學者的教育理念甚大，如朱熹說：「學者大要立志。所謂志者，……只是直截要學堯舜。」又說：「凡人須以聖賢為己任。」與朱熹學說不同的陸九淵，教學先要弟子「辨志」與「立其大」，即分辨義利，明其本心；明儒王陽明也說：「夫學，莫先於立志。」

儒者要學生立志為聖賢，透過祭祀空間，雕塑歷代聖賢之像、畫其形象，供祀在孔廟或學校祠堂中，目的在使聖賢加以具象化的教育作用。所以，從唐太宗貞觀年間，在孔廟中受奉祀者，並不限於孔門弟子，後儒若有傑出貢獻者，亦得入廟庭奉祀。到唐玄宗開元年間，其奉祀於廟堂者，約有百位左右，後代陸續選取大儒從祀廟堂，到清末約有一百七十位左右入祀孔廟。至於入祀的方式，在明嘉靖（1530）年間以前，用像設（塑像）或畫像，嘉靖以後，則改為木主。這種從祀聖賢制度與供祀塑像或畫像的祭祀空間之設計，傳達了立志學聖賢是可以實現的理念，能與聖賢同列，萬古流芳，這就是教育理想的具象化。

2. 供祀的多元化

規模較大的書院如嶽麓書院、白鹿洞書院，除奉祀孔子及孔門諸先賢，然後再增祀對該書院有功的大儒、先賢，乃至於地方良吏，所以除有禮殿（又稱孔子堂）以外，歷代增祀有諸賢祠、崇道祠、六君子堂（又稱慕道祠）、道鄉祠等。白鹿洞書院除禮聖殿外，陸續增建有宗儒祠、先賢祠、崇德祠、忠節祠、紫陽祠等。因此，書院的供祀不只是祭祀孔子，地方有功教育者，皆可入祠，使得供祀較為活潑與多元化，對於地方上私人興學的風氣有鼓勵作用。

3.人格教育與文化傳承教育

　　讀聖賢書，便想了解聖賢其人其事，既知其人其事，則心嚮往之。心既嚮往之，便透過禮儀來接近廟堂上的聖賢，希望有朝一日也能成聖成賢，這是立志成為聖賢的磨練過程。四書中的《大學》所說「格物致知誠意正心，修身齊家治國平天下」八德目，就是人格修養的不同階段，正心誠意修身，是齊家治國平天下的前提，有學者稱儒家這種基於道德的人格修養為人格主義（personalism），有別於西方的個人主義（liberalism）。「個人主義」是肯定「自我利益」，當與別人的「自我利益」發生衝突時，要用「理性」來緩和，透過所謂的「社會契約」（social contract）概念來保證彼此的利益，以後擴展到國家與個人的契約，如洛克（John Locke）有「政府論」（1690）、盧梭（J. J Rousseau）有「社會契約論」（1762）、孟德斯鳩（Montesquieu）有「三權分立」（1750）等理論，就是在這樣的時代背景下提出來的。所以，依西方觀念的「個人主義」，是指一種與社會相對的個人，個人應納於一種合理社會規範體系下，國家便是扮演保護這種「社會契約」規範的角色，這種理性的個人主義，並非一般東方人所誤解的放任式個人主義。中國儒家的「人格主義」，按宋儒的解釋，是一種強調個人人格修養的主張，將個人人格的發揚視為關鍵點，修養完善則社會自然和諧，即儒家的「格物、致知、誠意、正心、修身、齊家、治國、平天下」人格修養的真諦。統治者有推動這種人格修養風氣的責任，並沒有西方的社會契約論，也沒有赤裸裸的談論「自我利益」，故可說是一種獨特的「儒家人格主義」，此種「人格主義」常含有宗教性的「度己與度人」情懷。廟學祭祀空間的設計，透過朝夕瞻仰祠宇的過程，從中體會聖賢人格與聖賢之道，從而產生自任天下之重的情懷，肩負文化傳承的重要任務。

三 廟學與書院在韓、日、越的發展

　　漢武帝於西元前一二四年令興太學，又曾下令「天下郡國皆立學校官」，但官學走向制度化，直到西元三年王莽秉政之際才算完備。朝鮮正

式有官學校設立的記載，是在三國時代高句麗小獸林王的西元三七二年，明載其：「立太學，教育子弟。」不過史學家認為朝鮮在漢武帝時代已經設置四郡（樂浪、玄菟、真番、臨屯），郡太守及一般官吏皆由漢廷直派，而同時代的越南也同樣設郡，在西元前後之際其郡太守已創設了學校，所以有理由相信漢領朝鮮時代應有郡學的設置，尤其是樂浪郡，這些郡學應是高句麗「立太學」的前身。三國時代的百濟在三世紀後半即有「博士」的記載，此博士應是「五經博士」或「太學博士」，顯然也是受到漢代學制的影響。六世紀以後，百濟已有明顯的五經博士，或者各種專經博士，有些更派往日本，如王仁以博士身分應聘到日本，促進日本漢字教育的發展。韓、日兩國廟學制度在八世紀不約而同地成形，正式成為東亞教育文化圈的一環。

(一)韓國古代廟學制的發展

　　韓國古代的廟學制，在三國時代已經成形。約八世紀時，值中國唐朝之際，據學者考查，新羅當於西元七六二年已經建有孔子廟堂，而且是模仿唐制，將文宣王孔子、十哲、七十二弟子圖像，放置於大學。地方州學亦應在此後一併建置孔廟。國君並常在釋奠禮儀的常祀時間，親臨國學，然後講經。到了王氏高麗朝（918-1392）以後，相當於中國王朝的五代、宋、遼、金、元及明初，其中央官學在太祖十三年（930）已有記載，或稱國子監，或稱「成均館」。並於西元九八九年，成宗時代營建「大廟」（即孔廟），以唐制為榜樣，三年後創「國子監」的同時，完成了「廟學制」。一一一九年，睿宗模仿宋制，在國學中建立了文宣王廟，而成為廟學制。至今漢城仍有成均館大學，一直都是韓國研究漢學的重鎮。

　　直到李朝時代（1392-1910），歷代提倡儒教的學校教育以及定期在學校舉行釋奠之禮，成為常例。地方上的書院教育，一五四三年地方豐基郡守周世鵬，在其地立祠宇，祭祀高麗朱子學者的名儒安裕（晦軒），進而構築講堂稱白雲書院。這是韓國書院內建置祠宇，必以本地賢儒為祀之始，形成了典型的教學空間與祭祀空間的成聖教育型態。計李氏朝鮮王朝時代，共有書院約六百一十幾所，奉祀的先賢，約有一千三百人。

　　總而言之，從高麗朝起，共增列十八位韓儒入祀廟堂。地方的書院教育也不例外，在廟學制度下，以孔夫子為萬聖師表，士子立志作聖人，足見成聖成賢的教育理想，在韓國古代中，透過廟學制度，也逐漸地得到落實。

㈡日本古代廟學制的發展

　　日本在七世紀初期，聖德太子派遣留學僧與留學生模仿隋唐制度，更在七世紀中期孝德天皇之際，公布革新詔令，實施唐制的稅制、戶籍制與土地政策，史上稱為「大化革新」。有此基礎，日本進一步模仿唐制，使日本在七世紀末期，成為東亞中央集權的律令國家。換言之，日本在這個時期，才進入一個體制比較完備的國家。在大寶律令與養老律令中有關的「學令」中，規定了有關八世紀官學的「大學寮」，這是日本早期的中央學校設置，不過大學寮限於貴族子弟就讀，以儒學教育為主，亦有類似中國科舉制的「貢舉制」，以選拔、教育人才為主，這些都屬於官方的養士教育，其立意與漢武帝的「興太學」並無兩樣，目的在培養國家的官吏人才，學生只是官吏的預備軍。

　　至於日本古代學校，也是取法唐代廟學制的形式，所以在大寶、養老《官職令》中規定大學管理人，職責是執掌考試以及祭祀的釋奠禮。日本學校中最初舉行釋奠禮是在西元七○一年，地方上的國學也出現舉行聖人孔子與先師顏子的釋奠禮。這與朝鮮的廟學制約為同時，足見廟學制的成聖教育，在此時的韓、日兩國已經發展到了成熟的階段。十世紀《延喜式》的〈大學寮式〉規定釋奠禮儀中被崇祀的除了文宣王孔子，還有先師顏子，從祀的有孔子的弟子閔子騫、冉伯牛、仲弓、冉有、季路、宰我、子貢、子游、子夏等九人，這種從祀制證明成聖、成賢是可以實現的。但是，廟學制隨著律令制的解體流為形式化，直到德川時代（1603-1868）建立了集權的幕藩體制後，才又復興儒學學校教育，並開始制度化。最常被人提及的是幕府建立的昌平黌，這個學校建制形式也合於廟學制，正位中奉祀孔子，並有四配、十哲以及從祀的宋六子、東西廡合計八十九位賢儒，無奉祀日本儒者。地方上的三百藩國中也都有藩校，鼓勵藩國武士與

民眾學習儒書，只是藩學在從祀中加祀了日本賢儒，或以古代的吉備真備、菅原道真，或以德川初期大儒朱子學者林羅山、古學派學者伊藤仁齋、荻生徂徠配享孔夫子。各藩並未像中國是以朱子學為學術主流，所以如反對朱子學的伊藤仁齋與荻生徂徠竟也可配享，這是中國

圖 1-4　日本湯島聖堂孔子雕像

與韓國所沒有的現象。另外，也發現有以忠君愛國者如楠木正成、藩主池田光政等政治人物配享的情形，不過這類情形，另專以別禮祭祀，並未造成祭禮上的困擾。

　　日本以「書院」的私學型態出現，在德川時代以前幾乎先所未聞，尤其日本是武家政權的封建社會，對私人聚徒講學頗有禁制，不如中國自由。德川時代以講學型態的私學教育機關，大皆不以「書院」命名，或稱「私塾」、「學堂」、「村塾」、「鄉塾」、「義塾」、「精舍」等等，不一而足，各私學機構的學規中，亦不乏規定禮拜聖賢，恭捧聖像懸於講堂，或揭歷代聖賢道統圖於堂上，並固定舉行釋奠禮，如現存東京的湯島聖堂，最初係由德川初期大儒林羅山建於忍岡私宅，歷代將軍都親往謁拜，可以說是半官方半私人性質的聖堂，這個聖堂是教學空間也是祭祀空間的廟學制之典型，內有大成殿、孔子像（圖1-4）及顏子、子思、曾子、孟子四賢配享，亦在固定期間舉行釋奠禮。又如大阪泊園書院，係由幕末學者藤澤東畡所建，其子孫一直到一九四五年都仍實施釋奠禮不輟。

(三)越南古代學校教育與廟學制的發展

　　秦始皇統一中國後，兵分五路向嶺南進兵，在西元前二○四年，取得

陸梁地、桂林、象郡、南海等地。西元前二一四年秦始皇在越南設置象郡以後，到西元九三八年南漢的統治被逐出為止，中間除秦亡後，真定人趙佗占據嶺南三郡所建的趙朝（計五世，西元前207-111）外，越南之為中國郡縣，將近一千一百年之久。由於地處偏遠，中國在越南設立學校，遲至西漢晚期到東漢初期的錫光、任延兩任太守，這已經距離建郡有二百多年。但越南儒教教育的生根發展，是在東漢末年孫吳之際的士燮任交趾太守時，因士燮的謙恭下士，中原名士多逃難至此，一時文教大開，越人把士燮視為傳入中國文化的始祖。東晉時期的杜慧度任交州刺史，亦曾崇修學校，推廣儒學教育，禁止南方盛行的玄學。以後南朝中央統治力漸弱，疆吏又貪暴，學校教育難以期待。即使到了隋唐時代，安南文風雖盛，但學校教育還是乏善可陳，史書中找不出有興學教育的具體文獻，當時若有官學教育，恐怕也僅止於上層階級子弟，尤其是官僚的漢人子弟，當時教育事業的主流，應著重於私學，尤其是家學。

唐亡後，吳權大敗十國中的南漢，於西元九三九年第一次脫離了中國而獨立，據地稱王，但仍群雄並立，至西元九六六年丁部領平定群雄，建國稱帝，越南有國家型態自此而始。後來的黎朝（980-1009）、李朝（1009-1225）較具國家體制的規模。越南獨立後，丁、黎兩朝，佛教興盛，西元一○○五年黎朝皇帝曾向中國乞賜佛典，兩年後年第一次向中國宋真宗乞賜儒教經典。李朝開國皇帝即位後，大興佛教，往後的諸君主都篤信佛教，直至陳朝（1226-1406）中葉確立獨尊儒術以後，佛教勢力才式微。

關於越南中央官學的國子監與文廟（孔子廟）的最初設置，晚於韓、日。學者考證出李朝聖宗在一○七○年創立了國子監，這一年並由皇太子臨學舉行釋奠儀式，其禮儀並仿自唐初之制，即周公、孔子。到李英宗時代，於一一五六年立孔子廟於昇龍（今河內）城南，更奠定李朝初期文廟合祀周、孔之制，以後專祀先聖孔子，而不再奉祀周公。李朝官學的國子監教育，限於史料尚不明確，到了陳朝有較詳細的記載。李朝興廟建學後，到了陳朝，先後以名儒朱安、張漢超、杜子平等從祀文廟。顯見廟學制的成聖教育到陳朝時，已能以本國大儒入祀孔子，說明了成聖教育在越南社會已普遍展開。

　　越南學制的完備，應在「後黎朝」（1428-1789）時期。至於中央官學的國子監所成立的學科，一如中國，以經學的儒學教育為主，並兼學書、算、律等學。越南的地方官學建立亦相當晚，要到陳朝晚期（1397），才首次制定地方官學之學制，不過實際上也沒有實施。一四○六年明成祖將安南收歸版圖直至一四二七年，改安南為交趾，分設州府縣，並置府、州、縣學。到了一四一七年，計設置了府學十四、州學三十四、縣學一百一十三，總共一百六十一所學校。後黎朝繼明軍退出後即在京城設置國子監，奉祀文廟如故，地方諸路亦設置學校。自此以後，越南之官學才真正實施於全國。阮朝（1802-1885）建立以後，地方設府縣學堂，甚至推廣至村邑的社學，均以學習四書五經的教育為主。

　　總之，從七、八世紀起，東亞世界透過漢字文化圈的傳播，教育方面形成了有共同特色的文化圈，其完成是透過教學空間與祭祀空間結合的廟學制，塑造了成聖成賢的教育最高理想。至今韓國李朝的成均館、日本江戶時代的湯島聖堂、越南李朝時代的文廟，乃至臺灣的孔廟之遺蹟，均是在此一廟學制發展的背景下所產生的結果。

研究與討論

1. 試從順時鐘方向唸以下五個字，觀察中國文字的特色。

2. 請對比中英文字的組合，如「手機」是 cell phone，「改革」是 reform，「放逐」是 exclude 等，討論中國由方塊字「文字的組合」與西方由拼音的「語言的組合」之不同。

3. 討論同學彼此之間的識字經驗以及所閱讀過的童蒙教材，請說明各種童蒙教材之特點。

4. 「漢字文化圈」是什麼意思？請說明漢字在東亞國家的傳播情形及其在近代的挫折。

5. 試比較中國古代「養士教育」與「成聖教育」的不同，請從官學與私學

的角度論之。

6.什麼是「祭教合一」的廟學制？這種教育制度，發揮了何種教育功能？並說明「廟學制」在東亞國家的發展情形。

參考文獻

一、書目

1.饒宗頤，《符號・初文與字母——漢字樹》，上海：上海書店出版社，2001。

2.龍宇純，《中國文字學》，臺北：五四書店，1991再版。

3.李孝定，《漢字的起源與演變論叢》，臺北：聯經出版事業公司，1986。

4.高明士，《唐代東亞教育圈的形成》，臺北：國立編譯館，1984。

5.高明士，《中國傳統政治與教育》，臺北：文津出版社，2003。

6.高明士，《東亞教育圈形成史論》，上海：上海古籍出版社，2003。

7.毛禮銳等編，《中國古代教育史》，北京：人民教育，1983。

8.陸錫興，《漢字傳播史》，北京：語文出版社，2002。

9.李梵，《文字的故事》，臺中：好讀出版社，2002。

10.劉元滿，《漢字在日本的文化意義研究》，北京：北京大學出版社，2003。

二、論文

1.錢穆，〈中國教育制度與教育思想〉，《中華文化復興月刊》，3-4，民59-4。

2.高明士，〈傳統社會中的師生關係——群己關係的一個縮影〉，《科學發展月刊》，18卷1期，1990。

第二章
儒　學

第一節　導言

　　中國思想以儒學為主流。整體而言，儒家可分先秦儒、漢唐儒、宋元明儒、清儒四期。漢唐儒、清儒都重經典，漢唐儒功在傳經，清儒功在釋經。宋元明儒則重聖賢更勝於重經典，重義理更勝於重考據訓詁。

　　儒學以孔子開其端，歷來東亞儒者奉為聖人，各地從中央到地方均有學校學習儒家經典，並建立孔廟祭祀孔子及後代賢儒。歷史證明儒家所以能夠異軍突起，在漢代成為獨尊的治國學問，除了鑑於秦國以法家治國的失敗經驗外，尚在思想上，儒家學問既無法家的嚴刑峻法，也無道家在政治上消極無為態度，它兼容各家的思想特色，重視現世的五倫關係，君王樂於推廣，百姓欣然受教。

　　孔子是人，不是西方基督教的上帝或神在天國上擁有至高無上的權力、主宰整個宇宙與人間的世界。孔子跟平凡人一樣，有喜怒哀樂、有血有肉、有性情的人。孔子立志好學，並且學無常師，終成為深通古代典籍及禮樂制度的博學之人。孔子一生堅持仁政理想，汲汲向國君說仁德、行仁政，一部記載孔子及其弟子的言行的《論語》，可以「仁學」總括之。可惜沒有國君願意讓孔子施展仁政理想，所以孔子退而從事教育事業，傳道解惑，有教無類，弟子有名者凡七十二人，可見教育事業是傳承永遠的志業。孔子晚年制作《春秋》，編刪《詩》、《書》，重訂《禮》、《樂》，治《易經》，並作《易傳》，這就是儒家經典的《六經》（後來《樂經》

失傳），成了歷代讀書人的聖經，孔子不僅成了百世帝王之師，更是讀書人追求至高理想的聖人標準。

戰國思想界極為紛歧雜亂，國家走上統一後，思想界亦要求調和融通，匯歸一致，儒家、道家與法家，都有此期望。因而在漢代初年，有黃老與法家的結合，二者皆強調「無為」思想，黃老強調個人的無為，法家則強調尊君的無為。到了漢武帝時代，雖推尊儒學，實則以法治國，儒法相結的學者不少。其次，董仲舒雖主張獨尊儒術，實則他的思想中有濃厚的陰陽家色彩。漢代獨尊儒術政策後，除在儒術的基礎下，學者仍多會通法家與道家、陰陽家等，並不只是儒術而已。

然而，由於漢武帝創立《五經》博士，並令天下郡國皆立學官，不但確立了儒家經典的地位，也對儒學的普及有相當決定性的作用。儒學能夠推展，《五經》文字字樣的統一也有推波助瀾之勢，東漢末年靈帝期間，開始有用巨石鐫刻五經文字字樣，目的在於免除經書文字傳抄的錯誤，刻在巨石之上，以作為標準對照之用。以後歷代亦皆有復刻《五經文字》、《九經文字》之出現。儒家經典發展到唐代，隨著政治的統一，在經學上也企圖透過編纂《五經正義》，來達到對經典解釋的統一以及作為官方科舉考試的參考書之功能。

儒家及其經典之地位，從漢代到宋代幾經轉變。《五經》是漢代以來讀書人最初的教材，但在唐朝形成了《九經》，除《詩》、《易》、《尚書》外，《春秋》有《公羊傳》、《穀梁傳》、《左傳》三傳，《儀禮》經外加上《周禮》、《禮記》，共計九經。到宋代則成為十三經，增列《論語》、《孝經》以及《孟子》、《爾雅》，前後總計十三經，形成傳統中國士大夫知識的主要來源。宋代以後，理學興起，儒家經典地位由《五經》轉移到《四書》，並以理學的觀點來解釋經典的義理。元代以後，《四書》更成為科舉取士的科目，成為讀書人必讀的經典。宋代以後這股《四書》經典推崇運動，扭轉了中國近千年的經學傳統，開展了儒學另一個嶄新的任務與階段。

中國儒學發展到宋代，又是一個轉捩點。宋代學術的轉變，有所謂從「禮學」轉變到「理學」的過程。宋代以前的儒學沒有「理學」概念，也

沒有《四書》的名稱。宋代以後的儒學，不能脫離「理學」而談儒學。宋儒之學的主體，即是「理學」，發端於北宋初年的周敦頤，集大成於南宋的朱熹，這就是《宋史》中特立一〈道學傳〉以區別一般的〈儒林傳〉的原因，能列入此一〈道學傳〉者，皆是理學者，例如周敦頤、二程（程顥、程頤）、張載、邵雍、朱熹等儒者。

宋代「理學」一出，對儒家經典的解釋，重義理而輕考據，並以「理」的哲學解釋儒家經典，出現以「理」釋「禮」的現象。「禮」在古代包括「禮制」、「禮儀」、「禮義」三部分。禮制（典章、制度）係指國家、社會、家族的組織和規範；禮儀（儀文、節式）是指婚、冠、喪、祭等特定典禮的儀式。禮義（價值、道德），指在制度儀文之上的倫理準則和價值取向。但宋代理學的解釋偏重在「禮義」，更以「理」的道德哲學來理解「禮制」與「禮儀」，從而使「禮制」的規範與「禮儀」的人神、人鬼等宗教儀式，皆從屬在「理」的心性道德哲學之下。

宋代理學在元明清三代的發展，歷久不衰，並成為官學，科舉考試也以朱注《四書》為依據。但是，反理學大儒在清代輩出，從清初的顧炎武、顏元到中期的戴震、凌廷堪等，或主張以《六經》取代理學，或主張返回孔孟經典的時代，或強調「以禮代理」等，反對性命道德的理學，回復古代聖人之「禮」，注重制作禮樂的實踐精義。

由於程朱理學的發展，把儒家傳統的倫理思想向前推進了一大步，使得儒學在政治上和倫理思想上，以「理」的思維方式貫穿其間，規模宏偉地企圖以「理」統括萬有一切現象。理既是宇宙法則的規律，同時又是人事儀則的規範，君臣、父子、夫婦、兄弟、朋友的五倫關係及忠孝節義的倫理綱常和道德規範，都是符合天理而流行之則，具備和天理一樣客觀的必然性，成為人們只能順之而不能逆之的當然之則。對統治者而言，運用理學理論，可以為其政權樹立穩固合理的思想工具。這就是元明清三代，乃至韓國的李氏朝鮮、日本的德川幕府政權，以之為官學的道理。

但是，朱子理學雖傳播到韓國、日本，卻得到不同的發展。朱子學在十三世紀末的高麗王朝末期傳入，盛行於往後五百年的李氏朝鮮時代，大儒輩出，也使韓國儒學正式與佛學分離，並使儒教取代了佛教為國教。而

其理學發展偏向人間論下的性情論與道德修養論，向來有重視實學的傳統。其次，朱子理學傳播到日本後，長期以來，只是附屬在禪學僧侶的學問中，到了德川初期才正式與禪學分離。不過，與朝鮮朱子學發展不同的是，朱子學並未在德川思想界獨領風騷，各種學派林立，懷疑與批判朱子學的學派，幾乎與朱子學同步發展，其中反朱子學最烈者而且其學派影響深遠者，當屬古學派。古學派儒者紛紛舉起反朱子學大纛，諍朱、批朱、詆朱，不遺餘力，蔚為一股反朱風潮。在中國並非沒有反朱子學勢力，但要像德川思想界一開始就形成反朱子學風潮，這種情形在中國沒有，在朝鮮也幾乎不存在，我們由此可以看到儒學傳播到日本之後的多元性發展現象。

儒學在自漢代獨尊以來，至清末綿延了二千年之久，影響至為深遠。但因儒學教育與政治體制的不即不離相關，在許多近現代的知識份子看來，儒學是君主封建體制的幫凶。我們看到近現代的反孔、批孔運動，其批評大都著眼於結合政治化的儒學，以儒術獨尊的「保孔」姿態，進行養士與帝國統治的工具。近現代的反孔、批孔與保孔運動中，除了五四新文化運動的反孔教運動以外，太平天國的反孔、康有為的改造孔子、文化大革命的批孔，也都帶有其政治目的。以上不論「保孔」或是「反孔」，都證明了儒學精神在政治領域中不斷地被踐踏。因此，儒學要重新在現代民主社會重新贏得認同，必須從私學教育中找回，擺脫儒術獨尊以及官方的養士教育，學習宋學以來的書院教育所堅持的道統精神，凌駕於政治領域，這才是原始孔孟的成聖成賢之主要精神。例如儒學雖有孔廟，也有釋奠禮的祭祀活動，但這些祭祀活動是屬於國家祭典，是高度政治化的活動。唐宋以後，孔廟主祭者，無論上自天子、孔家聖裔，下自朝廷命官、地方首長，一律享有官方身分，一般老百姓不得隨意參拜，以維持其莊嚴神聖性，使得孔廟與群眾距離加深。不過，這樣的孔廟是政治化的結果，今日孔廟要與群眾拉近距離，活化孔廟中的教育活動與祭典，去除政治力的干擾，擺脫儒術獨尊的奉祀制度，代之以多元的價值體系，實有其必要。

第二節　先秦學術與儒學

一 從貴族學（王官學）到民間學（百家學）

　　西周之學，官師合一，學在官府。春秋時代，私家之學興起，到了戰國而大盛。私家之學興起，是因周天子中央權力日漸式微，新興的諸侯日益強盛，除了破壞原有的封建世襲制度以外，官學也逐漸荒弛不脩，於是官師之學，轉變為私家之學。《莊子・天下篇》說：「道術將為天下裂。」以今日眼光看來，「道術」分裂而為百家之學，產生了春秋戰國黃金的學術多元時代，未嘗不是一件好事。這裡的「百家」泛指許多新的學派興起，如漢代劉歆《七略》所說的「九流十家」，即儒家、道家、法家、名家、墨家、縱橫家、雜家、農家、小說家、陰陽家等等。不過，學術的分化，並不是一時之事，而是經由漸進的過程，最初由天子管轄的地方，逐漸擴散到各國。私家興起後有個特點，師弟之間不必局限一國，例如孔子就有來自各國的弟子，而且弟子學了一段時間後，也紛紛被各國所重用，如子路在衛國、子張在陳國等。總之，這是一個追求知識的黃金時代。

二 從道、儒、墨到各家的興起

　　自周代官守不脩，學術分化，於是有九流十家之學。十家之中，以道、儒、墨三家出現最早。道家以老子為首，不過老子年歲已不可考，《史記・老子列傳》記載有人說他有一百六十餘歲，也有人說他二百餘歲，因為他善於修道養壽的緣故。這當然只是傳說，即使在司馬遷的時代，都已經對老子的年代不可考了。不過老子遺留下來的《道德經》五千言，確實可以看出他處在禮崩樂壞的時代，看透政治、人性的鬥爭、世人之競爭，而不反求於內，於是教人「無為」，這種「無為」，不是消極地

教人全無作為，而是積極教人掃除一切人類後起的知識情欲，然後從根本處用功。老子說：「為學日益，為道日損，損之又損，以至於無為。」所以「無為」正是所謂「無不為」。東漢道教奉老子為始祖，一直到今天，民間宗教仍奉行不已，無疑地老子《道德經》已成為中華文化的寶貴資產之一。

相對於道家對宇宙人生的「無為」態度，儒家特別重視學習古代禮儀精神，強調為政以德的王道政治，墨家則強調社會平等主義，主張兼愛非攻。由於當時是個遊士高漲，尋求出仕機會的時代，故儒、墨二者的政治主張，都在批評當時的貴族社會，但是難免都與當時的政治扯上關係，所以有學者說儒家常要貴族恢復周禮，近乎貴族的清客；墨子之徒常為貴族守城，卻成為貴族的鏢師。春秋戰國諸子百家之興，其中以儒家與墨家為當時的顯學，儒家啟於孔子，墨家創之於墨翟。兩派學說諸多牴觸，孟子就攻擊過墨家與楊朱，說：「楊朱、墨翟之言盈天下，天下之言，不歸楊，則歸墨。楊氏為我，是無君也，墨氏兼愛，是無父也。無父無君，是禽獸也。」墨子雖在孔門中受教過，不過以後卻自創學說，並攻擊孔子與儒家學說。儒家強調禮樂，墨家則講非禮非樂；儒家對於喪葬之禮主張厚葬，墨家則強調薄葬。

孔子死後六年，越國滅掉吳國，又七十年後，韓、趙、衛三家瓜分了晉國，開始了戰國時代。至於孔子弟子的流派，韓非雖然分儒為八派，不過《荀子·非十二子》篇中，還包括了子夏與子游，他們的主張都與子張不同，因此論孔門弟子之學派，應該不必拘泥於韓非的說法。到了戰國，孟子、荀子乃至法家的興起，其實也都源自儒家。孟子主張「民貴君輕」，強調人有性善的先天之性，國君應依據這種善的先天之性，使之率性施行仁政，達到仁本的王道理想。荀子則主張禮治，堅持人性的善，都是後天偽裝出來的，人性的根源是惡而不是善，必須要在後天環境中制此惡性，所以他強調要用歷代聖王的禮治，定位人倫秩序，學術應該定於一尊。

法家主張要重新建立貴族階級的上下秩序，其實也具有儒家精神。法家代表人物韓非與李斯都師事過荀子，韓非主張法治，頗持偏狹的國家主義者，徹底主張貴族階級統治者的私利，認為聖人治國之道，應用「利」、

「名」、「威」三原則，並從荀子性惡論推演出重權力、輕人道的反恩主義。歷史證明法家一派在秦國的統一事業上，占比較突顯的角色，但秦國以法家治國，君權無限高漲的結果，遂使秦國亡於專制及嚴刑峻法。漢代記取歷史教訓，改採尊崇儒術治國。

三 儒學源流、發展與流派

(一)孔子其人

中華文化以孔子所創儒學為主要核心，所以有學者說：「無孔子則無中國文化，自孔子以前數千年之文化，賴孔子而傳，自孔子以後數千年之文化，賴孔子而開。」老子與孔子雖然均生於春秋時代，亦皆為中國的大思想家，但論其對後世的影響，老子遠不及孔子，其他戰國諸子，也不可與儒家相提並論。

孔子出生於魯國，即今日的山東省曲阜縣，雖然古代有很多關於孔子的神話傳說，但是我們沒必要把孔子神格化或神祕化，孔子是人不是神，他也自謙自己不是聖人，甚至在求學問師方面，他學無常師，而且如你我一樣，小時候也都會玩扮家家酒的遊戲。孔子不一定什麼都懂，或比什麼人都優秀，《列子‧仲尼》篇有一段很能說明孔子之所以為聖人的原因。有一天，子夏和孔子閒聊，談到同學的長處時，子夏想聽聽老師對他們的看法，所以就問孔子說：

> 「老師！你認為顏回的為人怎麼樣呢？」
> 孔子說：「回的仁德修養比我還好。」
> 子夏說：「那麼，子貢為人怎樣呢？」
> 「子貢的辯才比我還好。」
> 「那子路呢？」
> 「由（子路）的勇氣比我好。」
> 「子張呢？」
> 「師（子張）的莊矜比我穩重。」

　　聽到這裡，子夏忍不住站了起來，驚訝又鄭重的問孔子說：「既然他們四個人都比老師賢明，為什麼還來向老師學習呢？」孔子舉手示意，要子夏別太激動，然後解釋說：「坐下來！我詳細告訴你，顏回雖然仁德高，但不懂得通權達變；子貢雖然有高度辯才，卻不知收斂鋒芒；子路雖然非常勇敢，卻不懂得謙退恕人；子張雖然穩重莊矜，卻不懂得溫和平易。以他們四個人的優點來和我交換，我也不會答應的啊！這就是他們所以必須向我學習的原因啊！」

　　以上只是篇寓言故事，但作者主要說明人各有所長，而聖人之所以為聖，師者之所以為師，以其博學多識，寬大能容，所以集各人之特長仍敵不過師者之通明，孔子正是這樣平凡而見其偉大的人。

　　孔子的平凡處，我們可從記載孔子言行的《論語》得知，其中記載許多孔子喜怒哀樂的形象。孔子會開玩笑，例如，孔子學生子游擔任某地方官，有一天請孔子去參觀，孔子帶了幾個學生去，還未到衙門，路上就聽到從門房傳出有弦歌奏樂的禮樂之聲，孔子開玩笑說：「殺雞焉用牛刀。」子游說這是按照夫子之道教人，孔子竟回答：「殺雞焉用牛刀，前言戲之耳。」可見孔子是會開玩笑的；孔子也會哭，他最重要的弟子顏淵，不幸短命病死，孔子「哭之慟！」弟子中好勇的子路死於衛國的一場政變，孔子也哭了；孔子有時也很快樂，《論語》第一章就說：「有朋自遠方來，不亦樂乎。」他也自稱：「其為人也，發憤忘食，樂以忘憂，不知老之將至矣。」孔子對音樂也有相當造詣，他會唱歌、奏樂、擊磬，甚至自己作琴譜。孔子也非只是一介書生，他曾替魯國帶兵打敗過反叛的臣子，他的弟子冉求也是當時魯國執政大夫季氏的將帥。總之，孔子多才多藝，有豐富的喜怒哀樂之情，我們不必把孔子當神，他是有血有肉有性情的人。但是，孔子一生的事業以及後來的影響，卻是影響中國文化最重要的歷史人物，同時也是中國文化最具代表性的人物。

　　孔子的學問，有些來自家學，也有大多數是得自於社會的學習，所以他說學無常師。孔子是殷商後人，到了孔子這時代，已經是沒落的士族，但他仍有自己的家學淵源。除此之外，孔子說他「少多鄙事」，兒時常常以陳列祭祀品及如何排列祭祀的儀式作為兒戲，加上他曾學琴於師襄子，

也曾經問禮於老聃，問官學制度於郯子，進入祭祀的宗廟，也必每事都問得清清楚楚，顯見他的學問，很多還是學之社會，而且學無常師。

　　孔子的時代雖然紛亂，但距離前代禮教學說不遠，孔子自言「三十而立」，其實就是指他的禮學成就，在當時已經是個權威了。孔子的好學精神從他志於學後，一直到老，都還非常好學，例如他五十歲學《易經》，認真到用草繩編的古書達三次斷掉紀錄。總之，孔子之所以為孔子，是他能請益多師，自身好學、善問、能疑，一面學、一面問，並總能將一事物從概念抽離，而用於為人處世的普遍之道，往往能啟發學生與後世。在當時，教育是孔子心愛的職業，所以他有教無類；政治是他的抱負，所以他周遊列國；淑世是他的理想，所以他慨嘆自己「不復夢見周公」。孔子極富獨立批判的人文精神，追求內外兼備、文質彬彬的道德理想精神，成為後代的典範。漢高祖時已經開始祭拜孔子，漢代尊儒術後，更發展為舉國崇奉孔子之教，而且立廟奉祀，並推廣到學校而成為「廟學」之制。影響所及，如韓國、琉球、日本、越南的學校皆立有文廟，行釋奠禮。無怪乎司馬遷《史記》立孔子為世家，稱之為「至聖」。

(二)孔子的形象變化

　　第一章曾言儒教在漢代獨尊後，政治與學術上的地位大為提高，甚至各地都建有孔廟，歷代皇帝都親往祭拜，孔子與儒教乃成為中華文化最主要的象徵之一。尤其在儒術被獨尊後，上至皇帝，下至士大夫，人皆知道運用儒教來修身齊家治國平天下，但是利用儒教學說篡國的也是儒教（如王莽）。因此，對於神聖不可褻瀆的孔子，歷代也不缺乏把孔子拿來作為調侃揶揄的對象，由此我們也可看到孔子在後代的另一個形象。我以下舉「盜跖罵孔子」、「小兒難孔子」、「孔子師項託」等三個故事，說出孔子在後代的另一個形象。

　　孔子是人並不是神，他的學說未必都為人所接受，戰國時代《莊子》的作品中，就有許多諷刺孔子與顛覆儒家的仁義道德，〈盜跖〉篇這樣記載：有一次孔子想拜訪他敬重的一位將軍——盜跖，請人通報一聲，盜跖一聽是孔丘之名，眼露凶光，怒髮衝冠，罵道：「這個人是魯國巧言虛偽

的孔丘嗎？替我告訴他：『你造出一些言論，妄稱是文王、武王的道理，戴著像樹枝的冠帽，配著浮華雕飾的死牛皮的革帶。愛說些錯誤的言論，不耕作而享受食物，不織布而有衣穿。鼓動那三寸之舌，製造是非，迷惑天下君王，使天下學子不去歸返他們的本原，卻來學你妄自講些孝弟人倫，以求希望封侯得到富貴。你的罪過這麼深重，若不快走，我將挖出你的心肝，拿來作為肉乾的食物。』」

〈盜跖〉篇充滿對孔子與儒家道德倫理觀的諷刺與批判。同樣具有道家色彩的《列子·湯問》篇中，藉著兩個小孩辯論太陽的遠近，以嘲諷孔子的無知，該書這樣記載：

> 孔子出外遊覽，看到兩個小孩在口角，於是走前去問他們原因。
> 其中一個說：「我認為太陽初昇的時候距離我們較近，中午的時候距離較遠。」
> 另外一個說：「我認為太陽初昇時離我們較遠，中午的時候離我們較近。」
> 先前那個小孩又說：「太陽初出時大如車蓋，到中午時就只像盤碗大小，這不是遠的小，近的大的道理嗎？」
> 另外一個則解釋說：「太陽初出時，是滄滄涼涼，到中午時，熱如探湯，這不是近的熱，遠的涼的道理嗎？」

孔子聽了，也搞糊塗了，沒法替他們作個判決。兩個小孩就反過來笑孔子說：「大家都說您很聰明，竟連這種小事都解答不出來，哈哈！」

當然這是一篇寓言故事，旨在突顯即使如聖人孔子也會有不知道的時候。

另外，諷刺孔子最成熟的作品，可以「孔子師項託」的故事為代表。這個故事的記載始自《戰國策》的〈秦策〉，一開始只是簡單記載秦國十二歲小孩甘羅的話：「項託生七歲而為孔子師。」以後在儒教式微的魏晉南北朝至隋唐時代，卻形成一篇故事，並在唐代普遍流傳，進一步的被綜合擴大與渲染故事的情節，而有〈孔子項託相問書〉的出現。此書故事大致說：從前孔子東遊，走到荊山下，碰到一個小孩，叫作項託，與他展開

一場相互論難辯說，精采的鬥智故事，孔子每被項託逼到辭窮，以下二例可作說明：

(1)小兒問孔子：「天上明明有多少星星」。孔子回答：「我和你只論眼前事情，何必論及遠方的天地。」小兒反駁道：「那我問你眼前眉毛髮有多少數目。」孔子無言可答。

(2)小兒問孔子：「公雞何以會啼叫？」孔子回答：「因牠的脖子長，故會啼叫。」小兒反駁說：「蛤蟆脖子短，為何也可以鳴叫。」孔子不答。

當然，〈孔子項託相問書〉也只是一部反諷孔子的作品，無論如何，其間所敘述的故事旨在闡明「後生可畏」，而孔子是被當作負面的形象，遭到揶揄與調侃。〈孔子項託相問書〉在最後的詩句中，出現孔子辯不過項託，竟拔刀將項託斬為兩半的情節，這樣極盡揶揄調侃孔子之能事的作品會出現在唐代，並且普遍流行，與儒教在唐代的衰落有關。唐代是佛教最為發達的全盛時期，而李唐建國以其系出老子李耳的後代，故樂奉道教。從這個故事的流傳看來，顯然有意排斥儒教，作者不是佛門中人即是道家人物，孔子形象在這個時代是如此負面，與宋代以後儒學復興所受的推崇，實不可同日而語。

(三)發展與流派

孔子以前雖然已有「儒」之名，並有許多妄命自己為儒、身穿儒服者。孔子曾經在魯哀公面前力辯，說所謂的「儒」是不會困迫失意於貧賤，也不會曲意於富貴，教其弟子要成為「君子儒」，不要做「小人儒」。孔子之後，學派繁衍，《韓非子·顯學》篇稱：「自孔子之死也，有子張之儒，有子思之儒，有顏氏之儒，有孟氏之儒，有漆雕氏之儒，有仲良氏之儒，有孫氏之儒，有樂正氏之儒。」以後學者統稱之為「儒」，原則上均承認「儒學」的基本方向及理論，是由孔子提出，孔子可以說是「儒學」的創始人。從《論語》可以看出，孔子教弟子禮樂，這是承繼了周代王官學的學問，不過孔子強調的「仁」德精神，以人為主的思想，展現獨特的人文精神，開啟了後代人文思想的先河。總之，孔子與弟子之間的關

係，最初由一種單純的一個學習禮樂的學生社群，或以此為職業，或到各地為官，漸漸演進成一個「儒學」流派。

　　孔子弟子到底有多少人，確實的數字已經不可考，《史記‧仲尼列傳》只記載七十七人。不過私家教授徒眾之盛，春秋時代，未有如孔子者。孔子的私學，之所以如此興盛，有以下三個原因：其一是孔子的有教無類精神，打破教育是貴族的專利，這是使學術平民化的造端，在當時具有劃時代的意義。其二是孔子教授的是正統官方失學的學問，他自稱「述而不作，信而好古」，但「述」本身其實是經過孔子人文精神的改造，這是許多外國子弟要到魯國向孔子請益的原因，學成後自可用所學的正統禮儀，輔佐國君治國，至少使國君稍知古禮，在當時是非常有用的。其三是他率領弟子周遊列國，作政治的活動，嚮往者眾，開創戰國「遊說」的風氣。孔子所創立的學習團體，在他死後，弟子紛紛轉而遊學各地諸侯，他們也傳授弟子，而為諸侯國所任用。根據司馬遷的《史記‧儒林傳》說：「大者為師傅卿相，小者友教士大夫。」也有隱居（如原憲），也有成為王者師（如田子方、段干木、吳起等）。可見自孔子身後，儒者的際遇，儒學的流衍，都已經不是孔子生前可以比擬，而戰國百家之言亦隨之興起，其風氣實自孔子開啟。

㈣孔子與儒學經典的確立之關係

　　儒學理論所以能夠確立，也與孔子整理經典文獻有密切相關。孔子晚年整理《六經》，堪稱是中國古代文化承先啟後的集大成者。孔子周遊列國，沒有國君願意重用孔子，晚年回到魯國後，退而修詩書禮樂，開啟了孔子整理古代文獻的契機，同時作為教材來教導學生，弟子求教者愈多。《六經》之名，有時稱為「六藝」。「六藝」在古代有兩種涵義：一是指貴族必須學的初級的禮、樂、射、御、書、數等「小藝」，二是指貴族必須學的高級的《詩》、《書》、《禮》、《樂》、《易》、《春秋》等「大藝」。雖然在孔子時代未有《六經》之名，但孔子以前已有「六藝」（詩書易禮樂春秋）之教，而將六藝編訂為六本教材，則是孔子完成的。司馬遷的《史記》說孔子弟子就稱「身通六藝者七十有二人」。約在戰國後

期，「六藝」已經被尊為《六經》。到了秦始皇「焚書坑儒」，《六經》中的《樂經》亡佚，只留下《五經》。

由此可知，作為孔子私學教育教材的《六經》，是孔子整理古代文獻而成的，並不全是孔子所作。例如《尚書》與《詩經》是經過孔子整理的，《禮經》與《樂經》是經過孔子重新訂定，孔子親自撰寫的則是《春秋》，以及研究《易》而作的《繫辭傳》（簡稱《易傳》）。古代《詩》、《禮》、《樂》三者本屬一事，孔子說：「興於詩，立於禮，成於樂。」因詩可以言志，以溫柔敦厚為教，故孔子告訴他的兒子孔鯉說：「不學詩，無以言。」《詩經》三百篇本來都有樂章，是當時的正宗音樂，所以孔子本身也是個音樂家。孔子希望創造一個人群相敬和睦的世界，特別強調「禮」，以「禮」對人，必有言；以「禮」對祭祀，必有「樂」；「禮」、「樂」、「詩」三者一體，旨在創造一個心與心相通的和樂相敬世界。這就是孔子為何要整理或修訂已經散在各處的《詩》、《書》、《禮》、《樂》的緣故。

孔子在《六經》中唯一所作的《春秋》，深具意義，也影響中國的史學傳統。春秋以前各國史官所記載的史書，都叫作《春秋》，取每一年必有春、夏、秋、冬四季，標舉「春秋」兩字，便代表每一年。但孔子記載春秋時代當時的歷史，也叫《春秋》，不過孔子的這部《春秋》是中國第一部逐年記載的編年體史書，記載春秋時代前後兩百四十二年。由於春秋時代，君殺臣或臣弒君之事常聞，相較於三代，是個君不君、臣不臣的時代，所以孔子著《春秋》，常對當時君臣寓褒貶之意，孟子因而說：「孔子成春秋而亂臣賊子懼。」

綜合以上所說，孔子在周遊列國返回魯國後，整理《詩》、《書》，修訂《禮》、《樂》（秦火已經亡佚），並作《春秋》、《易傳》，這些著作都成為儒家基本的經典。今世所傳《五經》（詩書易禮春秋），皆出於孔子弟子子夏，漢代《五經》博士的傳承，都可上溯到子夏，因此子夏對於中華文化傳播的關係，相當重要。除《五經》以外，屬於孔子的著作，還有《論語》，《論語》雖然不是孔子親作，卻是他的弟子和再傳弟子記載孔子一生的言行錄。另外，孔子其他弟子，如曾子相傳著有《孝經》。

這些經典，從漢代以降，一直是上至帝王，下至庶民百姓皆必閱讀的教材。

其次，漢代以後，儒學興盛。漢高祖經過魯國時就曾親自祭拜孔子。最遲在東漢明帝，太學已有祭拜孔子的典禮。唐玄宗時已封孔子為文宣王，孔子被立廟祭祀，近於宗教性質，實孔子始料未及。孔子的後裔，累代亦皆有封號，到了宋代仁宗皇帝正式封孔子後代為衍聖公，迄今相傳七十餘世，其系譜完整可靠，可說世所僅見。自從唐代以後，從中央的國子監到地方的州縣學校都立廟祭拜孔子。外國地區如朝鮮、日本、越南、琉球等地的學校亦立文廟，行釋奠禮。孔子學說成為東亞國家共同遵循的準則，孟子尊孔子為聖人，日本德川儒者伊藤仁齋（1627-1705）更稱孔子為「最上至極宇宙第一人」。孔子與儒學不只是中國的文化資產，同時也是東亞世界的共同文化資產。

第三節　儒術獨尊及其影響

秦始皇統一天下後，才十二年，便有陳涉的起義，擾亂天下五、六年，終為劉邦再次完成統一，建立漢朝。兩漢之世，正值西方的羅馬時代，外人稱中國人為漢人，即從漢代國號而來。漢代的政治，有鑑於秦代屬法治國的弊病，從漢武帝親政以後，治國實施獨尊儒術，並置《五經》博士及弟子員，使任官與教育相結合，加上從東漢末年以來，透過石經的鐫刻，統一了《五經》的文字字體。逮至唐代更有浩大工程的《五經正義》之編纂，是為統一儒家經典解釋的官方版本，以上都促使了儒家典籍與思想在中國得到充分發展的機會。

一　漢初黃老之治與儒法相爭

㈠漢初黃老之治

所謂「漢初」，是指高祖、惠帝、呂后及文、景二帝的一段時間（西

元前 206 至前 141），約有六十六年。漢朝初建，並不是一開始實施儒家治國，文、景二帝，號稱治世，但是文帝好刑名之言，景帝也不親任儒家。戰國時代的儒、法、道、陰陽、縱橫等諸家，在漢初仍然活躍。即使到了漢武帝獨尊儒術後，表面上獎掖儒術，實際上也是以法家治國。

漢統一天下後，承襲了秦人輕儒之風，而且漢廷君臣，大都出身於低層社會，對講求政治理想與學問的儒家也多無興趣。例如漢高祖劉邦有一次將儒者的冠帽當作裝小便的器具，可知他對儒者橫加輕蔑和侮辱的態度。因而漢初建國，在制度法律方面，僅能承襲秦代舊制，畢竟秦朝雖亡，建國制度尚存。但漢初在政治精神及原則上，卻選擇了「黃老之術」。何謂「黃老」，古代本無黃老之名，戰國時代，治道家的學者，才以黃帝與老子互相附會，如莊子就已經常稱讚黃帝，又極崇拜老子。

漢初著名的黃老學者，有趙國田叔和齊國蓋公。漢惠帝任相國的曹參，就曾受教於蓋公，以「清靜而民自定」治理齊國，結果齊國安定繁榮，大受人民的擁載。之後，曹參繼蕭何入中央為丞相，更推行無為政治於全國。他任相國凡三年，死於任上，百姓歌之曰：「蕭何為政，擘畫了一定的法制。曹參繼任，相守不違背；奉行他的清靜無為政策，百姓因此得到安寧。」由此可以看出曹參在無為政治上的成功。這種無為政治，就是對內輕繇薄賦，簡省刑罰，竭力避免煩苛擾民的施政，旨在與民休息；對諸侯國則採取放任政策，不干涉其內政。對外族如強鄰匈奴，則力求親善，甚至不惜屈己以求保持和平關係。對南方諸越國，也都採取安撫政策。這樣的無為政策，使得戰國以降，因連年的戰爭及暴政以致人口銳減的情況，得到了休養生息的機會。

曹參的繼任者陳平，也是個黃老信徒。此外，漢文帝與其后竇氏，也都好黃老家言。景帝時竇氏成為太后，並供養了一位精通黃老學說的處士，令太子和外家子弟都得讀《老子》，對景帝的施政亦有一定的影響。一些儒家學者看不慣黃老之術，當竇太后向一位儒生問及《老子》時，那位儒生不知好歹，批評了一句，落到被太后處罰到獸圈中打野豬的下場，幸虧景帝暗地裡給他一把刀，才不致喪命。武帝初年，竇太后尚在，儒者趙綰建議武帝立明堂，改曆法，變服色，又激怒了竇太后，趙綰等下獄自

殺，多人遭牽累。由此可知，漢初黃老的勢力，甚於儒家。

(二)儒法相爭

　　從惠帝到景帝的五十幾年，是黃老思想的黃金時期，它在政治上所展現的最大貢獻，是培養國力，使人民各安生業。漢初五十餘年間，能夠由殘破困貧而達於繁盛富饒之境，是拜無為政治之賜。但是漢初所強調黃老的「無為而無不為」的政治哲學思想，在法家也有這種精神。戰國時代法家諸子之中，慎到與彭蒙、田駢都學過黃老，韓非的著作中也有〈解老〉、〈喻老〉諸篇，司馬遷的《史記》有〈老莊申韓列傳〉，視老莊與法家的申不害、韓非具有同一性質。黃老強調為政之道在於清靜無為，法家言論中亦不乏無為思想，但法家的方式是用明法飭令，重刑馭下，以達君主無為在上，群臣恐懼於下的無為境界，這是一種專制的無為，不是老子強調個人自由的無為。換言之，一是立於「尊君」的態度，一是站在「為我」的立場。由於法家與黃老之術立場的不同，在政治的角力上，難免發生衝突。景帝時所用的晁錯，權傾九卿，法令多所更定，欲以法家治國，想要削弱諸侯王的勢力，以致引起了「七國之亂」。由此我們可看出以黃老之術治國的無力感，畢竟道家的政治理論，只適於「小國寡民」，而不適於一個龐大的帝國。當時諸侯王強橫，藐視中央，統一的江山，有分裂之虞；加上匈奴屢次入侵，漢廷只能隱忍，這些都是無為政治的缺點。漢武帝好大喜功，要大有為於天下，對外要討伐匈奴，對內要改革政治，正式擺脫黃老治術，儒法兼用，儒家與法家因此再興，卻也引起儒法相爭。

　　漢武帝表面上雖獨尊儒術，但他所任用的桑弘羊，實施的卻是法家治術，故才有儒臣董仲舒等以儒抗法，力爭政治上的地位。董仲舒等儒生建議武帝，罷免一切治商鞅、韓非等法家，或蘇秦、張儀等縱橫家所舉薦的賢良，因為他們的言論將導致國政亂亡，力陳秦國就是因為師法法家，擅用酷吏，竭民財力，表面上有尊君之禮，內心卻懷背叛之心，以致喪失人心而亡國。董仲舒等也主張國家學術不能放任不管，重視孔子之教，藉國家教育，來教化天下之人。董仲舒等的建議，得到漢武帝的肯定，遂有日後的儒術獨尊政策。武帝獨尊儒術，意不在提倡儒家，因他並沒有大量重

用儒臣，不過，儒家在武帝之後，自宣帝以降，歷經元、成、哀、平及孺子嬰五帝，漢廷政業日趨衰微，政治上出現兩種現象：一是儒家政治權位的提高，法家的政治集團在成帝末年，終至瓦解，儒家出身的政客，漸成為朝臣的主幹。另一是政權漸由外戚王氏一門所掌握，王氏終於成為實際政治的最高領袖。王莽能夠篡漢，利用儒家及其理論是主要因素之一。

二 漢代的儒術尊崇及其影響

㈠儒術興起的背景

在討論獨尊儒術以前，首先要先釐清兩個概念，其一是漢武帝設立《五經》博士，係把非屬於《五經》博士者均加以遣散，因為《五經》以外的儒家博士也存在，如《孝經》、《論語》在漢文帝時已置博士，不過是被拿來當作初學者必讀的典籍，是屬於「傳」而非「經」，自武帝後未被列為學官。其二是認識所謂的「儒家」，應區分孔、孟、荀的古典儒家，與政治上被獨尊儒術之後的「儒家的法家化」，宋代以後士大夫所倡議的儒家理想，要回返的是古代孔、孟的儒家政治理想。

儒術能獨尊於漢朝，並不是沒有原因，它適合於當時政治、經濟、社會環境的需要。首先，就政治環境的需要而言，道家講小國寡民，無為而治，其學說幾近於無政府，並不利於專制政府。法家之術，雖有利於集權政治，但秦朝亡國的失敗，以及七國之亂的教訓歷歷在目。漢代初期徘徊於道、法之間，逐步摸索建立一個既可以穩固政權，也可以為人民所接受，而儒家強調用世、尊君與重禮來教化人民，非常適合君主專制。

其次，就經濟環境的需要而言，漢初行黃老之術、與民休息養生之策，使得全國經濟得以日漸復甦，隨之而起則是富家大賈勢力的崛起。商人在春秋到秦漢戰亂之際，可以說是個解放的時代，因為交通日漸進步，交易日趨頻繁，商業日漸發達，不免出現了許多壟斷利益、富可敵國的商人。劉邦即帝位後，甚至連純種的駟馬車都坐不起，但富商們卻能操兵、騎馬，穿的是衣錦繡綺，以致劉邦要下令禁止商人這些奢侈行為。不過劉

邦死後，繼任者信黃老之術，黃老之術並不主張裁抑商人。儒家因站在民本的立場，主張要先制民之產，認定國家的經濟基礎在於農村經濟的安定，有此基礎，然後施行教化，申明孝悌之義，以完成理想的農村社會，強調重農抑商。這樣的學說，是因應漢代時空脈絡以及改革的需求而生。

　　商賈逐利經營貨殖，結交權貴，造成貧富不均的社會問題；另以意氣情誼相結合，收匿亡命，紛為豪強或權貴收為賓客，甘觸刑法，挑戰公權力，儼然成為另一個社會問題。漢初即有朱家、田仲、王公、劇孟、郭解等名列司馬遷筆下的〈遊俠列傳〉，例如郭解，父親就是因任俠而亡。郭解年長後亦以俠自任，折節為儉，以德報怨，喜好助人不使人知，得到許多年少者的傾慕。郭解在地方的勢力，終於引起了朝廷的注意。漢武帝為了集中管理這些地方富豪與豪強，下令遷徙他們到關中地區，郭解就名列其中，將軍還為郭解在武帝面前說情，遭到武帝的拒絕。郭解到了關中後，沒想到關中賢豪，早聞郭解名聲，爭著與郭解相交。後來郭解因一件殺人案件，被告遭通緝。逃亡之際，有掩護他的人，為了不透露他的風聲而自殺；也有為了郭解殺掉控告他的人；也有一位儒生，只是批評郭解不是賢者，就遭殺身之禍，而且被割下舌頭，兇手為了不連累郭解，竟然也自殺。我們從郭解這個遊俠在漢代初年的例子可知，遊俠的意氣相挺，造成一股俠義風氣，對國家統治者而言，不啻一項威脅，這是郭解最後必須被殺的理由。

　　總之，遊俠之風與商賈之富，成為漢代影響社會以及挑戰國家權力的最大隱憂，並且有礙於集權統治，到了漢武帝時代不得不解決這兩大社會問題。儒家思想反對遊俠與重農抑商思想，恰可作為漢武帝對付商賈與遊俠的思想利器。

㈡漢武帝與董仲舒

　　戰國時代的儒、法、道、陰陽、縱橫五家，仍然在漢初活躍著，尤其在政治上以黃老之學兼法家主流。如前所言，黃老之學也有法家的淵源，到了漢武一朝，縱橫家及法家之術日趨抬頭，遂有董仲舒的尊儒對策。他向武帝建議凡是不在《六經》的科目，以及有關孔子的學術者，都應禁止

流行，其實是針對當時流行的縱橫家及法家之術而言，當然也包括黃老之術。董仲舒的反縱橫家，是為了求政治上的安定；他的反法家，是為了反對當時以嚴刑峻罰作為治理國家的手段；他的推明孔子，是想以德治轉移當時的刑治，為政治樹立大經大法。不過，董仲舒等雖提倡獨尊儒術，推崇孔子，但同時也受到陰陽家思想的影響，其學說不免也摻雜了宗教迷信色彩，可以說是陰陽化的儒家。武帝本人也是崇信神仙，在宮中培養了一些方士，煉丹藥以求長生。雖然如此，儒學還是經漢武帝以及日後幾代皇帝的推崇，高度地與政治互相結合，使得儒學本關懷孔子教育與淑世精神的「道統」，但在實際政治的運用上卻成為「治統」凌駕於「道統」。

武帝既從董仲舒之請，罷黜百家，只立「五經博士」，公孫弘更建議設立「博士弟子員」，規定能通一經以上者，可以授與官位，並令天下郡國皆立學校官，地方上也可舉薦賢良和孝廉。這樣的政策，使得儒學能夠結合教育與任官，為儒學在往後獨尊的發展上，奠立了基礎，也使得研究儒家的「經學」成為漢代主流的學術價值。西漢時，博士弟子員最初只有五十人，他們都是免繇役，享公費。到了西漢末年，連同著錄弟子（短期私費問學子弟），已經增至三千人，東漢末年中央官學的太學生甚至多達三萬餘生，學生與當時名士的勢力，甚至可以左右朝政。

漢武帝推崇儒術，並造成日後的學術獨尊現象，對往後中國學術影響至大。批判者認為，武帝設置了「五經博士」與「博士弟子員」，這與秦始皇焚毀非博士官書，使得要讀書的人，都要「以吏為師」，統私學王官之制的做法頗有異曲同工之處，同樣讓百家學回到了王官學，使得教育意義再度地被狹隘化與階級化。支持者則認為，正是因為儒學被官方認可，才使得儒學從方技神怪的旁門雜流中解放出來，純化為專門研究歷史和政治的學者，並使得古先聖哲的思想得以流傳。加之儒術既尊，儒家經典成為二千年來，人人必讀之教科書，範疇了讀書人的思想，支配了人的生活行動，其影響至重且大，成為中國人最重要的傳統文化。

三 儒家經典地位的確立及其影響

(一)五經博士的學官制度

漢武帝以後，獎掖儒學，並下令全國郡縣設立學校，儒學教育成為正式教育的一環，也開啟士人研究儒家經典的風氣。儒家經典的《六經》，除了《樂經》經秦火後亡佚，其他《五經》紛紛在漢代，以博士一職，立於學官，如漢文帝已有《詩經》、《書經》博士，此外《論語》、《孝經》、《爾雅》也都設置博士。武帝依董仲舒建議，學子必須以孔子之教的《五經》為教材，故有《五經》博士的設置。儒家經典受到國家的獎勵政策，以致到了西漢末年，單就《五經》博士的專家，已高達十四家，經學的研究蔚為成風。《禮》經在孔子時，已經不全，漢文帝時曾授禮官大夫給懂禮的儒生，武帝後也被正式列於學官，打開漢代禮學研究的風氣，紛有《大戴禮記》、《小戴禮記》、《周禮》等諸家並起。《易經》是唯一在秦火中倖存的經典，在武帝時被列為博士官後，專家之學亦輩出。至於《春秋》經，在漢初傳《春秋》的已有五家，以後僅存《公羊春秋》、《穀梁春秋》以及《左氏春秋》（即《左傳》），合稱「三傳」，漢景帝時，董仲舒、胡毋生，即以《春秋》為博士。

五經博士的學官制度確立後，使得漢代經學研究風氣興盛，因其有今古文之爭，遂有許多門戶派別之爭。有些或重師法（如西漢），有些或重家法（如東漢）。揆諸經學風氣之盛，除了帝王推崇經學外，大臣也用之以經術用世，如有用《尚書》大禹治水原則而受詔管領河堤者；也有用《春秋》來決斷可疑的法律案件者。其次，社會亦視讀經問學是攫取利祿求官的途徑，也是使得經學研究風氣興盛的原因。一般百姓唯有透過讀經書，方可躋身功名富貴之階梯，西漢已有「遺子黃金滿籯，不如教子一經」的諺語。總之，五經博士及弟子員的官學制，加上地方郡縣設立學校，使漢代以儒家經學為主的知識體系，施行於全國。而且後來全國陸續設立孔廟，由皇帝親自祭拜孔子，使儒學結合政治、教育、祭祀，三位一

體，遍布全國，這是孔子始料未及，也影響整個中國文化以後發展的趨勢。

㈡文字字樣的統一：石經、《五經文字》、《九經字體》

五經除了以博士官的制度獲得了穩固的地位以外，其次就是靠著石經的鐫刻及官方公布標準的五經字體來進一步鞏固五經的地位，這兩個措施是為了五經的內容和文字字體的統一而定。

儒學在漢代獨尊後，關於解釋儒家經典的各家章句也漸多了起來，久而久之，經書文字多有謬誤，內容亦不乏穿鑿附會，紛亂而無統屬。衛道之士，有鑑於此，恐誤後學，終於在東漢靈帝熹平四年（175），儒臣蔡邕等奏請訂定五經文字，與其他諸儒以隸體字體寫於碑石上，再請工匠鐫刻，歷時九年，在西元一八三年完成了《周易》、《尚書》、《魯詩》《儀禮》、《公羊春秋傳》五經外，外加《論語》等六部經文，共計二十萬九百十一字，用了四十六個巨石，刻好後樹立在洛陽城南開陽門外的大學講堂前，以供後儒晚學以之為經文的標準。根據歷史記載，在巨石碑文開始樹立後，來此觀看以及摹寫的馬車每天超過千餘輛，人潮把道路擠得水洩不通。經此五經刻定，解決了經文漫無一致的爭論，亦有確定字樣形式的作用，這個「熹平石經」成了中古教科書的標準本。

雖然石經鐫刻有統一經文的作用，不過年代久遠後，刻文或漸模糊不清，或因戰亂而被破壞，因此歷代相承鐫刻石經，如西元二〇四年的魏朝「正始石經」、七六三年的孟蜀「廣政石經」、八三三年的唐朝「開成石經」、一〇四一年北宋的「嘉祐石經」、一一三五年南宋的「紹興石經」、一七九一年清代的「乾隆石經」等，現今保存最為完整的只有唐、清二代的石經，其餘或蕩然無存，或僅留殘石，其中唐代所刻石經，為五代、兩宋群經鏤板的根據版本，特別珍貴。因此，這裡有必要介紹唐代開成石經完成之始末以及興盛的字樣學。

晉宋六朝之際，正值楷書隸書交替，南北用字觀念頗為不同，訛俗叢生，文字字體龐雜，更有改易字體，北朝文字混亂情形更甚於南朝。隋唐一統天下後，士大夫要求整頓用字，尤其唐太宗命秘書省考定五經（詳於下一小節），藉此整頓經籍解釋，同時也有統一文字字樣的用意，字樣學

因此而興，終至全面推廣，其中陸續有顏元孫（？-714）的《干祿字書》、杜延業的《群書新定字樣》，以致有張參的《五經文字》、唐玄度的《九經字樣》等統一標準字體的著作出現（圖2-1）。例如《五經文字》記載「椎槌」二字是相同，都是「並

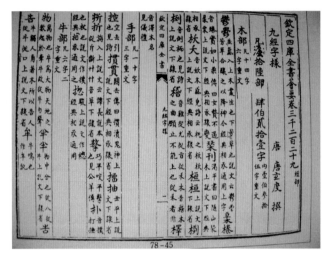

圖2-1　唐代唐玄度的《九經字樣》（《四庫全書》版）

擊」的意思；再如《干祿字書》以字組編輯法，將異體、正字合為一組，如「減」字，俗用兩點水的「减」，改正為三點水的「減」。

　　西元七七五年唐代宗命儒官校定經本，翌年儒臣張參詳定五經字樣，書於國子監講論堂的東西廂兩壁，是為《五經文字》，共有3,235字，160個部首，所收錄規範字體大部分取自《說文解字》，少部分取自《石經》。又有西元八三三年唐文宗命唐玄度的覆定《九經字樣》，以張參《五經文字》為準，刻鏤於講論堂的兩廊，計有76個部首，421字。西元八三七年以唐玄度等為校勘官，用了227個巨石，鐫刻《周易》、《尚書》、《毛詩》、《周禮》、《儀禮》、《禮記》、《左傳》、《公羊傳》、《穀梁傳》、《孝經》、《論語》、《爾雅》等十二部經書，共計65萬252字，其工程之浩大，動用人力之多，前所未見，是當時一大盛事，這就是「開成石經」。顯見十三經中唯獨缺《孟子》一經，《孟子》必須要等到宋代理學家的推崇，才躋升為經典之列（詳見第三節）。

　　總之，不論是《五經文字》或《九經字樣》或石經的鐫刻，都是要把經書中的古今異體之文字，規範成統一的字體，以作為後學者之標準，類似我們今日的「常用國字標準字體表」，對經典文字起了「書同文」的作用，而唐代則是字樣學的興盛期。

㈢儒家經典詮釋的統一：《五經正義》

南北朝是個經書分立的時代，當時由於政治分立，說經者亦有「南學」、「北學」之分。到了隋代，雖然天下一統是南併於北，但是經學的統一卻是北學併於南學，自唐初顏師古（581-645）考定五經正文以及孔穎達（574-648）的《五經正義》透過國家政治力的頒訂，用以科舉取士，天下遂奉為圭臬，造成儒家經典解釋的統一。《五經正義》之解釋一直流行到宋代初年，讀書人謹守此一官書，不敢有所異議，以經學論之，它是統一最久的時代。以下即說明《五經正義》的編纂始末。

五經就是《詩》、《書》、《易》、《禮》、《春秋》，《五經正義》的「正義」，顧名思義就是去除各家對五經經典義理的解釋錯誤，選擇正確而統一的義理解釋，以利天下讀書人，有所依據的標準。例如《易經》取王弼、韓康伯之注本，《尚書》取孔安國的傳本，《詩經》取毛傳、鄭箋，《禮記》取鄭玄，《春秋》取杜預的注本。《五經正義》的編纂過程，基本上可以分為三個階段，第一個階段是西元六三〇年，唐太宗鑑於經籍去聖未遠，但對經籍的解釋卻多有謬誤，詔儒臣顏師古於祕書省考定五經，完成後遭到諸儒非議，師古舉出晉、宋以來古本加以證明，諸儒莫不歡服，唐太宗甚為嘉許，並於西元六三三年頒布。第二階段是從西元六三八至六四一年間，唐太宗命孔穎達等撰定《五經義疏》，計有一八〇卷，以顏師古的考定為基礎，把當時儒學多門、章句繁雜、無所歸趨的情形，作第二次的統合整理，皇帝下詔定名為《正義》。但是，《正義》完成後，陸續有儒臣駁正其失，在西元六四二年唐太宗再下詔更定，以後西元六五一年又有唐高宗下令第二次的刊正，到西元六五三年完成，頒於天下，這是《正義》編纂的第三個階段。以後唐代科舉的明經考試，大抵根據這本官方的統一版本。

總而言之，唐代《五經正義》的編纂，相較於漢代儒術獨尊之後，這又是一個以國家的力量對儒家經典解釋的第二次統一運動，本章第三節所要分析的宋代理學，則是出自民間儒者的力量，推尊《四書》取代《五經》，則是儒家經典解釋的第三個運動。

四 儒家經典在東亞的流行

　　儒家經典在東亞的傳播係透過商人貿易或官方往來的方式，自四世紀末起，儒家的《五經》、《論語》、《孝經》等經典及其他文史書，陸續傳到朝鮮；日本則在五世紀起，亦間接由朝鮮吸收中國儒家經典。兩國古代在吸收中國經典之際，其中《孝經》與《論語》兩部書是讀書人的基本入門書，而且是必讀的經典。朱注《四書》取代了《五經》地位之後，在李氏朝鮮得到了發揚，但朱子學在德川日本並未一枝獨秀，它受到許多儒者的挑戰，展現出日本吸收儒家經典的獨特性。

(一) 韓國

　　漢代在朝鮮置四郡（樂浪、臨屯、真番、玄菟）的同時，漢字隨著官員進入而成為當時的官方通用文書，在三世紀中葉以後，引入中原儒學，以漢文經籍為教本培養學生。三國時代的高句麗位於朝鮮半島北方，直接與中國北方接壤，在引進中國文化方面，較百濟與新羅為快。不過，百濟雖然與中國黃海相隔，但也與中國南方有頻繁的交通，亦具備了相當水平的文化。只有新羅距離中國最遠，必須經過高句麗、百濟才能和中國交通。雖然新羅是文化後進國，但最先統一朝鮮半島的，就是新羅。

　　漢武帝提倡儒術，置五經博士，並令天下郡國設太學，影響所及，高句麗首當其衝，獨立建國後，自然接收漢文化的成果，終在西元三七二年直接模仿東晉學制而創立了太學（中央學校），五世紀以後則有局堂（地方學校）之設置，主要學習五經的典籍，還有其他中國文史書籍。

　　百濟處朝鮮半島西南部，與高句麗、新羅形成鼎足之勢。東晉時，百濟遣使入中國，此後與中國往來不絕。百濟約與高麗同時，於西元三七五年已有博士官之設置，並也建立了官學校，博士當是「五經博士」。三十年後，西元四○五年便有博士王仁應邀攜《論語》等典籍東渡日本講學，王仁的東渡是由前一年赴日本的百濟使臣阿直歧推薦，阿直歧被日本天皇聘為太子師。可見當時韓、日兩國交往的頻繁，以及日本朝廷對中國經書

的渴求。南朝梁時代，百濟曾要求派遣可講論《五經》的學者，由此可見，百濟求典籍、博士於中國，日本再求典籍、博士於百濟，故百濟國是七世紀以前中日之間文化傳播的橋樑。

朝鮮半島三國之一的新羅，吸收漢文化較晚，在七世紀中葉以後統一了朝鮮半島後，於西元六八二年立國學，並配置博士、助教，以教育貴族子弟。以《周易》、《尚書》、《毛詩》、《禮記》、《春秋左氏傳》、《論語》、《孝經》等為教材，還教算學等科技方面的課程。新羅國王更於西元七八八年公布以經學取士的辦法，具體地規定了取士的標準：「讀《春秋左氏傳》、若《禮記》、若《文選》而能通其義，兼明《論語》、《孝經》者為上。讀《曲禮》、《論語》、《孝經》者為中。讀《曲禮》、《孝經》者為下。若博通五經、三史、諸子百家書者，超擢用之。」由這段史料也可看出，《孝經》與《論語》是基本必通的經典。

朱子學傳入朝鮮半島，是在中國元代時候，時值朝鮮王氏高麗時代（918-1392）的末期，以安珦（1243-1306）為先驅，他於一二八九年出使元朝時，獲得了《朱子全書》，歸國後，在太學講授朱子學。元朝於一三一三年實施科舉考試，以朱注《四書》為標準，高麗人也曾到中國應舉，陸續及第者有九人，可見朱子學的吸收在高麗得到了具體成果。一三六七年高麗皇帝以在元朝科舉及第的李穡（1328-1396）當大司成，以及有東方理學之祖稱號的鄭夢周（1337-1392）等為學官，鄭夢周一度為宰相，講學一律以《四書》為主，朱子學漸漸取代佛教成為國家指導的思想。到了李氏朝鮮王朝（1392-1910）時代，特別是經過大儒李退溪（1501-1570）、李栗谷（1536-1584）等人的提倡，使得朝鮮從新羅以來的佛教王國，轉變為朱子學王國。

(二)日本

儒家經典最初傳到日本，主要是透過百濟。相傳西元四世紀後半，百濟博士王仁帶去《論語》十卷。又根據記載，梁武帝時代（513），百濟博士段楊爾、《五經》博士高安茂等人向日本傳揚《詩》、《書》、《易》、《禮》、《春秋》五經，進一步促進了日本的儒學文化發展。由此可知，

日本一開始是經由百濟接觸儒學的。

隨著認識漢文典籍者愈來愈多，以及學習漢文者的需要，引發日本律令制度的改革，仿效唐朝的學校制度。西元七〇一年頒布了「大寶律令」，制定有關教育方針、學習內容與考試辦法等一系列措施。模仿唐朝國子監，設

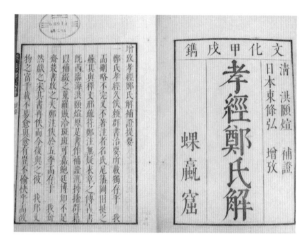

圖 2-2　日本儒者東條弘的《孝經》注釋書

立「大學寮」，學習經、樂、書、算四科。聘請東渡漢人和有留學經驗的日本人擔任教師。大學寮中的經學教育與唐相類似，主要是《周易》、《尚書》、《周禮》、《儀禮》、《禮記》、《毛詩》、《春秋左氏傳》等，《孝經》、《論語》為必修課程，並學《老子》等其他漢籍。對日本而言，八世紀初期，學習漢文典籍與吸收漢文化，已經到了成熟的階段。值得一提的是《孝經》，關於《孝經》何時傳入日本已不可考，史書記載孝謙天皇（在位 749-757）即位之前，已經把《孝經》或孝道當作是治國安民而必須推於天下百姓的寶典（圖2-2），到了西元七五七年，也就是養老律令實施的同一年，孝謙天皇下了一道詔書：「古代治國安民，必以孝的道理，因為百行之本，沒有比它更為首要的，所以應該下令天下，每家收藏《孝經》一本，精勤誦習。若有聽聞百姓孝行者，由所屬長官，錄名推薦。」根據這項詔書，令每家皆需收藏《孝經》，由國家政策推行「孝道」，對「孝」的重視已達到盛況空前的程度。不過，孝謙天皇重視《孝經》，顯然受到唐玄宗《御注孝經》的影響，因為唐玄宗天寶三年（744）十二月即下詔：「詔天下民間家藏《孝經》。」之後日本在大化革新時，模仿唐朝更不遺餘力，尤其身為國家統治者的日本天皇都十分重視這本《御注孝經》，九世紀中期的清和天皇貞觀二年（860）還頒布將立於學官，教授《孝經》，並作為考試科目。

　　朱子學傳入日本是在鎌倉幕府（1192-1333）初期，除由日本禪僧攜回大批儒書外，中國僧侶也東渡日本，在傳授禪學的同時，也傳授朱子學。這與朝鮮由非禪僧的名儒或文官傳入的方式不同，而且朱子學傳入朝鮮，比日本晚約一百年。但是，朱子學在韓、日兩國的興盛期，日本比朝鮮晚二百年之久。原因是一三九二年李氏王朝建立，朝鮮朱子學就被宣布為官學，日本則到了十七世紀初的德川初期才出現朱子學大師藤原惺窩與林羅山師徒倡導，而且他們都是脫佛入儒的人物，朱子學也未曾在德川日本的學術界中被獨尊過，佛教的力量仍是相當可觀，反朱子學的儒者也大有人在。因此，先期盛行的朝鮮朱子學，一些大儒的著作如李退溪，甚至退溪之弟子以使者的身分出使日本，影響到後來日本朱子學的發展。

　　朱子學在日本德川時代所受到的重視，未如中國與朝鮮，理由是：德川時代沒有科舉制度，故朱注《四書》無法成為全國的學術標準；另外德川初期的儒學大師，除了朱子學者以外，陽明學者的中江藤樹、古學派的山鹿素行、伊藤仁齋（圖2-3）、荻生徂徠等，都是懷疑朱子學甚至反對朱子學。以古學派而言，他們反對朱子形而上的理學，聖人之道不過在於「人倫日用」之間，因此他們跳過宋代儒學，強調應該直接回返孔子、孟子的古義。如伊藤仁齋懷疑《四書》中的《大學》、《中庸》，認為《大學》並不是孔子的遺書，也懷疑《中庸》內文中許多字並非《中庸》本文，是後人竄增的。不過，伊藤仁齋特尊孔子、孟子，他稱《論語》為「最上至極宇宙第一書」，孔子為「最上至極宇宙第一人」，並推尊孟子的王道思想。

圖 2-3　日本德川時代古學派大師伊藤仁齋畫像

古學派另一大儒荻生徂徠（圖2-4），他對經典的態度是：擯退朱注《四書》而回復《六經》，主張讓經典回到古代的脈絡，以追求聖人真正的古義。他勉強稱孔子為聖人，對《論語》的評價也不高，也經常批判《孟子》這部書。他積極主張求聖人道理，必須訴諸《六經》，用《六經》的古文辭來解釋古聖先王的道理，所以像宋儒用自己的「理學」來恣意詮解古人義理，是殘經害道之人，不可饒恕。我們從日本許多反朱子理學的學派可知，日本儒學的發展比起中國、朝鮮有較多元與批判的面向。

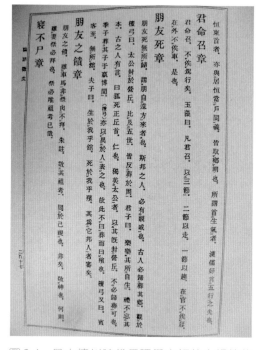

圖2-4　日本德川時代反理學大師荻生徂徠的《論語徵》內容

(三)越南

　　越南有明顯的學校設置，是在西元前後之際，錫光擔任交趾太守、任延出任九真太守時，二者積極推廣儒教，教導禮儀，不過儒教傳入越南當應推之更早，只是沒有明確的文字記載。到了唐代玄宗時代，安南研習儒學、文風頗盛，加上隋唐時代之文臣，貶官至安南者不少，對安南文教事業也有一定的貢獻。甚至有多人參加唐朝的明經、進士兩科的科舉考試，如姜公輔入唐進士及第，為至宰府之尊。儒教雖漸傳入越南，但基本上越南在陳朝（1226-1406）中葉確立獨尊儒術以前，如日本一樣是個佛教化的國家，前此的黎朝（980-1009）、李朝（1009-1225）諸君主大皆篤信佛教，而其施政政策是儒、釋、道三教並用，這是越南官方學術發展的特色。

　　獨立後的越南，在李朝時代於一〇七五年引進中國的科舉制度，試以「明經」、「儒學」，打破以往由佛、道入仕的專利，保障了儒生入仕的

權利。明代成祖時代，短暫地統治了安南二十一年（1406-1427）。繼之的「後黎朝」（1428-1789）即仿照明朝頒行考試制度，西元一四六七年「初置五經博士」，可專治一經者，授予博士官。又頒「五經官板于國子監」，顯然明代時期的越南並未如韓國一樣，受到中國專以《四書》的科舉取士影響，反而尚仿照漢代立《五經》博士的傳統，這與中、日、韓三國在朱子理學的籠罩下，國家教育重《四書》而輕《五經》的情形，迥然有別。

一四八四年，黎朝聖宗為中進士者建碑勒銘，作為倡導科舉的象徵。這也說明了官學教育是以儒學教育為主，學校教育成為國家養士的目的，一直到「陳朝」、「後黎朝」、「阮朝」為止。這種科舉與官學教育結合，與中國、韓國並無兩樣，都屬於養士教育的一環。不過，越南因民風異於中國，在李、陳兩朝出現三教（儒、釋、道）的科考制度，這與中、日、韓的儒教嚴辨異端之情形，又是一個非常特殊的例子。

第四節　儒學的新發展

劉勰《文心雕龍》首揭〈原道〉、〈徵聖〉、〈宗經〉三章，「道」與「聖人」、「經典」三者之間實存在循環性與辯證性的關係。簡言之，「道」寄託於具體「聖人」身上體現，而「經」又是載「道」、傳述「聖人」典範之物，三者之間實有密切不可分的關聯。就「經典」而言，儒家「經典」意涵的演變，從漢儒所重視的五經，到宋儒以後偏重的《四書》。就「聖人而言，儒家對「聖人」的祭祀，從孔廟祭祀的周、孔並重，到孔、顏或孔、孟並稱。至於「道統」，自宋儒理學興起以後，配合孔廟的四配制，確立以孔子、顏回、曾子、子思、孟子為道統的系譜，使儒學展開與以前不同的新風貌。

一 經的意涵與經學的形成

中國經學一向被認為是中國學術中最早、最重要的一門學問。經學成

為一門學問，若從西漢算起，迄今已經有二千一百餘年的歷史，它被視為以孔子為代表的古代儒家典籍，既被當成政治與教育之大經大法，也被認為是成聖所必汲取的泉源。周公、孔子被當作是中國經學的創始者，因此經學就是闡明周、孔的聖人之道，以及歷代先王如堯、舜、禹、湯、文王、武王的聖王理想。

㈠經的定義

何謂「經」？其本意是線，就是訂書的線，《論語》的「論」，古作「侖」，根據其象形意義，就是將竹簡依序整齊排比的意思。所以「經」在最初之際，是被當作一切群書的通稱。以後，《六經》被奉為儒家經典，「經」才被賦予政府法定為「經典」的崇隆意涵。成為「經典」的「經」字，其意如字書《廣雅・訓詁一》說：「經，常也」、「常也，法也。」董仲舒則解為「天不變，道亦不變。」東漢末年經學家鄭玄說：「經者，不易之稱。」《文心雕龍・宗經》篇則說：「經也者，恆久之至道。」總而言之，就是講常法常道等不變的道理。由於「經」相傳都是聖人所作，所以經就成了載「道」之書。準此，「經」、「聖人」、「道」三者有不可分割的關係。

㈡五經、六經、七經、九經、十三經

中國古代經籍，最先有六經之名，之後有五經、七經、九經、十三經的名稱。《詩》、《書》、《禮》、《易》、《樂》、《春秋》等六部經典就是六經，漢初《樂》經已不存，稱為「五經」；「七經」之名自東漢而有，經學家認為有三說：一是六經加上《論語》乃有七經；二是前者加上《孝經》再去《樂》，亦為七經；三是指《詩》、《書》、《易》、《春秋》、《儀禮》、《周禮》、《禮記》為七經。「九經」則自唐以來有二說：其一為前「七經」之第三說加上《論語》、《孝經》，其二則是以《三禮》（《儀禮》、《周禮》、《禮記》）、《三傳》（《左傳》、《公羊傳》、《穀梁傳》），合《易》、《書》、《詩》為九經。「十三經」名稱始於宋，前「九經」的第二說增列《論語》、《孝經》、《孟子》、《爾

雅》為十三經。

　　經學家認為六經和孔子有密切關係，六經的某一部分為孔子所制定或為孔子所刪述，這在本章第一節已有所分析。六經之說最初見《莊子・天運篇》引孔子對老聃的話說：「丘治詩書禮樂易春秋，六經以為文。」可見戰國時代即有六經之說，也有稱六經為「六藝」者，始見於《史記・滑稽列傳》。由於《樂》是曲譜，並非章句訓詁，又缺長於音樂的專家，及國家的維護與培養，到了漢代已不可見，故通稱「五經」。例如漢初陸賈的《新語・道基》即說「定五經，明六藝」，已經不說六經，只說五經。漢初儒家的傳經者，有田何傳《易》，伏生口授《尚書》，轅固生、申公、韓嬰治《詩》，高堂生傳《禮》，瑕丘江公治《春秋穀梁傳》。總之，儒家諸經，除《樂》在漢初失傳，其餘均各有傳人，經歷代以後，各有許多解釋的注本。

　　若以今日眼光加以分析《五經》的性質，《詩》經應屬於文學，《尚書》、《春秋》則屬史學，《易》經屬哲學，《儀禮》則是一部記載有關古代社會風俗的書，應屬史學與社會學範圍。古代讀書人有「六經皆史」之說，即「經學」就是「史學」，例如《詩》經中的內容包含當時許多的歷史實情，更較《尚書》詳細，而且它可以說是中國古代的一部史詩，因其詩中大部分內容，其實就是歷史。又如《儀禮》則是記錄當時社會的禮俗，亦可視為是一部歷史書。再如《易》經中的哲理，也可把它當作古人用來探討自然與人文的相通律則，而且它融入了許多道家陰陽的思想，可視為思想哲學史的領域。

　　《五經》教材，在唐朝衍化為《九經》，除《詩》、《易》、《尚書》外，《春秋》有《公羊傳》、《穀梁傳》、《左傳》三傳，《儀禮》經外加上《周禮》、《禮記》，共計九經。到宋代則成為十三經，增列《論語》、《孝經》以及《孟子》、《爾雅》，前後總計十三經，由於都有後人的注疏，所以有十三經注疏，成為傳統中國士大夫知識的主要來源。以下介紹《五經》以外諸書的性質：

　(1)解釋「經」的「傳」：如解釋《春秋》經的《公羊傳》、《穀梁傳》、
　　　《左氏傳》等三傳。

(2)附於「經」的「記」：如《禮記》。

(3)記載古代理想的官制：如《周禮》。

(4)記載孔子、孟子言行者：如《論語》、《孟子》。

(5)記載孔子後學論孝道者：如《孝經》。

(6)集結漢代經書以訓詁之辭而成的字辭書：《爾雅》。

　　首先介紹《春秋》經的三傳。一經中有三傳，只有《春秋》經如此，三傳也各自有不同的解經特色。《公羊傳》、《穀梁傳》是講《春秋》經的義理或微言大意，即所謂的「傳義不傳事」；《左傳》則是「傳事不傳義」，即補充記載《春秋》經的詳細史實，它是中國最先而且最詳密的第一部編年史。唐太宗貞觀、高宗永徽年間，曾奉周公為先聖，孔子為先師，而配享先師的只有兩人：一是顏淵，二是左丘明，可見《左傳》在唐代初期是被相當重視的。但宋代學術講理學，重視義理的發明，視經學即理學，較提高傳義不傳事的《公羊傳》與《穀梁傳》之經典地位。

　　其次說明十三經中的「三禮」。「三禮」之名，起於東漢末年鄭玄注解《周禮》、《儀禮》、《禮記》這三部書而得名。《周禮》是講周代典章制度之書，西漢末年王莽頗看重這本書，將之立於學官，東漢以後把它列入《三禮》之首，可知其地位重於其他二部禮經。禮經的第二部經《儀禮》，即講求禮儀、威儀典籍，許多經書都提到「禮儀三百，威儀三千」，所以這部禮經是規範士人在婚喪喜慶、朝聘晉見等場合的各種禮儀。禮經的第三部經《禮記》，又稱《小戴記》，是西漢戴聖所編纂，今存有四十九篇，許多內容采自他書，輯於眾手，而且編次雜亂，舉凡禮儀上的通論、制度、祭祀、喪服、吉禮等等都有所論。《三禮》的原作者都已不可考，也非一人一地一時之作，又都牽涉古文與今文之爭，雖難讀難懂，卻是認識古代禮儀制度規範不可或缺的學問，歷代都有卷帙浩繁的注經者。

(三)《論語》、《孝經》、《爾雅》、《孟子》在宋代才正式成為經典

　　十三經中的《論語》、《孝經》、《爾雅》、《孟子》，在漢文帝時雖皆已置博士，但基本上是被歸為諸子之「傳」而非「經」之列，並未立於學官。但是，五經之通儒，幾無不學《禮》，更無不學《論語》、《孝

經》，由此可知，漢儒實質上已視《論語》、《孝經》為「經」的地位。到了宋代，這四部書才正式被奉為經典。

《孝經》相傳是孔子弟子曾子或曾子弟子子思所作，也有人認為是偽作。西漢特別重視《孝經》，其背景有三，都是與政治有相當密切的關係。一是同姓之諸侯王，代替異姓之諸侯王以後，要以孝的祭祀增強諸侯王通過宗廟對朝廷的向心力。二是「事君不忠，非孝也」這類的觀念，對統治者非常有利。三為希望政治安定，寄望以孝為家族精神的核心，來穩定社會秩序，並且有利於農業生產的社會。《孝經》在漢代即有偽書出現，因此很難確定作者是誰，一般相信它是孔子再傳以後的儒者所作，卻被依託為孔子、曾子的作品。《孝經》開宗明義第一章，即以孝為德之本，教之所由生，是先王至德要道，又說：「身體髮膚，受之父母，不敢毀傷，孝之始也；立身行道，揚名於後世，以顯父母，孝之終也。」又一一闡述天子、諸侯、卿大夫、士、庶人五種階級的孝，最後宣揚「以孝治天下」的道理。中國在世界民族中，最強調血緣關係的「孝」精神，這與漢代皇帝積極地推崇有很大的關係，從漢文帝以降，其死後諡號，都冠以「孝」字，如「孝文帝」、「孝景帝」、「孝武帝」等，以及在郡縣的鄉舉里選上，舉薦「孝廉」當官，便可得知孔子的「孝」道思想，經漢代政治上的推廣，使中國成為以「孝」倫理為核心的民族。

至於《爾雅》是一部訓詁名物之書，綴集漢代經書以訓詁之辭而成，其性質等於現代的辭典。作者有人說是周公，經孔子及其弟子再加以增益；也有人說是孔子門人所作。不過，比較可信的是西漢時由一些經師針對經書的字義解釋，最後將這些解釋加以分類輯錄而成為字義的書。「爾」是「近」，「雅」是「正」的意思，「近正」即是古代各國近於王都之正言，《爾雅》一書便是引古今天下之異言以近於正言。《爾雅》常與《孝經》並列，《爾雅》教民以字義解釋，《孝經》可導民善良風氣，故在漢代被視為進階到《五經》的入門書。

最後要介紹的是《孟子》，作者有以下四種說法：(1)孟子自作；(2)孟子之門弟子所作；(3)孟子自作，而經門弟子的敘定；(4)孟子的門弟子所作，而且雜有再傳的門弟子的紀錄。以往《孟子》是被列為子部儒家類，

相傳漢文帝時亦曾置博士。而將《孟子》與《論語》同列為經部,始於宋陳振孫《直齋書錄解題》。唐代時期,在西元七六三年禮部侍郎楊綰曾經疏請《論語》、《孝經》、《孟子》兼為一經;西元八六三年進士皮日休也曾請立《孟子》為學科,可見《孟子》升列為經部,實啟自唐而完成於宋。

《孟子》所以到宋代成為儒家正式經典行列,與《孟子》一書的政治思想及宋儒喜好孟子的心性論有關。漢代雖尊儒術,讀書人尊重《孟子》的程度不如《論語》,主因是孟子的政治思想,牽涉到與統治者權力的緊張關係,例如孟子的「湯武革命論」、「君臣相對論」、「王霸之辨」、「義利之辨」、「人性論之辨」等,都與孔子思想有所出入,而引起後儒爭議不休的課題。《史記》記載漢初黃生與轅固生論湯武事於景帝前,轅固以湯武為得民而受命,黃生則謂「湯武非受命,乃弒也」,是基於為臣之義,絕對不容以下犯上。所以,中國歷代學者對孟子的思想,爭辯不已,批評者如荀子有〈非十二子〉篇,非議子思、孟子,其後東漢王充著《論衡》有〈刺孟〉篇,至宋司馬光有〈疑孟〉、李覯有〈非孟〉、晁說之有〈詆孟〉、黃次伋有〈評孟〉、馮休有〈刪孟〉等。由於宋代理學家的推崇,《孟子》一書才被奉為經典,這與當時佛家與道家論心性、談形上思想有很大的關係,儒家思想中《論語》比較素樸,少論及有關心性論的辯論,但是《孟子》一書中,明確地提出性善論以及「惻隱、羞惡、辭讓、是非」等四端之心的心性論課題,的確可以作為抵抗佛教談心論性的武器。除此之外,宋儒堅持道德理想主義,而《孟子》中所論的「義利之辨」、「王霸之辨」、「仁義內在」等命題,亦深得宋儒之心。

總之,各經的形成絕不是一線單傳,可說是一個集體活動過程,它在不同的時代也有不同的注解版本,以及有古文、今文的論爭。大致而言,漢代小學階段讀《孝經》、《論語》,大學階段則治《五經》,旁及他經。其次,從以上各經的介紹,可發現中國儒家典籍的經書,比較偏重在現世人文精神的探討,強調個人主體性的覺醒;重視生的世界甚於死、鬼神的世界,強調在現世上的通經致用,建立現世理想的國度,對於宗教信仰採取敬而遠之的態度,與西方宗教非常不同。這與周公、孔子把商代重視鬼

神、宗教的世界，轉到現世人文精神的世界，有莫大的關係。所以，中國的經學生命，是由周公、孔子開始，我們從各經皆必依託周、孔學說與精神可證明，如此使中國經書與西方世界在一元神之下的宗教經典性質，走向不同的精神方向。

二 格物致知與主敬窮理

　　宋代以後讀書人對經典的看法，是重《四書》而輕《五經》，尤其朱熹所注解的《四書章句集注》，更成為往後讀書人不可不讀的經典，而朱熹注解《四書》的特色，是以「理」學來解釋經典的思想義理。朱熹理學的思想核心是「性即理」，意味萬物各有其本性，也各有其理，此「理」是超事象領域之理，並且此理實現於事象領域中。以「萬物實現其理」作為一價值標準；於是「本性」（即理）的擴充實現，成為一切價值判斷的基礎。但是，如何知道「本性」？朱熹提出「格物致知」、「主敬窮理」的功夫方法。由於理學家相信萬事萬物都有個「理」，各有其所以然的道理，並且這些萬事萬物之「理」，同為天理包括，即所謂「理在事中」。因此，朱熹所謂「主敬」的功夫，是指一心主於事上，如孝是一事，同時即是一理。孝必本於愛，若無愛便不成孝，故主敬也是一心主於此孝之理，是從內面畏謹之心來對待事物，而不是對事的表面恭敬嚴謹，如此表裡合一，才是合乎事理。

　　朱熹又用「月印萬川」的譬喻來形容「理在事中」與「理事合一」的概念，即月亮（代表理）只有一個，但它映在地球的川湖河海中，各具有真實月亮的影子，你不能只求映在水面的月亮影子，必求天上真實的月亮，因為川湖河海之月亮，都各源自天上真實的月亮。故朱熹又教人「窮理」的功夫，窮盡萬事萬物的理，但萬事萬物的理是無窮盡的，人的知是有限的，朱熹並不放棄人還是可以窮盡萬事萬物之理的可能，要求我們碰到一事一物時，就要知道其背後隱藏的「理」，這就叫「格物」，也是他強調「學」的精神。等到格物格到一定的程度後，用功了一段時間，有一天會覺得豁然貫通，能把諸事諸物的道理都融會貫通，對萬事萬物的表裡

精粗，都能了然於心，透徹心體的大功用，省悟「性即理」的境界。朱熹這種「格物窮理」的方法，好像一位禪師靜坐在布滿光明燈的暗房中，當他參透了一個道理後，一盞光明燈就亮起來；以後每參透出一個道理，就愈多光明燈發亮，到了高段的境界後，忽然間全房的光明燈全都亮起來，光彩照耀，見事見物都能無所不明，達到「至知」的境界。

　　由此可知，在朱熹理學的系統中，「窮」理之後，始見真「理」，故在「窮」理以前，誰也沒把握真正掌握了「天理」，此是實踐哲學上的第一難題。其次，「理」的雙重性格，也造成實踐哲學的第二難題，朱熹這個「理」具有雙重內涵。「理」既是「天理之節文」，又是「人事之儀則」；「理」既是「天道」，同時也是「人道」；「理」既是宇宙萬事萬物運行之理則（principle），又是人世間之道德規範（norm）；「理」既是「所以然」，又是「所當然」。但是，朱熹這樣的「理」，不免也將衍生一些實踐哲學上的難題。例如「上天有好生之德」是「理」，那麼「好生」原則，既是自己必須生存，同時也是不可危害別人的生存。但恃肉食而生的動物──如老虎，若要求自己生存，則必食它獸。而被虎所食之獸──如兔子，在老虎維持其生命之時，自己必不能生存。換言之，「虎」依其本性之理，求其生存，卻違反「上天有好生之德」之理。上述「理」的兩難哲學課題，有時都有可能在我們平日生活中出現，如災變之際，受困的人，須以一人活一人時，該當如何？又如戰爭之際，我不殺敵人，敵人亦會殺我，又該如何？「循理」卻又「違理」，以及「理」與「心性」的難以掌握，的確造成理學家的困境，以致學者在形上抽象的「理」上論辯不休，遂有清代學術對理學與心性之學的反動。

三 退《五經》進《四書》與科舉制的關係

　　宋學與漢學最大的不同，在於儒家經典的地位由《五經》轉移到《四書》，並以理學的觀點來解釋經典的義理。元代以後，《四書》更成為科舉取士的科目，成為讀書人必讀的經典。宋代以後這股《四書》經典推崇運動，扭轉了中國近千年的經學傳統，《四書》偏重的「理學」取代了

《五經》重視的「禮學」，從而使孔子的儒學進入到一個嶄新的任務與階段。

(一)《四書》經典地位的形成

　　《四書》就是《論語》、《孟子》、《大學》、《中庸》，由南宋朱熹總成，特注有《四書章句集注》（簡稱《四書集注》），升《孟子》以配《論語》，出《大學》、《中庸》以別於《禮記》，影響日後中國學術深遠。在漢代，文帝時已列《論語》為博士，也是讀書人必讀的典籍，但只是被當作類似今日小學的啟蒙書，講述孔子的生活與言行，它與《孝經》可以說是當時孩童的入門書，其地位無法與其他《五經》相比，充其量只是《五經》之末。到了北宋，強調《論語》是代表孔子的思想，南宋學者更重視《論語》。《孟子》如前所述，本屬於子部，不是經部，歷來對《孟子》常有所非議，甚至懷疑漢文帝曾經立為博士。北宋推崇《孟子》的儒者，莫過於二程（程顥、程頤）兄弟，到了南宋朱熹作《孟子集注》，確立了《孟子》的經典地位，最為關鍵，使《孟子》躋升十三經之列。

　　《四書》中的《大學》、《中庸》，都出自《禮記》中的一篇。古代「經」、「傳」、「記」是有嚴格區分的，「傳」是直接注釋「經」的，如解釋《春秋》經的《公羊傳》、《穀梁傳》、《左傳》等；「記」是單述或借題發揮「經」義的，如《儀禮》經中有冠禮、婚禮，《禮記》則有冠義、昏義。《大學》、《中庸》本是「記」，不是經，但《大學》由唐末韓愈的著作中被引用與強調，引起宋儒的重視；《中庸》雖在南朝有注解者，但向來不為儒者所重視，唐末李翱著〈復性書〉，根據《中庸》、《易傳》說孔孟之學，開啟宋儒尊信《中庸》、《易傳》的風氣。總之，《四書》之形成架構，是由北宋二程（程顥、程頤）兄弟表章之後，與《論語》、《孟子》並重，南宋朱熹得二程子之傳，更作《四書章句集注》，確立了《四書》的經典地位。由於《論語》與《孟子》在前節中已有所論述，以下針對《大學》與《中庸》的內容大要說明之。

　　《大學》出於《禮記》之一篇，其作者已不可考，但內容有引用曾子

的話，被當作是出自孔子的再傳弟子之手。《大學》旨在討論儒家的德治修身主義，孔子在《論語》中說「為政以德」、「道之以德」、「政者正也」等觀念，在《大學》中發揮的淋漓盡致，今日我們所講的「明明德」、「親民」、「止至善」之「三綱領」，以及「格物」、「致知」、「誠意」、「正心」、「修身」、「齊家」、「治國」、「平天下」之「八條目」，都是出自《大學》的首章。

　　《中庸》亦出於《禮記》之一篇，與《大學》互相發明，是儒家討論性命道教哲學的總成文章，相傳孔子的孫子子思所作。子思同時也是曾子的弟子，家學淵源，師承有自，故《中庸》一篇輒引孔子之語，讚揚孔子之道。《中庸》首章總論綱旨說：「天命之謂性，率性之謂道，修道之謂教。」「天命」、「性」、「道」、「教」就是《中庸》思想的核心。一般學者認為，宋儒抬高《中庸》的地位，是受到佛教的影響，因儒家經典鮮少論及抽象而超越的理論，故《中庸》與另一本論人生哲理的《易傳》在宋代被作為對付佛教哲理的兩部著作。

　　依照朱子的《四書》讀書順序，是要先讀《大學》，其次《論語》、《孟子》，最後《中庸》，為何要如此安排讀書順序呢？依二程的說法，《大學》是孔子的遺書，係初學入德的進門書。是繼小學「灑掃應對進退之節」、「禮樂射御書數之文」的基礎功夫後所要做的學問，年齡約在十五歲，即今天的高中生。朱熹注解：「大學者，大人之學也。」而《大學》首章就說：「大學之道，在明明德。」所以「大人之學」就是以達到成德之學為目標的養成教育。《大學》讀完，繼之學《論語》、《孟子》，學者必須熟讀玩味，把二書中諸弟子所問的問題，當作是自己問的問題；把聖人所回答的道理，當作今日親耳聽聞。學者真能了解《論語》、《孟子》的道理，就可以明白聖人作經之意，與聖人的用心，那麼即使不讀《六經》也是沒有關係。至於《中庸》列在最後的讀書次序，理由是：有了前三部經典的基礎，再來了解《中庸》這部講性命道教之書，則可收一氣呵成之效。《中庸》首章揭櫫：「天命之謂性，率性之謂道，修道之謂教。」天命、性、道、教是儒者最關懷的重要課題，全收錄於《中庸》，以簡練文句講明，要學者回歸到「中庸之道」。「中」就是天下之正道；

「庸」是天下之定理。二程視《中庸》這篇為「孔門傳授心法」，將它舒展開來，可以充塞整個宇宙；收捲起來，可以自用無窮。這樣上自宇宙傳心的奧妙，下至初學入德之門，無所不包，融會貫通，無遺珠之憾。

總而言之，《四書》的形成，其背後亦有宋儒建構道統理論的用心。依《論》、《學》、《庸》、《孟》的系譜，確立儒家孔子、曾子、子思、孟子的道統。以往道統的影子模糊，如今透過抬高其經典的地位，實際也確認了這個道統系譜。尤其朱子的學術，以理學的哲學思維為核心，習慣以理學觀點來解釋儒家經典，影響往後近千年的讀書人，皆以此道統與理學認知儒家學說，與漢代的經學風格，迥然有別。《四書》能影響近千年的讀書人，除了朱熹個人的提倡與博學之外，更重要的是科舉制度的左右，以《四書》為考試科目，使天下學子皆以《四書》為本，《五經》的重要性，當然日漸消弭。

(二)《四書》與科舉制

科舉制度興於隋、唐，盛於宋、元、明、清，歷代考試方法與科目皆有所不同。唐代科舉最重要者有兩科：一是進士科，以詩賦為主。二是明經科，考的是經義。經義就是考「帖經」與「墨義」，帖經就是填充題，出一段經文，帖去幾字，令其填補；墨義是選擇某些經文文句，或注家之文出題，令其回答，有點類似今日文科的申論題。唐人在當時重視的是進士科，輕視明經科。

宋代的科舉考試，則日趨嚴密，開始實施糊名法，杜絕請託，嚴防舞弊。王安石當宰相，廢掉明經科，專考進士科。而進士科則廢去詩賦，改考經義，意在國家取用人才，不應側重文藝。王安石遂自造《三經新義》作為取士標準，即是他為《詩》、《書》、《周禮》三部經書所作的注解。王安石的改革雖然是出於善意，但這種茲事體大的事，只頒布一道政治命令，就要天下讀書人改變讀書習慣，去讀他的經文注解，當然引起反彈，最後結果注定是要失敗的。不過，王安石總算踏出了一步，他認為考試應該限定考一套共同科目，不再如以前將所有經書列為範圍，讓應考人茫無頭緒準備，或只關注主考官的專精學科。無獨有偶，以後《四書》成為科

考共同科目，正是王安石的這種思維。

　　朱熹的《四書集注》，成為元明清三代近七百年的取士標準，這是朱子所始料未及的。朱子曾經批評宋代的科舉考試，感慨說道：「朝廷若要恢復中原，須罷科舉三十年。」一再以勿事科舉勸勉學生。不料到了元代仁宗皇慶二年（1313），卻以朱注《四書》為取士標準。雖然元代舉行科舉的時間不久，次數也甚少，但是此下明、清兩代，相沿以《四書》取士不改。一直到清末，前後七百年，朱子的《四書集注》，成為中國家喻戶曉人人必讀之書。

　　至於明清兩代的考試內容，均重經義，輕詩賦，則不出王安石的改革精神。但考經義，必論是非，是非評斷須有標準，最後不得不選定一家言，於是朱子的《四書》解釋成為一家言的標準。但為了客觀取士，演變成八股文體的固定格式，作文必有一定格律，可見其工拙技巧，以作為考評的取捨標準。八股文體中以《四書》為出題範圍，首先必須破題，破題之後，必須提出孔子、曾子、子思、孟子為何發此言，接著便是八股正文，均有固定格律，體用徘偶，幾近於唐代的律詩格式。這種八股取仕的制度，使讀書人競相鑽研八股文的格律，結果還是回到考文藝的老路，失去考經義的本意。晚明士人已痛切論八股之害，顧炎武甚至說：「八股之害，等於焚書，其敗壞人才有甚於咸陽之坑。」即使如此，清代仍然沿襲此一制度，一直到清末（1898），維新派人物主廢八股，改試時務策論。一九〇五年則正式廢科舉，以新式的學校制度替代了國家教育的功能，中國教育制度面臨前所未有的大改革，以《四書》學作為共同考課科目的悠久傳統，正式走入歷史。

四 理學與禮學之爭

　　中國儒學發展到宋代，又是一大變化，宋儒由於受到佛、道的刺激，提出貫穿形上與形下、天道與人道的「理學」，從而使儒家經典地位重新洗牌，對整個中國學術的發展，開出了一個新氣象。理學就是辨析心性理氣之學，前此儒學沒有所謂的「理學」，但宋代以後的儒學，無人不談理

學，尤其元代又將倡導理學的朱熹注解的《四書》當作科舉考試科目後，元、明、清三代的讀書人，將近六百年間，朱子理學一直受到官方的保護與推廣，影響甚鉅，從而也傳播到韓國與日本，使得中、日、韓三個國家在近代以前皆籠罩在朱子學的學術氣氛之下。但是，這項趨勢也造成了以「理學」解釋《禮經》的「禮學」時代，以致到了清代和日本德川儒者有一批反理學的學者，倡導回復《六經》的「禮學」，擺開形上而抽象的「理學」，企圖把「禮學」的實踐性，重新找回來。

㈠從規範之「禮」到規律之「理」

「理」和「禮」的區別，可以《易經・繫辭傳・上》所說：「形而上者，謂之道；形而下者，謂之器」的「道器」論來理解。一是強調貫穿宇宙與人生界，所重猶在抽象的心、性、天上，講「道」或「理」的形而上世界。二是鮮明地著重在人生界，所重在於具體五倫之人間關係，講「器」或「禮」的形而下世界。

宋代理學家講心性、性命之學，它提出的時代背景，與佛教的興起息息相關。佛教在唐代各宗派已紛紛成立，禪宗尤盛。佛教是講心性、論空有、闡本體的玄理之學。儒學自魏晉後，即萎靡不振，漢代獨尊之盛況不再。到了唐代，儒學亦陷入訓詁詞章、考訂制度之學，讀書人往往為佛教的深遠理論所吸引。唐代末期的韓愈作〈原道〉、〈原性〉排斥佛老；李翱更作〈復性書〉，以述儒家《大學》、《中庸》之人性說，區隔出儒家所論之心性與佛家所講的心性，已經開啟宋代心性、理學之先聲，故一般視韓愈、李翱為宋明儒學的先驅者。

宋代《四書》成為後來士人的考試科舉科目後，影響後世經學最大的是禮學的轉變。因為《四書》強調心性論與道德的性命理學，對儒家經典的態度，有以「理」釋「禮」的趨勢。但是，古人說禮大致可分「禮之本」與「禮之文」。所謂「禮之本」，講的是內心道德之本質；所謂「禮之文」則為外在行事之規範，如《三禮》（《儀禮》、《周禮》、《禮記》）中具體規範著上至天子下至庶民的種種禮儀。內心規範以人心內在忠信等德性為其內涵，即所謂「質」；外在之行事規律則以禮樂制度約之，即為

「文」之外顯內容。古人對於「禮之文」與「禮之本」的態度，並重而無先後，如孔子所說：「文質彬彬，然後君子。」但到了宋代，「禮」的內涵在理學家的解釋下，傾向重視「禮之本」，並將之規律化為「理」。舉一明顯例子，《論語・八佾》篇記載林放問「禮之本」，孔子曰：「大哉問！禮，與其奢也，寧儉。喪，與其易也，寧戚。」朱子《論語集注》解說：「禮貴得中，奢易則過於文，儉戚則不及而質。二者皆未合禮，然凡物之理，必先有質而後有文。」這裡顯現出朱子以「理」學釋「禮」，並且以先質而後文的態度來論「禮」。換言之，「理學」的態度是先重視「禮之本」的內心道德之本質，才來強調「禮之文」的禮樂制度。又如朱子解釋《論語》的「克己復禮為仁」說：「禮者，天理之節文也。為仁者，所以全其心之德也。蓋心之全德，莫非天理，而亦不能不壞於人欲。故為仁者必有以勝私欲而復於禮，則事皆天理，而本心之德復全於我矣。」由上面兩例可知，一部《論語》的「禮」字，都被解釋為與心性道德之學有關的「理」。

(二)以禮學代理學

1.以實學反對理學

重心性修養的內聖之學，固然是宋明以降儒學的獨特發展形式，然而在秦、漢、隋、唐，儒學卻另有其通經致用為標的千年傳統，可稱之為「實學」。所謂「實學」就是「通經」、「修德」、「用世」的意思，它所標示的是一種學術取向，而非是一個學派。滿清政府入關後，雖然沿襲元、明尊朱子理學的風氣，但也出現一批本諸《六經》以求治世之道的實學儒者，以《春秋》和《禮》經為大宗，從講求具體的禮樂制度出發，闡明古代經世致用的精神，批判宋儒專以明辨心性理氣為主的學問。

清初強調實學的代表人物即是顧炎武（1613-1682），首先提出「經學即理學」來質疑理學，欲以《六經》之學取代理學；其次，顏元（1635-1704）則喊出「必破一分程朱，始入一分孔孟」，不從心性義理上分辨孔孟程朱，而從實事實行之分辨，認定宋代理學之弊病是「無用」之學，講究

兵、農、禮樂三大實學，主張治學應下學而上達，不可如宋儒從源頭體認，造成講說多而實踐少，道德理論更多而經濟事業更少。再者，中期戴震（1723-1777）則有「道在六經」的實學主張，從新重視《六經》的傳統地位，而不只是以《四書》為取擇標準，主張「故訓明，則古經明；古經明，則賢人聖人之理義明」，強調聖人賢人之理義，只存之於典章制度；章學誠亦有「六經皆史」、「六經皆先王之政典」說，論所謂的六經學問，不外乎都只是先王的政治典章制度，故治經學與史學者，不應捨當身事物、人倫日用以追尋之。復有學者凌廷堪（1755-1809）呼籲「以禮代理」，回復古代沒有「理學」的六經經典的先王之道。

　　以清代的反理學大師戴震為例，他反對理學家以「心之意見」來認知理，認為六經、孔、孟以及傳記群籍，理字不多見。戴震著有《孟子字義疏證》，特先辨「理」，定義古代所說的「理」是像細察微密的「分理」，或是物質的「肌理」、「腠理」、「文理」，沒有宋儒所說的心性道德意義的「理」。即使是「天理」，戴震認為只是「自然之分理」，是一種結合人我之情的自然之理，沒有宋儒所說的規律意義的「天理」。總而言之，戴震之「理」純然是具體的「事物之理」或「自然之理」，與理學家牽涉到「心」、「性」及宇宙論的超絕之「理」無關。

　　2. 以「禮」代「理」

　　傳統儒者論「禮」，以討論《儀禮》、《周禮》、《禮記》三禮為主。其中《儀禮》為本經，《周禮》所論多為立國的典章制度，《儀禮》所論乃人倫鄉黨之倫理規範和生活禮俗，《禮記》則是關於禮之理論的討論。前面提及宋代以前儒者論「禮」，有兩個面向，一是「禮之文」，二是「禮之本」。「禮之文」又可分「禮制」與「禮儀」兩部分。禮制（典章、制度）係指國家、社會、家族的組織和規範；禮儀（儀文、節式）是指婚、冠、喪、祭等特定典禮的儀式。「禮之本」即是禮義（價值、道德），指在制度儀文之上的倫理準則和價值取向。儒家本來的禮治理想在社會秩序、社會禮俗上具體呈現出夫婦、父子、君臣、兄弟、朋友五倫，以及據此定制的婚、冠、喪、祭、鄉射、飲酒諸典禮。但宋代理學專注在義理之

學，偏重在「禮義」以論「禮」，對儒家經典的解釋，也處處強調普世原則的「理」，雖然朱子也相當重視「禮之文」，但以「理」注解經典之「禮」的《四書集注》成為科舉考試教科書後，世間學子偏重道德心性的「禮之本」的本源之學，衍生的結果，「禮之文」的禮制與禮儀被士人視為次要之學，重「理」輕「禮」的學風，歷經元、明兩代不衰。明代亡國，遂有儒者想以「禮」代「理」，回歸傳統之「禮」。

清代反理學的學者，強調宋代理學因與佛理爭勝，使得本身也不免染禪學，因為即使四書中的《大學》、《論語》二書中，並沒有「理」字，只有「禮」字。反理學者認為理學中的「理」與「事」對舉、「體」與「用」互稱，全是抄襲佛教的華嚴宗。清儒有上述的深切體認，使得清代學術界重視禮的程度，前所未見，從清初顧炎武、張爾岐（1612-1677）、萬斯同（1638-1702），一直到凌廷堪乃至晚清曾國藩（1811-1872）、孫詒讓（1848-1908）等，都以禮為治學之本，曾國藩更倡導「禮學經世」，直以禮為國家大政、禮俗教化之大本。職是之故，「以禮代理」，是清代與宋代學術根本不相同處。清代中期的儒者凌廷堪是率先提出「以禮代理」主張，直接挑戰宋明理學，他建立了一套禮學思想去取代理學思想，鼓動起當時學界捨理言禮的風氣，也直接帶起晚清的重禮思想。清代這種「以禮代理」的思想傾向，其目的是要把儒學思想從宋明理學的抽象形上形式，轉向禮學治世的實用形式。

其次，反理學者認為古代之禮皆有典制，禮是養身之節、飾身之法、動靜之威儀，可依循實踐；而宋儒理學之是非，則徒憑人口說，全無定論。換言之，經書的禮學是實學；宋儒的理學是虛學，非但無濟於事，而且徒增紛擾。例如《論語》孔子以「無違」答孟懿子問孝，其下孔子解釋說：「生，事之以禮；死，葬之以禮，祭之以禮。」而朱熹卻解釋「無違」為「謂不背於理」，無端把事親生死之實事說成玄渺虛闊之理。又如朱熹解釋《四書》中的仁、義、禮等道德，都以「理」解釋之，如解「仁」為「心之德，愛之理」，論「義」為「天理之所宜」，說「禮者，天理之節文也」，釋「天」就是「理」等等。但清代禮學家認為「仁」是事親之實，能事親不失於禮，就是「仁」；「義」是從兄之實，「禮」是二者之

節文，「智」是知禮，「信」是以誠的態度行禮。總而言之，一切道德仁
義，都非禮不成，故必須有其實事可徵，才得實現。「禮」是大經大法，
而「理」則是師心自用。禮學者強調要直接掌握儒學在漢代以前的禮治理
想，捨宋儒之「理」以回復古代聖人之「禮」，注重制作禮樂的實踐精義。

五 朱子理學在韓國、日本的傳播與挑戰

朱子理學在中國流行近七百年，它成為元、明、清的官學也將近六百
年，其掌握學術與教育時間之長，影響之深，遠遠超過以往任何思想學
派。朱子學的影響也不只是國內，對近鄰國家尤其是韓國、日本，亦造成
深遠的影響。

㈠朝鮮朱子學的發展與特色

朱子理學興起於十三世紀，於十四世紀初大為流行中國。韓國則在十
三世紀末的高麗王朝末期，開始有儒者引進朱子學，早期著名的代表者是
安珦（1243-1306）、白頤正（1260-1340）、禹倬（1263-1342）、權溥（1262-
1342）。安珦在1289年入元獲得《朱子全書》，並繪孔子、朱子像回國，
在太學講授程朱理學，常以興學養賢為己任，恢復、整頓儒學教育機構。
晚年常懸朱子像於近側，欽慕晦庵（朱子之號），遂自號晦軒。白頤正也
曾入元，居燕京十年，習程朱理學，回國後傳授門人弟子。禹倬精通《易》
學，強調程朱《易》學與性理的圓融。權溥則刊行朱子《四書集注》，使
之普及。到了十四世紀初，朱子學更受到朝鮮士人的歡迎，如李穡
（1328-1396）、鄭夢周（1337-1392）、鄭道傳（1342-1398）、李崇仁
（1347-1392）、權近（1352-1409）等都是傳播朱子理學的大家。李穡曾任
高麗成均館大司成，講授朱子學，鄭夢周、鄭道傳、權近等皆出其門下，
使程朱理學更加快速的推廣與流行。鄭夢周被喻為「東方理學之祖」，意
謂鄭夢周才是精通朱子學、奉行實踐朱子學的韓國最早的權威。鄭夢周對
往後韓國朱子學的穩健發展與儒教取代佛教而成為國教，起了相當大的作
用與影響。鄭道傳作為李氏朝鮮的開國功臣，擘劃了朝鮮建國的體制與理

念，在推動儒教立國與排斥佛教的理論上，獲得了王室的支持，使朱子學取代了佛教的地位。總而言之，朱子理學在韓國的前期發展中，表現出色，為往後朝鮮朱子學奠立了穩固的基礎。如果說在此之前的學者尚是儒佛兼宗的話，那麼程朱理學傳入後便儒佛明顯相異，儒者對佛教採取批判的態度。

　　論朝鮮最為中日學者熟悉的朱子學大家，當推李滉（號退溪，1501-1570），他有「朝鮮之朱子」、「東方百世之師」的稱呼，集大成於群儒，稱譽於海內外學林，成為朝鮮一代哲人，其學說與學派亦影響日本朱子學的性格。退溪傾半生精力，參照朱子編的《近思錄》，編纂《朱子書節要》，這是他研究、理解、體認朱子學說的結晶，集朱子學說的精髓，是部朱子理學的入門書，該書一問世，影響巨大，被視為「四書之階梯」，往後為朝鮮士子必讀之書，在朝鮮朱子學史上，占有極重要的地位。

(二)日本朱子學與反朱子學

　　宋代理學在中國、朝鮮流傳之際，日本正值鐮倉（1192-1333）、室町（1336-1573）時代，經由佛教僧侶傳入，不過都只是作為禪學之附庸，流傳不廣；到了德川時代（1603-1868），儒學才真正脫離了禪宗，並且在德川初期，朱子學得到了官方支持的地位。此時的中國已歷經元代（1271-1368）乃至明代中葉，甚至陽明學也形成了。這種情形和朝鮮直接受中國思想之脈絡不一樣，朝鮮在受到中國政權遞變影響的同時，也順便接受了思想的變化。日本則不然，對於宋明的理學、心學是一併接受，這之間並無次序的銜接關係。所以日本朱子學開宗者藤原惺窩脫掉深衣道裝的禪服後，於一六〇〇年受德川家康召見時，朱子理學正式浮出官方檯面，但距朱子去世也已四百年了。而反朱子學的山鹿素行（1622-1685）在一六六二年走上了古學道路，也幾乎在同年，伊藤仁齋（1627-1705）寫了《論語古義》（1662）反對朱子的理學。差不多朱子學成為德川幕府官方肯認後的半個世紀，即有反對朱子學的潮流，朱子理學受到強烈的挑戰。因此，朱子理學從來沒有成為風靡全國的學術信仰，歷代將軍除非特別熱衷學問外，實際上他們對信佛的興趣比對儒教的興趣為高，故朱子理學在德川學術上，

至少在十八世紀中葉以前，在制度上從來也沒被從定為一尊過。這樣的發展與朝鮮朱子學相較，實大異其趣。因此，十七世紀的德川思想界，是儒學思想異說分立、百家爭鳴時代。在這些反朱學派當中，其中反朱子學立場最為鮮明的是古學派的伊藤仁齋與荻生徂徠，二人早年都受過朱子學的洗禮，但中年以後毅然走上反朱之路，形成日本儒學一大特色。伊藤仁齋揭起反宋學的旗幟，一意求孔、孟之古義，故推尊《論語》為「最上至極宇宙第一書」，稱孔子為「最上至極宇宙第一人」，而孟子之學為孔門大宗嫡派，其學以仁義為宗，以王道為主。仁齋認為要了解孔子或《論語》，以及儒家的性命道德，都可從《孟子》義理來理解，不需透過宋儒。仁齋這種對儒家經典的態度可以說是《論》、《孟》中心主義，瓦解了朱子學的《四書》中心主義。仁齋特尊《孟子》的哲學思想以及反朱子學的思路，與百年後的中國戴震思想不謀而合，二人都是在關懷古典儒學的共通課題之下，反對朱子理學對古典儒學的轉換，強調應回到古典的孔、孟時代的語言和脈絡來理解聖人之學。

相較於伊藤仁齋的《論》、《孟》中心主義，古學派另一大師荻生徂徠，其中心思想則是《六經》中心主義。徂徠的中心思想是：「《六經》即是先王之道」，用所謂的「古文辭」方法，以求《六經》中的「先王之道」。徂徠強調古文辭必須精讀《六經》之古言，不僅排斥宋儒注解，連東漢以降的注解家亦在其摒棄之內。而其主張以古文辭求古義，而古義又在《六經》，因而也批判伊藤仁齋的《論》、《孟》主義。徂徠如此推崇《六經》的地位，貶抑儒者的思想，在中國儒學思想史的發展上，相當罕見。從徂徠的學說中，我們不僅看到了日本反朱學者的高峰，也見識了日本學者思想的多元性與批判性。徂徠站在《六經》的立場，強調恢復古代先王的禮樂刑政的制度，頗如清儒凌廷堪等人以「以禮代理」的思維。

㈢朝鮮與日本的「實學」

清代出現戴震、凌廷堪等反朱子理學者，韓、日的反朱子學者亦不乏有同樣思維者，欲以「實學」來取代「理學」，這都是因雙方所根據文獻相同，所面臨之學術問題相近，所處之思想史的階段相似，儒學在中國本

土之發展又時時波及朝鮮與日本，故思想不覺密合。

　　朝鮮從十七世紀後半期以後產生一股新學風，不滿朱子的「理學」而以「實學」研究為主要對象，柳馨遠（1622-1673）公開反對朱子理學，認為「天地之理，著於萬物，非物，理無所著。」呼籲學者要重視實際實用的「物」，而不是抽象的道德之「理」。繼柳馨遠之後，陸續出現三個實學流派。其一是十八世紀前半期以李瀷（1681-1763）為代表的經世致用派，這一派注重在土地制度和行政機構及其他制度的改革，此派也崇尚西洋科技，頗受西洋學問的影響；其二是十八世紀後半期以朴趾源（1737-1805）為中心利用厚生派，這一派以活絡工商業，進行生產生具和生產技術改革為目標。其三是十九世紀前半以金正喜（1786-1856）為宗的實事求是派，這一派以考證經書、金石、典故為主。實學派的集大成者是十九世紀初期的丁若鏞（1762-1836），他兼長經世致用之學和利用厚生之道，他不講朱子理學，也信奉過天主教，其學說強調生產技術的革新，主張農具、織機、兵器之革新發展，自己更設計起重機、鼓輪和滑輪。茶山更對古典經學有廣博而精湛的研究，也推動了實事求是考據學的發展。總而言之，朝鮮實學家，把實用之學擴大到天文、地理、歷史、數學、醫學、農學、軍事、文學、語言等廣泛領域，認為只要對生活和生產有用的學問，都是實學，以此來相對朱子的理學。

　　日本德川古學派的荻生徂徠，畢生堅持《六經》禮學，反對朱子理學，他認為所謂「先王之道」，就只是「禮樂刑政」而已，外此就不是所謂的「道」。他反對朱子以「理」解「禮」，徂徠強調古代所謂的「禮」，只是遵守先王所規範的規矩準繩，古代先王之教在於「詩書禮樂」而已，重視學習禮儀以成就自己的德行，這就是所謂的「仁」，他不談「心」也不相信孟子的「性善」論等內在物，因為那都是把捉不住的抽象之物。其次，徂徠視「禮儀」或「道」都是一種「技術」，這種技術都是要透過身體去不斷的模仿與練習，才能有所體會與習得的，所以徂徠極端反對理學家講一些抽象玄理以及內在性的不可靠之物。徂徠的理論得到他許多弟子及學者的繼承，成為日本的實學主要代表者。徂徠弟子太宰春臺（1680-1747）日後以「物理之理」來解構朱子理學，企圖把「天理」的「理學」拉回到

經濟現實的「理學」。

　　不過，也有站在認同而不是批判朱子理學的學者，只是他們採取轉化朱子「理學」的面向，傾向用「實學」的角度來解釋「理學」。例如德川中期通天文學的儒醫三浦梅園（1723-1789），把「理」當作自然世界存在原理之「條理」進行探究；又儒者山片蟠桃（1748-1821）則把朱子的「致知格物」的「窮理」之學運用到解釋天文學的知識；再如德川後期的經濟學者海保青陵（1755-1817）以存在於經濟世界中的必然法則來把握朱子的「理」學。凡此種種，都不會只從「理」的內在道德原理把握朱子的「理」學，而從實際的經濟、科學、物理層面掌握朱子的「理學」，這是朱子理學在日本成為「實學化」的理學，展現其多元創造性的一面。

第五節　近代儒學的新挑戰

　　孔子本是人不是神，他是教育家、哲學家，懷抱淑世理想，追求內外兼具、文質彬彬的道德理想主義者。歷來信奉孔子之教的儒者，以成聖成賢的最高教育理想為目標，宣揚教育理想上的道統，來制衡現實政治上的治統。「治統」是就天子的政治力而言，「道統」是就社會文化力而言，指的是傳道正統開列的諸人物，即是堯、舜、禹、湯、文、武、周公、孔子、顏子、曾子、子思、孟子等人物。孔子以前的王官學教育，尚保存傳統的治統與道統合一的教育，治統就是道統，表現在三代的堯、舜、禹、湯、文、武等聖王的言行與教育當中。孔子以後，天下諸侯無道，禮崩樂壞，互相征伐，不僅治統不可得，道統亦有斷亡之虞。孔子、孟子本人承續在野發展的道統，以傳道自任，開始著重在社會上的教育，強調學先王聖人之道，重視人格心志的培養。但是，在漢武帝後，被獨尊後的儒家，不僅設置了常態的五經博士之官，並設立博士弟子制度，使得學校進一步制度化，而所重視的教育卻著重在政治上的養士教育。董仲舒在漢代所論的教育作用都是屬於「教化論」，而此教化論的基本前提，是以民為無知，故要「化民成俗」，是基於政治立場來發揮教育作用，與孟子的明人

倫、〈大學〉的明明德強調的社會教育作用是不相同的。

　　古代師道不隸屬於臣位,連皇帝也必須尊師重道。又自金朝在孔廟旁的學校前建置下馬碑後,以後各朝仿效,即使皇帝蒞臨學校,也需在下馬碑前親自下馬,以示尊重聖廟旁的教育聖地。但是,從漢武帝以後的儒術獨尊,側重在政治上的養士教化教育。不論從《禮記・學記》篇到董仲舒,基本上所採取的,都是由上而下的教化論,這種由上而下的教化論,常使得教育的目的淪為為治統之延續而服務,成為政治的附庸。教育的目的一旦淪為政治的附庸,不免帶有功利的性質,其結果是使治統凌駕於道統,讓教育喪失獨立自主的地位,從而師者亦不免只是臣屬於王權,成為服務君主,教化子民的工具。漢代的儒學養士教育成為制度後,由中央推廣到全國地方,這比戰國時代的稷下學宮的養士,更具規模,尤其在博士弟子制度的產生,使政治目的的養士教育付諸實現。

　　由於孔子之教如上述常被統治者運用,以作為統治的工具,而當專制政權面臨近代的內憂外患之際,被改革者或革命者拿來反抗或改革現實政權的工具,往往就是儒學,近現代出現了一連串的反孔、批孔運動,其中以文化大革命的批孔運動為高峰,「儒門淡薄」在近現代豈止是「收拾不住」,幾乎跌落谷底。

■一 近現代的反孔、批孔運動

㈠儒學是不是宗教

　　日本德川時代儒者習慣以「儒教」稱呼孔子之教,具有兩種意涵,除了它有「教化」之意以外,還帶有「宗教」的企慕之情。因此,有日本學者對中國之所以能夠統一的觀察,認為有兩種力量,除了漢字以外,另一則是孔教。但中國儒者往往只稱「儒學」或「孔子之教」,而不稱「儒教」,晚清今文經學家喜歡把孔子學說當成宗教,康有為(1858-1927)稱孔子為「萬世教主」,但其學生梁啟超反對尊孔保教,明確指出孔子是哲學家、經世家、教育家,而非宗教家,孔子是為人師表,所謂「孔教」是

「教育之教」，不是「宗教之教」，堅持「儒學」與「儒教」並不能畫上等號。

儒學或孔子之教在中國本不是西方宗教經驗定義下的「宗教」意涵，例如西方基督教具有一位至高無上的宗教神，以及階層謹嚴的神職人員，還有程序莊嚴的祭祀等外在形式的「宗教」。反觀儒學，被推為儒學的宗師孔子是人不是神，祭拜孔子的「孔廟」也未有像基督教的神職階層，亦無禱告儀式。此外，孔子也不來自一個天國世界，他雖敬畏天命，不過他關心現世大於關心來世，他不語怪力亂神以及「不知生，焉知死」的形象，常是歷來儒者拿來排斥佛教與道教的用語。儒學雖然不是西方定義下的「宗教」，但毫無疑問儒學具有強烈的「宗教性」的敬畏情操，這種宗教性情操，常常滲透到倫理生活、習俗及社會政治秩序之中，具有深厚宗教感的一種思想傳統。例如儒者個人面對孔子的人格典範，祭祀行為成為一種迴向自己，促使自己成聖成賢的過程。因此，儒家的教育與祭祀行為是一種個人性的宗教、體驗的宗教，他超越西方組織化的神職人員，而儒家經典就是儒者企慕聖境的心靈紀錄。

儒學是不是宗教這個課題，在近代思想家之間引起諸多爭議。這個課題的產生，在於中華帝國本身的積弱不振與處於西方科學文明的弱勢，一些思想家認為中國無法發展出科學與民主，其中很大的阻礙原因來自於根深柢固的傳統文化，特別是儒學。而西方有強大的科學文明，其背後則有一股強大的宗教文化力量。為了回應西方的科學文明與鮮明的上帝教之挑戰，近、現代歷經多次的反孔運動。

(二)近現代的反孔、保孔運動

鴉片戰爭（1840）以後，中國大致上歷經了四次放棄孔子或改造孔子的運動，每一次都與回應西方宗教及近代化民主、科學有關。首先是洪秀全（1814-1864）建立的太平天國，他用西方上帝教來對抗傳統的儒學，舉起反孔旗幟，號召農民起義，撐起半個中國江山，擾攘中國有十四年之久。洪秀全舉起反傳統儒學的旗幟，亦影響著近代的革命份子，他們要推翻滿清的君主專制，建立民主共和的國家，儒學也是革命份子連帶要批判

的主要對象，所以革命黨人的機關報《民報》第一期刊出了素為儒家斥責為無父無君的墨子畫像，尊為「世界第一平等博愛主義大家」。

其次，孔子之教在滿清被推翻後，第一次從國家教育宗旨中被排除掉，影響日後的教育體制相當深遠。儒學在歷代王朝原是教育核心，自唐以後行科舉，讀書人一方面以之求取功名之階梯，一方面也是實現儒學治國平天下的經世理想。但是，清末為了適應新時代環境，一九〇五年正式廢除科舉制度，儒家經典不再一枝獨秀。辛亥革命後，一九一二年蔡元培擔任中華民國臨時政府的教育總長，在九月通過《教育宗旨令》，把清代推行的忠君、尊孔、尚武、尚實、尚公五項欽定教育宗旨，認為「以忠君與共和政體不合，學孔與信仰自由相違」，把忠君、尊孔從清末教育宗旨中刪去，把其中尚武、尚實、尚公改為軍國民教育、實利教育、公民道德教育，另外加上世界觀和美育兩項，成為全新的教育方針。這裡最重要的是刪掉「尊孔」，把儒學視為宗教信仰而排除在教育宗旨之外。蔡元培並非反儒學或孔子者，他意在強調「孔子之學術」應與「儒教」或「孔教」分別看待，並注意先秦儒家的自由精神及六藝教育的合理成分。「尊孔」教育在中國奉行了兩千年之久，在此正式從國家教育宗旨中剔除，孔子之教在教育制度上遭逢千年的大變局。儒術不再獨尊，孔子不再被國家奉祀，回到春秋戰國學術多元的時代，找回原始儒學的孔孟精神，擺脫官方色彩的儒學之私學精神，而不是被政治利用的儒學。

但是，孔子之教在民國初年後從教育體制被排除後，失去其在全國教育的地位。康有為等人則開始上演保教尊孔運動，促其學生陳煥章隨即於一九一二年十月在上海發起「孔教會」，以康有為為會長，於全國各地成立尊孔組織或支會，海外如紐約、東京、南洋各地，也都成立了支會。以康有為為首的尊孔組織，一九一三年開始向袁世凱請願「定孔教於國教，立於憲法」的「國教請願運動」。但是，革命黨人多持反對意見，如章太炎著有〈駁建立孔教議〉，認為孔學非宗教，孔子不是教主。一九一三年十月，國會在〈天壇草案〉的憲法草案之第19條規定：「國民教育以孔子之道為修身大本」，從這一條看來，顯然是折衷兩派的立場，既在法律形式上規定孔學在國民教育中的特殊地位，雖照顧了孔教派的要求，但未明

確規定孔教為國教。然而，孔教會並未死心，一九一六年三月袁世凱帝制失敗，六月憤死，八月國會重開，繼續進行憲法起草工作。九月康有為、陳煥章師徒再度上書國會，重提孔教為國教之事，進行第二次孔教運動，但卻引來更強烈的反對聲浪，知識界、宗教界以及社會輿論強烈反對，終究在國會再次挫敗。一九一七孔教會、孔道會者直接參與一九一七年的張勳復辟運動，更加深全國民眾的厭惡。一九一八年以後，喧鬧一時的孔教運動趨於沈寂。

康有為上述推動的孔教運動，企圖改造孔子為西方宗教教主，與日後新文化運動的反孔有莫大的關係。康有為之前特別著有《孔子改制考》與《大同書》，把孔子裝扮成為一個講公羊三世的歷史進化論和民權平等思想的倡導者，多方附會穿鑿。《公羊學說》的三世就是「據亂世」、「升平世」與「大同世」，康有為以之求「孔子口授」的「微言大義」，奉孔子為有德無位的「素王」，企圖建立一個「大同世」的民權平等世界。不僅如此，康有為還要把孔子提升到基督，尊之教主，記載年代也以「孔子紀年」等等，要使孔教變為宗教，標榜保護「聖教」以反抗「西教」（基督教）。但是，康有為的改制孔子，不但革命派反對，連真正信奉孔子的信仰者也不買帳，指出康是用耶穌、墨子、佛陀來冒充混合代替孔教，反而形成一個四不像的孔子教。

但是，康有為的改造孔子思想影響深遠，儒學經康有為入室操戈後，所建立的孔子形象，卻成為神祕性的孔子乃至成為宗教教主的孔子，這不但不能彰顯孔子之教，反而更加快孔子之教崩毀的速度，尤其以袁世凱病亡後的帝制復辟勢力，多有護孔教者參與，強調「讀經尊孔」，定孔教為國教，更要求寫入憲法，以便在政治上的復辟製造輿論，激起《新青年》雜誌為中心的民主激烈派反抗，一場以宣傳科學、民主、自由、法制為內容與批判「吃人禮教」、「打倒孔家店」為使命的啟蒙運動隨而興起。自此以後，不論批孔與尊孔者，大都以「孔教」之名互為辯論，「孔教」成為一個專有名詞。如陳獨秀發表〈憲法與孔教〉、〈再論孔教問題〉，易白沙的〈孔子評論〉皆針對批判康有為的孔教論提出批判。魯迅的小說《狂人日記》揭開了傳統禮教的假面具，把尊孔復古與迷信等同；而反孔

最為激烈者莫過於吳虞，發表〈說孝〉之文，論述孝的觀念把中國變成了一個製造順民的大工廠，又說「不孝有三，無後為大」的教條使納妾風氣盛行，婦女受到歧視，種種違反近現代精神的思想都是從「孔家店」裡走出來的，所以中國要「再造文明」，實現民主政治，實現現代化，就必須「打倒孔家店」。這股新文化運動由思想啟蒙者如陳獨秀、胡適等人為核心，以《新青年》為宣傳雜誌，倡導白話文和思想解放運動，終在五四的學生愛國運動中碰撞出激烈的火花。

　　一九一九年五月四日的五四運動，本是北京的學生舉行示威以抗議中國政府的對日屈辱政策，以及由此引發的全國學生愛國運動，這股學生愛國運動與胡適等人的思想解放運動互相合流，形成了五四新文化運動，從而掀起白話文運動及反儒教運動，他們對儒家傳統文化進行比較徹底地清理、批判，並大力倡導新思想、新文化，標榜民主主義與科學精神，批判儒學死守的忠孝道德、家族禮教、三綱五倫等價值，批為違反自由平等的現代精神。

　　顯然，批判者多以「宗教」與封建保守的角度來唾棄儒學，康有為等要提升儒學為「孔教」，反而讓批孔者以偶像崇拜與教條主義之理由駁斥之，而使儒學陷入更尷尬的困境。我們看到從清末到民初，農民和革命派不需要依賴孔子之教，宣揚西方自由、民主、科學的啟蒙者也不需要孔子之教，強調無產階級的革命者需要徹底摧毀這一封建聖人的偶像，傳統儒學被棄如敝屣，取而代之的只能是西方的文化。歷史證明最後贏得勝利的竟是強調無產階級平等主義之馬克斯主義，而不是講求民主的自由主義者，儒教的命運終於在文化大革命（1966-1976）受到最致命的一擊。相較於五四的反傳統思潮，毛澤東所掀起的十年文化大革命運動，更是一場徹底的文化浩劫，展開無情的思想鬥爭，運用紅衛兵對於中華傳統文化之破壞不遺餘力。紅衛兵自稱是舊世界的批判者，他們要批判、要砸爛一切舊思想、舊文化、舊風俗、舊習慣等，而用無產階級的新思想、新文化、新風俗、新習慣，來改變整個社會的精神面貌，這就是著名的「破四舊，立四新」，首當其衝的就是傳統儒家文化。毛澤東把「批孔」矛頭，結合批鬥他的政敵劉少奇（任國家主席）與林彪（毛澤東之繼承人），掀起「批劉

批孔」、「批林批孔」與「反儒尊法」的運動，在一九六九年五月四日的
五四運動五十週年上，重新喊出打倒孔家店，劉少奇只因一篇〈論共產黨
員的修養〉，就被視為「大肆宣揚孔孟之道，毒害廣大黨員和青年，為孔
家店招魂」，以後一連串批孔文章紛紛出籠，並藉此再次確立共產黨的
「破四舊」之教育革命。接著，一九七三年又有「批林批孔」運動，指責
林彪「借孔孟之道腐蝕群眾」、是「地地道道的孔老二的信徒」之尊孔
派，以後四人幫還運用過「批周批孔」（1974）、「批華批孔」（1976），
藉以攻擊周恩來與華國鋒。文革期間，共產黨除了「批孔」，還要「揚
秦」，旨在「反儒尊法」，韓非、李斯、商鞅等法家人物特別被推崇。至
於秦始皇，因其尊崇法家，反對儒家，厚今薄古，是統一中國的第一人，
被譽為「千古一帝」。

　　歷史證明，儒學往往在鼎隔之際，被政治操弄與利用，每次都對儒學
造成頗大的傷害。例如康有為利用儒學，欲使孔子之教成為西方的「宗
教」，結果只會使保守人士與新時代的知識份子更為反感而已。民國初年
的帝制復辟事件也都與「尊孔」有關，而毛澤東在文化大革命之所以反孔
子之教，也與他清除異己的政治鬥爭息息相關。以上都是被御用或誤用的
儒學，這種儒學是政治化的儒學，即是治統下的儒學，而非道統之下的儒
學，這是使儒學在近、現代被唾棄的主因。由此可見，儒學必須脫離政治
而獨立，找到儒學本身的自主性，在現代進行創造性的轉化，才有可能新生。

二 文革後的儒學熱潮

　　由以上的敘述可知，在近現代儒學的發展，其命運有如中國的國勢，
一蹶不振。太平天國革命的農民扔棄孔聖人而擁護西方平等無私的上帝；
革命民主派也撇開了孔子而尊崇墨子；改革的康有為欲躋孔子為教主卻誤
孔教更深。孔教這一路走來，跌跌撞撞，終於在毛澤東掀起的文化大革命
遭到徹底的破壞，全國孔廟遭到紅衛兵無情的毀損，儒書被丟到茅廁坑裡
頭，信奉儒教者被視為封建荼毒者，遭到無情的批鬥，「打倒孔家店」終
究真正成了事實，使中國成為文化真空、教育斷層的現象。

　　然而，五四新文化運動的反儒學者，多著眼於儒學為歷代帝王所利用，成為專制統治的幫凶，固然有某些事實，惟反儒學者多半忽視在專制統治下，儒者欲藉教育力量使政治合理化的苦心，這就是為何代表治統的周公在唐代以後必須被請出孔廟，以及為何在明代世宗嘉靖九年（1530），在儒臣請求下終於除去孔子的諡號「文宣王」的王爵之號，追尊為「至聖先師」，目的在使道統凌駕於治統之上，使帝王也不得不承認孔子為「百世帝王之師」，進而跪拜如儀。

　　由於儒學本身有這股尊崇道統的傳統，堅持凌駕於政統，既強調經世濟民，也倡導以人民為本，因此儒學雖然歷經近百多年來的挫折，仍然擁有它堅韌的生命力。所以，中國大陸在文革之後，一九八〇年代興起了「文化熱」，也引進了當代新儒學，批判傳統之聲雖仍然存在，但也促使了一九九〇年代重新燃起一股中國傳統文化的研究熱潮，舉凡有關中國傳統文化（例如古典文學、傳統宗教、古人傳記、《易經》）的書籍，以及中國古籍的譯注、改寫不斷出版，一些以前被視為學術反動派的人物如陳寅恪也得到了平反。北京大學在一九九二年初成立中國傳統文化研究中心，並於一九九三年創刊出版大型學術集刊《國學研究》。一九九三年十月中旬，北京大學學生組織「國學月」活動，舉辦了十五次講座、兩次研討會，當時中共傳媒及電視臺對這些活動也都做了報導。一九八四年，一個半官方色彩的「中國孔子基金會」成立，自此以後，經常辦理「儒學國際學術研討會」。一九八九年十月與聯合國教科文組織在北京和孔子的故鄉曲阜合辦「孔子誕辰2540周年紀念與學術研討會」，五年後年又有「孔子誕辰2545周年紀念與學術研討會」，同年正式成立了一個跨國性質的「國際儒學聯合會」，定期出版《國際儒學研究》。以上雖然都帶有官方的色彩，但是中國大陸至今還有不少研究儒學或傳統文化為宗旨的學術團體和研究機構陸續成立，漸漸脫離馬列主義的教條及政治的藩籬來重新解釋儒學與傳統文化，傳統儒學或文化這班列車，雖然一度跌跌宕宕了百年之久，但是它一旦再度啟航，便有許多旅客自主性地搶搭，形成一股風潮，畢竟這是來自文化底層的呼喚，也是維繫中國人心靈寄託之地方。由此看來，中國文化傳統在中國大陸已經死灰復燃，依然展現它堅韌的健動精神。

研究與討論

1. 請討論你心目中的孔子與儒學的形象或概念，這些形象或概念與本章所談的有無差異？另外，你喜歡孔子或儒學的哪一方面，與西方基督教的上帝觀比較起來，孔子或儒學具有哪些特色？

2. 你認為春秋戰國時代學術的百家爭鳴比較好，還是學術定於一尊比較好，各有何優缺點？

3. 試說明儒學在漢代獨尊後，對中國文化凝塑之影響。

4. 請說明《四書》在宋代後取代《五經》的經典地位之原因，及其在東亞國家的不同發展。

5. 試探討宋代著重「理學」，清代強調「禮學」，二者思想的爭議重點何在？你又如何評價兩者之爭。

6. 近、現代儒學受到前所未有的衝擊，出現「保孔」與「批孔」運動，請從正反面的論點，討論「保孔」與「批孔」各自的優缺點，最後再提出自己的綜合性的見解。

參考書目

1. 黃俊傑，《德川日本論語詮釋史論》，臺北：臺大出版中心，2006。

2. 錢穆，《孔子傳》，臺北：東大圖書公司，1991。

3. 高明士，《中國教育制度史論》臺北：聯經出版事業公司，1999。

4. 高明士，《中國傳統政治與教育》，臺北：文津出版社，2003。

5. 高明士，《東亞教育圈形成史論》，上海：上海古籍出版社，2003。

6. 蕭公權，《中國政治思想史》，臺北：聯經出版事業公司，1982。

7. 余英時，〈道統與治統之間〉，收入余英時《史學與傳統》，臺北：時報文化出版社，1982。

8. 蔣伯潛，《十三經概論》，臺北：宏業書局，1981。

9. 張壽安，《以禮代理——凌廷堪與清中葉儒學思想之轉變》，臺北：中央研究院近代史研究所專刊，72，1994。

10. 勞思光，《中國哲學史新編》，《新編中國哲學史（三上）》，臺北：三民書局，1993。

第三章

法　制

中華法系源遠流長，屹立東亞數千年之久，對鄰近的日本、朝鮮半島、越南等國法律產生深遠影響，與伊斯蘭法系、印度法系、大陸法系、英美法系並列為世界五大法系。它在今天雖然已非任何國家的實定法，但其法律觀仍深刻影響東亞法律文化。回顧歷史，中華法系自有別樹一幟的特質以及卓越不凡的成就。本章分從法典的編纂、刑事法律、民事法律、司法制度等主題，論述傳統法制的概況。

第一節　導言

今天我們習用的「法律」一詞，其實是二十世紀初年自日本輸入的新名詞。在古籍中具有法律或法典涵義的字，主要有刑、法、律三字。「刑」字起源很早，它是從「井」字衍生而來的。井字見於商代甲骨文，原始意思是模型，是鑄器之範的象形，接近現代「型」的意思。及至周代，井字逐漸引申「遵循」、「楷模」，甚至「法律規範」的意思。刑罰起源於部落間的戰爭，主要是透過刀鋸斧鉞來執行，遂在井字旁增添了「刂」部，即今日的刑字。

「法」字，古體寫作「灋」，始見於周代金文。據《說文解字》的解釋：法就是刑，用刑要公平如水，所以用水作為偏旁；另外，廌是一種傳說中的獨角神獸，有時寫作「獬豸」，牠會用角觸碰訴訟兩造中無理的一方，所以用「廌」和「去」組成灋字的另一邊。有學者以為公平如水恐怕是比較後來的意思，灋字從水，應該是將罪人置於水上，隨流漂去，是遠

古刑罰的一種。至於廌以角觸無理者，應是遠古神判法的一種裁判手段。總之，灋的核心就是「刑」，灋字最恰當的對應字，毋寧是「刑」。此外，法字同時還具有標準、模式的涵義。

「律」字，《說文解字》釋為「均布」，具有將不和諧、不規則的事物，規範為協調、統一的意思。律原是指截竹而成，用以校正樂音標準的律管，後世遂自音律引申出規範、法律。不過，也有學者以律字主要由「聿」字組成，「聿」在甲骨文是象手握筆以刻畫甲骨器物之狀，原意應是刻畫族徽以區別不同氏族，逐漸產生別異、區分、界限、標準，甚至法律的涵義。

古代刑、法、律三字可以互訓，如《爾雅·釋詁》：「刑，法也。」「律，法也。」《唐律疏議》：「法，亦律也。」三者都具有規範、法則的意思。國家頒布的法典，在三代稱作刑，春秋戰國時期稱作法，秦漢以來則稱作律。

西方文字中的法，不論是拉丁文中的 ius 和 lex，英文中的 law，法文中的 droit，德文中的 Recht，都含有「公平」、「正義」，甚至「權利」的語義，是人類社會最高生活準則的總稱。西方古代將法律視為神的旨意，具有很高的神聖性，人們必須符合這套規範來生活。反觀中國，刑、法、律三字都沒有正義或權利的涵義，簡而言之，其核心就是刑罰。刑、法、律三字都著重在技術層面和操作性，而不是本體上的，甚至是人類社會生活終極目標。其次，相對於西方法律具有神聖性，先秦諸子對法的來源都從世俗性的角度來解釋。譬如法家的《慎子》就明白指出法律是「非從天下，非從地出，發自人間，合乎人心而已。」墨家或儒家同樣以為遠古人群相爭而亂，統治者為解決紛爭，乃制定禮律。中國法律很早就脫離上帝而存在，這是一種進步的現象。但法律離開了上帝，也失去它作為人類社會的終極目標，它世俗化的成為統治者維繫統治的工具而已。而且，法律失去它的神聖性，也使人們失去了發自內心的尊崇以及遵循的動力，守法的理由只剩下刀鋸斧鉞等恐怖的刑罰了。因此，中國人內心深處總覺得法是可畏可懼的，離得愈遠愈好。

春秋晚期，中國成文法典逐漸公開化，現存最早的成文法典應是戰國

初期魏國李悝的《法經》。商鞅攜《法經》入秦變法，並改「法」為「律」，「律」漸成為所有國家制定法中最常見，內容最重要的形式。秦漢法典條文繁多，內容蕪雜，未臻成熟。魏晉南北朝最重要的法典，無疑是晉代的《泰始律》和北齊的《河清律》。《泰始律》是首部儒家化的法典，由於編纂水準高，一直被南北朝政權奉為圭臬。北齊的《河清律》因「科條簡要」，是南北朝法律的佳品。隋唐政權雖出自西魏北周，但法典的藍本卻是北齊《河清律》。隋唐律令格式的制定臻於成熟，國家邁入規範化的時代。不僅自王公貴族到奴婢賤民的定罪科刑，都律有明文，甚至上自皇帝祭祀，下及庶民的婚姻、求學，都有相關章程。一切明文規範，井然有序。相對於同時間的其他歷史世界，隋唐恐怕是文明最進步的王朝。宋代的《宋刑統》固然因襲唐律而來，但編纂時在律文下附列了相關的敕令格式，直接影響到明清的「律例」合編。明清的律作為成文法典，強調穩定；條例就是律以外的靈活法源形式，可以及時準確反映社會的需要，即所謂「律彰國體，例顯人情」。

　　中國律令法制在隋唐時期臻於成熟，成為東亞世界學習模仿的典範。及至十九世紀中期，歐美文明挾著船堅炮利衝擊東亞世界，中華法系隨之風雨飄搖。二十世紀初，中國為了收回領事裁判權，在日本專家協助下，借鑑日本，模仿西洋法制訂定新律。清廷傾覆前夕，制成《大清新刑律》等各種新律。這是中國首批繼受近代西方法制而成的法典，深具歷史意義，對其後中華民國法制有重大影響。

　　與近代西方刑法比較，中國固有法律有二項特質值得注意，其一是早已出現類似近代的「罪刑法定」原則；其二是法律強調差異性，不講絕對平等，行為本身不完全是定罪科刑的考慮重點，還需要衡量行為主體和客體的身分階級和彼此的血緣關係。

　　「十惡」是傳統法律中最嚴重的十種犯罪，屬於嚴重違犯禮經，喪失以忠君和孝親為核心的道德，破壞以君臣、父子、夫婦為三綱的倫常行為。罪犯十惡，或是嚴懲，或是遇赦不赦。上古時期，刑罰主要是墨、劓、宮、刖、大辟等「肉刑」。肉刑是殘害人民肢體的刑罰，既不符合人道精神，亦損及國家的勞動力和戰鬥力，於是乃有「徒刑」的興起。徒刑

是一種對罪犯剝奪自由強制苦役的刑罰，在戰國時期逐漸普遍應用。漢文帝十三年（前 167）廢除肉刑以及制定徒刑刑期，使罪犯能重返社會，是刑罰發展史上的重大變革。可是肉刑廢後，刑罰失去了「中刑」，造成「死刑太重，生刑太輕」的弊病，遂不斷有人大聲疾呼要求恢復肉刑。刑罰上的漏洞要等到流刑的創制，才可填補。流刑是一種將犯人驅逐遠方的刑罰，創制於北魏孝文帝朝，至唐代進一步成熟與穩定。自此，肉刑的爭議為之平息，中國刑罰制度也正式從上古的五刑——墨、劓、宮、刖、大辟，完全蛻變為新五刑——笞、杖、徒、流、死。唐律五刑二十等的規定，施行了一千三百多年之久。

　　皇帝頻繁的頒布恩赦，是中國傳統法制的一大特色。中國皇帝多赦的傳統在漢代形成而為後世沿襲，漢代不到三年便有一次大赦，唐代平均三年更大赦兩次！中國的恩赦制度，內容豐富，其形式主要有赦、降罪、錄囚等。皇帝頒赦的契機林林總總，或為踐祚之類的皇室喜慶；或為郊祀之類的國家祭典；或為災荒等。恩赦中以大赦最為普遍和重要，赦免的範圍一般涵蓋了自犯罪發生到結案判刑各個階段中所有罪犯。大赦除了寬免罪犯以外，同時也會給予官民恩典：或是賜吏民爵；或是減免百姓租稅；或是免除所欠公私債務。為什麼中國皇帝長期頻繁恩赦呢？首先，在思想上可藉恩赦理陰陽以致中和，與民更始。其次，在政治上除了藉恩赦維繫天下秩序外，也賴以展現與貫徹統治。再者，可救濟司法之窮並製造「刑措不用」的假象，滿足人君的虛榮心。

　　中國自古以來瀰漫復仇的風氣，歷二千年不衰。儒家重視孝道，視復仇為一項義舉，特別是父母之仇，不共戴天。隨著漢代獨尊儒術後，復仇風氣在儒學的推波助瀾下，日益熾盛。魏晉時期，朝廷開始限制復仇。唐代以降，法律更是完全禁止復仇。然而，只要是為了孝道而復仇，通常都受到民間甚至朝廷官員的歌頌讚揚，如此更是助長復仇風氣。究竟王法為重，還是孝道優先，這是一個兩千年解不開的難題。

　　民事法律方面，在法典編纂與訴訟程序而言，中國都呈現民刑不分的特點。民事法律的條文很少，律典以外的令、禮、鄉約、族規、民俗習慣等，多少都扮演了民事法律的角色，具有調節民間日常生活的功用。此

外，傳統民事法律是通過確認義務默認權利的，幾乎所有的民事違法行為都可能遭到刑罰的制裁。

中國的婚姻制度，自周代以來是奉行一夫一妻制，也就是法律規定一個男子只能有一個正妻。但為了繁衍子嗣，男子可以納妾。一夫一妻制的目的，旨在確定嫡長子的名分，以免造成諸子間的權力爭奪。婚約是婚姻關係締結的開始，約有以下三種形式：一為互報婚書，二為訂定私約，三為受遣聘禮。婚約一旦成立，開始受到法律的保障。離婚的形式大致有三種：一是強制離婚，二是出妻，三是協議離婚。

中國古代是實行嫡長子繼承制度，嫡長子就是正妻所生的長子。倘若是無嫡子、嫡子犯罪或有病而不能繼承時，其繼承的順位是：嫡長孫──嫡長子同母弟──庶子──嫡孫的同母弟──庶孫。因為法律的儒家化，為了落實儒家親親尊尊的精神，國家明白規定祖父母、父母健在，子孫不可別籍異財。倘若父母亡殁，子孫分家析產必以均分為原則。長期採取諸子均分的原則，對於大家庭制度的維繫有重大作用，但另一方面，也限制了傳統經濟的發展型態和規模。傳統父死子繼，子承父業的觀念，被視為天經地義，遺囑不可剝奪配偶乃至親子的繼承權。簡單而言，中國傳統是法定繼承優於遺囑繼承，遺囑繼承優於特別繼承。

債，專指財產方面的權利義務關係。契約是具體記載締約雙方有關權利義務的協議文件。上古的契約都是契刻於竹簡上，議成析為一式兩份，雙方各執一半作為憑信。魏晉以降，紙張契約逐漸取代了簡牘契約，乃有「合同契」和「單契」的誕生。中古時期，買賣雙方要徵收契稅，官方在交易契約上鈐印，後世稱作「紅契」。相對於此，民間私自訂定不繳納契稅的契約，稱作「白契」。宋元時期，民事契約走向標準化，逐漸出現草契──官契──契尾粘在一起的「粘三契」形式。粘三契是傳統契約中最完整和格式化的契約形式。

買賣交易中，當以田宅買賣價金最高，因此，契約的制定最為慎重，內容也最為詳備。其構成的要件，包括：(1)立契時間；(2)業主姓名；(3)確定標的；(4)買方姓名；(5)價格和交割情況；(6)業主擔保事項；(7)畫押；(8)中人保人署名畫押。借貸是民間債務中最常見的種類，古代法律有關借貸

契約的條文，主要是針對不算利息的「負債」而非計算利息的「出舉」。對於「出舉」，官方秉持「任依私契，官不為理」的原則，所有權利義務，一憑雙方契約規定，官方並不干涉。不過，為了防止高利貸盤剝，歷代對於利息都會訂定上限，元代訂出一本一利、月利三分的原則，一直沿用到二十世紀初年。

中國傳統司法權沒有獨立於行政權之外，只要有一級行政架構，就有一級的司法機關，治民的父母官往往也是司法人員。相對於地方的司法官員與行政首長混而為一，中央部門很早就有專業的司法行政機構。秦漢之世，中央最高的司法部門稱為「廷尉」，又稱「大理」。及至唐代，中央司法機構有大理寺、刑部、御史臺等，發展到明清就有刑部、大理寺、都察院組成的「三法司」。

除了某些特殊身分以外，任何人只要受到冤屈，都可向地方官衙提出告訴。不過，若非強盜、命案之類的重大案件，一般婚姻、鬥毆、爭產等尋常瑣事，只能在特定時間才能興訟以免妨害農時。大部分的訴訟都是向基層機關，也就是縣衙提出。投訴的訴狀要清楚註明犯罪時間，犯罪事實。宋代要求所有訴狀皆統一由「書鋪」代寫，清代這類人稱作「官代書」，負責代寫以及審核訴狀格式。一旦官衙簽准後，案件正式進入審判程序。

假如發生強盜及殺人等案件，官府有責任立即勘驗和追捕，不得拖延。為了防止被告或相關證人逃走，必須予以逮捕和囚禁，有時連原告都要投入獄中等候審判。案件拖延愈久，對人民傷害愈大。因此，歷代都為官衙審訊訂下一定程限。審判既採取有罪推定的原則，又仰賴口供作為定罪的依據，官員在面臨程限的壓力下，刑訊遂成為取證的重要手段。《唐律》對刑訊作出明確和嚴格規範，刑訊制度趨向法定。法官判決時，都必須詳細援引律令格式中的條文。而且，為了防止冤案，更要取得犯人的「服辯」，即簽字畫押、服從判決的書狀。直到清代，取得犯人「服輸口供」，仍為結案的必須條件。判決確定後，若不服可以申訴。上訴的方式有三種，一是在皇帝或官員審錄時申訴；二是向更高官衙上訴；三是向皇帝直訴。

　　判決定讞後，刑罰就可以執行。笞、杖屬於輕刑，判決後立即執行。徒刑判決後，分配到附近的官衙中做一到三年的苦役。流刑定讞後，暫時還押獄中，等待每季特定時間才集體起解。死刑因為牽涉人命的緣故，在判決與執行上都會嚴格審核與覆奏。確認無誤後，才能執行「秋決」。

第二節　法典的編纂

　　中國自古非常重視法典的編纂，千百年來堪稱碩果纍纍，特別是在西元七世紀制定的唐律，更被視為劃時代的輝煌傑作，與十九世紀法國《拿破崙法典》相比，仍毫不遜色。中國法典自成一格，長期是東亞諸國模仿的典範。可惜，二十世紀在列強欺凌的背景下，中國不得不揚棄固有法律，模仿西洋法制訂定新律。自此中國法律固然翻開嶄新一頁，但也造成現行法律與傳統法律之間徹底斷裂。本節除詳述歷代成文法典的制定概況外，也討論中國繼受西洋法律的過程和引發的紛爭。最後，簡單歸納傳統成文法典的若干特點。

一　成文法的誕生和發展

(一)成文法的頒布

　　遠古時期，人類活動範圍狹小，社會關係簡單，規範人與人之間的行為，只需要簡單的習慣即可。在這種簡單的環境裡，口頭語言就足以表達訊息，單純記憶就足以掌握部落的習慣。因此，在漫長的歲月中，人類只有習慣而沒有法律，更遑論行之文字的成文法了。史書描述周邊民族法制的落後狀況時，往往說他們是「以言語約束」，其實正是成文法產生以前的普遍現象。

　　中國的成文法在什麼時候產生呢？據經典的記載，商代有所謂《湯刑》，在周代有《九刑》和《呂刑》，這些可能都是成文法典。縱使中國

古代早有成文法典，它們都是不公布的。春秋晚期，鄭國的執政子產鑄刑書公諸於世，堪稱中國法典公開化之始，這時約當西元前五三六年。稍後的晉國亦鑄刑書於鼎上。從此以後，中國的成文法典都是公諸天下，不再是祕而不宣了。為什麼長久以來國家的法典都不公布呢？何以後來又公布呢？這牽涉到統治者如何利用法律來治理人民。春秋以前，統治者認為法典倘若不公布，人民因為不知底細就會循規蹈矩，所謂「刑不可知，則威不可測」。一旦公布法律讓百姓知道，他們不僅不再敬畏尊長，甚至興起爭奪之心，彼此競相徵引法律，對錙銖之利斤斤計較，自然訟案日增，賂賄公行。是故，子產將法律公布，在當時就引起貴族叔向的反對。然而，春秋晚期禮崩樂壞，秩序混亂，統治者逐漸發現其實讓人民了解法律，犯罪反而會減少。法律若能明白易知，公諸天下，人民自然就知道什麼事是不該做的，做了就會受到處罰，因而「知所避就」，不敢輕犯。除此以外，人民知法，官吏不敢非法虐民，官民同樣守法，則國家易治。統治者逐漸發現法律公布後，利多於弊，所以不再把法典祕而不宣了。

鄭、晉刑書的內容，已經無從稽考。戰國初期魏國李悝的《法經》雖然亡佚幾盡，但仍然可知它分為《盜法》、《賊法》、《囚法》、《捕法》、《雜法》、《具法》六篇。《盜》、《賊》、《囚》、《捕》、《雜》等五篇規範了各種政治、經濟、社會犯罪，稱為「罪律」。《具法》是對罪行斟酌情狀加減刑罰的規定。《盜法》等五篇類似於今天的刑法分則，《具法》的性質相當於現代刑法的總則。法典中設計一篇總則以敘明若干適用於整部法典中的原則，這在世界法制史上是一大創新。後來，商鞅入秦變法，把《法經》帶到秦國作為法律的藍本，並將「法」更名為「律」。一九七五年在湖北雲夢睡虎地出土了一千多條戰國晚期秦國的法律條文，絕大部分的確都稱作「律」。「律」顯然是所有規範中最常見，內容最重要的形式。秦併天下後，中國正式的和基本的法典，便固定稱作「律」了。

(二)漢唐之際法典的編纂

漢初，丞相蕭何在秦律的基礎上，制定了《九章律》。《九章律》是除了前述《盜》、《賊》、《囚》、《捕》、《雜》、《具》外，再加上

《戶》、《興》、《廄》三篇。《戶》、《興》、《廄》等三篇是關於行政制度和違反這些制度的處罰，都屬於「事律」。「事律」與《盜律》等五篇「罪律」，構成了以後中國法典的主要內容。《九章律》的編纂太過倉卒，內容蕪雜，逐漸不足以應付社會的變化。況且，含有刑法總則意義的《具律》置於篇中，明顯體例不純。漢代為因應客觀需要，乃頒布了一些單行的「律」（如《越宮律》、《田律》）和單行的「令」（如《令甲》、《令乙》）以為補充。漢代法律錯綜雜亂，愈到後來愈為嚴重。東漢末年，注解法律的有十多家，每家的注釋動輒數十萬言。判案時法條多達 26,000多條，773 萬言，真是「言數益繁，覽者益難」。

魏晉時期，政局雖然動盪，但法典的編纂卻有輝煌成就，最值得注意的是晉武帝泰始四年（268）頒行的《泰始律》。《泰始律》共有二十篇，雖增於漢律，但只有620 條，27,657 字，遠為減省簡約。此外，河內司馬氏乃屢世高門，「伏膺儒教」，修律者亦多是儒學世家，遂使《泰始律》具有濃厚的儒家色彩。在儒家思想影響下，《泰始律》的刑罰較秦漢時期減輕。更重要的是，為了要嚴明禮教之防，把儒家《儀禮》中「五服」納入法律中，定罪科刑便以親疏、尊卑、長幼為準。（詳見第三章第二節）除此以外，在制律的同時，也把有關軍事、田農等既不宜刪除，又不宜入律的事項，獨立編為「令」。「令」是純粹的制度，不含罰則，違令的處罰明訂在律典之中。相對於漢代的律令不分，晉代已將二者的性質區別開來了，無疑是法典編纂的一大進步，直接影響到後來的隋唐。

《晉律》由於編纂水準高，一直被爾後的南北政權奉為圭臬。東晉、劉宋、蕭齊都直接襲用《晉律》。梁、陳雖曾制定新律，但只是對《晉律》稍作更動而已。北方的北魏王朝也曾多次制律，較重要的一次是在孝文帝太和十六年（492）頒布的太和新律。《太和律》固然有參酌南朝宋齊法律以及鮮卑固有習慣，不過，學者推測《晉律》恐怕仍是最主要的構成部分。北朝另一本重要的律典是北齊河清三年（564）頒定的《河清律》。《河清律》12 篇，949 條，雖以北魏律為本，但損益得當，後世評價甚高，可說「法令明審，科條簡要」，是南北朝法律的佳品。隋唐政權雖出自西魏北周，但法典的藍本卻是北齊《河清律》。隋文帝代周後，於開皇三年

（583）制定了《開皇律》。《開皇律》以北齊《河清律》為底本，復參酌北周和蕭梁的律典而成，凡十二篇，500條。刑罰制定為笞、杖、徒、流、死之五刑體系，大體皆較前朝為輕。另外，在北齊律和北周律的基礎上，制定了重罪十條，稱為「十惡」。（十惡罪名詳見第三章第三節）隋開皇三年律，可謂集南北朝法典的大成，史稱這部新律「刑網簡要，疏而不失。」直接為唐代所因襲。

其實，不管北齊律也好，隋律也好，水準再怎麼高，徒法終不能行。北齊律的評價很高，但史稱其時姦吏舞文弄法，終致綱紀紊亂。隋文帝個性猜疑，晚年用刑過於嚴酷，竟至「盜一錢已上棄市，三人共竊一瓜同死」。於是官吏皆以殘暴為幹能，以守法為懦弱。由此可見制定一套好的法典固然不易，但縱有好的法典，統治者若不能依法而行，再好的法典仍不過是一紙空文而已。

㈢唐代的律令格式

若說羅馬帝國曾三度統治歐洲：第一度是羅馬的武力；第二度是羅馬的宗教，即基督教；第三度是羅馬的法律，即羅馬法。那麼，我們也可以說大唐曾三度統治東亞：第一度是唐的武力；第二度是唐的宗教，即中國的佛教；第三度是唐的法制，包括律、令、格、式等。簡單而言，「律」就是關於定罪科刑的刑典；「令」就是國家社會的規範，類似典章制度之意；「格」就是皇帝修改或補充律、令、式的特別法條；「式」就是部門實行細則、章程等。

唐代制律的工程自唐初一直到開元二十五年（737）才完備成熟，歷時超過一百年之久。唐高祖武德七年（625），以《開皇律》為底本略加刪改而成《武德律》。太宗以《武德律》未盡完善，乃命長孫無忌、房玄齡等重加刪定。新律在貞觀十一年（637）正月頒行，稱作《貞觀律》。《貞觀律》修訂《武德律》之處頗多，約占全書三分之一。自此唐律才逐漸擺脫隋律色彩，建立起具有自身風格的法律體系。嗣後唐律迭有修訂，較重要的是高宗朝的《永徽律》、玄宗朝的《開元七年律》和《開元二十五年律》。自隋文帝開皇元年至唐玄宗開元二十五年，隋唐修律的事業終於趨

於完善和成熟，秦漢魏晉南北朝這八百年的法律發展，也終於有了總結性的成果。

唐律分三十卷，十二篇，502條（圖3-1）。十二篇的名稱是〈名例〉、〈衛禁〉、〈職制〉、〈戶

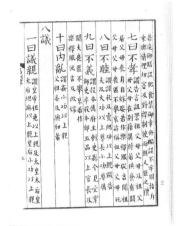

圖 3-1　宋版唐律

婚〉、〈廄庫〉、〈擅興〉、〈賊盜〉、〈鬥訟〉、〈詐偽〉、〈雜律〉、〈捕亡〉、〈斷獄〉，皆源自《開皇律》。十二篇之首是〈名例律〉，詳述刑罰、重罪、各類身分的處罰特例、法律的適用和解釋、法律用語的界定等。〈名例律〉算是法典的總則，置於篇首，恰當合理。自〈衛禁〉到〈擅興〉等五篇屬於違反國家制度的處罰規定，屬於所謂「事律」。自〈賊盜〉到〈捕亡〉各篇是規定各種刑事犯罪的處罰，屬於所謂「罪律」。第十二篇〈斷獄律〉是關於違反監禁、審訊、判決等制度的處罰。十二篇的次序是先總則再分則，先事律而後罪律，篇章的安排有一定的邏輯關係，結構是非常嚴謹的。

唐律的精神，一言以蔽之，就是「一准乎禮」。所謂「禮」，當然是指儒家的禮。儒家的禮，簡單而言，是分別貴賤、尊卑、親疏、長幼等關係。這樣的關係落實在政治和社會生活範疇時，就是以皇帝為頂點的身分制和以家長為中心的家族制。唐律的種種規定，使得「尊卑貴賤，等數不同，刑名輕重，粲然有別。」正是以強制的手段維護這兩個範疇的生活穩定與和諧，藉著刑罰以捍衛儒家的綱常與名教。（參看第三章第二、三節）。這樣的法律精神，基本上歷宋元明清一千多年而不變。

律頒定後，朝廷有感律條在文字上比較簡明概括，若不作詳細解釋，司法人員間可能在判案時會產生嚴重歧異。因此，在永徽三年（652），高

宗命長孫無忌等撰修「律疏」，闡明律文，這就是今天看到的《唐律疏議》一書的由來。律疏是由官方撰修，頒定行用，是對律文的標準、統一和權威的解釋，與律文具有同樣的法律地位。《唐律》被認為是中國法典的瑰寶，往後宋元明清的法典，或直接繼承《唐律》，或以《唐律》為宗而加以損益，基本架構皆不脫《唐律》。

　　除了律以外，唐代的令也有輝煌成就。自晉迄唐，制律之時經常同時制令。唐令至玄宗朝而粲然大備，共三十卷，一千五百多條，舉凡朝廷架構、官吏俸祿考課、國家祭典、禮樂衣冠、人民婚姻田賦入學等典章制度，無不備載。唐令今已殘佚，學者大致復原了七○○多條。式以「軌物程事」，其內容是執行律令規定的細則以及百官有司的辦事章程。律、令、式應當保持穩定，不宜經常改動，若客觀環境需要，皇帝乃以頒敕的方式對律、令、式加以修改、補充。經過一段時間，把相關的敕整理刪削，加以公布而成為「格」。所以，格具有相當的實用性和彈性，有點類似「特別法」的涵義，其位階在律、令、式之上。

　　法典從律令不分到律令分離，再到律令格式的完備成熟，顯示國家邁向規範化的時代。不僅從王公貴族到奴婢賤民的定罪科刑，都律有明文。甚至上自皇帝祭祀，下及庶民的婚姻求學，都有相關章程。從政治機構到社會活動，一切都明文規範，井然有序。相對於同時間的其他歷史世界，隋唐恐怕是文明最進步的王朝。這樣一種規範化的現象，其實多少反映中古門閥士族制約君權的努力。舉例來說，最能表現皇帝凌駕在法律之上的，莫過於皇帝大赦的權力。不過，在唐律中卻清楚看到連皇帝的大赦，都相當的法制化。皇帝的權力在「律」中有所約束，皇帝的行為也在「令」中加以規範。所以，中古皇權非如明清般霸道獨裁，而是有所節制的。

(四)從宋刑統到大清律例

　　宋太祖建隆三年（962），命竇儀等制定刑律，次年八月編定了《建隆重詳定刑統》，簡稱《宋刑統》，「刑統」就是「刑律統類」的簡稱。「刑律統類」產生於唐末五代，是按刑律分類編集在一起的格敕。《宋刑統》共十二篇，502條，其條文字句幾乎完全因襲唐律而來。然而，唐宋時空

背景變異甚鉅，有些條文乃明顯悖離現實。譬如，宋代沒有實施均田制，可是《宋刑統》竟然還有擅賣口分田的處罰。那麼，《宋刑統》只是唐律的翻版嗎？從體例和內容上來看，《宋刑統》還是有一定的革新。《宋刑統》編纂時考慮到現實的變化，所以在律文下附列了唐開元二年（714）以來至宋太祖建隆三年（962）近二百五十年間，共 177 條相關的敕令格式。由於敕令格式的位階較律文為高，因此，《宋刑統》表面因襲唐律，但實際上往往有所調整。譬如，強盜罪方面，律文雖照抄唐律文字，但卻引宋太祖的敕，規定只要持武器強盜，不問是否得財，一律處死，處罰較律文為重。此外，在女子財產繼承權、兄弟分家析產、契約的法律效力等事項，都增加了唐律所沒有的新規定。在維護私有權及私有權轉移的法條，顯然多於唐律。「刑律統類」這樣的法律形式，直接影響到明清的「律例」合編。

與宋長期對峙的遼金夏等政權，都曾編訂過自己的法典。遼的重要法典有興宗朝的《重熙新定條例》和道宗朝的《咸雍重修條例》。金朝法律最值得注意的是章宗朝的《泰和律》。遼、金法典已經亡佚殆盡，但西夏仁宗朝的《天盛律令》則在二十世紀初年被發現，是今存最早的少數民族文字印行的法典。大體而言，遼金夏法典很大程度上是參考唐律和《宋刑統》而來。

元朝在忽必烈至元二十八年（1291）頒行《至元新格》。從內容來看，《至元新格》基本上是行政規範的彙編，相當於唐宋的「令」。其後元朝皇帝往往鑑於律典事重，未可輕議，立法活動遂以編修類似唐宋令、格、式的「條格」和代表性判例的「斷例」為主。因此，終元之世，始終沒有頒布過類似《宋刑統》之類的刑律，這是元代相當特別的地方。元代最重要的法典是英宗朝頒布的《大元通制》，它分成四部分：一為詔制，類似唐宋的詔敕；二為條格，類似唐宋的令格式；三為斷例，是刑事判例的彙編；四為別類。《大元通制》可說是一部法規和判例的彙編，法律形式仍不脫刑統、編敕的軌跡。《大元通制》目前僅「條格」部分有殘本留存，稱《通制條格》。

明代的刑典稱作《大明律》，在洪武三十年（1397）纂修完成，共七

篇，三十卷，460 條。《大明律》第一篇是〈名例律〉，與《唐律》相同，但以下六篇卻是以中央六部編目，分為〈吏律〉、〈戶律〉、〈禮律〉、〈兵律〉、〈刑律〉、〈工律〉等篇，可見《大明律》在編排結構上與《唐律》迥異。這樣的結構是吸收了宋以來對法典分門別類的經驗，特別是參照《元典章》的編制體例而來。內容上，《大明律》將《唐律》配置欠妥的條文拆解重組，顯得統一完整。量刑方面，有關風俗教化之事，明律輕於唐律；賊盜錢糧等犯罪，明律則較唐律為重。

　　《大明律》自頒定後，成為一朝大典，不再修改。國家雖視律典為經久長行的大法，但是社會現象瞬息萬變，不會因為律典要保持穩定而凝固靜止，「條例」就應運而生。明代的「條例」與唐代的「格」和宋代的「編敕」一樣，都是以皇帝制敕的方式頒布，作為補充和修訂刑律的特別法。大部分的條例來源於判例，但判例一經升格為條例，就變成制定法的一部分。律文講求簡要，比較抽象和概括；條例則是針對特定犯罪的條文，較為具體和詳細。律典要求穩定；條例則是靈活法源形式，可以及時準確反映社會的需要，所謂「律彰國體，例顯人情」。明代自洪武朝以降，歷朝皇帝都有頒布條例，直到晚明神宗朝已有條例 382 條。明代將條例以附注的形式附於律典相關條文之後，正式確立律例合編的法典編纂體例，清代便直接繼承這樣的法律形式。

　　一六四四年，滿人入關占領北京，隨著政權逐漸穩定，清朝就展開了制訂新律典的工作。乾隆五年（1740）頒定《大清律例》436 條，一直沿用到清末。《大清律例》深受《大明律》的影響，其篇章結構同於明律，也是分〈名例律〉等七篇；律後附例的形式也是因襲明律而來，只是條例明顯增多。乾隆朝「例」已有 1,049 條，及至同治年間更增至 1,892 條。法官遇事引斷時，規定先例後律。此外，《大清律例》律條之中以小字夾注方式附加當時通行的注釋，對於律文的通讀很有幫助。律自乾隆三年制定後不再更動，但例就每五年修訂一次。

二　中華法系的崩解與西洋法律的繼受

　　中華法系千百年來深深影響日本、越南、朝鮮半島等東亞諸國，及至鴉片戰爭中國慘敗後，藉堅船利炮為後盾的歐美文明，遂以排山倒海之勢衝擊東亞世界，中華法系隨之風雨飄搖。日本自一八六八年開始，展開了一波模仿西法的「明治維新」。一八八〇年，日本頒布《治罪法》和《刑法》，從形式到內容都是模仿德國法制，標誌完全揚棄具有濃厚中國色彩的傳統法律。此外，隨著一八八五年的中法越南戰爭和一八九五年的中日甲午戰爭結束，越南與朝鮮也先後脫離中國，分別淪為法國和日本的殖民地，中華法系只剩中國在勉力苦撐。

　　當日本「明治維新」大步邁入文明開化之途時，中國也在稍早的一八六一年步履蹣跚的推行「自強運動」。相對於日本模仿西洋文明層面廣泛，中國卻只觸及西技西器，對於法律典章等，皆以祖宗成法而不敢輕言變革。由於中西法制歧異甚深，西人對中華法律頗多詬病，尤其中國容許公堂刑訊，死刑又有斬首、凌遲等酷刑，在在都使西方以為中國法律野蠻落後，遂有「領事裁判權」之攫取。一八四三年，英國藉鴉片戰爭之勝利，在《虎門條約》中規定華民與英人發生糾紛時，英人歸英國領事依英國法律處置，中國官員不得審理，此即「領事裁判權」。其後，西洋各國陸續比照辦理。「領事裁判權」嚴重侵害中國的主權，但影響更深遠的是，在百姓眼中洋人不受王法制裁，橫行霸道。王法既不能伸張正義，老百姓只好用自己的辦法制裁洋人。所以，七〇年代以來，民間仇外風氣日熾，教案頻傳。終於，在一九〇〇年爆發了「義和團」這樣的嚴重排外事件，八國聯軍造成國家民族鉅大創傷。部分官員深知「領事裁判權」一日不收回，民間仇外事件難以平息，而欲列強交還「領事裁判權」，捨廢棄中法襲用西法以外，別無他途。光緒二十八年（1902），英國與中國修訂通商條約時，允諾中國若與各國「改同一律」，等法律與審判辦法「皆臻妥善」後，即放棄領事裁判權。這給中國不小的鼓舞，朝廷乃命刑部侍郎沈家本著手制定新律。

　　光緒三十年（1904），清廷設立「修訂法律館」作為編纂法律的專門
機構，以沈家本、伍廷芳等為修訂法律大臣。「修訂法律館」的重心工作
以翻譯律書和編纂新律為主。截至宣統元年（1909），總計譯書 103 種。
就國別言，其中日本譯著就有 38 種，約占全部譯作的四成；就類別言，刑
法典和刑事法著作約占了六成左右。新律的制定方面，負責人除了前述的
沈、伍以外，日本法學專家更是重要。清廷先後延聘了岡田朝太郎、松岡
義正等專家來華，協助制定新律，教授學生。另外，鑑於僅從譯作了解各
國的法制，終嫌不足，乃派遣董康、王守恂等東渡日本實地考察法庭訴訟
程序和監獄制度等事。

　　光緒三十三年（1907），沈家本奏上岡田朝太郎起草的《刑律草案》
五十三章 387 條。《刑律草案》採西方刑法體例，分總則與分則兩篇。總
則十七章，落實西方刑法原則和制度，主要有實行罪刑法定；規定責任年
齡、故意、過失、共犯、自首等原則；廢除傳統的五刑，建立近代刑罰制
度，分主刑和從刑，主刑有死刑、徒刑、拘役、罰金等，從刑有褫奪公權
和沒收。分則有三十六章，詳列各種罪名，刪除傳統「十惡」罪，並增加
妨害選舉、衛生等罪名。《刑律草案》可謂貫徹落實西方罪刑法定與平等
人權觀念的法典。

　　《刑律草案》完稿上奏後，引發朝臣張之洞和勞乃宣為首的「禮教
派」與沈家本為首的「法理派」之間的激烈論戰，稱為「禮法之爭」。
「禮教派」主要認為新律違背「因倫制禮，准禮制刑」的原則。中國素重
君臣、父子、夫妻之倫，可是，新律對於臣犯君，子傷父，妻毆夫處罰過
輕。更嚴重的是，新律對於無夫之婦和姦以及子孫違反尊長教令二事，竟
然不視作犯罪，完全悖離倫常禮教。面對「禮教派」的尖銳抨擊，「法理
派」也嚴詞反駁，以為新刑律仍保有傳統禮教精神，但道德與法律畢竟不
可混為一談，無夫姦和子孫違反教令之事，只屬風化和教育問題，不構成
刑事犯罪，不必編入刑律。兩派意見水火難容，衝突愈演愈烈。

　　《刑律草案》後來正式命名為《大清新刑律》，原訂宣統四年（1912）
實施，然而不旋踵「辛亥革命」爆發，清廷覆亡。其他法典如《大清商律
草案》完成於一九一○年，《大清民律草案》完成於一九一一年，《民事

訴訟律》和《刑事訴訟律》都完成於一九一一年年初，最終皆因辛亥革命而未能完成立法程序。晚清所制新律雖未能正式施用，但畢竟是中國第一批繼受近代西方法制而成的法典，深具歷史意義，對其後中華民國法律有重大影響。民國肇建，在兵馬倥傯的背景下乃以《大清新刑律》為藍本，刪削若干不合民國國情之條文成《暫行新刑律》，於民國元年四月公布施行。今日施行的《中華民國刑法》是在民國二十四年（1935）公布的，但其內容仍多因襲脫胎《大清新刑律》和《暫行新刑律》。另外，目前施用的民法、商事法、訴訟法等，其藍本也是來自清末所制的新律，可見清末新律與現行法律的淵源關係。

三 中國成文法的特點

國家基本的刑典，皆以律為名。魏晉以前，「律」固然是所有規範中最重要的表現形式，但除了國家的基本大法稱為律以外，尚有許多的單行律和單行令，都具有定罪科刑的法律作用。魏晉以降，所有單行律被廢止，令也不含罰則，變成純粹的制度。「律」作為國家基本刑典的地位，於焉確立。

律乃基本大法，一般不輕易修正更動。若客觀環境變遷，律文不足應付，通常先以格或敕的方式，加以補強。倘若律典需要修訂，也不會在舊律上修訂，而是以重新制律的方式表現。新律修成後，舊律就完全廢棄。例如，貞觀年間有感《武德律》未盡完善，乃重加刪定，然後制成《貞觀律》，《武德律》就被廢棄。永徽年間制成《永徽律》，《貞觀律》就被廢棄。及至宋代，律作為根本大法，制定以後，盡量不要更動。《宋刑統》在太祖朝制定後，歷兩宋三百年而不改。《大明律》在明初頒定後，也一直用到明亡。

律條是從繁到簡。律條從漢律的二萬多條，發展到晉律的六百多條，再到唐律的502條，明律的460條，清律的436條，律條是愈來愈簡省。這種趨勢其實反映中國傳統王朝對於刑律的態度，那就是法條簡要，人民才能知法守法。另外，朝廷與人民之間缺乏一支數量可觀的專業法律人才隊

伍作為中介，導致中國法律的結構、方法和內容必須簡單。密如凝脂的法律，對於一般人民來說，無疑是一種災難。難怪歷代史籍在描述法典編纂時，都是讚賞法條簡約而貶斥繁密的。

律典的條文既趨於簡約，而律典又是不輕易變動的根本大法，那麼，四、五百條的律文難以規範日趨繁雜的社會，不言可喻。況且律是一種抽象性強、概括性強的法律形式，自然需要一種比較具體、針對性強的法律形式輔助。為了因應客觀環境的變遷，歷代都以皇帝臨時頒布敕詔的方式加以補救，唐代的格、宋代的編敕、明清的條例，論性質都屬於皇帝的敕詔。

中國法典自漢代開始，因獨尊儒術之故而逐漸儒家化。晉律是首部儒家化的法典，迨乎唐代，儒家化工程邁向成熟。儒家化的結果，法律強調明刑弼教、德主刑輔的精神，《唐律疏議》卷首開宗明義就說：「德禮為政教之本，刑罰為政教之用。」此外，以禮入律，禮刑合一，故唐律被稱為「一准乎禮」。關於法律儒家化的現象，在以後各節將進一步論述。

最後談談中國的法典與東亞世界的關係。中國律令法制在隋唐時期臻於成熟，一直成為朝鮮半島、日本、越南等東亞世界學習模仿的典範。朝鮮半島在西元十世紀建立的王氏高麗，有《高麗刑律》71條，其篇目及條文與唐律頗多相同。服屬元朝時期，也行用《至正條格》。一三九二年李氏朝鮮建立，則改採《大明律》。日本方面，在七至九世紀間，曾先後十九次派遣唐使至中國考察和學習唐朝的文物制度，從而釐定一系列模仿唐朝的法典。西元六六七年，日本據《貞觀令》頒布史上第一本成文法典《近江令》。先後在西元七〇一年和七五七年頒布的《大寶律令》和《養老律令》，堪稱日本史上劃時代的法典，是分別以《永徽律令》和《開元律令》為藍本制定而成。十四世紀以後，日本仍然受到明清律的影響，但有別於隋唐時期的全面移殖中國律令，此時主要是參酌中國律例以補強本身法制。越南方面，十一世紀的李朝頒有《刑書》三卷，十三世紀的陳朝也頒有《國朝刑律》，其刑律大抵「遵用唐宋之制，但其寬嚴之間，時加斟酌。」十五世紀的黎氏王朝和十八世紀的阮氏王朝，其法制則受明、清律的影響。

　　二十世紀初年，中國反過來向日本考察學習，藉以建立近代的法制。正如前述，晚清的修律工作中，處處可見日本的影響：翻譯外國法典和法學著作以日本居多、派遣法律專員至日本考察、延聘日本法律學者協助起草法典以及教導學生。最後，制定的各種法典大抵皆日本法典的翻版。何以晚清制律仰賴日本如此之深？究其原因，可從以下幾點說明。首先，日本自「明治維新」以來，國力日強，在一八九五年挫中國於前，一九〇五年敗俄國於後。「明治維新」的成功，自然成為中國變法圖強學習的對象。制律工程完全取法日本，不過是繼續戊戌時期以來的風氣罷了。其次，英、法、德等國的法典和法學論著，汗牛充棟，但中國通曉其語言又懂得法律的專才太少，實在無從下手，緩不濟急。日本新法來自西方，了解日本法律，也就了解西方法律。況且時人以為日本研究西人之學，「棄其糟粕而擷其英華」。中國與日本同洲同文，「風土人情，與我相近」，中國正好透過日本擷取西學中適合東方世界的精華，可謂事半功倍。再次，日本新法為仿自歐陸的成文法典，較易與中國傳統法制接軌。最後，晚清財政枯竭，取法日本應是比較節省的做法。由於晚清制律深受日本的影響，現行法律又源自晚清新律，所以，今日法典中充斥大量日本法律術語，諸如不動產、債權、保釋、拘留、教唆、法人、現行犯、破產……等等看似中文的詞語，其實都是二十世紀初年引進中國的日本法律用語。

　　中國在日本法影響下制定新律，展開中國近代法制新的一頁，固然值得肯定。然而，當時既將日本法律太理想化，另一方面，中國在亡國滅種的陰影下，國人急於救亡圖存，整個制律過程急於求成，導致一面倒的向日本法汲取。其實，日本法律雖來自西方，但主要是汲取德國法而來。過度專注日本的結果，造成中國對西方法律世界缺乏直接的了解與學習，畢竟是不健康的。再者，新律完全模仿西法而成，也造成現行法律與固有法律之間，徹底斷裂。今日，吾人是否應該持平理性重新檢視傳統法制，從中汲取優點以創建一套更符合自身文化的法律呢？

第三節 刑事法律

相較於其他法系，中國自古特重刑事法律，律典大半皆是規定此類犯罪和刑罰的條文。刑事法律既異常發達和成熟，所以檢視此一範疇最能觀察中國法律的獨特個性。本節分從法律精神、嚴重犯罪、刑罰制度、恩赦措施和復仇風氣等方向，逐一論述。

一 罪刑法定原則

今天我們的刑法中，有一項非常重要的原則，叫作「罪刑法定」。所謂「罪刑法定」，簡單而言是指法律沒有明文規定者，不算犯罪，也不能處罰。它包含了四項規範：(1)定罪科刑必須依據成文法的規定，不得援引習慣法；(2)刑罰種類、範圍、刑期必須確定；(3)法律不可追溯既往；(4)禁止使用類推比附的原則或擴張解釋。中國傳統的法律究竟有沒有這樣的原則呢？關於第一項，《唐律》就明白規定法官在定罪科刑時，必須原原本本援引律令格式的正文，倘若沒有這樣做，一律判處笞三十的刑罰。關於第二項，《唐律》法定的刑罰是笞、杖、徒、流、死等五刑，對於每一項犯罪所科處的刑罰，皆有確定的刑度和刑期。關於第三項刑法溯及力問題，《唐令‧獄官令》規定，倘若犯罪未被發現，以及犯罪已被發現但未判定時，法條有所修訂的話，那麼，新法較重則依舊法，新法較輕則依新法。法律明顯是不溯既往的，除非是對被告有利。「罪刑法定」的前三項規範，基本上中國傳統法典早已具備，較諸西方超前了何止千年。

可是，關於第四項禁止類推比附方面，《唐律》中卻有「舉重以明輕」和「舉輕以明重」的規定。假如觸犯的是律文所沒有的罪行，如應不罰或輕罰，即可援引類似之重罪比較處斷。譬如，某甲晚上無故闖入某乙家中，乙基於「正當防衛」縱使把甲打死也不算犯罪，可是，法律卻沒有提到若乙只是將甲打傷，究竟有沒有違法？這裡就可以用「舉重以明輕」

來處理：連打死都無罪，更何況是打傷呢？相反的，如應罰或重罰，可援引類似之輕罪比較處斷，譬如，殺害或殺傷祖父母等尊長的犯罪，法律並無處罰條文，但是，法律明訂若是謀殺祖父母的話，一律處斬。試想只是在「謀」即是籌畫的階段，就已經一律問斬，更不用說是已殺或已傷了。《唐律》「舉重以明輕」、「舉輕以明重」的規定，主要是為了克服法條有限而犯罪無窮的困境，但容許類推比附，無疑違背了「罪刑法定」的精神。不過，也有學者以為唐律輕重相舉的規定，只是法律解釋中的「當然解釋」，不算是類推比附。

　　古代刑律中最被詬病，而且最違反「罪刑法定」原則的，無疑是「不應得為罪」。唐律規定「諸不應得為而為之者，笞四十。事理重者，杖八十。」意思是說若犯了一些於理不可的行為，便要受到處罰，犯行輕微的，就處以笞四十；犯行嚴重的，就處以杖八十的刑罰。《唐律》「不應得為罪」的規定，自然是為了處罰律無條文但卻是危害人群的行為，懲治「實質上」而非僅「形式上」的犯罪，與輕重相舉條的作用一樣，主要是為了克服法條有限而犯罪無窮的困境。可是什麼叫作「不應為」？什麼是輕？什麼是重？法律完全沒有標準，一任官員自由心證，與西方近代法無其文不算犯罪不可科刑的「罪刑法定」精神，嚴重扞格。

　　其實，中西法律講求罪刑法定的目的，恐怕也並不相同。歐洲十八世紀以來，人權運動興起，人民為了抗衡專制君主「罪刑擅斷」而發展出「罪刑法定」，其目的是要保障人權。反觀中國，皇帝嚴格要求官員定罪科刑要具引律令格式，目的與其說是保障人民，不如說是防止官員上下其手，違法審判，以維持有效統治。此外，「不應得為罪」更是為了有效遏止一切可能危害統治秩序和社會治安的行為。這與所謂保障人權，根本是背道而馳。我們或許可以說中國傳統刑法中，具有「中國式」的罪刑法定原則，但中西間仍是貌同神異的。中國雖沒有近代西方嚴格意義的「罪刑法定」，但也不必以為古代法官審判就可以任意擅斷，草菅人命，法律嚴格要求官員斷案要依律令格式，否則就是犯了「失出」「失入」的枉法裁判罪。中國在如此古老的時代，就已有這樣的罪刑法定原則，還是難能可貴的。

二 法律之前的不平等

　　眾所周知，現代的法律強調「法律之前，人人平等」，意指人們不會因為他的血統、財富、階級，而在法律上造成任何的不平等。有趣的是，中國傳統法律恰恰不講絕對平等，而是講究差異性的。行為本身不完全是考慮的重點，還需要衡量行為主體和客體的身分階級和彼此的血緣關係。為什麼會這樣呢？這是法律儒家化的結果。法家和儒家對於法律的應用，明顯分歧：法家認為法律在執行時，應該「不別親疏，不殊貴賤」，不能因人而異其法。但是儒家以倫常為中心，重視貴賤、尊卑、長幼、親疏等分別，法律必然講究差異性。

(一)身分階級與刑法

　　若從法律的角度來區分，中國傳統社會大致可分成「貴」、「良」、「賤」三個階級。「貴」是指貴族、官人；「良」是指一般平民百姓；「賤」是指官私奴婢、倡優乞丐，以及某一時代某一地域的某種特殊賤民身分者。譬如唐宋的部曲、明清的丐戶、浙江漁戶、廣東蜑戶等。只要法律規定社會地位不如一般良民者，皆列名賤籍，稱作賤民。不同的階級在法律上有不同的待遇，不同階級間發生糾紛，其判決與同階級內的糾紛亦復相異。

　　先秦時代，貴族犯事一般不會被判刑，不被判刑並非指可以橫行霸道，而是因為他們都是有教養而且身分特殊的人，理當遵守封建禮制，倘若做出違禮事情，仍然要受到貴族間的非議和排斥。不必動用刑罰，只是單純輿論的制裁，就足以讓人循規蹈矩了。如果所犯嚴重，真要處罰，君主也只是把他們驅逐遠處，流放他鄉，而不會使用殘害身體的「肉刑」。這樣的的優待，正是古書常說的「刑不上大夫」。如果朝廷執意要把刑加諸貴族身上，毋寧是一大侮辱。

　　秦漢以降，貴族不受刑的優待，逐漸消失。但是貴族官人在法律上仍是享有相當特權，愈是尊貴，司法上的特權就愈多。首先，貴戚或高級官

員倘若犯法，許多時代都規定司法機構不可擅自逮捕和審問，除非得到皇帝的許可。縱然皇帝許可後，他們還是享有「議」、「請」、「減」、「贖」等特權。皇帝的親人以及五品以上的官員，倘若犯了死罪，法司不可逕行判決，而應把他們犯罪情節和觸犯法條，一併奏請皇帝裁決。皇帝可以接受司法機關所做成的決議，亦可完全不遵守，自行決斷。這樣的特權稱作「議」和「請」。再者，七品以上官員犯了流刑或以下的刑罰，依法一律減刑一等，這稱作「減」。其實，只要九品以上的官員犯流刑或以下的罪，一律可以納銅贖罪，並不需要真的服刑，這就是「贖」，有點類似今天的易科罰金。

除此以外，官員每擔任一個官職，都有一張「告身」，也就是官員的委任狀。當官人判刑確定後，可以用他們的「告身」來抵罪，稱作「官當」。假如某甲曾當過八品官和六品官，後來因犯罪被判處徒刑二年半。依「官當」的規定，他可以六品官的「告身」抵罪一年，再以八品官的「告身」又抵罪一年，剩餘的半年，可以納銅贖罪。最後，這名官員根本不用服刑。貴戚官人與一般良民間的衝突訴訟，亦享有特別禮遇：一般良民毆傷貴戚官人，其罪名比毆傷一般良民為重，官位愈高，其刑愈重。而且不論孰是孰非，官人皆不必親至衙門接受問訊，更遑論用刑逼供了。種種的特權，都是終身享用。自朝廷看來，品官的地位高於平民百姓，當然不能依常法處理。否則，正如宋徽宗所說：「將使人有輕吾爵祿之心。」

至於賤民方面，法律規定不得考科舉，不可與良民通婚。賤民毆殺良民，處罰比良民相毆為重。相反的，良民毆賤民，處罰比常人相毆為輕。假如兩造之間是主奴的關係，那麼，這種不平等更是顯著。古代，奴婢不被視作一個人，地位類似牲畜。不僅其婚姻完全由主人支配，甚至所產子女都屬主人所有。奴婢既視同牲畜，地位之低，可以想見。唐代，主人無故殺害奴婢，處徒刑一年，但奴婢殺害主人，卻處斬刑，而且縱逢皇帝大赦，也不得寬免。及至明清，奴殺主更加重為凌遲。倘若主人並非一般良民而是官人，那麼，差異再進一步加深。官人無故殺害奴婢，在明清只需罰俸或降職而已，連徒刑都免了。

(二)家族主義與刑法

明清律典在卷首都附一張「本宗九族五服圖」，所謂「五服」的「服」是指喪服。五服制度是按照服喪期限和喪服的制作質量不同，分為斬衰、齊衰、大功、小功、緦麻等五個等級。（五服的具體內容，可參看第六章第四節）在五服以外的親屬，稱為「袒免」。這張五服圖是標舉了己身上推至高祖，下推至玄孫共九個世代，就是所謂的本宗九族。服制的範圍即是親屬的範圍，同時服制的輕重亦即測定親屬間親疏遠近的標準。

為什麼在律典的前面，需要附這樣一張圖表呢？因為自晉代以降法律的儒家化，儒家認為愛有等差，卑幼對於愈親和愈尊者，理當愈敬和愈愛，卑幼侵犯到尊親，其處罰自然比一般人加重。相對的，家族中愈親愈尊者，特別是父祖，對於家內所有人口，包括妻妾、子孫、媳婦、奴婢等的生命、財產、婚姻，本來就有很強的支配權。所以尊長侵害卑幼，愈親其罰卻是愈輕。制罪既全以親疏、尊卑、長幼為準，服制對於罪刑的裁定是極其重要的，否則便無從下手了。服制不僅影響到罪名的輕重和刑罰的加減，甚至還會造成某些行為自無罪變成有罪，自不罰變成死刑。譬如某甲和某乙沒有血親關係，某甲言語辱罵某乙，某乙縱使跑到衙門告狀，在唐代是無可奈何的，因為法律並無其罪，亦無其刑。不過，如果某甲是兒子，某乙是父親，那麼，倘若父親向衙門提出控訴，兒子就是犯了「十惡」重罪的「不孝」罪，可被判處絞刑！其相差何止千里。

在傷害罪而言，尊長殺傷卑幼，關係愈近，罪名愈輕。譬如父母殺傷子女，其罰極輕，若是子女違犯教令，父母錯手殺死，根本免罰。若子女並無過錯，父母竟然殺害，最多也是徒刑而已。相反的，如果卑幼殺傷尊長，關係愈近，其罪名卻愈重。子女以言語辱罵父母都罪犯不孝，判處極刑，更何況是毆打乃至殺害呢？明清子女故意殺害父母者，都是凌遲處死。即使過失致父母身亡，亦難逃死刑。

至於親屬間的竊盜罪與殺傷罪卻是截然不同。罪名是與親等成反比，即關係愈親則罪刑愈輕，關係愈疏則罪刑愈重。唐宋法律裡對五服親的竊盜罪刑，都較常人間竊盜為輕。及至明清，連不在五服內的親人亦併入計

算，減刑一等。為什麼親屬間相盜可以得到減刑呢？這主要是儒家認為親屬不論親疏遠近，都應患難相助，更何況是同宗族人。服制愈重，代表親屬關係愈親密，更不可袖手不救。況且，父子兄弟本就是同居共財，那麼牽涉到錢財的糾紛，自是更加減輕。

法律對尊長雖是如此優待，但是尊長對國家責任相對也加重。因此，以尊長身分犯法時，刑責亦重，如家人共犯，甚至獨坐尊長。這是討論中國家族與刑法關係時，不可忽視的地方。

三 犯罪與刑罰

不同時代、不同文明、不同社會，都有一些犯罪被認為是罪大惡極的，那麼，在傳統中國被認為最嚴重的惡行到底是什麼呢？透過這些嚴重犯罪的分析，我們可以了解傳統社會到底重視什麼。此外，一般人對中西刑罰可能都有「中重而西輕」的刻板印象，即中國刑罰較為殘酷，西方刑罰一直較為寬仁。其實在十八世紀以前，中國刑罰制度較諸世界各大文明，恐怕是最有體系，最人道和最進步的。

(一)十惡不赦

今天，當我們描述一個人的劣跡敗行時，常常會用「十惡不赦」一詞來形容。「十惡」其實就是傳統法律中，最嚴重的十種犯罪。「十惡」是指謀反、謀大逆、謀叛、惡逆、不道、大不敬、不孝、不睦、不義、內亂。十惡罪可溯源至秦漢，甚至先秦。北齊將這十種罪集中起來，隋代正式稱作十惡。十惡重罪，主要可以分成兩大類，一類是侵害到皇帝以及皇權的象徵，謀反、謀大逆、謀叛、大不敬等皆是。另一類是違反親情倫理人性的行為，惡逆、不道、不孝、不睦、不義、內亂皆是。學者以為把這些犯罪集中一起，是因為這些犯罪有其共通特點，即屬於嚴重違犯禮經，喪失以忠君和孝親為核心的道德，破壞以君臣、父子、夫婦為三綱之倫常行為。隋唐以來，國家的法典中都特別把它們標舉出來，置於篇首，意欲表明法律對於維護倫理道德的高度重視，從而達到震懾和禁絕違背禮教行

為的目的。

　　觸犯了十惡罪，除了重懲外，還有特殊規定。首先，犯一般死罪，不過個人受刑而已，但若犯了某些十惡重罪，除嚴懲本人外，家人也會受到緣坐牽連。其次，朝廷對於罪犯若有任何的優遇和寬宥，都不適用於十惡重罪。譬如，官人犯了十惡罪，不能享受前述「議請減贖」等特權。一般死罪，都要秋後處決的，但謀反、謀大逆、謀叛、惡逆等重惡，則「決不待時」。甚至，部分十惡罪是遇赦不赦：惡逆罪是遇赦仍斬；謀反、謀大逆則改斬為流；若官人犯十惡，縱然遇赦，官位和爵位一律削除，所謂「十惡不赦」，就是這個意思。

㈡從肉刑、徒刑到流刑

　　刑罰的起源可歸納為「族外制裁」和「族內制裁」的二元說。刑罰有鎮壓異族的作用，是故「大刑用甲兵」，甚至較為慘烈的「肉刑」，原先亦是對族外適用。所謂肉刑，是指對罪犯施以切斷肢體，割裂肌膚之刑罰，通常指墨、劓、宮、刖、大辟等「五刑」，是上古時期處罰罪犯最主要的手段。原先，肉刑是對族外所施行的懲罰，目的是為了震懾異族或防範叛逃。另一方面，對族內的制裁，主要是以流放、贖金所構成。後來隨著戰爭頻繁，統治者權力日趨高漲，肉刑施用的對象亦從族外擴大到族內。

　　肉刑這種殘害身體，並留下永久印記的刑罰，具有以牙還牙同態報復刑的性質。此外，肉刑更造成罪犯遭到社會的排斥與放逐。首先，身體遭到割裂切斷，這在重視孝道的中國社會，無疑是大不孝的行為，實難容於家族。其次，身體一罹刀鋸，永世留下痕跡，必定受到同族的唾棄和歧視，實難容於部落。上古之世，人人都需要依靠家族和部落才能生存，這種「刑餘之人」，脫離了家族與部落，自然身陷絕境。

　　肉刑是殘害人民肢體的刑罰，既不符合人道精神，亦損及國家的勞動力和戰鬥力。春秋戰國之世，競爭激烈，列國力圖足食足兵，肉刑這種刑罰無疑是違反時代潮流，於是，乃有「徒刑」的興起。徒刑是一種對罪犯剝奪自由強制苦役的刑罰，在戰國時期逐漸普遍應用。不過，一直到西漢初年為止，肉刑與徒刑往往合併施行，即是罪犯經常是處以肉刑後，再強

制苦役。值得注意的是，當時刑徒是沒有刑期的，罪犯一經判刑，往往是苦役終身。

眾所周知，肉刑正式在刑罰體系中被廢除，是在西漢文帝十三年（前167），其契機是有名的緹縈救父一事。漢文帝不僅被緹縈的孝行所感，亦鑑於肉刑不人道，而且阻絕了人民改過遷善的機會，乃宣布廢除肉刑。沿用千百年的肉刑，自此在法典中被廢除，它不再是法典中的正式刑罰了。除了廢除肉刑以外，文帝亦制定了刑期。徒刑的刑期自一年刑至五年刑，共五等。文帝廢除肉刑和制定刑期，都是從人民重返社會的角度來考量。距今兩千多年前的中國，刑罰即已跳脫以牙還牙的報復作用，進而思考罪犯如何重返社會，的確是非常進步和文明的。

肉刑雖被廢棄，但要求恢復的呼聲在爾後四百多年間，竟從沒止歇，甚至朝廷曾經數度就此展開激烈辯論。據說曹魏明帝朝參與辯論者更曾多達百餘人，可見討論之熱烈。為何有這麼多人主張恢復這樣不人道的刑罰呢？原來，漢代的刑罰主要是由死刑、肉刑、徒刑構成，漢文帝廢肉刑後，並沒有創制新的刑罰取代肉刑的位置。漢代徒刑是自一年到五年，五年徒刑以上就是死刑，刑罰制度顯得輕重失衡。因此，自東漢開始，已經有人指出肉刑廢除後，失去了「中刑」，造成「死刑太重，生刑太輕」的弊病。及至漢末魏晉，天下大亂，治安敗壞，要求恢復肉刑的呼聲更是響徹雲霄。可是，一方面肉刑造成犯人無法改過遷善，另一方面，漢末魏晉天下紛擾，政權林立，肉刑因過於殘酷，主政者往往為了顧及形象，不願敵對陣營藉此攻訐，肉刑始終無法恢復。

上古時期，將犯人徙送遠處的刑罰，或稱「流」或作「放」。漢代皇帝鑑於死囚眾多，經常將其寬恕減死，徙置邊郡，這種刑罰稱作「遷徙刑」。罪犯大多遷至新占領區或邊地，既有開發邊地的經濟作用，也有解決邊地兵源的軍事作用。只是，漢代的「遷徙刑」並不是正刑而只是代刑，性質屬於天子臨時的恩典。流刑成為法典中的正刑，要到西元五世紀末才確立。北魏早期就曾效法漢代將罪人徙邊充兵的做法，孝文帝太和十六年（492）制定新律時，正式將這種措施法制化，流刑犯一律被徙置邊鎮充作兵戶。流刑終於成為法典中的正刑了。及至唐代，流刑進一步成熟與

穩定。按照唐律的規定，流刑的里程是以首都長安為起點，分為流二千里、二千五百里、三千里三等。流人至流放地必須服勞役一年，妻妾必須同往，而且終身不得返回本籍，除非流人自身死亡，家人才可遷回故鄉。可知《唐律》在制裁流人時，除了強制流徙、強制苦役外，尚包括了強制移住和強制家屬隨流。

圖 3-2　中國古代絞刑圖

　　流刑的確立正反映出歷經漫長的歲月，終於在死刑和徒刑之間，找到了一種輕重較為適中的刑罰。自此恢復肉刑的爭議為之平息，上古肉刑的陰魂終於完全消散。不僅如此，流刑的成熟也造成新五刑的確立，中國刑罰正式從上古的五刑——墨、劓、宮、刖、大辟，完全蛻變為新五刑——笞、杖、徒、流、死。笞刑是以竹片（或荊條）擊打犯人的腿和臀，分笞十至笞五十，共五等；杖刑是以較寬的竹片（或荊條）擊打犯人的背、腿、臀，分杖六十至杖一百，共五等；徒刑主要是在官衙作苦役，分徒一年至徒三年，共五等；流刑分流二千里至流三千里，共三等；死刑分絞（圖3-2）和斬，共二等。唐律五刑二十等的規定，完全為後世所繼承，直到清末，都是刑律中法定的正刑，施行了一千三百多年之久。

　　中國刑罰制度最大的特色是客觀具體。刑罰從笞十到斬刑，分作二十等，具體明白，根據罪行容易推算刑度。舉竊盜罪為例來說明：按照法律，若是竊賊偷到絹一尺，就要判處杖六十，若贓物增加一疋，刑罰就加一等。若偷到五疋就要徒一年，每加五疋又加一等，直到流三千里為止。倘若某甲偷了二疋一尺的絹，毫無疑問應判處杖八十；若是偷了十疋絹，一算就知道是徒一年半。刑罰制度設計得如此科學甚至刻板，最大的好處就是防止官員有過大的裁量權，上下其手。官員面對客觀的犯罪事實，必需處以某一對應等級的刑罰，比較沒有彈性和取巧的空間。在代表人民權益的專業律師團體產生以前，這樣的設計對百姓而言，其實是比較有保障

的。此外，在十九世紀以前，中國的五刑應是世界上相當文明與人道的刑罰制度。唐律徒刑的年限最長三年，相較於歐洲的徒刑可至二十年，中國算是非常的輕。中國死刑只有絞和斬，歐洲卻長期存在絞、斬、墜崖、釘十字架（圖3-3）等酷刑。更不必說中國早已廢除肉刑，而歐洲法定刑中直到十六世紀仍存在砍手、砍腳、割鼻等肉刑呢！相較之下，中國刑罰制度顯得格外輕緩人道了。刑罰輕緩人道主要是因為儒家思想的影響，造成歷代統治者多少都抱持「恤刑」精神所致。

圖 3-3　釘十字架刑

四 皇恩浩蕩

「去歲左遷夜郎道，琉璃硯水長枯槁。今年敕放巫山陽，蛟龍筆翰生輝光。」唐代大詩人李白因罪被長流夜郎，這首詩是他蒙皇帝恩赦，自夜郎放歸後，描述自己的心情自「枯槁」而「輝光」。像李白這樣得到皇帝大赦而免刑放還的例子，在古代可謂多不勝數。恩赦頒布頻率之高，效力之強，影響之廣，是中國傳統法制一大特色，在其他文明世界並不多見。

㈠恩赦制度的成立與發展

恩赦措施始於什麼時候？合理的推測應是在刑罰產生以後。正如前述，原先，墨、刖等肉刑是針對族外成員的，對於族內成員會以流放或罰金替代，即《尚書》「流宥五刑」、「五刑之疑有赦」的意思。隨著社會逐漸進步，法制亦趨於周密，赦宥的對象主要針對一般沒有犯意而誤觸法網的「過失犯」，《易經》「赦過宥罪」和《尚書》「眚災肆赦」，都是這個意思。除了過失外，若審判是碰對難解可疑之處，也應從寬處理，此即《尚書》的「罪疑惟輕」。

中國的恩赦內容豐富，其形式包括赦、降罪、錄囚等。赦是免除罪犯

的刑罰，分為全國性的大赦和區域性的曲赦。降罪即皇帝對死流徒等嚴重罪犯給予減等的恩惠。錄囚指皇帝或臣下不定期的檢錄囚徒後，給予不同程度的寬宥。各項恩典以大赦頻率最高，效力最強。

中國皇帝多赦的政策，在漢武帝確立下來。武帝罷黜百家，獨尊儒術，皇帝的性格從秦代純粹法家型的君主，增添了儒家色彩。君主除了是具有絕對性權威的統治者以外，也強調封建倫理，成為人民的父母。王者從以前冷峻嚴酷，不恤民命的統治，轉變為以仁德治國，適時而赦，施恩子民。君主常赦的傳統，乃逐漸確立。兩漢四百多年國祚，單獨大赦一項就有一百四十多次，平均不到三年大赦一次。兩漢多赦的政策，從此為後世承襲。唐代二百九十年間，恩赦了 453 次，僅大赦就有 188 次之多，平均三年竟大赦兩次！唐律對大赦有詳細的規範，顯示皇帝這項恩德趨於法制化，恩赦制度至此邁向成熟。宋代大赦的頻率與唐代相仿，及至明清，雖沿用大赦之制，但在適用上遠較前代嚴格。有明代二百六十五年，不過才大赦 49 次而已，平均六年一大赦，與漢唐相比算是收斂許多。

㈡大赦的效力

皇帝大赦時，誰是受惠者？受惠的程度又如何呢？唐代是大赦法制化的時代，根據《唐律》的規定，赦免的範圍，一般包括了「已發覺、未發覺，已結竟、未結竟」等，即涵蓋了自犯罪發生到結案判刑各個階段中所有罪犯。縱是判刑確定並且已經宣告或正在執行中的刑罰，都會因大赦而獲得程度不等的寬宥。尚未被揭發的犯罪，必須在赦書頒後百日之內自首，才可赦免。另外，大赦雖免除犯罪的刑責，但原來違反禮制的狀態必須改正，譬如，法律禁止良賤通婚，縱逢大赦，婚姻還是無效，必須離異。此外，對於強盜、竊盜、貪污等贓物，仍需徵收追回。

中國古代大赦最大特色是包含了免罪和恩賞兩部分，即除了寬免罪犯以外，對於沒有犯罪的人也會給予恩典。漢代大赦時，經常會賞賜吏民爵位若干級；唐代大赦時，除了經常減免百姓租稅外，也會免除所欠債務，甚至不時連民間的私人債務也一併免除。

(三)恩赦的契機與作用

皇帝頒赦的契機林林總總，或為踐祚之類的皇室喜慶，或為郊祀之類的國家祭典，或為日蝕、水旱、戰亂等災荒。為什麼遇到這些狀況皇帝就要赦宥？又為什麼要長期和頻繁的赦宥呢？試從思想、政治、法制等角度，分析其原因。

中國傳統政治強調「中和」精神，講究和諧。不僅人與人之間，甚至天與人之間，也應維持和諧關係。中國自古以來認為宇宙是由陰陽二氣支配，陰陽調和，宇宙必定和諧；陰陽不調，則萬物一片乖亂。人君主要的責任在於調理陰陽，倘若災異頻傳，當然代表人君失德，施政無方。人君失德最常被聯想到的就是刑獄冤濫，而解救之道，就是施以恩赦，行寬大之政。另一方面，皇帝失德導致宇宙萬物秩序失調，也需藉恩赦與天下「更始」，就是重新開始，將紊亂的秩序重新調整，恢復其原始的和諧狀態。為了「與民更始」，除了大赦以外，改元也是常見的手段。

皇帝與天下百姓除了是君民關係外，尚有父子關係。君民關係固然以「法」來規範，但父子關係當以「恩」來維繫。那麼，君主不時寬宥自己的子民，就並不讓人意外了。況且，君視民為子女，天下一家，國君有踐祚、立后等喜慶，頒降恩典與萬民同慶，也是理所當然。另外，普天之下，只有王法才可懲罰百姓。同樣的，也只有皇恩才能赦免罪人，恩赦無疑就是皇帝統治的展現。新君踐祚大赦，正是最好的例子。再者，恩赦包含了免罪和恩賞，可以讓萬民實質上得到人君雨露，感受浩蕩皇恩，因此，在唐代甚至連國家重大政策，諸如唐德宗行兩稅法、唐武宗整頓佛教等，都是在大赦赦書中頒布的。可見恩赦是皇帝貫徹統治的一種手段。

據經典所述，周代成王、康王的時代，太平治世，刑罰都廢棄不用。後代君王都追慕成康治世，故經常大赦天下，製造獄中無囚的假象。其次，中國自秦漢以來就是一個廣土眾民的帝國，境內民族複雜，各地人情風俗也不盡相同，欲以同一王法準繩天下萬民，難保允當。況且，吏治良窳不一，冤假錯案實所難免。故此，適時而赦，正是救濟司法之窮的一種手段。此外，多赦與刑罰制度的變化也有密切關係。秦漢以來隨著徒刑逐

漸取代肉刑以後，刑徒眾多，國家必須投入龐大人力、物力加以管理，構成沉重壓力。結果，皇帝不得不常赦以作紓解。

五 報仇雪恨

　　東漢晚年，西北酒泉郡祿福縣發生了一宗震驚全國的復仇案件。話說趙君安被李壽害死，趙家男丁先後病故，只剩下一個弱女子趙娥，而且已嫁到別縣去了。李壽以為趙家已無力復仇，乃大宴宗族慶賀。孰料，趙娥一意復仇，日夜守候。終於在十多年後趁李壽單騎出門時，持刀刺殺，並割下仇家人頭。趙娥自以父仇已報，遂親赴官衙自首。但不可思議的是，縣令尹嘉竟想掛印棄官，縱放趙娥，屬下縣尉更強行將她送回家中，酒泉太守和涼州刺史一併上表稱頌趙娥的義舉。後來，皇帝大赦天下，趙娥免罪釋放，地方更是「刊石立碑」加以表揚。後世文士往往盛讚趙娥之義舉是「近古以來，未之有也。」趙娥復仇的故事，在今天看來或許匪夷所思，但是，中國自古以來的確長期瀰漫復仇的風氣，趙娥的事蹟不過是最為後世傳誦的一則罷了。

(一)復仇風氣的盛行

　　復仇是原始社會普遍存在的行為，其時個人依靠氏族來保護，傷害個人等同傷害整族，因此，復仇者或復仇的對象可以是個人，也可以是全族。中國復仇風氣盛行的原因，除了原始社會的遺風外，更與儒家思想有著密切關係。儒家重視孝道，講求「親親」和「尊尊」，當父母、兄弟、族人受到傷害，為他們報仇是一種道德義務和責任，復仇行為根本被視作義舉。《禮記‧檀弓上》就記載了子夏問孔子「父母之仇」、「兄弟之仇」、「叔伯兄弟之仇」的不同態度。孔子說父母之仇是「不共戴天」的，即不與仇人共處於天地。兒子不分日夜都要帶著武器，隨時準備報仇。兄弟之仇是「弗與共國」，即不與仇人共處一國。叔伯兄弟之仇是陪同其子孫尋仇，本人要手執武器從旁助威。血緣關係愈親近，仇恨愈大，報仇更具正當性，也就更有迫切性了。類似《禮記》這樣肯定甚至讚揚復仇行為

的觀念，尚見於《左傳》、《周禮》等儒家經典。隨著漢代獨尊儒術後，復仇風氣遂在儒學的推波助瀾下，歷二千年而不衰。

㈡復仇的禁止

　　據《周禮》的記載，上古時期若殺人者沒有受到法律制裁，死者家屬訪得兇手行蹤，可以向官員報備後復仇，不過復仇對象只限仇人本身，而不可擴至家屬。秦自商鞅變法後，厲行法治，嚴禁民間私鬥，故此秦人「勇於公戰，怯於私鬥」，上古復仇之風稍斂。及至漢代，朝廷提倡儒學，皇帝也標榜以孝治天下，復仇行為不斷受到歌頌，復仇風氣乃日益熾盛。史籍所見的復仇案例就超過一百宗，難怪漢代的官員鮑宣將「怨仇相殘」列為當時七大死因之一。

　　生殺權柄理當由國家掌控，人民不管基於什麼理由，都不可逕自復仇。但是，漢代的法律似乎沒有禁止復仇的條文。曹魏時，有鑑於漢代復仇風氣的熾盛，朝廷終於頒布命令，對復仇加以規範：殺人者若經起訴後逃亡，死者子弟可以追殺。倘若皇帝大赦後或者是命案是因過失造成，則禁止報仇。晉朝進一步規定凡殺人者已經國法制裁，死者家屬不可復仇。相較於魏晉南北朝有限度的容許復仇，唐代對於復仇是完全禁止的。在《唐律・賊盜律》中明白禁止復仇行為，復仇未遂者，處三年徒刑；已殺傷仇家的處絞刑；已殺死的處斬刑。此外，為了防止子孫復仇，殺人者若遇大赦而免罪，則一律「移鄉」避仇，即將殺人者強制移居千里之外。唐代嚴禁復仇的規定，對後世影響很大。從此以後，復仇行為基本上是王法所不容的，違者一律嚴懲。

㈢王法與孝道間的矛盾

　　綜合而言，自秦迄清二千多年間，兩漢可謂復仇風氣最熾盛的時代，漢代以後，各王朝對於復仇或是有限度的容許，或是立法嚴禁，復仇之風氣稍斂，但復仇之事始終不曾絕跡。中國的復仇具有廣泛性的一面：復仇風氣經久不衰；復仇事件遍布各個角落；復仇者不分男女老弱，既有王侯貴族，也有販夫走卒，甚至還有儒生。復仇的理由固然不少是因父親、兄

弟、丈夫為人所害，但也有只因尊長受辱而已。此外，報復的行為有時遠超加害的程度，如南朝劉宋的沈林子報父仇，竟把仇人沈預一家老少全部殺害。然而，不管復仇的理由是否正當，復仇行為是否過當，只要是為了孝道而復仇，通常都受到民間甚至朝廷官員的歌頌讚揚。如此，更是助長復仇風氣。

生殺予奪之權力操於朝廷，人民私相仇殺乃國法所不容。但是，父母之仇不共戴天，復仇是孝道行為，為儒家經典所讚揚。因此，歷代固然明文規定殺人者死，甚至明令禁止復仇，可是一旦發生復仇事件，必然引起官員、學者就王法與孝道之間激烈爭執。究竟王法為重，還是孝道優先，這是一個兩千年解不開的難題。

第四節　民事法律

傳統律典大抵以刑事法律為主，民事法律條文相當稀少。所謂民事法律，意指規範私人間日常生活關係的法律，而日常生活關係主要是身分關係和財產關係兩種。身分關係包括親屬的範圍、家長的權力和責任、婚姻關係、身分和財產的繼承等。關於傳統法律中親屬的範圍和家長的權責等，已見第三節，不再贅述，本節集中討論婚姻、繼承二項。財產關係方面，包括了物權和債二項，其中物權牽涉歷代土地制度，內容相當複雜繁瑣，限於篇幅，本節只處理債的部分。

■一民事法律的特點

只要有人，就必然有身分和財產等關係，自然就產生調整這類關係的規範。中國自古以來就有法律規範戶、婚、田、債等關係，不過比較特別的是，中國法律的體系中，固然包含刑事法律和民事法律，但在編纂的體例上，卻長期存在諸法合體，民刑不分的特點，也就是相較於法國、德國等歐陸國家很早就有專門的民法典，中國是直到晚清制訂新律時，才有獨

立的民法典。缺乏獨立民法典的同時，民事訴訟制度從起訴到審結等程序，與刑事訴訟沒有什麼差異。在法典編纂與訴訟程序而言，中國自古都呈現民刑不分的特點。

　　法典中雖然是民刑兼具，但內容偏重刑事法律，民事部分相對較少。以《唐律》十二篇為例，關於民事部分集中在〈戶婚律〉和〈雜律〉兩篇，前者規範了戶口、婚姻、繼承等事項；後者規範了債務、買賣等行為。《唐律》502條中，有關民事的不足60條，比例不高。再者，在僅有的民事條文中，仍是以戶婚、田土、繼承等為主，占了46條。債務、買賣等涉及商業行為的，更是稀少。究其原因，婚姻以及衍生的親屬、繼承等關係，直接影響到儒家的綱常與名教，自然需要嚴格規範，而中國以農為本，田土又牽涉到國家經濟收益。戶婚、田土等法律關乎政權的穩定，是故，這方面的條文自然較多。至於買賣、債務等關係，涉及個人權利義務，對王朝統治而言就顯得比較不重要。

　　對於民間日常生活，官方抱持不積極介入的態度，是故，不僅民事法律條文稀少，對於民間的債務也多採取「任依私契，官不為理」的立場。萬一有婚姻田土的爭訟，也視之為「小民細故」，不告不理。縱使受理，也只有在特定的時間才接受訴狀。官方在民間日常生活的消極與退縮，助長了制定法以外其他替代形式的發展。中國傳統的令、禮、鄉約、族規、民俗習慣等，多少都扮演了民事法律的角色，具有調節民間日常生活的功用。

　　另外，近代民事法律強調權利的維護，但中國固有法律中的民事條文，著重在義務、責任的承擔，而不是權利的享有。譬如，唐宋法律都允許「戶絕」之家立「嗣子」，但立「嗣子」的本意是要其承擔延續香火、祭祀祖先的責任，而不是強調其財產繼承權。傳統民事法律是通過確認義務默認權利的。

　　現行法律對於婚姻、債務等民事問題，處理手段不外乎返還賠償。但是，中國古代針對戶、婚、田、債的違法行為，往往動用刑罰加以制裁。以《唐律》為例，婚姻方面，悔婚可處杖六十，不當出妻的更可處徒刑一年半。債務方面，欠債不還的可處以笞刑或杖刑。幾乎所有的民事違法行

為都可能遭到刑罰的制裁。

二　婚姻法

　　婚姻是親屬和宗族關係的根源，乃人倫之本，歷代皆相當重視，所以律典的民事法律亦以婚姻條文居多。以下就一夫一妻制、禁婚的範圍、婚姻關係的締結和終止等，討論中國傳統婚姻法的概況。

㈠一夫一妻制

　　傳統婚姻的目的，大略有三，一為有婦奉事舅姑，祭祀先祖；二為繁衍後嗣，使家族不絕；三為覓得內助，料理蠶桑。三者皆著眼於人力，為達目的，男人多娶幾個配偶乃事理之常。不過，中國的婚姻制度自周代以來其實是奉行一夫一妻制的。《唐律》中便明文規定「諸有妻更娶妻者，徒一年。」而且還說「一夫一婦，不刊之制。」然而，要注意的是這裡的「妻」是指正妻，而不是配偶，也就是一個男子法律規定只能有一個正妻，但不大限制有幾個配偶。

　　儒家很重視名分等級，所以，不同階層的妻有不同的名稱，妻以外的配偶也有不同的名稱。正妻方面，據《禮記‧曲禮》的說法：「天子之妃曰后，諸侯曰夫人，大夫曰孺人，士曰婦人，庶人曰妻。」其他配偶方面，天子的後宮有淑妃、婕妤、美人等；庶民則有「妾」。此外，還有「媵」，即隨妻陪嫁的妹妹、姪女、婢女等，皆共事一夫，一般只有五品官以上才可以置「媵」。三者的等級是妻重於媵，媵重於妾。為什麼要嚴格區分配偶的名分？為什麼眾多配偶中可以有很多的妾，卻只能有一個正妻呢？究其目的，就是要確定嫡長子的名分。嫡長子就是正妻所生的長子，享有主祭權、襲爵權、財產權。妻妾名分如果不嚴格區分，就無法辨別諸子中孰為嫡子，孰為庶出，會造成諸子間的權力爭奪。因此，有妻又再娶妻，固然於法不容，以妻為妾，或以妾為妻，都屬違法。天子容或後宮佳麗三千，但按照體制皇后卻只能有一人而已。

　　自古以來，法律雖然嚴禁有妻更娶妻，但實際上，兩妻並立，不分嫡

庶之事，卻史不絕書。魏晉南北朝時期，百姓為避戰禍，南北竄逃，再娶另立家室者，在所難免。事平後重返舊鄉，遂兩妻並存。隋唐時期，二妻的風氣似乎更加熾盛。敦煌出土的戶籍資料中，明白登錄有二妻或三妻的，屢見不鮮。甚至二妻以外，還有妾的。其實有時候連皇帝也沒有恪遵國法，譬如，北周宣帝就曾五后並立；遼金元的皇帝，諸后並立之事也是常有。及至清代，民間有所謂「兼祧婚」，即某甲被其無嗣伯叔父收養為繼承人，但同時也是自己生父的繼承人，繼承脈絡似乎二合為一。不過，某甲又各娶一名正妻，創立兩個家庭以承繼兩房血脈，繼承又一分為二。這樣的婚姻為朝廷認可，原意是延續香火，防止戶絕，但無疑是默許人民有二妻的存在。

此外，為了延續後嗣，男子固然可以納妾，而且，納妾之風也一直很盛行。但實際上一直到清代，法律都規定「民年四十以上無子者方聽娶妾，違者笞四十。」這樣的條文從反面理解，國家原則上其實是禁止納妾的。

(二)禁婚的範圍

今天是一個自由開放的社會，婚姻對象基本沒有限制。但是，中國傳統重視身分等級，禁婚的範圍頗大，違者除被判刑以外，婚姻關係也必須終止。法律禁婚的對象，大致可分為親屬禁止、身分禁止、行為禁止等三類。

1. 親屬禁止

親屬間禁婚包括以下幾種：第一種是同姓不婚。同姓的人，原先必定同祖，自古即是禁婚的。第二種是不能娶曾是祖免以上親屬妻妾的女子。第三種是外姻尊卑親屬，包括外祖父母、舅、姨、妻之父母、父母之姑舅、堂外甥女、女婿的姐妹等。第四種是同母異父的姐妹。不能娶這些特定親屬，主要是一因影響生育或造成後代發育不良；二因違背倫常，造成「尊卑混亂，人倫失序」。

2.身分禁止

某些特定身分之間禁止婚姻，包括以下各種：第一，良賤不婚。秦漢以來，明令禁止良賤通婚。第二，首長不可為自己或親屬娶部下或轄區的女子為妾，這是為防官吏濫用職權，恃勢欺民。如果是用不法手段強娶的話，處罰更重。第三，官吏不可娶娼妓。此禁始自元代，明清沿襲未改，違者杖六十。第四，不可娶有夫之婦女為妻妾，違者可處以徒刑。

3.行為禁止

某些行為悖禮犯義，牴觸法律，所以婚姻一律無效。這些行為包括：第一，違反婚約的詐欺行為，譬如，冒充約定之人而嫁娶。第二，有妻更娶妻，違反一夫一妻的制度。第三，娶犯罪逃亡的婦女。第四，通姦男女。明清律規定，凡是通姦婦女在官府處罰並與本夫離婚後，禁止與姦夫結婚。

(三)婚姻的締結

婚約是婚姻關係締結的開始，大抵有以下三種形式：一為互報婚書，二為訂定私約，三為受遺聘禮。婚書之制，古已有之。據《周禮》記載，古代有「媒氏」掌天下婚姻。男女婚嫁時，兩家要把二人的姓名、年齡等寫在婚書上，向媒氏登記，兩家各執一半，類似合同。敦煌所見唐代婚書，內容大略是主婚人和訂婚人的關係、男女名字和年齡、求婚和許婚的表示，至於具體內容則以別紙書寫。元代鑑於經常發生婚姻訴訟，要求凡是婚姻，須立婚書。元代的婚書，除了男女雙方年齡行第等資料外，還詳列聘財數量，並有雙方主婚人、媒人、保人畫押，相當慎重。

私約是沒有向媒氏登記的婚約，後世的私約也是指沒有媒人見證，而由雙方家人私自締結的婚約。私約雖是雙方家長間的約定，一樣具有法律效力。

聘禮，即男家給付女家作為訂婚之用的財物，古稱聘幣，唐宋或稱聘財、財禮。縱使無婚書等書面形式，只要有下聘的實際行為，婚姻關係也

算締結。聘財重視的是形式，不在內容的多寡，即使一尺的絹也算是聘財。就史籍所載，重富嫌貧，古今如一，婚姻無不重視聘禮厚薄。特別是中古門閥社會形成，高門大族矜尚門第，婚娶特重聘財，而寒門為了高攀大族，往往競財求聘。財婚風氣盛行，貧窮之家因財力不足，遷延時日而不得婚嫁，竟至有因兄姐未婚嫁而自賣為其籌聘禮的事。對於這樣的歪風，北周武帝曾下詔要求百姓聘禮「務從節儉」，唐太宗更下詔嚴斥門第「賣婚」。宋代以降，婚姻重視聘財之風氣未曾稍歇。名為下聘，實同販鬻。不僅論較聘財多寡，甚至為此對簿公堂。元代聘財更要課稅，婚姻儼然視同買賣。

　　報婚書、訂私約或受聘財之後，婚約已經成立，開始受到法律的保障。唐代，倘若女方悔婚，主婚人要科處杖六十的刑罰，元代是笞三十七。男方悔婚一般不處罰，但所遺聘財不得索回。及至明清，對於悔婚任何一方都處以笞五十之刑。

㈣離婚

　　曹魏時期，夏侯令女之夫曹文叔早死，令女怕本家強令再嫁，乃斷髮截耳宣示守節的決心。後來，曹文叔的同族兄曹爽被司馬懿誅殺，夏侯家怕遭到牽連，上書與曹氏絕婚，並強迎令女歸家。這個故事反映古代的婚姻既是「合二姓之好」，是以離婚是解除二姓的婚姻關係，非只消滅夫妻二人之間的關係而已。其次，婚姻關係不因一方死亡而自動解除，對方仍須提出離婚，婚姻關係始得解除。古代離婚的形式大致有三種：一是強制離婚，二是出妻，三是協議離婚。

1. 強制離婚

　　指「違律為婚」和「義絕」等，法律上具有強制離婚的效力。所謂「違律為婚」，嫁娶前述法律禁止結婚的對象，不僅會遭到判刑，婚姻關係也宣告無效。「義絕」主要是指夫妻之間或夫族與妻族之間發生鬥毆殺害之事。依禮，夫妻義合，倘若出現上述事情，可謂恩斷義絕，夫妻關係還能存在嗎？官府有權強制夫妻離婚，而不必當事人同意。倘若夫妻任何

一方拒絕離婚，判處一年徒刑。

2.出妻

古代丈夫休妻，有所謂「七出」之條。「七出」源自《禮記》，唐代正式納入法律。「七出」是指妻子有以下七種狀況：第一，無子。妻子年達五十而無子，丈夫才能以此出妻。第二，淫佚。第三，不事舅姑，即不孝順丈夫的父母。第四，口舌。第五，盜竊，應指盜竊夫家的財物。第六，妒忌。第七，惡疾，很可能是指瘋癲病之類的嚴重傳染病。妻子有以上任一狀況，丈夫可以將其休棄，這樣的離婚可視作片面離婚。不過，有別於前述「義絕」的強制離婚，妻犯「七出」，夫可訴請離婚，但不代表非離不可。

「七出」對妻子固有不公之處，但法律另有「三不去」的規定，防止丈夫惡意出妻，保障婦女。「三不去」是指：第一，曾為舅姑服喪；第二，娶時貧賤棄時富貴；第三，本宗無人，無處可歸。有此三不去，丈夫仍惡意出妻，在唐代要處以杖一百的刑罰（明清改為杖八十），而且，離婚也屬無效。不過，妻子如果是因淫佚、惡疾、義絕的話，縱有三不去，丈夫仍可出之。

3.協議離婚

夫妻感情不睦，怨家難處，可以訴請離婚，古代稱作「和離」。既是和離，當然無罪。

夫妻離婚，不管是丈夫出妻，抑或夫妻和離，均須明立離婚證書，離婚才能生效。離婚證書唐代稱作「放妻書」，元明稱作「休書」，均由夫方寫立，男女雙方家長以及見證人均需簽署，然後交付妻子或其家人。妻子若要改嫁，需要持離婚書到州縣請得公牒，始准改嫁。

三 繼承法

中國傳統所謂的「繼承」，主要是指身分的承襲；至於財產的分配，

古代稱作「析產」，二者並不相同。繼承的身分可以是家長之類的家族身
分或者是貴族官人之類的政治身分，而繼承的目的主要是為了延續家族香
火，使祖宗得以血食，與其說是權利不如說是一種責任。當然，繼承了某
種身分往往連帶也可以取得一分財產。以下就身分的繼承和財產的分析，
分別說明。為了敘述方便，下文「繼承」一詞的使用，並非嚴格限制在身
分而已。

(一)立嫡

　　中國古代是實行嫡長子繼承制度，嫡長子就是正妻所生的長子。先秦
時期，嫡長子擁有主祭權、襲爵權、財產權等，秦漢以後，嫡長子在財產
繼承方面，似乎已沒有什麼特權了。但是主祭權、襲爵權以及父親家長地
位的繼承等，仍使嫡長子的名分相當重要。《唐律》對於立嫡有專條規
定，違法立嫡，要科處一年的徒刑。倘若是無嫡子、嫡子犯罪或有疾而不
能繼承時，其繼承的順位是：嫡長孫──嫡長子同母弟──庶子──嫡孫
的同母弟──庶孫。假如無子，可以收養同宗輩分相同的人為養子，但原
則上不可收養異姓為養子。直到明清，立嫡順位基本上沒變。這樣的立嫡
方式有三項特徵，一是立嫡必為男性，女子完全被排除在外；二是嫡長優
先，先考慮嫡長系統，才考慮其他子孫；三是只在直系子孫中尋找，不考
慮旁系。

(二)別籍異財

　　別籍，即另立戶籍；異財，即分割家產。別籍與異財是兩種行為，但
二者關係又非常密切，往往一併進行。戰國以前，一戶之中應包含數名成
年的男丁，甚至成年男子婚娶後仍是同居共財的。商鞅變法時，規定家有
二名成年男丁以上不分家的，要納一倍的賦稅。國家強制人民自立門戶以
免互相依賴怠惰，藉以提高生產力。別籍分居的同時，財產應該也是分割
的。商鞅的新制歷兩漢而不改，但這樣的規定與儒家親親尊尊的禮教秩
序，明顯衝突。晉代，隨著法律的儒家化，國家正式廢止這條「異子之
科」，使父子無異財。《唐律·戶婚律》中明白規定祖父母、父母健在，

子孫不可另立戶籍或分析財產，否則，就是犯了十惡中的「不孝」罪，要重判三年徒刑。法律從原先強制二男分家，轉變為嚴禁子孫擅自別籍異財。父子兄弟同居共財，既使老有所養，兄弟之間復能互助救濟，家族危亡相知，饑寒相恤，落實儒家親親尊尊的精神。從此，法律一直維持這樣的原則。

　　法律雖然這樣規定，但人民選擇同居抑或別籍，往往還是實際利益的考量，那就是賦稅徭役的負擔。唐代按戶等高低徵收「戶稅」，一戶之中，丁多田多，戶等自然就高。另外，府兵的揀選也是考量富室丁多者。因此，百姓為了逃避賦稅徭役，父母在卻別籍異居的情況，比比皆是。玄宗、肅宗都曾對此嚴旨申斥，但利之所在，禁之不絕。兩宋時，人民為了逃避徭役，析戶的情況更加普遍，造成宋代戶數竟達 2,000 萬，比明朝極盛時還高，但每戶卻只有 2.57 口的奇特現象。元明清析戶避役的情況沒有消失，但國家立法則現實多了，元代、清代都規定只要祖父母、父母容許的話，子孫便可析戶別籍。明代原則上承襲《唐律》的規定，但若子孫別籍異財，處罰減為杖一百，而且還要祖父母、父母親自告訴乃論。

　　周代析戶分產時，嫡長子具有一定優勢，但自商鞅強迫析戶的同時，財產的分配大致就以均分為原則，此原則歷二千年而不變。唐代以降，父母亡歿，財產由諸子均分，若兄弟有人已過世，由其兒子頂替。第二代的兒子都已不在，則由第三代的孫子均分。這裡的諸子不問嫡庶，一律平等。明代婢生子也可以分得一分，甚至連「姦生子」（即私生子）也可以得到半分。對於尚未娶親的男子，可以多得一分作為以後聘財之用。女性方面，無子的寡妻可以繼承亡夫的分額，但若改嫁，所得之分則由各繼承人均分。在室女則得到男丁聘財的一半，作為嫁粧之用。出嫁女是沒有繼承權的，除非娘家已「戶絕」，即男丁全數亡歿，出嫁女才可分得三分之一，其餘的財產則歸國庫。但假如還有在室女，出嫁女仍然沒有繼承權。

　　長期採取諸子均分的原則，對於大家庭制度的維繫有重大作用。子孫群聚在大宅門內，家族就有責任照顧每一房的生活，不分勞逸，人人有分。親親的禮教有著實質的好處，子孫只要能等能忍，終有一天可以得到一分祖產。如此，自然加強家族的內聚力。可是，這樣的財產繼承方式一

定程度也限制了傳統經濟的發展型態。試看唐代敦煌的土地情況：每丁的應授土地不但嚴重不足，僅有的三四十畝土地也往往分散在八九個地段。田土分割得非常零碎，嚴重妨礙農民的生產。究其原因，就是平均析產所致。縱使當初國家分配的土地是完整的一大片，但在諸子平均分配田產的原則下，土地勢必切割得愈來愈零碎。工商業的發展亦復如此，不管這一代事業經營有多大，只要一分家，就被切割成幾家小事業。資本不會一代一代的累積起來，反而是愈滾愈小。

(三)遺囑

　　漢代沛郡有一個富翁，大太太生有一女，品性不良，女婿也非善類。二太太生有一子，年幼母喪。富翁擔心若財產傳給兒子，必為女兒所害。所以，臨終前召集族人立下遺囑：財產盡付女兒，只留一把劍給幼子。此劍暫由女兒保管，待兒子十五歲時歸還。當兒子滿十五歲索劍時，姐卻拒絕交付，兒子遂向郡太守何武訴冤。何武向部屬分析案情：當年富翁就是為了保護兒子，才將財產暫交女兒保管。劍者，決斷也。待兒子十五歲心智體力足以生活，估量惡姐又必不肯付劍，讓兒子找官府幫他決斷家事。最後，何武將所有財產判歸兒子。「何武斷劍」的故事，後世廣泛流傳，視為地方父母官決事英明的案例。

　　何武的故事其實透露出一個有趣的現象，就是遺囑繼承與法定繼承的優先問題。今天，遺囑繼承是高於法定繼承的，但從以上的判例來看，當遺囑的處理遇到宗法觀念時，其效力將會大打折扣。何武明顯扭曲遺囑內容，隨意更動遺囑的處分。更讓人訝異的是，他的舉動不僅沒有遭到譴責，反而是時人「服其明斷」，受到稱頌讚揚。可見傳統父死子繼，子承父業的觀念，視為天經地義，遺囑不可剝奪配偶乃至親子的繼承權，遺囑繼承的效力次於法定繼承。

　　唐宋《喪葬令》中有一條關於遺囑的法令：若身死戶絕時，餘財由女兒繼承，無女兒時由近親繼承，無親戚則由官方處理。但死者生前立有遺囑，則依遺囑處分。一般情形下，家有男丁當然依法定繼承，若「身死戶絕」，即父母雙亡，家無男丁的情況下，則依女兒、近親的順位繼承，可

視作特別繼承。但假如生前立有遺囑，則依遺囑處分。簡單而言，中國傳統是法定繼承優於遺囑繼承，遺囑繼承優於特別繼承。

四 債法

債，原寫作「責」，《說文解字》：「責，求也。」就是索取、要求之意。後來衍生出詰問、責任、督促等意思。責的原意含有甲方對乙方享有某種特定權利，要求乙方作為或不作為，而乙方也有履行的義務，這與現代民法中債權的觀念其實若合符節。責後來衍化債字，專指財產方面的權利義務關係。以下論述契約的發展和變化，以及兩種最重要和常見的債——買賣和借貸。

(一)契約的發展和變化

契約是具體記載締約雙方有關權利義務的協議文件。上古的民事契約大略有三種，借貸的稱作「傅別」，贈予和收入的稱作「書契」，買賣的稱作「質劑」。魏晉以前，契約都是契刻於竹簡上，議成而析為一式兩份，雙方各執一半作為憑信。這種叫作判書制度，判就是半分而合的意思。有判書的債務糾紛，國家才會受理。魏晉以降，紙張契約逐漸取代了簡牘契約。紙張契約有很多優點，首先，紙張的面積大，書寫方便，契約的內容可以更加詳細。而且，各方的簽署畫押，甚至官方的鈐印，也遠比以前便利，連帶管理也變得比較容易。此外，在紙張上制作印記或標識，既方便也耐久。

曹魏時出現了「合同契」，其形式是在兩張契的邊緣并合處，大書一個「同」字，每張契各帶半個「同」字。後來，則寫上「合同」或其他更多的字。隋唐以後，合同契主要使用在典當、租賃、借貸、僱傭等活契關係中。宋元更規定典當的契約必須為合同契，明清商業貿易一般也都使用這種有騎縫記號的合同契。至於民間的買賣，尤其是不贖回的絕賣關係中，則使用「單契」。單契也有用在借貸、租賃、抵押等活契關係中。單契是締約一方根據協議出具給另一方收執的單份收據，在買賣關係中是賣

方，在借貸中則是債務人。契後要由立據人和見證人簽字畫押，收執人則不用。

東晉時，規定買賣奴婢、田宅、馬牛等，要對買方賣方分別課徵1%和3%的契稅，繳過契稅後，官方會在「文券」，即交易契約上鈐印。文券至唐代稱作「市券」，凡奴婢馬牛等買賣成交後，超過三日仍不立市券，買方要笞三十，賣方笞二十。這種官方認可的契約，因鈐上紅色官印，後世遂稱作「紅契」。相對於此，民間私自訂定不繳納契稅的契約，稱作「白契」，白契在法律上算是非法的。明代規定典賣田宅不繳契稅，除了笞五十下之外，還要以價金一半作為罰款。

唐代的契約已逐漸出現固定的格式，敦煌吐魯番出土的契約文書中，同類型的契約格式用語大同小異。宋元時期，民事契約更是走向標準化。宋初，官方即頒定標準化的契約樣本，後來，甚至由官方印賣「官版契紙」，規定典賣行為皆須使用。民間習慣把草約粘在官契之首，出現「粘二契」的形式。元代進一步把繳納契稅的收據，即契尾粘在官契之下。及至明清，契約乃出現草契──官契──契尾粘在一起的「粘三契」形式。粘三契是傳統契約中最完整和格式化的契約形式。

(二)買賣與借貸

1. 買賣

秦漢時期，土地私有制完全確立，先秦「田里不鬻」的原則已被揚棄。爾後，土地、房宅經常都是買賣、質押的客體。買賣交易中，當以田宅買賣價金最高，因此，契約的制定最慎重，內容也最為詳備。透過買賣契約，大致可了解契約構成的要件。

歷代的買賣契約，大體都明載：(1)立契時間。因為牽涉產權的轉讓以及田租負擔的轉移。(2)業主姓名。有時還會載明出售的原因，如「闕少糧用」、「負債繁多」之類。此外，因為古代同居共財，若尚未分家，則以母為契首，若亡歿則兄弟共為同賣人，以免往後產權有爭議。(3)確定標的。清楚列明田宅面積和東南西北四至。(4)買方姓名。買主的姓名只在契

約中出現，契後一般不必署名。宋代以後，契約中寫明標的物出賣予某縣某人名下之語，清楚寫出所有權讓渡的文字。(5)價格和交割。注明買主交易的物品，可能是錢、麥、粟、絹等。漢魏六朝的契約大多只寫出價金之交付，未說明標的物交付的情形。唐代以後，契約逐漸出現「其地及價當日交相分付訖，一無懸欠」之語，交割行為寫得明確無誤。(6)業主擔保事項。有沒有重複交易？產權是否有糾紛？會不會有親族來搗亂？契約中都會注明一律由出賣人「自行理直」。業主擔保事項是唐代以後土地契約的重要內容，而且寫得非常具體。南北朝以來，契約中還加入罰則，反悔者罰財入不悔之家。(7)畫押。古代老百姓大多文盲，畫押時只能畫指或押字。畫指以畫食指、中指指節為多；押字則是在自己名字下畫「十」、「七」或「0」等簡單符號。(8)中人保人署名畫押。民事契約中「中人」是雙方的中介和見證，相當重要。漢代中人或叫「旁人」、「任人」，唐代出現專業的商業仲介人——牙人。牙人是領有「牙帖」，經官方批准，開設邸店，以說合交易，抽取佣金為生的仲介者。中人在立契當事人違約時，負有連帶賠償責任。

2.借貸

借貸是民間債務中最常見的種類，古代的借貸，不算利息的，稱作「負債」、「欠負」；計算利息的，稱「出舉」或「舉出」。「出舉」而取擔保物，稱作「質舉」。法律有關借貸契約的條文，主要是針對「負債」而非「出舉」。債務人欠債不還，債權人可向官府起訴，債務人會被判處笞二十到徒一年的刑罰。

「出舉」之類收取利息的借貸，官方考慮兩情和同情況下訂約，都是「任依私契，官不為理」，即所有權利義務，一憑雙方契約規定，官方並不干涉。倘若發生欠債不還時，債權人不得如「負債」一樣向官府起訴債務人。除非是利息超過官定上限或者是違約扣押債務人家資產，官方才會介入。不過，為了防止高利貸盤剝，歷代對於利息都會訂定上限。唐宋借貸的月利約為6%（合年利72%），元代調降為月利3%。此外，歷代都禁止複利計息，累計利息與本金相等或本利合計超過本金一倍，停止計息。一

本一利、月利三分的原則，一直沿用到二十世紀初年。對於債權人所訂的保障，則是可以依契約扣押債務人的家資，若家資已盡，則取戶內男口做工折抵債務。如果債務人逃亡，債務將由保人代償。

敦煌吐魯番出土了大批借貸文書，就中可見實際利率遠比法定利率為高，有人今年借了三石麥，第二年本利已滾到九石六斗，利息可謂驚人。其實，儘管官方禁止利上滾利，債權人只要不斷另立新契，就可以有效規避法令。另外，借貸契約中的保人多為債務人的親屬子女，所以很可能產生父債子還的情形。再者，皇帝大赦有時會免除人民私債，有些人今日放貸，不巧明天皇帝大赦，不僅利息收不到，甚至連本金都要不回來，真是欲哭無淚。因此，債權人為了保障自身利益，借貸契約中經常看到「或有恩敕赦書行下，亦不在論理之限」之類的排除條款。

第五節　司法制度

古代百姓受到冤屈，應該向什麼機關投訴？投訴的手續是怎樣呢？官衙收到百姓的訴狀後，審判的過程是如何進行的？本節將從司法機構、訟訴手續、審判程序三項，分別討論古代的司法制度。

一 司法機構

㈠地方司法機構

現代國家都採取行政、立法、司法三權分立的設計，三者獨立運作，既協力合作，又相互制衡。然而，中國傳統王朝並無這樣的設計，司法權沒有獨立於行政權之外，只要有一級行政架構，就有一級的司法機關，治民的父母官往往也是司法人員。

秦漢地方行政採用郡縣制，縣是最基層的行政單位，縣之首長為縣令，是縣級最高的司法官員。縣令下設縣丞，是縣令之副貳，司法事務可

由縣丞處理，縣令不必親自決獄。縣之上設郡，首長稱為太守，是一郡最高司法官員。同樣的，秦漢的郡守也不必親自決獄，可由「決曹掾史」處理司法事務。漢武帝時期，把全國分作十三部，設刺史監察郡縣，部後來發展成為州。刺史每年八月要檢核郡縣刑獄是否冤濫淹滯，也負有司法職權。相對於後世，漢代地方首長，特別是郡守的司法權限很大，甚至連死刑案件都可以判決定讞，除非遇有疑獄才需要上報中央的廷尉裁決。

漢代以後，地方行政或是郡縣制，或是州縣制，其首長名稱同於秦漢。唐代行州縣制，縣級負責初審，有權判決笞刑、杖刑的案件。徒以上的案件須將案情審理清楚，寫成初步的處理意見送州。州除了審理縣上呈的案件外，本身也接受訴狀。州只有權判決徒刑以下的案件，流刑、死刑案件審理完畢，要送中央刑部按覆。

宋代地方行政主要是路——州（府軍監）——縣三級制。州之首長稱知州，縣的首長稱知縣。宋代規定州縣官必須親自聽獄審問，若不親聽因而使吏鞫審者，徒二年。路設有轉運司、提刑司等機構，負責審查本路州縣刑案以及平反冤獄。宋代地方首長的司法權限前後不一，在宋神宗以前，州縣對死刑都擁有終審權，只是在死刑執行後覆核州府上報的文件而已。神宗元豐改制後，朝廷才規定提刑司等必須在死刑執行以前審核，審核以後，死刑才算定讞。值得注意的是，宋代死刑的終審權一直在地方沒有收歸中央，與其他朝代迥異。

明代地方分承宣布政使司（即後來的省）——府（州）——縣三級。縣、府州的民事刑事案件一律由首長——知縣、知府、知州等兼理。承宣布政使司的首長稱布政使，但布政使不管詞訟，而是由專門司法機關——「理問所」，負責主管民間獄訟，其中又以田土、戶婚等民事案件為主。布政使司一級的司法機構尚有按察使，但按察使是中央都察院的在外單位，不能算是地方級的司法構關。按察使負責覆審地方獄訟，經覆審後刑罰才可以執行。但是，死罪之類的案件仍需上奏刑部審查，再由大理寺覆核。

清代地方行政類似明代，不過增設了道一級，變成省——道——府——縣（州、廳）四級制。道在乾隆朝被確立為地方行政單位，但道一般不作

單獨審級，府級的二審案件是報送省級的按察使。清代的按察使有別於前朝，不再直接受理百姓呈狀，而是成為省一級的司法機構，總理一省刑獄，覆審府縣刑案。不過，按察使所理案件仍須呈報一省的首長——總督或巡撫，再一次開庭審理。一般「民間細故」的案件，縣級的衙門可以判決確定，這些案件包括戶口、田土之類的民事案件以及笞、杖等刑事案件。省級的督撫可以判決定讞徒刑案件，至於流刑（包括由流刑發展出來的「充軍」、「發遣」）和死刑案件，地方只能將判決結果送呈中央的三法司進一步覆審。

(二)中央司法機構

相對於地方的司法官員與行政首長混而為一，中央部門很早就有專業的司法行政機構。秦漢之世，中央最高的司法部門稱為「廷尉」，又稱「大理」，屬中央九卿之一。廷尉的責任主要有兩項：一是審理皇帝交辦的詔獄；二是受理地方上報的疑難案件。凡是交予廷尉判決的案子，即為終審判決。廷尉以外，三公之一的御史大夫是丞相副貳，其屬官御史中丞，除負責糾察百官外，有時也會審理皇帝臨時交辦的案件，也算中央另一司法機構。

唐代，中央接受投訴的部門有大理寺、刑部、御史臺和「三司」。大理寺專受內外官員的投訴，也覆審京師徒刑以上案件。刑部乃最高司法機構，除受理投訴外，並覆核包括兩京在內的全國流罪和死罪案件。御史臺原為監察百官的機構，唐玄宗時也開始接受投訴。唐代司法機構還有所謂的「三司」，由中書省的中書舍人、門下省的給事中和御史臺的侍御史組成，這是一個常設的機構，除了接受詞訟外，也受理天下冤獄。三司地位很高，可以審理州縣，甚至尚書省六部的不法事情，並直接對皇帝負責。除此以外，唐代又有「三司使」之設。「三司使」是皇帝任命刑部、大理寺、御史臺三法司官員臨時組成以推鞫大獄，事畢解散，並非常設機關。

宋代中央的審判機構主要有大理寺、審刑院、刑部。大理寺掌「詳斷」，即是二審之意，類似今天的上訴和改正判決。不過，大理寺只是審閱卷宗，不能將罪犯自地方傳喚到首都來。大理寺的判決送審刑院再次審

查，稱為「詳議」。刑部是隋唐以來的最高司法機關，原為尚書省六部之一。但宋代獨裁政治逐漸形成，天子刻意剝奪原隸屬宰相的司法權，故設審刑院以架空刑部，刑部名存實亡。神宗朝恢復唐制，廢審刑院，其「詳議」工作轉往刑部，刑部得以復活。

明代的中央司法機構由刑部、大理寺、都察院組成，稱為「三法司」，其源頭可追溯自唐代的「三司」。刑部是中央的審判機關，除接受投訴和審理首都案件外，亦覆審全國上呈的死刑案件。大理寺的職權和班次都低於刑部和都察院，但大理寺掌握覆核權，有權覆核刑部、都察院和在京諸司的案件，是審判的監察程序。實際運作時，大理寺主要只是覆核死罪之類的重大案件。有別於唐宋刑部覆核大理寺的判決，明代大理與刑部的角色剛好對調。都察院由御史臺發展而來，其職責除了糾劾百官以外，也接受投訴、上訴、覆審地方案件等。都察院下設按察使、監察御史等，除單獨接受投訴外，專門負責覆審地方獄訟。清代中央司法審判機關沿襲明制，理論上，都察院和大理寺對於刑部的判決，都可提出異議並加以平反，但實際上自清初以來，刑部獨重的情形非常明顯。院、寺的職權不斷下降，對於刑獄根本無權過問，所謂平反按覆，不過一句空話。

綜合而言，中國傳統的司法機構是實行「審」、「判」分離原則。現代司法制度規定某級機關有權受理案件，該級就有權判決。只要沒有上訴，這一判決就算定讞，可以交付執行，當然也沒有二審、三審了。倘若該司法機關無權對某類案件作出發生法律效力的判決，那麼它就無權審理該類案件。譬如，現役軍人犯法理當由軍事法庭審理，一般的地方法院無權判決，也就不必開庭審理。但是，中國傳統的司法機關往往有權審理，卻無權判決。唐、明、清的縣級只能判決笞杖等輕刑，州或省只能判決徒刑，流刑和死刑等重罪都必須上呈中央刑部定奪。州縣等地方官衙既無權判決流死等案，可是法律又規定所有案件必先經地方審理，否則視為「越訴」。而且，縱使百姓沒有上訴，案件仍需向上一級審轉。

此外，審級單位愈來愈多。由於傳統行政、司法合一，只要地方行政單位增設一級，案件的審轉自然就增加一級。漢代原來只有州縣二級，後來又多了州這一級；宋代變成路——府州軍監——縣三級；清代更多到督

撫——按察使——府——縣四級。審轉制度固然有矜恤人命、層層監督的精神，但是，審級過多，獄訟效率必然低落。訴訟之時，原告、被告、證人都要收押獄中，審級愈多，案件遲遲無法定讞，關押時間就愈長，嚴重影響人民生計。審轉時，或是案卷呈遞，或是連人犯甚至相關人等全部運轉，如此路途奔波，有時竟然是盜賊「未正典刑」，失主「先登鬼錄」。況且，審級衙門愈多，打點胥吏獄卒的開銷愈大，百姓因此不堪賠累，自然就視打官司為畏途了。

二 訴訟手續

㈠ 告訴的限制

一般而言，任何人受到冤屈都可向地方官衙提出告訴。但是，法律規定某些特殊身分的人是不可提出告訴的，第一類是基於生理狀況，即年紀在八十歲以上、十歲以下、身患篤疾者（包括惡疾、癲狂、兩肢殘障、雙目失明等）。宋代以後，懷有身孕的婦女也不可告訴，但禁訴的年齡上限調低為七十歲。這些人禁止告訴主要是由於中國容許刑訊取供，這些狀況的人都無法承受，故不得告訴。第二類是獄中的犯人，除非是控告審判官員對其迫害之事。第三類是家族內部不可告發，這是基於儒家「同居相為隱」的精神。縱使所告屬實，告發者還是要判刑，所告若是祖父母、父母的話，更是一律處死。第四類是奴婢、部曲不可告發主人，這是以下犯上，以賤陵貴，破壞社會等級秩序。以上特殊身分者都不可告訴，但是，所告若是謀反、謀大逆、謀叛、子孫不孝等罪，則不受限制。及至清代，婦女禁止告訴，必須由成年男性親屬代理，這是婦女地位低落，根本不承認她們具備獨立的法律地位所致。

此外，某些事情不可告訴，一是赦前所犯之事；二是不實之事，也就是誣告。歷代都嚴禁告赦前事和誣告，犯者一律「罪反罪」，意思是告別人什麼罪，就要被處以該罪所應得的刑罰。宋代以來為防止濫告，還規定只有事件關係人才可提出告訴。

除了身分和事情有限制外，投訴的時間也有限制。百姓遇到命案、強盜之類的重大案件，當然可以隨時告官。但若是不必緊急處理的尋常瑣事，如婚姻、鬥毆、爭產等，一般只能在特定時間才能興訟以免妨害農時。唐代規定在十月至三月底，清代不少州縣都規定只有在八月至三月間才可以提出告訴，而且，這八個月中只有在每個月限定的「告期」才可遞狀，有些地方是逢三逢八，有些甚至限定初二、十六才放告。

㈡投狀

百姓要提出告訴，只能向可以接受投訴的機關遞狀。一般來講，大部分的訴訟都是向基層機關，也就是縣衙提出。百姓若不先向縣衙投訴，而逕向較高的府州衙門投訴，稱作「越訴」，於法不容。訴狀或稱「辭」，或稱「牒」。唐代，規定訴狀必須註明告者姓名身分。官府若收到匿名訴狀，一律焚毀，不得受理。訴狀中亦要清楚註明犯罪時間和事實，不能僅憑懷疑就提出告訴。若原告不識字，可以僱人代寫，受僱者不可隨意增添情狀。宋代進一步規定所有訴狀皆統一由官府登記入冊的「書鋪」代寫，再由人保證才能投呈。清代將這類人稱作「官代書」，是一些通過考試取得專業資格，負責代寫以及審核訴狀格式的人。不是官代書代寫或無官代書印戳的狀紙，官衙不予受理。古代是不容許代理訴訟的，所有訴狀都要由原告親自遞送官府，除非是生員、監生、婦女、老人、幼兒、殘疾等，才可以由別人代理。

清代州縣衙門一天可能收到一百多件訴狀，長官需要快速審閱訴狀，如懷疑誣告，或者是有訟棍教唆者，往往批下「不准」，案件當下駁回，不予受理。如果訴狀看來並無可疑之處，官衙必須簽「准」，受理告訴。保守估計，州縣衙門每天受理的案件大抵是十多件左右。一旦官衙簽准後，案件正式進入審判程序。

三 審判程序

以下就勘驗、逮捕和囚禁、審訊、判決、上訴、審錄、執行等，概述

古代的審判過程。

(一)勘驗

　　勘驗的目的是為了蒐集證據，為審訊作準備。不過，通常只有在發生命案或強盜案時，地方首長才會親自勘驗。首長和檢驗人員應到不到，或無故拖延，都會遭到嚴懲。宋代官員檢驗時，需要依實填寫《檢驗格目》、《檢驗正背人形圖》等表格，據說這類屍圖、屍格一直沿用到國民政府時代。南宋理宗淳祐七年（1247），宋慈編寫的《洗冤集錄》堪稱中國史上最早又最系統的司法檢驗專著，也是世界上第一本法醫學著作。宋慈有二十多年司法實務經驗，書中詳述命案現場的初驗和覆驗程序；對於自殺、他殺、燒死、毒死、驗骨、發塚等，詳述檢驗和辨識的方法，不少方法非常符合現代法醫理論。譬如，書中提到用明油雨傘罩骨，迎著陽光隔傘觀察骨傷，這就是早期的紫外線照射檢驗法。又提到生前溺水，男浮屍多呈俯臥位，女浮屍多呈仰臥位，也是符合現代法醫學觀點的。《洗冤集錄》對後世刑事勘驗影響極大，幾乎是檢驗人員必備的案頭書，而且，受到《洗冤集錄》的啟發，後來出現不少研究、增補、考證、模仿《洗冤集錄》的著作。

(二)逮捕與囚禁

　　為了防止被告或相關證人逃走，確保訴訟順利進行，必須予以逮捕和囚禁。唐代規定只有州縣官府才可派捕賊官（通常是縣尉）進行逮捕，其他人等不可擅自亂捕，除非是遇到鬥毆、偷竊和強姦等犯罪。若轄區發生強盜或命案，捕賊官必須在三十天內捕獲人犯，捕賊官若逗留不行或退縮畏敵，都會受到處罰。在拘捕過程中，倘若沒有遇到反抗，不可傷害犯人。但若犯人持武器拒捕，則格殺勿論。若犯人逃匿無蹤，官府會發布通緝榜文，四處張貼，甚至懸下重賞。

　　什麼是監獄？或許大家會說：監獄是長期囚禁罪犯的場所。但你可能不相信，中國古代其實是沒有這種場所的！中國古代的「牢」也好，「獄」也好，都不是現代意義的監獄，其性質倒是比較像今天的拘留所。古代的

牢獄是用來關押兩類犯人，一類是等候審判的罪犯，一類是已經完成審判等待行刑的囚徒。訴訟進行時，官府為了釐清案情，會將被告，甚至證人和原告，統統收押獄中。審理終結後，判處笞刑、杖刑的，立即用刑。判決徒、流、死的犯人，就在獄中等候配送或處決。因此，各級行政單位都有獄，但人數不會太多。估計宋代州一級平均日常關押囚犯在六十人以下，縣一級在十人以下，京師的則在一百人左右。

自唐宋以來，法律對於牢獄管理，都有相當周密和人道的規定。獄中男女分別關押，一般都要戴上枷鎖，死罪還要著杻，即手拷。獄囚的口糧、衣服由家人隨時取送，若無家人接濟，則由官衙提供。獄囚定期洗澡，倘若生病，官府要延醫治療。官員每隔五天檢錄獄囚，以防獄吏拷打和虐待。可惜的是，法律規定固然周密，但實際執行時，往往黑幕重重。獄吏勒索獄囚，甚至凌虐犯人致死，屢見不鮮。中國獄政一直要到晚清制定新律時，借鑑日本近代獄政制度，就建築、待遇、監督等方面改弦更張，才從傳統式牢獄進展為現代式牢獄。

(三)審訊

現代刑事訴訟法中有一項重要的原則，稱作「無罪推定」，意指被告人在未被依法確定有罪以前，應當視為無罪的人。證明被告有罪的責任由控訴一方承擔，被告沒有證明自己無罪的義務。控方無法證明被告有罪，就以無罪處理。這項原則是歐洲十八世紀以來，資產階級爭取自由、平等、人權等權利，才逐漸確立。「法國大革命」的《人權宣言》，正式在法律中規定此一原則。中國自古以來的訴訟都是採取「有罪推定」，被告不能證明無辜，一律視為有罪，必須負上若干處罰。古代對於沒有明確和肯定證據的訴訟案件，稱作「疑獄」。《尚書·舜典》就有「罪疑惟輕」的論點，意指對於受懷疑但缺乏確證的人，其刑罰應當從輕論處。雖無法證明被告有罪，但因疑似，被告仍需付出代價，正是一種有罪推定。

官司審理案件時，（參看圖3-4）相關人等一律收押獄中，案件拖延愈久，對人民傷害愈大。案件拖延不決，古代稱作「淹滯」或「淹禁」。為了防止淹滯，歷代對於官衙審訊，都訂下一定程限。宋代州級審判期限，

小事十日，中事二十日，大事四十日。明代府州縣的程限更縮減為小事五日，大事十日，若不予決斷者，受禁者可以向巡撫或巡案等官衙申告。清代對於州、縣自理的案件，則給予二十日審判期限。至於中央司法機關決案，唐代大抵是二十至三十五日結斷，宋、明更縮短為五至二十五日而已。

圖 3-4　公堂審訊圖

「刑訊」或稱為「拷訊」、「拷鞫」，是司法人員在審判過程中，以強暴或精神折磨等手段取得口供自白的制度，長久以來，在中國及歐洲都是法律明文容許的合法暴行。刑訊一般認為是源自遠古的「神判」，在人類的智慧無法判明孰是孰非時，只好借用神明來考驗當事人。「神判」通常用水火來考驗，或把受驗者捆綁投入水中，淹死為有罪；或令受驗者把手伸入沸油中撈取物件，或手捧燒紅的器物，燒熨傷者為有罪。經由當前皮肉的苦難，測試當事人所言是否屬實，是否清白無辜。隨著人類自蒙昧進入文明以後，開始要求法官以「五聽」審訊。所謂「五聽」是指「辭聽、色聽、氣聽、耳聽、目聽」，意指被訊問者假如是理虧，其言語便煩雜沒有條理，其神色也因羞慚而轉赤，呼吸喘而不順，同時由於心神不屬，往往聽不清楚別人的話，而且眼神也閃爍不定，「五聽」其實頗符審判心理學的理論。法官在觀察被告人的言辭神色，再結合各種證據，認定被告的嫌疑甚大，但被告仍不肯認罪的情況下，方可刑訊逼供。

刑訊制度發展到唐代進入法制化的階段，唐律規定罪證俱在，犯人不肯招供，可以據眾證定罪，不必刑訊。刑訊的杖稱作「訊囚杖」，明文規定大小尺寸。拷囚必須由同一人執行，不可中途更易。不管審訊期間歷經

多少衙門，反正拷囚次數不得超過三次，每次必須相隔二十天以上，總杖數不得超過二百。所犯為杖罪以下，若須拷問，被杖之數不得過所犯之數。拷滿仍不認罪的，可以保釋。刑訊的對象除了被告外，證人也可以拷問，甚至為了防止誣告，連原告也可以用刑。不過，法律為了保障特定身分人士的權益，有

圖3-5　明清刑訊常有的「夾棍」

些人是禁止刑訊的。第一類是具有「議」、「請」、「減」身分者；第二類是七十以上，十五以下，年齡過老過小；第三類是身體狀況異常，包括嚴重疾病、孕婦和瘡病未癒者。官員如果違法刑訊，將受嚴懲。

　　傳統東西方司法審判都非常重視被告的口供自白，視為定罪的最重要依據，《羅馬法》就把被告人的自白口供稱為「證據之王」。審判既採取有罪推定的原則，又仰賴口供作為定罪的依據，官員在面臨程限的壓力下，勘驗、人證、物證等科學辦案的手段，只能聊備一格，刑訊逼供才是審訊最重要的手段。唐代以後，刑訊的法律規範愈趨簡省，但刑訊的手段卻愈趨繁雜。唐宋規定以杖拷訊，但元代又出現鞭烙之法，明清又發展出掌嘴、夾棍（參看圖3-5）、拶指等，法定拷囚的手段層出不窮，甚至官員自行創制各種酷刑，違法刑訊。最終，自然是「捶楚之下，何求而不得？」導致大量的冤假錯案。及至清末制定新律，禁止法官以語言或工具逼供，刑訊制度才正式走入歷史。

㈣判決

　　唐代規定法官判決時，都必須詳細援引律令格式中的條文，否則，官員會被處以笞三十的刑罰。而且，為了防止冤案，徒、流、死罪宣判時，需要召集犯人及其家屬，具告罪名，並取得犯人的「服辯」，即簽字畫押、服從判決的書狀。歷代都重視犯人畫押的供狀，直到清代，取得犯人「服輸口供」，仍為結案的必要條件。古代各級司法機關都會審訊和宣判，但不代表判決定讞，需視不同層級和不同程度的犯罪而定。

　　宋代在審判制度上有一項很重要的發展，稱作「鞫讞分司」。此制行於魏晉南北朝時期，至宋代完備成熟。鞫是審理犯罪事實，讞是檢法議刑。「鞫讞分司」意指在案件審理時，某些官員負責審訊犯人，調查犯罪事實；另有某些官員負責檢索適用的法規，進而對犯人科處應得的刑罰。前者講求審評犯人的技術，後者需要專業法律知識。在審判過程中，鞫司讞司之間不得商議。鞫讞分司，審判程序分工更加細密和專業，姦吏操縱刑獄，陷害良民的機會相對減少，審判的公正性和準確性亦相對提高。宋代的「鞫讞分司」在司法史上是一大進步。

㈤上訴

　　判決確定後，若不服可以申訴。上訴的方式有三種，一是在皇帝或官員審錄時申訴；二是向更高官衙上訴；三是向皇帝直訴。

　　第一種方式詳見下節「審錄」，這裡簡述第二、三種方式。唐代，如百姓對縣衙判決不服，可要求發給上訴證明「不理狀」，然後持狀向州、府——尚書省——三司，逐級申訴。後世地方行政架構時有變動，但上訴制度的精神不變，仍是要求百姓逐級上訴。

　　除了循正常管道申訴外，若案情重大或冤案難申的話，可以直接向皇帝投訴，古代稱為「直訴」。「直訴」的方式有三種，第一種方式為「邀車駕」，即是在皇帝出遊行幸時，攔途告狀。第二種方式是到特定地點訴冤。漢代以來，最常見的方式就是到王城門外敲打「登聞鼓」。年老或幼小無力擊鼓者，可立於「肺石」之下。「肺石」之制源於上古，是一片紅色的大石，顏色同於肺臟，故名「肺石」。第三種方式是上表皇帝直陳其事。這三種直訴方式都是直接向皇帝投訴，臣下不得故意遮攔。但直訴不實的話，當然會遭到處罰，唐代是杖八十，明清加重為杖一百。若邀車駕衝撞到儀仗而又直訴不實者，處以絞刑。

㈥審錄

　　漢代以降，皇帝及臣下會定期和不定期的巡視牢獄，訊察罪囚，這種制度漢代稱作「錄囚」，唐宋或稱「慮囚」，明清統稱「會審」。審錄罪

囚的目的，除了是基於「慎刑」的精神，防止刑獄冤濫以外，也是針對長期羈押的犯人盡早結案，避免刑獄淹滯。審錄罪囚原先分成兩類：一類是官員常態性的工作；另一類是臨時性的，由皇帝或臣下主持，而且經常附帶寬宥的恩典。及至明清，二類的審錄逐漸合流，形成既是官員常態職務，又具有寬宥恩恤精神的「會審制」。

就第一類常態性工作而言，漢唐都規定刺史每年必須定期省錄屬縣囚徒。第二類的審錄罪囚最早見於東漢光武帝朝，及至晉代，皇帝錄囚以後往往給予寬貸，錄囚遂成為皇帝的一種恩德。唐代錄囚又稱慮囚，次數相當頻繁，二百九十年間慮囚101次之多。唐代最有名的一次慮囚，發生在貞觀六年，事後太宗縱放死囚390人。審錄制度在明朝進一步發展為「會審制」。明代會審時，一般由三法司或其會同其他府、部或地方官員聯合審理案件。審理之案件大多是疑案或是待處決的死罪案件，以示天子慎刑之德。明代會審的名目很多，較重要的有朝審、熱審、大審等。朝審於每年霜降之後舉行，對象是天下死囚。熱審是夏天舉行的會審，目的是防止關押的囚徒因酷熱而死於獄中。朝審、熱審都是每年舉行，大審是五年舉行一次的會審，旨在清理長期關押獄中的重囚。審錄後，無可矜恕的奏請處決，可矜可疑者免死充軍，徒流以下減等發落。清代大致沿襲明代會審制度，對於死罪「情實」者，待秋後處決；「緩決」者，繼續關押等待來年再議；「矜疑」者，發回原省重審。

㈦執行刑罰

判決定讞後，刑罰就可以執行。唐代以後，刑罰分為笞、杖、徒、流、死五等，笞、杖屬於輕刑，判決後立即執行。徒刑屬較嚴重犯罪，判決後，分配到附近的官衙中作一到三年的苦役，清代規定徒刑一律在本省別縣服刑。流刑定讞後，一般不會立即起解，而是暫時還押獄中，等待每季特定時間才集體起解。死刑因為牽涉人命的緣故，在判決與執行上都嚴格審核。地方官府判決死刑案件後，一般都要上交廷尉、刑部或大理寺之類的中央司法機構覆核。明清時期，案子經中央覆核以後，還要經會審再一次的覆核。自秦漢以來，經過覆核確定無可矜恕的案件，仍要奏請皇帝

裁可，皇帝勾准後，才算是最終判刑確定。隋唐以後，在執行死刑之前，官員必須向皇帝「覆奏」。京師執行死刑前二日，要向皇帝五覆奏，地方死刑則要三覆奏。死刑覆奏之制一直沿用到清代。

　　死囚判刑確定以後，一般不會立即處決，因為，按照中國司法傳統必須等到秋天以後才能執行死刑，即所謂「秋決」。為何死罪要等到秋天以後才能執行呢？中國自古相信宇宙是由陰陽二氣所主宰，春夏二季，陽盛陰衰，萬物都在發生孕育新生命，一片祥和；秋冬二季，陰盛陽衰，萬物凋零，天地籠罩肅殺之氣。人君為政需要配合陰陽二氣的運作，倘若春夏處決犯人，必定傷害到天地的生氣，導致陰陽不調，四時失序，災異頻傳。所以，自漢代以來國君嚴格規定死刑只能在秋分以後，立春以前執行，否則官員會遭嚴懲。及至唐代，又因為受佛教的影響，法律還規定每年正月、五月、九月是斷屠月，每月有十天是斷屠日，都不可殺生。此外，上弦月（初七、初八）和下弦月（二十三、二十四）、節氣（寒露、霜降、立冬、小雪、大雪、冬至、小寒、大寒）、節日（冬至和臘日）等，也不可行刑。所以，死囚處決的時間一年大概只剩四十多天而已。明清死囚分作「立決」和「監候」，立決犯人大抵情節嚴重，無可寬恕，但名雖立決，地方在收到中央批文後，仍需在非停刑日才可執行死刑，清代規定正月、六月，一律停刑。至於監候部分，則可暫緩至霜降以後、冬至以前才明正典刑。

研究與討論

1. 學界以為中國傳統的法典是一本儒家化的法典，試加以說明。
2. 中國傳統的成文法律為何經常與現實狀況嚴重脫節？
3. 現行民事刑事法律皆來自西方，它們適合中國文化嗎？你覺得那些法律規定是違背中國文化而需要修訂的？
4. 傳統的訟訴審判效率遠高於今天，這是如何做到的？又有什麼弊端呢？
5. 中國自清末變法維新，至今倏忽百年，但法治的路途仍然遙遠，國人守法觀念與先進國家相比仍頗有距離，是否能在中國傳統法制中找到病因？

參考書目

1. 瞿同祖，《中國法律與中國社會》，臺北：里仁圖書，1984。
2. 黃源盛，《中國傳統法制與思想》，臺北：五南圖書，1998。
3. 郭建，《中國法文化漫筆》，上海：東方，1999。
4. 張晉藩，《中國法制史》，臺北：五南圖書，1992。
5. 葉孝信主編，《中國民法史》，上海：上海人民，1993。
6. 陳鵬生主編，《中國古代法律三百題》，臺北：建宏，1993。
7. 梁治平，《法辨——中國法的過去、現在與未來》，貴陽：貴州人民，1992。
8. 高明士主編，《唐代的身分法制研究——以名例律為中心》，臺北：五南圖書，2003。

第四章

宗　教

第一節　導言

一 宗教的基本層面與定義

　　人類文明進入舊石器時代中晚期以來，隨著氏族社會的形成伴生原始宗教信仰。原始社會不同的氏族、部落，都會有相應於他們特殊的自然環境、族群結構，形成不同的宗教信仰形態。人類由古代的氏族、部落時代，演變到部落聯盟、王國、民族、國家等政治社會體制，也會出現各個民族、國家的保護神與不同性質的民族、國家宗教。隨著世界性帝國的出現，也有超越民族、國家疆域的普世性宗教創立。因此，要對宗教有一些基本認識，必須先歸納各種宗教的基本層面，描述可進一步探討的基本定義，並對中國源遠流長、繁複多元的宗教信仰，加以分類、分期，才能系統分明的敘述宗教的種類，及其在中國的演變發展，與對東亞文化圈的影響。

　　人類社會繁如晨星、千差萬別的宗教形態，經過近代學者比較宗教學的分析、歸納之後，認為宗教或多或少擁有八種層面。⑴經驗與情感：人類面對未知的自然、社會環境感受到敬畏、寧靜、振奮、依賴等經驗、異象，引發神祕的經驗，促進信仰的熱情。內心體悟到的神祕經驗，是各種宗教信仰的核心。⑵敘事與神話：神祕體驗的表達，經由口述敘事，文字

記錄的神話故事，獲得進一步的強化與傳承延續。(3)儀式與實踐：內在的
體驗外在化為各種崇拜行為，例如：祈禱、獻祭等儀式或各種修持、冥
想、禁慾、靜思等實踐活動。(4)教義與思想體系：宗教的經驗、神話、儀
式進一步被學術菁英加以研究、詮釋，創造深層的教義與觀念，形成經
典、論著等義理體系。(5)倫理道德與律法規範：宗教的實踐與教義發展將
形成新的世界觀、價值觀，相應當代社會環境而有各種宗教的倫理道德與
律法規範。(6)物質設施：宗教信仰必須經由雕像、藝術作品等物質形式來
象徵祂的精神特質，也需要建築設施來安置神聖象徵物與信徒活動場所，
例如：教堂、寺廟、祭壇聖地等具體物質設施。(7)團體與組織制度：宗教
活動體現在一群人之間，有宗教領袖、神職人員、信徒等不同階層構成各
種組織、制度的宗教團體。例如：僧團、教會、教派等組織模式。(8)宗教
的經濟基礎與外在政治、文化等互動關係：宗教是否能生存、發展有賴於
祂的經濟來源與政治、社會關係的維繫。宗教的發展也會與不同時空的文
化、習俗、科學、文學、哲學等範疇有密切的互動關係。

　　綜合上述八種宗教層面的說明，描述宗教簡明的定義，方便以下各節
中國境內各種宗教的敘述。宗教是人類面對個人身心、自然環境的限制與
人類社會不平等種種困境，思考應付或擁有超自然力量，追求超人間社會
的理想世界，或修成不死的神仙、普渡眾生的佛菩薩，形成的各種神靈、
神性、佛性等宗教情懷、體驗、觀念，以及展現信仰神話、教義和崇拜、
修持等儀式、倫理行為。宗教是結合這種體驗和行為並使之規範化、體制
化的社會文化體系。宗教是內在本質（經驗、神話，教義）與外在表現（儀
式、倫理、物質制度）的綜合體。宗教也與其他社會文化體系的經濟、政
治、社會、文學藝術、科學、哲學等範疇有密切的互動關係，而構成多類
型、多面向、多層次等錯綜複雜的社會文化現象和體系。

二 本土宗教的種類與演變

　　宗教史學者認為中國境內從舊石器時代中晚期的母系氏族社會以來，
就出現山頂洞人葬俗、墓地等宗教信仰形態。隨著母系氏族轉變為父系氏

族、部落、部落聯盟等社會體制的形成，原始時代先後出現靈魂觀念、冥世崇拜、鬼魂崇拜、圖騰崇拜、自然崇拜、女性生殖神崇拜、男性生殖神崇拜、祖先崇拜、英雄崇拜、部落保護神等各種宗教信仰，也有開天闢地、氏族或民族神、人類起源、各種文明創造者、各類英雄等神話、傳說。原始人類對自然神靈、祖先靈魂、圖騰物等有所依賴，進行祈求和崇拜，從而產生各種祭祀性、巫術性的宗教儀式。主持各種宗教崇拜儀式的首領，成為原始時代的祭司、領袖。原始時代人們面對各種生存危機，為祈求神靈福佑，出現溝通人與神聯繫的巫師、巫醫、占卜者。祭司或巫師進行宗教儀式、巫術的場所，也形成祭壇、神廟等宗教聖地。

　　原始社會晚期，氏族、部落、宗教演變出現三種發展趨勢：(1)信仰對象（神、靈）的等級化；(2)地域、民族保護神；(3)宗教專職者和宗教信徒等階層分化。這三種趨勢也相應著氏族、部落社會的階級分化、私有財產制和早期國家的形成，而出現民族、國家的宗教。中國古代各民族部落之間的征戰與聯合，結為部落聯盟，逐漸形成華夏民族。夏啟改禪讓制為世襲制，標示階級國家的形成，而商、周時代是古代中國國家體制發展時期。夏商周三代的神靈等級化，也相應形成至上神的天或上帝觀念。一方面天或上帝被尊為君權的授予者，另一方面被視為人君（天子）的父或祖先，使天、上帝與現世君王緊密結合而形成郊祀、宗廟、社稷等宗法性國家宗教。中國特殊的宗法性國家宗教、官方祀典宗教其後歷經秦漢，乃至明清相承不絕，本章第二節將作詳細說明。

　　中國古代文化土生土長的宗教有道教，與雜揉儒、釋、道、民間信仰而形成俗民社會的各種民間宗教。道教淵源於古代宗教，民間巫術，神仙傳說與方士方術，先秦老莊哲學和秦漢黃老之學，陰陽五行思想等。道教最早出現五斗米道與太平道的組織，經過六朝葛洪、寇謙之、陸修靜、陶宏景等道家的改革，至隋唐時期趨向鼎盛狀態。宋、金、元時期，道教出現正一派、全真教等派別發展迄今，本章第三節再作詳細介紹。民間宗教在六朝時期有假借道教的李弘、佛教的彌勒佛發動民間起義的宗教組織，被稱為彌勒教、大乘教。宋、元時代有白蓮、白雲宗。明朝有羅教、老官齋教、三一教等教派的活躍發展。清朝的八卦教、天地會、齋教、一貫

道等民間宗教也至今連綿不絕。由於民間宗教受到佛教深廣的影響，因此將於第四節佛教之後，在第五節再作綜合敘述。

三　外來宗教的發展概況

　　前漢武帝時期，張騫出使西域，因而打通一條東自長安，西至羅馬帝國的絲路。隨著中西交通的發達，發源於印度的世界性宗教——佛教，經由中亞或南海，源源不絕的傳入中國各地。漢代至宋代長達一千餘年的佛經翻譯，創造數量龐大的漢字佛教大藏經。南北朝時期，佛教經典的注解、論述、講說衍生出各種基於佛教經論的學派。隋唐時期，佛教義理、修持體驗與儀式行為、教團組織，更進一步綜合成深入中國本土的創造性、獨立自主宗派形式。宋元明以來，佛教一方面由中國化的禪宗主導而與儒、道相融合，出現宋明理學、王陽明心學等學說，另一方面，佛教也流傳到民間社會與民間的儒、道思想，相互激盪、融合成各種民間佛教。印度佛教傳播到中國社會的上下層各階級，經過衝突、調和之後，形成中國化的佛教。中國化的佛教從南北朝開始，不斷的傳播到韓國、日本、越南等東亞文化圈的各個國家。中國化的佛教在中國宗教中，更出類拔萃的進一步成為東亞文化圈的共通宗教。本章第四節再作完整的討論。

　　大唐帝國是當時亞洲各國的中心樞紐，各種文化薈萃所在。唐朝的開放與包容氣勢，隨著西亞、中亞和西域各國的頻繁交往，促使景教（基督教的聶斯脫利派）、伊斯蘭教、火祆教、摩尼教紛紛傳入中國，並獲得合法的存在與發展。唐武宗會昌五年（845）滅佛，禍及一切外國宗教，景教亦遭毀滅。宋、遼、金、西夏時期，摩尼教、祆教、伊斯蘭教與猶太教仍然在中國流傳。元朝時期，基督教（也里可溫教）再次傳入，伊斯蘭教、猶太教也振興發展。明朝時期，基督教傳教士利瑪竇應用基督教儒學化等策略，獲得知識份子的認同，伊斯蘭教也有儒化的傾向。清朝時期，伊斯蘭教漢文譯著的活躍，中國教派的形成，也有回民起義等事件。基督教與中國文化衝突，導致清朝初年的禁教，以及清朝後期各地的教案事件。民國時期，基督教本色化的發展與教育、福利事業的推廣，導致傳教的快速

發展，本章第五節再作進一步的探討。

　　數千年來的各種中國本土與外來宗教，都相應於不同的時代政治、社會、文化結構，而有不同形態的發展與相互影響，對東亞世界的韓國、日本、越南，乃至於今日的臺灣，世界各地的華人社會，造成深廣、細緻的影響。這些宗教比較詳細的體驗、觀念、行為、制度以及與各種政治、文化互動情況，尚待以下各節完整的說明。本章主要參考呂大吉、牟鍾鑒等書，詳見參考文獻。限於本書體例，不能一一註明引用出處，本章不敢掠人之美，還請讀者根據參考文獻，再作進一步探討。

第二節　原始宗教與官方祀典宗教

　　宗教信仰是人類發展到自覺與外界事物不同，開始探索自然與人生的未知領域，嚮往進入平安快樂的理想世界，即人具備一定的思考能力和敬畏、依賴的情感以及必要的社會組織之後才產生的。近代學者研究認為中國境內最早的宗教遺蹟，是舊石器時代晚期的山頂洞人。此後的原始社會氏族、部落時期，有靈魂觀念、圖騰崇拜、自然崇拜、祖先崇拜等原始宗教信仰。近代學者認為夏商周三代以來，由原始宗教信仰進一步發展成古代的國家宗教，並且以血緣宗族為基礎的宗法社會緊密結合，歷經秦漢、魏晉南北朝的發展，形成國家宗法性宗教。隋唐時期，宗法性國家宗教祭祀的整飭，奠定後代官方祀典宗教的基礎。官方祀典宗教歷經宋朝、元朝的修訂，到明朝達到更完備的體制。直到清朝末年，官方祀典宗教，才隨著帝國體制的瓦解而衰微。然而，中國本土由原始宗教發展成宗法性傳統宗教暨官方祀典宗教，綿延數千年影響到各地的各個階層、族群生活中，至今仍對中華文化圈的子民有著深遠的影響。

一 原始社會宗教信仰對後世的影響

㈠靈魂觀念和冥世崇拜

　　距今約一萬八千年前的山頂洞人，墓穴中屍骨周圍撒有赤鐵礦粉末，有隨葬的裝飾品、骨針、石器等日常用品。這些發現說明山頂洞人有埋葬死者的習俗，靈魂不死觀念和死後繼續存在的冥世生活理想。尤其，婦女隨葬較多的裝飾品，說明山頂洞人已處於早期母系氏族社會階段。

　　考古學家歸納仰韶文化二千餘座墓葬的六個特點：⑴氏族皆有公共墓地。⑵兒童用甕棺埋於住屋周圍，不進入氏族公墓，葬具上鑿有小孔。⑶同一墓地的墓坑方向和頭向大體一致，可能是方便亡靈回到祖先故地。⑷女性厚葬，反映母系氏族社會婦女有較高地位。⑸男女分葬且同性多人合葬，顯示男女分屬不同的母系氏族。⑹葬式多為仰身直肢葬，只有少數屈身葬、俯身葬、割肢葬，顯示有正常與凶死的鬼魂區別，或巫術性的壓制厲鬼作用，使其不能再危害生人。這六個特點說明仰韶文化時期是母系氏族社會。母系氏族成員將靈魂觀念、冥世生活理想，外在化為亡靈崇拜和喪葬體制，對凶死者進行巫術儀式性的壓制行為。

　　距今約五千年前，仰韶文化晚期至龍山文化時期，古代人類先後進入父系氏族社會。考古學家歸納父系氏族墓地的特點：⑴男性墓葬中的隨葬品，質與量皆超過母系社會的女性數倍，有豬頭、玉器等珍貴的隨葬品。⑵男女合葬墓，男性居中仰身直肢葬，女子側身屈肢葬而面向男性。⑶氏族公共墓地以男性為中心。⑷有些男性墓葬中有殺奴殉妾現象。上述四個特點說明父系氏族社會，男女靈魂的地位在冥世生活等級化，女性的地位下降從屬於男性。

　　原始時代的兒童不葬在氏族公共墓地，而埋在住家周圍的甕罐中，顯示幼兒靈魂要親人就近保護，而葬具小孔則方便他們的靈魂隨時出入。考古人類學家認為原始人的靈魂崇拜都是環繞在人們的生老病死過程中進行的，例如：嬰兒降生之初有招魂儀式，人們生病便有巫師進行招魂或驅鬼

巫術，人們死亡則靈魂不滅，再經過喪葬儀式與殉葬品、墳墓等設施繼續過著冥世生活，祖靈能賜福或降禍於陽世子孫。中國人便在這種原始社會以來的靈魂觀念基礎上，在後世形成日益隆重的喪葬禮儀、墳墓、陵寢與祖先、宗廟、祠堂等祭祀制度。

㈡圖騰崇拜、姓氏與龍鳳文化

中國的圖騰崇拜產生於舊時器中期，繁榮於舊石器晚期，既與狩獵、採集生活相適應的宗教形式。新石器時代，圖騰開始被神化，成為氏族、部落或地域的保護神。人們生活在大自然中，會將某種與生活發生密切的動物，想像成為與氏族有血親關係。某種動植物被氏族成員奉為圖騰物，就會對它產生依賴、敬畏的情懷。隨之而來的是氏族成員面對圖騰物的一些禁忌觀念，而將它神聖化。例如：不許殺害、食用圖騰物，嚴禁同一圖騰氏族成員不可發生亂倫關係。圖騰作為氏族成員的親屬和祖先，逐漸成為氏族的象徵和名稱，圖騰族名後來就演變為氏族的姓氏。圖騰群體相信人與圖騰之間既有親屬關係，因此也存在著互相影響的交感作用，彼此都有相互感應的力量。因此，圖騰崇拜儀式中出現交感巫術，通過作用圖騰物影響奉此圖騰物的個人或群體。例如：殺害圖騰物就可傷害奉此一圖騰物的個人或氏族。殷墟卜辭把四方的民族稱為虎方、羊方、馬方，這些族名可能來源於它們所崇拜的圖騰物。

良渚文化浙江餘杭山墓地等處，發現以「獸面紋」為紋飾的玉器，是神人和獸面結合的形象，可能是良渚人的圖騰。漢代嘉祥武梁祠石刻中，作為華夏遠祖的伏羲女媧形象是人頭蛇身，蛇尾交纏在一起。這種半人半獸顯示兩性結合創造後代的形象，可能表示華夏先祖為蛇圖騰的後裔。從古代流傳迄今的十二生肖，以鼠、牛、虎、兔、龍、蛇、馬、羊、猴、雞、狗、豬標誌年歲，把同一年生的人皆從屬某一動物，也是一種圖騰意識的延續。黃土高原的「龍」圖騰與黃淮平原濱海地區的「鳳」圖騰，形成中國的龍鳳文化，「望子成龍，望女成鳳」顯示父母對子女的殷切期盼。龍鳳成為帝王后妃的標幟，皇帝為真命天子，坐龍床著龍袍，皇后則鳳冠霞帔，代表至高無上的尊嚴與權威。東青龍、西白虎、南朱雀、北玄

武，是東西南北四方星宿的名稱，用四種動物作為象徵，可能是圖騰動物崇拜與星辰崇拜結合的產物。玄武後來演變為玄天上帝，而腳踏龜、蛇二妖，是臺灣鄉鎮地區重要的地方保護神（圖4-1）。圖騰崇拜對中國哲學、政治、軍事、社會、生死觀、神話傳說、歲時節俗等方面都有重大的影響。

㈢自然崇拜與社稷信仰

　　人必須依賴陽光、空氣、水分以及土地生長的動植物等資源才能生活，離開自然便面臨死亡滅絕的危機。原始人以捕魚、狩獵為最早的謀生手段，漁獵活動的成敗是生存所依的最大問題。漁獵生活經常面臨凶禽猛獸侵襲的危險，或追逐奔走終日毫無所獲，不免於挨餓受凍等困境。因此，他們會把漁獵活動有關的自然現象、物質加以神聖化，把人類所創造

圖4-1　嘉義縣梅山鄉玉虛宮玄天上帝信仰活動

的「靈魂」，或「無限力量」等觀念加在自然物之上，認為自然現象、自然物是靈物或神靈，而對它們頂禮膜拜。

　　漁獵經濟進展到農業經濟，人類對自然力和自然物的依賴更大，也相應形成各種自然崇拜，大致可歸納為以下四種：(1)日月星辰崇拜：太陽神、月神、二十八星宿、北極星等信仰，以及「后羿射日」、「嫦娥奔月」、「夸父追日」、「天狗吃日月」等神話。日月崇拜演化擴大為天地崇拜，並與陰陽觀念相結合，成為中國的天、地、陰、陽重要思想。今日北京紫禁城前後有天壇、地壇，左右有日壇、月壇，具體呈現天地日月崇拜的遺蹟。星辰崇拜後來發展為魁星、玄武等崇拜，成為道教和民間宗教重要信仰的神祇。(2)風雨雷電崇拜：風神、雷公、電母、龍王降雨等信仰。(3)動植物崇拜：虎爺、狐狸精、樹妖、花神等信仰。(4)山川湖海信仰：山神、泰山府君、河神、海神龍王等信仰。歷代皇帝登泰山祭天地舉行封禪之禮有秦始皇、漢武帝、漢光武帝、唐高宗、唐玄宗、宋真宗等人。海神信仰最鼎盛的是福建湄洲的林默娘——媽祖，成為宋代以後東南沿海及臺灣重要的航海女神。

　　史前農業時期發展出國家與地區社會的祭祀核心，是流傳至今的社稷信仰。社稷之神最初用自然物來代表，如植物、石頭等，後來昇華為人格神，並與傳說中的英雄、祖先結合為一體。中國進入帝國體制之後，仍然以農業立國，社稷就成為國家政權的象徵。社稷與帝王宗廟祭祀同等重要，成為宮殿外之「左宗廟、右社稷」的重要宗教建築。今日臺灣城鄉地區的土地公、五穀王爺信仰，可說是社稷信仰的演化（圖4-2）。

㈣生殖崇拜與祖先崇拜

　　氏族的延續、發展，必須依靠生殖多子多孫，才能繁衍不絕。先民首先看到人人皆生於母親，皆在母腹中孕育誕生，因此把女性和其生殖器官神聖化，當作生殖之神加以崇敬。五千年前，遼西喀左縣東山嘴出土的祭壇和女性裸體孕婦陶塑像，女像腹部隆起，臀部肥胖，有表現陰部的記號，乳房高聳等特徵。祭壇上的女神顯然是為祈求生育，明顯的突出生育功能，象徵多孕多產成為生殖崇拜的偶像。

圖 4-2　嘉義縣民雄鄉五穀王廟

隨著先民對生育過程進一步的了解，也隨著母系氏族演進到父系氏族社會，一夫一妻制的先後出現，人們意識到生育是兩性結合的結果，而且男性是生育的先決與充分必要條件。仰韶文化晚期到龍山文化時期，考古發現許多陶祖和石祖神像。「祖」的甲骨文和鐘鼎文作「且」狀，像男性生殖器。「且」，在先民眼中是神聖之物，它可以使女性懷孕，生出子孫，所以應該對它崇敬膜拜。生殖崇拜再進一步的發展形成祖先崇拜。祖先崇拜更加確定氏族的血緣關係，庇佑氏族的傳宗接代，子孫繁衍不絕，其後形成中國「尊祖敬宗」的宗法社會。生殖崇拜影響到宗教、歌舞、神話、生命禮儀、歲時節俗以及醫藥、學術思想等文化領域。

氏族的血緣祖先，部落的領導者，有功於民或發明新事物的英雄，生前享有權威，超越凡人的神聖地位，死後被氏族、部落尊敬為祖先，加以祭拜，尋求他的禳災賜福，保祐後代子孫，而出現祖先崇拜。殷商時期的

甲骨文，可以作為祖先崇拜存在的證據。血緣祖先崇拜進一步演變為氏族首領和英雄人物的崇拜，以及宗法性國家宗教的主軸。

母系社會時期，女媧被華夏民族尊為人類共同始祖。父系社會時期的男性祖先被尊為聖王。黃帝後來被尊為華夏民族的共同祖先，道德上的表率，也是宗教上的神靈，這種綜合各種特徵的祖先崇拜，成為後世宗法性國家宗教、官方祀典宗教祭神的重要原則。列入祀典的宗教崇拜對象，不僅是血緣的祖先，而且是法制於民，以死勤事，以勞定國，能禦大災，即有豐功偉業、福澤於民的神祇。血緣性氏族部落發展為地緣性的國家，氏族部落的祖先發展為地緣性國家的保護神，其後走向更高的至上神「天帝、天神崇拜」。中國重視「尊祖敬宗」、「慎終追遠」的祖輩、父輩喪葬禮儀，家族祭祀更鞏固了祖先崇拜，而形成宗法性宗族社會。儒家核心倫理道德的孝道文化，成為鞏固傳統社會宗法性國家宗教暨官方祀典宗教的主要基礎。

二 宗法社會與宗法性國家宗教的形成

中國從原始社會時期進入民族國家體制，延續氏族部落社會的血緣關係，把新的君臣、上下、長幼等階級關係建立在以血緣為中心的宗法性關係上，形成宗法性的階級結構和國家體制。堯、舜、禹、湯、周文王等君主，雖然出自不同的氏族和血緣祖先，但他們自稱是炎黃子孫、黃帝的後裔。上自國君下至諸侯、庶人，都是黃帝的子孫，整個國家是血緣相通的宗法等級社會。周代是這種血緣宗法等級社會的典型，周王是天帝的元子，分封周土予諸侯。同姓諸侯尊周王為大宗，自己為小宗。諸侯在本國為大宗，分封采邑給小宗的卿大夫。采邑中同姓庶民又尊卿大夫為宗主。天子稱同姓諸侯為伯、叔父，異姓諸侯為伯舅、叔舅。諸侯國內同姓稱兄弟或叔伯，異姓為甥舅。周代整個國家社會便結成一個大宗、小宗等級相依，同姓異姓血緣姻親相聯的宗法社會。

原始社會的宗教信仰發展到三代，神靈等級化出現作為至上神的天、上帝觀念。天或上帝被尊為君權的授予者，而且是國君的父或祖先。堯舜

的時代已將諸神等級化，分為上帝、六宗、山川、群神來祭拜。周人更進一步的認為，周王是天帝的元子，天帝是周天子的父祖，使天帝與人王產生宗法血緣關係，天帝崇拜與周王的祖先崇拜結合為一體。周人更進一步認為「天命靡常，惟德是親」，天帝的天命賦予國君的王權，端視人君是否有遵守倫理道德，並保護人民。如果，國君不能行仁政於民，不能實踐倫理道德，天命將轉移到下一個有德者，再重新揀選他姓受命為王。所以，周代以來的天帝，不僅是王權的賜予者、保護者，同時是王權的監督者和控制者。歷代帝王為鞏固君權必須進行郊祀以祭天帝，強化宗法等級社會，必須慎重的推行宗廟的祖先祭祀制度，又為了維護社稷國家的風調雨順、國泰民安而謹慎的在全國各地進行各層級的社稷祭祀等官方祀典活動。因此，近代學者從原始社會以來的靈魂崇拜、圖騰崇拜、自然崇拜、生殖崇拜、祖先崇拜，隨著夏商周三代宗法社會的形成，出現以「敬天、法祖、祭社稷」為主體，以日月山川等神鬼崇拜為補充，歷經帝制時代二千餘年的天神崇拜郊祀制度、祖先崇拜宗廟制度、自然崇拜社稷制度以及與道教等其他神仙混合的官方祀典等祭祀制度。這種「敬天、法祖、祭社稷」的宗教思想，與國家政權系統和宗族組織系統相結合，天子主祭天，族長、家長主祭祖，祭政合一而具有國家宗教性質、全民宗教性質，稱為宗法性國家宗教，此種官方祀典宗教形成於夏商周三代，整飭奠定於漢至隋唐，成熟完備於宋元明，一直延續到清朝末年帝制時代結束為止，甚至仍然影響到今日華人世界的宗教信仰。

三 秦漢至隋唐官方祀典宗教的整飭與奠定

秦始皇結束周朝末年的諸侯割據亂局，建立君主集權、郡縣制度的統一封建大帝國。秦朝推行「車同軌、書同文、行同倫」制度，促進中國經濟、政治、社會、文化的整合。秦始皇正式封禪泰山，郊祀天地，又將鄒衍五德終始說與帝王天命轉移的信仰相結合，進行正式的官方祭祀天帝、五岳四瀆的山川之神與宗廟祖先崇拜活動。

西漢武帝太初元年（BC.140），採用五德終始說，以漢土德代秦水德

而改制，色尚黃，以寅月為歲首，數用五，官名更印章以五字，以天命轉移而應用到典章制度的改變上。《史記‧封禪書》記載武帝除了封禪泰山之外，郊拜「太一神」，祀「五帝」予明堂，於是形成以太一神為首，五帝神為佐，統領著日月風雨山川諸神的天神系統。王莽進一步確定首都長安郊天，將太一神稱為皇天上帝（後世稱為昊天上帝），在長安五個方位立五帝祠，而將日月風雨諸神分配在五個方位五帝祠中，一同祭祀，完成皇帝郊祭的天神系統。因此，王莽時期，皇帝主導的郊祭、宗廟、社稷體制逐漸成形。

西漢官方祀典宗教的神學思想建立者，首推漢武帝時主張天人感應說的董仲舒。董仲舒強調天神的權威性、至上性，國君應慎重郊祭。天神應用陰陽五行、風雨寒暑的變化來操控自然界和人間的活動。國君的施政，必須配合春生、夏長、秋收、冬藏四時的變化，施行慶賞刑罰四種為政手段。因為春夏為陽，秋冬為陰，而陽為德主生，陰為刑主殺。天有好生之德以刑罰為輔，人主也操生殺大權以施政。國君敬天施仁政，則陰陽調和，四時交替，五行有序，風調雨順，國泰民安，祥瑞並出。如果國君不能順天意行仁政，則陰陽不調，五行失序，而日月蝕，地震山崩，水旱等災異出現以為警告，再不修德政，則天命將轉移，國家滅亡並由下一個有德者重新受命建立新朝。

西漢時期，董仲舒為官方祀典宗教建立神學體系；《禮記》、《儀禮》、《周禮》為官方祀典宗教提供理論和組織制度的說明。東漢章帝召集群臣編撰的《白虎通義》，是進一步建立官方祀典宗教最有權威的法典。兩漢建立的宗法性國家宗教歷經魏晉南北朝亂世，儒學雖處於停滯時期，但是「敬天、法祖、祭社稷」的觀念，仍然成為穩定華夏文化的基本價值。不但「孔學」受到君王、門閥貴族的重視、研討；而且築壇祭天、拜社稷、敬宗廟也成為各王朝建立者，急於建立政權合理性的主要象徵與精神支柱。

唐太宗召房玄齡、魏徵等修《貞觀禮》一百三十八篇，唐玄宗開元年間，進一步修訂為《開元禮》一百五十卷，其中有關官方祀典宗教的《吉禮》、《凶禮》更加詳細。因此，起源三代，歷經秦漢六朝的整飭，至唐

代的官方祀典宗教有比較統一的典制，奠定往後的宗法性國家宗教基礎。國家宗教祭祀分為大中小三級，層次分明，確定每年常祀體制。大祀是祭昊天上帝、五方帝、宗廟，由天子親祀。中祀為社稷、日月星辰、嶽鎮海瀆、帝社、先蠶、先代帝王。小祀是風伯、雨師、山林、川澤、州縣之社稷、釋奠禮。官方祀典宗教祭祀儀式主要有六個程序：(1)卜日，(2)齋戒，(3)陳設，(4)省牲器，(5)奠玉帛，(6)饋食。此外，在神位、壇制、玉幣、尊爵、牲牢、冊祝等方面，都有詳細嚴格的規定。

近代學者研究，東晉孝武帝太元十年（385）首先在國子學建孔子廟。唐太宗貞觀二十一年（647），特詔左丘明等二十二位先秦及兩漢以傳經有功於聖人的「傳經之儒」，與顏回配享尼父廟堂。唐開元八年（720），加祀「親承聖教的七十弟子」。玄宗特詔將孔門四科十哲弟子及大孝著稱的曾子均予塑像，並將受業有成的七十弟子圖畫於廟壁上，從祀孔廟。身通六藝的孔門弟子被尊為「先賢」，崇敬度更優於各代所從祀的「先儒」，可謂弟子因師而貴。開元二十七年（739），追封孔子為文宣王。

武廟原指太公廟，官方所建的廟始於何時，不甚清楚。以今可考的文獻而言，當以唐德宗貞元四年（788）尚書右司郎中嚴說（沇）所說的貞觀中為最早、最具體。磻溪（今陝西寶雞東南）在入渭水之處有泉，曰茲泉，相傳就是姜太公釣魚處，所以唐朝立太公廟於此。中宗神龍二年（706），進而在兩京設置太公廟署。開元十九年（731），在兩京及天下諸州設置太公廟一所。肅宗上元元年（760）閏四月。同時仿文廟追封孔子為文宣王，也追封姜太公為武成王，即以文、武廟之主神，進爵為王位。同時詔令仿文廟建置十哲名將。德宗建中三年（782）在確定十哲之制後，又仿文廟之制，增列七十二弟子。

四 宋元明清官方祀典宗教的完備與衰微

宋朝皇帝崇信道教玉皇大帝，將昊天上帝與玉皇大帝結合，稱為「昊天金闕至尊玉皇大帝」。此後，玉皇大帝等天公信仰為官方宗教、道教、民間信仰所共同崇拜。元朝興起於塞北草原，入主中原後，將原有的天神

崇拜、祖先崇拜舊俗，逐漸融入唐宋官方祀典宗教，而有所因革損益，其中尤其重視孔廟祭祀。太祖先置宣聖廟於燕京。成宗大德十年（1306），建宣聖廟於京師。至大元年（1308），詔加孔子為「大成至聖大宣王」。延佑三年（1316），詔春秋釋奠於孔廟，以顏子、曾子、子思、孟子配享。其後，又以先儒周敦頤、程顥、司馬光、朱熹等人從祀。詔令修建曲阜孔廟，建顏回廟，又令各郡縣皆設宣聖廟，按時進行官方祭祀。元朝遵行歷代宗法性國家宗教的郊祀、宗廟、社稷，以及風雲雷雨、孔廟、武成王等祭典。

　　明朝是官方祀典宗教發展到成熟、完備的時代。明太祖洪武年間，命禮官與儒臣總結以往祀典成果，酌定郊社宗廟之制，修禮成為《大明集禮》。明成祖永樂年間，在北京大規模修建太廟、社稷壇、天壇、先農壇等宗教祭壇，至今北京城仍保有這些壇廟的完整古蹟（圖4-3）。明孝宗時完成《大明會要》使官方祀典宗教更臻完備。每年由國家舉行的祀典，大祀有十三種：天子親祀者有天地、宗廟、社稷、山川等；中祀有二十五種，祭太歲、城隍、先師孔子等；小祀八種，祭泰厲、火雷之神等。封王之國，祀太廟、社稷、風雲雷雨、山川、城隍、厲壇。府州縣，祭社稷、風雲雷雨、山川、厲壇、先師廟。普通庶民，可以祭里社、穀神、祖父母、父母與灶神。

明神宗時，封關羽為「天界伏魔大帝」、「神威遠鎮天尊關聖帝君」，使三國人物關羽的英雄崇拜，歷經唐宋的信仰發展，正式進入國家祀典，歷明清而香火越來越興旺。此外，宋代以來的城隍信仰，也在明朝正式

圖 4-3　北京市紫禁城前的太廟

列入國家祀典。明太祖洪武年間，大行封賞城隍神，京都、府、州、縣各級城隍相應地封為王、公、侯、伯等爵位。城隍廟規模也按各級衙門的規模來建造，各級官員赴任皆按例至城隍廟參拜，形成另一套完整的陰間神明王朝系統。迄今，臺灣縣市長也按例於城隍聖誕時，前往城隍廟，尊古式行禮如儀（圖4-4）。

清朝沿襲明朝，進一步完備官方祀典宗教。《三禮義疏》、《大清會典》、《皇朝三通》、《大清通禮》、《皇朝禮器圖式》

圖 4-4　嘉義市城隍廟

等典籍，確定各種祀典理論、制度、祭器、冠服、儀式等規範。國家宗教祭祀，皆屬於太常、鴻臚、光祿三寺，而由禮部總其成。一年之中，大祀有十三次，祭昊天上帝、地祇、太廟、社稷、先師等。中祀有十二次，祭日月、太歲、先農、關聖、文昌帝君等。群祀有五十三次，祭都城隍、龍神、惠濟祠、賢良、昭忠等祠。各省縣祭祀社稷、先農、風雷、山川、城隍、厲壇、先師、關帝、文昌、名宦、賢良等祠。

清朝官方祀典尤重祭孔，給孔門加重宗教色彩。順治時，以京師國子監為太學，立孔廟，稱孔子為大成至聖文宣先師，春秋上丁遣大學士致祭，以先賢先儒配享。各省府州縣釋奠禮，如太學孔廟祭典，各省總督、巡撫、學政必須率領所屬致祭。此外，宋代以來的媽祖信仰，由康熙皇帝晉封天妃為「昭靈顯應仁慈天后」，列入國家祀典。媽祖信仰隨著華人移

民，傳到今日臺灣、東南亞、韓國、日本等地，香火鼎盛。

辛亥革命總結二千餘年的帝制家天下時代，依附封建宗法等級社會的宗法性國家宗教，也隨著皇權的崩潰，天壇、社稷等祭祀被取消，舊的官方祀典宗教禮儀被廢除漸趨衰微。然而，「敬天、法祖、祭社稷」等觀念已經深入中華民族各地區各階層之中，宗祠祭祖活動至今仍在各地每年按時舉行。孔廟、關帝、城隍、媽祖等信仰也在今日傳承不絕，香火繚繞，成為普遍的民間信仰。

近代學者認為從原始社會以來的靈魂崇拜、圖騰崇拜、自然崇拜、生殖崇拜、祖先崇拜，隨著夏商周三代宗法社會的形成，而出現以「敬天、法祖、祭社稷」為主體，以日月山川等神鬼崇拜為補充，歷經帝制時代二千餘年的天神崇拜郊祀制度、祖先崇拜宗廟制度、自然崇拜社稷制度，以及其他神鬼的官方祀典制度。這種「敬天、法祖、祭社稷」的宗教思想，與中央國家政權系統和地方宗族組織系統結合，天子主祭天，各地宗族族長、家庭家長主祭祖，祭政合一具有國家宗教性質、全民宗教性質，被稱為宗法性國家宗教暨官方祀典宗教。

中國這種特殊的國家宗教類型形成於夏商周三代，整飭奠定於漢至隋唐，成熟完備於宋元明，一直延續到清朝末年帝制時代結束為止，甚至仍然影響到今日華人世界的宗教信仰。

第三節　道教

中國土生土長的宗教信仰，除了第二節的原始社會宗教信仰與官方祀典宗教之外，另有被官方承認的道教。道教淵源於原始社會的自然崇拜、鬼神崇拜等信仰，至東漢末年的五斗米道、太平道才漸形成原始的民間道教。直到魏晉，仍無統一名稱，此時或稱原始道教、民間道教。南北朝時期，因應佛教勢力的擴張，分別展開道教的清整運動。北魏寇謙之、劉宋陸修靜都分別從事統一道教活動，而使用「道教」新的詞彙、概念。其實道教是由不同道派各自發展而成，各派所崇奉的神仙也不盡相同。唐朝因

為道教中人在李唐創建過程中，曾製造圖讖助李淵取得天下，所以李唐建立後特崇同為李姓的老子，而尊奉道教，位在佛教之上。道教歷經隋唐宋時期的鼎盛形勢，在遼金元時期更進一步創立獨立宗派組織的各種教派，例如：正一教、全真道。明清以來道教繼續發展對民間的信仰文化、歲時節俗等方面，都有深遠的影響。當代華人社會仍保留許多道教文化，相關的信仰習俗，迄今綿延不絕。

一　道教的淵源與民間道教的興起

(一)道教信仰的淵源

　　道教史學者認為道教是以「道」為核心信仰得名，道教徒相信人們經由修道可以長生不死，得道成仙。殷商以前的先民就崇拜鬼神，並形成一套可以溝通鬼神的巫祝掌管的祭祀活動。到了春秋戰國時期，出現了許多記載神仙傳說的著作。僊（仙）、真、神等字，以及真人、神人、至人等理想人格，一再出現於《莊子》。齊威、宣王，燕昭王曾遣人入海求蓬萊、瀛洲等神山，求仙人及不死之藥。名山洞府如西方崑崙等，均是仙人快樂生活的仙山。戰國時代出現一批能通鬼神的方士和方仙道，能獲得不死丹藥的神仙家。古代的巫祝、方士、方仙道、神仙家漸演化成為後來的道士。

　　戰國時期鄒衍將《尚書‧洪範》的陰陽五行思想，衍生出天道循環的「五德終始說」。漢武帝時董仲舒進一步將木、火、土、金、水五行，與仁、義、禮、智、信五德，慶、賞、刑、罰等政治相呼應，創造出一套天人感應、災異、祥瑞等學說。到西漢哀帝時，經由陰陽五行說來解釋儒家經典的「讖緯」說更加流行。東漢光武帝利用符命等說法獲得皇權，宣布圖讖於天下，使讖緯神學獲得官方的承認。因此，一切自然現象、人事變化都可以用陰陽五行、讖緯、符命、神仙等說法來解釋，為道教的創造提供深廣的宗教基礎。

　　秦始皇滅六國，推行嚴刑峻法，役使民力過甚而亡國，促使西漢時期主張清淨無為、與民休息的「黃老思想」得以盛行於世。到了東漢，奉黃

老清淨、養性以求神仙的風氣更加普遍流行朝野各地。東漢桓帝祠祀黃帝、老子於濯龍宮，派人往苦縣祠老子。所以，老子進一步的神仙化、天神化。老子在朝廷、民間的神話，為後來道教奉老子為教祖，以《道德經》為主要經典的宗教體系，奠定重要的基礎。

㈡太平道與五斗米道

　　太平道的創建者張角，為東漢靈帝光和年間（178-184）河北鉅鹿人。根據《後漢書‧皇甫嵩傳》、《三國志‧張魯傳》等史書記載，張角自稱「大賢良師」，奉事黃老，用叩頭思過，符水咒語治病，而爭取群眾信仰，其徒眾十餘年間竟達數十萬，遍布青徐等八州，遂置三十六方以統治之，大方萬餘人，小方六、七千人，各立渠帥。中平元年（184）張角打出「蒼天已死，黃天當立，歲在甲子，天下大吉」帶有讖語色彩的口號起義，軍隊皆頭戴黃巾，燔燒官府，攻城略地，企圖推翻漢朝建立新朝。太平道的黃巾起義雖然失敗，但是曾經擁有數十萬信徒的「太平道」道教組織，他們所共同強調「太平」理想，對後世仍有深遠影響。

　　道教的傳統說法，以五斗米道的創始人東漢順帝時（126-144）的張道陵（張陵）為主要教祖之一，陵傳子衡，衡傳其子魯，號稱「三張」。另一派說法是張修在漢中創五斗米道，後來為張魯繼承。張魯占據漢中，自號「師君」，集政權與教權於己身，其下以祭酒行長吏職。諸祭酒皆作義舍，內置義米、義肉，方便旅客或救濟流民，用宗教推行社會福利教化活動，去鄙俗而淳潔風氣。因此，張魯能在漢中地區建立其割據政權長達三十年之久。張魯後來投降曹操，五斗米道徒被安置到長安、洛陽等地，促使五斗米道開始在各地傳播。五斗米道在晉朝更傳入上層社會的世家大族，被稱為「天師道」。五斗米道不但擁有下層民眾信徒，也以「太平」等思想、活動流傳到上層士大夫社會中，形成穩定的宗教組織。從此，道教不僅作為一種意識形態，一種方術和巫術，同時也作為一種宗教社會力量，出現在中國的宗教世界中。

二 魏晉南北朝道教的創建與變革

(一)葛洪與丹鼎道派

葛洪（283-363），自號抱朴子，出身官宦與信奉仙道世家，少年時期熟讀儒家經典且學習煉丹密術。晚年不喜為官，煉丹於廣東羅浮山等地。葛洪一生著述不少，有《抱朴子》內外篇七十卷；《金匱藥方》一百卷；《肘後要急方》四卷；《神仙傳》十卷。《抱朴子‧內篇》二十卷，系統地總結戰國以來神仙家理論，詳述神仙方藥、鬼怪變化、養生延年、禳災卻禍之事；反覆論述人能成仙的道理，總結歷代丹鼎各派之長，奠定丹鼎派的理論基礎。葛洪在《金丹》篇中節錄三十餘種煉丹經典，為丹鼎派提供大量的理論與實務經驗，促進該派大盛。《抱朴子‧外篇》十五卷，主張以神仙養生為內，儒家綱常名教為外，儒道相互結合。葛洪調和儒道，使道教能為門閥士族等上層社會接納。

(二)寇謙之與北天師道的建立

寇謙之（365-448），馮翊萬年人，出身世家，為東漢寇恂第十三世孫。少年時入華山、嵩山隱居修道，是北天師道的創立者。寇謙之假託天神兩次授予經典：第一次，天神授予《雲中音誦新科之誡》二十卷。寇謙之遂以該經書清整道教，除去三張（張陵、張衡、張魯）偽法、租米錢稅，及男女合氣之術，專以禮度為首，而加以服食閉煉；第二次天神授予《天中三真太文經》六十餘卷，天神令寇謙之劾召百神，改革禮拜儀式，並輔佐北方泰平真君，出天宮靜輪之法。寇謙之根據這兩部神授經典，改造三張以來的舊天師道，主要貢獻如下：(1)整頓舊天師道道團組織，廢除祭酒世襲慣例，代以擇賢者授職的制度。禁止濫收道民租米錢稅，濫傳房中術和服餌之術。(2)詳定奉道授戒、懺罪悔過、禳災除病等儀式，以遵守齋教科儀為修道之本。(3)建構等級森嚴的神仙體系。認為天有三十六層，每層各有一宮，各由一尊神主之，以無極至尊為最高神。因此，把三張以來的舊

天師道，改造成官方所認可的新天師道。寇謙之也因此受到北魏太武帝與大臣崔浩的賞識，被迎接到首都平城輔政。太武帝統一北方的次年改元太平真君元年（440），促使北天師道趨於全盛，也導致第一次滅佛法難。

(三)陸修靜對道教典籍的整理與南天師道的建立

陸修靜（406-477），吳興人，為吳相陸遜後裔，出身於信道世家，喜讀道書，通避穀之術，隱居雲夢山、廬山等地修道。宋明帝於建康北郊築崇虛館以禮之，陸修靜定居於此館，整理道經，闡釋義理。陸修靜對道教發展貢獻有三大方面：(1)整理道教經典，總括為三洞四輔十二部道經。陸修靜四處雲遊，蒐集南北朝以前流行的各種道經，再綜合整理，辨別統屬，分為三類，作《三洞經書目錄》。三洞分別以洞真上清經、洞玄靈寶經、洞神三皇經為中心構成道教經典體系。洞真部以《上清大洞真經》三十一卷為主，其餘諸經為輔，強調存神守一，誦經念咒之術。洞玄部以《靈寶五符經》為主，屬於符籙派。洞神部以《三皇文》、《五岳真形圖》為主，重視圖籙，用以召神劾鬼，去邪治病。三洞真經又各分為十二部，即本文、神符、玉訣、靈圖、譜錄、戒律、威儀、方法、眾術、記傳、讚頌、章表等。(2)完善齋儀制度，整頓道教組織。撰《太上洞玄靈寶眾簡文》、《太上靈寶授度儀》等齋戒儀規百餘卷，融合各家齋法，建立系統的齋儀體系。又撰《道門科略》，重整天師道的道徒組織，創立南天師道派。(3)納佛入道，提升道教義理。主張佛道合一，採納佛教理論融入所撰的道經中，例如：《自然因緣論》等道書，大量吸收佛教十二因緣等思想。陸修靜整理、提升道教的教義、教規、齋儀、道術等宗教內涵，適應官府統治與門閥信徒的需要，奠定南方道教興盛的基礎。

(四)陶宏景與茅山上清派的建立

陶宏景（456-536），丹陽秣陵（今南京市）人。出身世家，遍讀儒經，喜神仙道術，是陸修靜的再傳弟子，其後辭官隱居茅山修道，自號華陽隱居。蕭衍代齊稱帝，陶宏景援引圖讖，以「梁」字為應運之符，並為梁武帝選定郊禪吉日，諮詢國家大事，時人稱為山中宰相。陶宏景在茅山

建立多處道館，招徒墾田以自養，使茅山成為道教上清派的本山，後世稱為茅山宗。陶宏景主要貢獻如下：(1)撰《真誥》二十卷。全書引用眾多道經，總結上清派教義、歷史、修行方術等成果，建立上清派的重要基礎。陶宏景以本書可媲美佛教的《妙法蓮華經》，道家的《莊子‧內篇》。(2)撰《登真隱訣》二十四卷。登錄上清派的方術秘訣，論述該派登仙之術，包含按摩、引導、服氣、思神內視、驅邪辟鬼等內容。(3)撰《真靈位業圖》將神仙位階譜系化。將古代以來的八百三十七位神仙，以元始天尊為首，分別隸屬玉清、上清、太極、太清、天曹、地仙、陰曹地府等七個高低層次。帝王將相、儒學聖賢死後也可以成為神仙，並納入上述的神仙位階體系。如法修煉者，都能按時晉升仙品、神境。(4)撰《本草經集注》七卷，系統地整理古代《神農本草經》，總結六朝藥學成果，將七百三十種藥物分門別類、詳註說明，為唐代《新修本草》、明代李時珍《本草綱目》奠定基礎。

　　道教淵源古代的鬼神崇拜、神仙方士、陰陽五行、讖緯圖籙、黃老思想，再經過葛洪、寇謙之、陸修靜、陶宏景等大師的改造之後，其教理教義、齋戒儀範得以充實、健全，而改變張角太平道，三張的五斗米道、天師道等民間道教形態，從而獲得上層門閥士族、官僚、政權的支持，成為中國土生土長，而由官方承認的正統宗教。

三 隋唐宋道教的鼎盛

(一)隋唐宋道教與政治

　　道教在隋唐、宋代受到統治者的大力扶植趨於鼎盛。隋文帝尊重道教，以道士張賓為華州刺史，為道士焦子順建五通觀，其建國年號「開皇」採自道經。隋煬帝對道士王遠知執弟子禮，置玉清玄壇、嵩陽觀以尊崇道教。唐高祖到終南山謁老子廟，尊老子李耳為李唐皇室先祖。唐太宗下令「道士女冠，可在僧尼之前，庶敦本之俗。」唐高宗時，尊老子為「太上玄元皇帝」。唐玄宗開元十年（722），詔兩京及諸州各置玄元皇帝

廟一所，建崇玄館。天寶元年（742），置崇玄廟，追號莊子為南華真人，文子為通玄真人，列子為沖虛真人，庚桑子為洞虛真人，其四子所著書分別改稱《南華真經》、《通玄真經》、《沖虛真經》、《洞虛真經》。開元年間，廣蒐道經纂成《開元道藏》三千七百四十四卷，是中國道教史上第一部道書總集。宋太宗為掩飾其篡位的真相，借助道士張守真的玉帝降旨故事，加自身尊號為「法天崇道皇帝」以增強皇位的合法性。宋代面對遼、西夏、金等強敵，也常以道教天神意志來維護其統治地位。宋真宗與契丹訂立了屈辱的「澶淵之盟」，為了穩定政權，於大中祥符元年（1008），稱神人賜他天書《大中祥符》三篇，建金符道場行宣讀天書之禮，中立玉皇像，恭上「玉皇大帝」聖號。玉皇大帝本是道教天神，從此與官方祀典的天神昊天上帝合為一體。宋徽宗崇信道士林靈素等人，冊封自己為「教主道君皇帝」。宋徽宗設道官道職，最高的「金門羽客」可自由出入宮禁，並在各州興建道教宮觀，又纂修《政和道藏》五千四百八十一卷，是道教最早的雕版印刷本。南宋理宗嘉熙三年（1239），召見三十一代天師張可大，命其提舉三山（龍虎山、茅山、閤皂山）符籙，又推薦道書《太上感應篇》，使此書廣泛流傳到朝野之間。由於唐宋王室的提倡道教，促使道教發展至鼎盛階段。

(二)孫思邈與王玄覽

　　唐宋道教興盛時期，造就一批追求更高深知識的道士，他們能繼承六朝道教成果，吸收佛教和儒學精華，提升道教的理論與修持境界。例如：孫思邈、王玄覽、司馬承禎、成玄英、陳搏、張伯瑞等人。孫思邈（581-682），京兆華原人（今陝西人），長期隱居終南山，係道士兼醫學家，熱心救人，後世尊他為「藥王」。著有《千金要方》、《攝生論》、《保生銘》等書。他認為人要抑情養性，節欲適作，加以導引行氣，食補藥補，以德濟養，才能終其天年。王玄覽（626-697），廣漢綿竹人（今四川人），著有《玄珠錄》等書。其學說援佛入道，認為人皆有「道性」，得道之途在修煉心識。心識分為識體和識用，識體是常是清淨，識用是變是眾生，修道就是修變化的識用以求不變的識體，修用以歸體，從而得到

不死清淨之真體。

㈢司馬承禎與成玄英

　　司馬承禎（647-735），河內溫人（今河南溫縣），隱居天臺山、王屋山，著有《坐忘稿》、《修生養氣訣》等書。其思想以老莊為本，吸收儒家的正心誠意和佛教的天臺宗止觀、禪定學說，融匯成一套包括三戒、五漸、七階的修仙理論。三戒是簡緣、無欲、靜心。五漸是齋戒、安處、真觀、泰定、得道。只要勤修三戒等法而無懈怠退惰，就能達到與道冥一，萬慮皆遣的仙真境界。司馬承禎的思想對北宋理學的「主靜去欲」觀，有重要影響。成玄英（631-655），陝州人（今河南陝縣），隱居東海，著有《道德經注》、《南華真經注疏》等書。其思想繼承南朝重玄之學，援佛入道，主張重玄的「雙遣二偏」學說。「玄者深遠之名，亦是不滯之義，言至深至遠，不滯不著，既不滯有，又不滯無，豈唯不滯於滯，亦乃不滯於不滯，百非四句，都無所滯。」從而達到「不滯不著」的神仙境界。

㈣陳搏與張伯瑞

　　陳搏（871-989），亳州真源（今河南鹿邑）人，隱居武當山、華山修道，著《指玄篇》、《無極圖》。其思想以道為本，融攝儒釋二教。《指玄篇》闡明內丹修煉之道，主張性命雙修。《無極圖》以圖式解釋《易經》，對道教與宋代理學影響甚巨（圖4-5）。下方的玄牝之門是指人身命門兩腎空隙之處，祖氣所生。提祖氣升之為煉精化氣，再升為煉氣化神；使之貫通五臟六腑，名為五氣朝元；水火交媾又升一步為取坎填離，乃成聖胎；又使復還元始而為最上，名為煉神還虛，復歸無極，進入神仙境界。張伯瑞（987-1082），天臺（今浙江）人，是陳搏的再傳弟子，作《悟真篇》

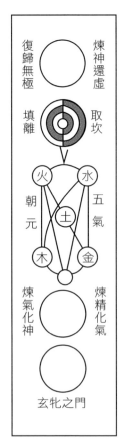

圖 4-5　無極圖

行於世。他主張先以神仙命脈誘人修煉，再以諸佛妙用廣其神通，終以真知覺悟遣其幻妄，而歸於究竟空寂之本源。他將儒學的「窮理盡性」、佛教的「頓悟圓通」，引入道教的內丹修練，力主先修命後修性的「性命雙修」之學。南宋以後，張伯瑞被全真道奉為南五祖之首，形成南宗一派。

㈤道教對理學、文學、藝術的影響

宋朝道教影響理學深遠，例如：周敦頤的《太極圖》得之於陳摶所傳的《無極圖》，而顛倒其序，解說儒家的宇宙觀（圖4-6）。由上而下，無極而太極，太極動而生陽，動極而靜，靜而生陰，靜極復動。一動一靜，互為其根，分陰分陽，兩儀生焉。陽變陰合，而生水火木金土。五氣順布，四時行焉。之後乾道成男，坤道成女。二氣交感，化生萬物。萬物生生，而變化無窮矣。惟人得其秀最靈，而聖人定之以中正仁義而主靜（無欲故靜），而立人極。

唐與五代道士鍾離權、呂洞賓、張果等人在民間傳說中逐步被藝術化、神仙化，至宋代形成「八仙」傳說。圍繞八仙等道教傳說，出現了《游仙窟》、《枕中記》等文學、戲曲。著名的詩仙李白、詩聖杜甫等詩人，留下大量的游仙之作；白居易《長恨歌》更借助道教想像力，將唐玄宗與楊貴妃的愛情故事流傳千古。此外，閻立本、吳道子的神仙繪畫，以及其他的道教宮觀建築、雕塑、音樂等，皆有重大成就，影響後世深遠。

四 遼金元時期道教教派的發展

遼金元時期，中國北方長期受到來自北面的契丹、女真、蒙古人的侵略、統治；南宋偏安江南，遂使北方漢人世族淪為外族統治；到了元朝更使漢人全

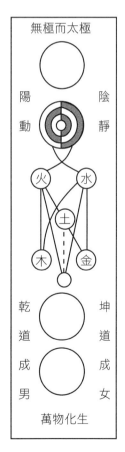

無極而太極

陽動　陰靜

火　水

土

木　金

乾道成男　坤道成女

萬物化生

圖4-6　太極圖

面受到異族管轄，這種夷狄亂華夏的形勢，促使中國本土道教在民族自覺意識上，以及統治者的扶植中，興起各種教派組織。例如：正一派、全真道、真大道教、太一道、淨明道。

(一)正一派

正一派，傳說來自東漢張道陵的五斗米道。西晉永嘉年間（307-312）傳至張道陵第四代孫張盛，由漢中移居江西龍虎山（今貴溪縣），並尊其祖張道陵為「正一天師」，由此五斗米道又稱「正一道」或「天師道」。其後經南北朝、唐、宋各代，天師道傳播各地，形成不同派別，例如：江西龍虎山相傳始於張道陵的正一法籙，稱正一派；閣皂山主要傳承葛玄的靈寶法籙，稱靈寶派；茅山傳承上清道法，稱上清派。元世祖忽必烈至元十三年（1273），召見三十六代天師張宗演，命主領江南道教、三山符籙。三山即指龍虎山、閣皂山、茅山，即正一、靈寶、上清三派，統歸張宗演管轄。元成宗元貞六年（1302），封三十八代天師張與材為「正一教主」兼領三山符籙，總領天下道教。此後，凡是道教的符籙各派統稱為正一道，主要奉持《正一經》。正一派道士可以結婚，不戒酒肉，不住宮觀，俗稱在家道士。他們的共同特點是以齋醮符籙、驅鬼降妖、祈福禳災、畫符念咒、崇拜神仙為主。因為普遍流傳於南方，也被稱為「南方道教」。

(二)全真道

全真道又稱全真教、全真派。創始人為王重陽（1112-1170），陝西咸陽人，金世宗大定七年（1167），王重陽到山東傳道，以全性返真為宗旨，宣揚澄心定慮、抱元守一、存神固氣為「真功」，濟世拔苦、先人後己、與物無私為「真行」，要求徒眾「功行」俱全，故名全真道。王重陽把儒釋道三教合一的思想，演變成為一種新道派。以太上老君為祖、釋迦牟尼為宗，孔老夫子為科牌，勸人奉誦道家的《道德經》、佛教的《般若心經》、儒學的《孝經》。「儒門釋廣道相通，三教從來一祖風」。三教如同一棵樹生三枝，是一體三派，如同鼎之三足，缺一不可。全真道的內丹理論既吸取禪宗的明心見性說，又與儒家理學的正心誠意、盡心知性相結

合，是道教內丹思想、佛教禪宗、儒家理學三教的進一步深化。全真道仿效佛教禪宗過著集體群居生活，不娶妻室，斷酒色財氣、攀援愛念、憂愁思慮、不尚

圖4-7　北京市白雲觀

符籙、不侈談神仙長生，主張先性後命的內丹修煉。王重陽重視儒家倫理道德實踐，認為忠君孝親是煉丹修道的前提。

　　王重陽創立全真道僅三年就過世了，傳教活動由他的七大弟子馬丹陽、譚處端、劉處玄、邱處機、王處一、郝大通、孫不二繼續承擔。全真七子各創一派，其中以邱處機開創的全真龍門派最著名。邱處機（1148-1227），登州棲霞（今山東）人。元太祖（成吉思汗）十四年（1219）召見於西域雪山，禮遇甚隆。太祖返歸燕京（今北京市），賜邱處機虎符、璽書，命他掌管天下道教，並詔免道院、道士一切賦役。全真教於是廣發度牒，建造宮觀，獲得快速發展。元世祖至元六年（1269），賜號邱處機為「長春演道主教真人」，世稱「長春真人」，今北京白雲觀就是全真道龍門派的祖庭，其中的邱祖殿即是紀念邱處機的殿堂（圖4-7）。全真龍門派由茅庵草舍走向叢林宮觀，不免於奢侈浮華。長春門人趙道堅乃強調持戒，開「龍門律堂」為第一代律師。其後經六傳至第七代律師王常月（?-1680），在北京白雲觀、武當山等地開壇傳戒，度弟子千餘人，使道風大振。王常月著《龍門心法》，主張萬法千門，守戒第一，戒是全真第一

關，被後世譽為全真道龍門派中興之祖。全真道由丹法清修轉向嚴持戒律，而得以繼續發展。

(三)真大道教、太一道與淨明道

真大道教又稱大道教，金熙宗皇統二年（1142）滄州道人劉德仁所創立。真大道教以苦節危行為要，自我苦修，而不妄取於人，不苟侈於己，崇尚倫理道德。元代以後逐漸衰微，最後失傳。太一道，衛州人（今河南汲縣）蕭抱珍（?-1166）所創立。金熙宗皇統八年（1148）召見蕭抱珍，賜所居道觀為「太一萬壽觀」。相傳以《太一三元法籙》為主要經典，「道成一悟，籙闡三元」以仙聖所受祕籙濟人，祈福禳災，罔不立驗。元末太一道逐漸衰微，最後失傳。淨明道，淵源於閤皂山靈寶法籙派，尊奉東晉道士許遜（239-374）為第一代祖。元代建昌人（今江西奉新）劉玉（1257-1308）於元成宗元貞二年（1296）託言淨明教主許遜下凡，傳授真旨，「其法以忠孝為本，敬天崇道、濟生渡死為事」，造作《淨明忠孝全書》，創「淨明忠孝道」。淨明道屬於東晉以來符籙系道教，歸屬正一道的一個流派。

遼金元時期道教創立的各種教派組織，盛行一時之後逐漸衰微。唐宋以來歷經遼金元時期，南北天師道與上清、靈寶等以符籙為主的各道派逐漸合流，統稱為正一道派。江西龍虎山正一派歷代皆由張道陵的子孫傳承，號稱「張天師」，又受到各朝君主的護持，得以流傳迄今。全真道以嚴持戒律為基礎，由清淨身心入手，又能修煉融匯禪宗、理學的內丹心法嚴持戒律，因此，能歷經明清各朝的變遷流傳至今。

五 明清以來的道教演變

(一)明清以來的道教與政治

明太祖朱元璋曾出家為僧，深知宗教聚眾的利弊得失，因此採取扶植利用與嚴格管理的措施。洪武元年（1368）召見第四十二代天師張正常入朝，除去其天師稱號，改授「正一嗣教真人」。洪武十五年，在京師置道

錄師，府置道紀司，州置道正司，縣置道會司，於江西龍虎山上清宮設提
點，隸屬禮部分級管理全國各地道士。二十四年清理釋、道二教，凡僧
道，府不過四十人、州三十人、縣二十人，民年非四十以上，女非年五十
以上者不得出家為僧道。二十八年，令天下僧道赴京考試給度牒，不通經
典者罷黜為平民。道教面臨統治者的壓制，漸趨衰弱。

　　清朝統治者主要崇奉藏傳佛教，對道教較不重視，乾隆年間，敕令天
師從一品降至正五品。道光年間，又令禁止天師入宮朝覲，去「正一真
人」封號。第六十二代天師張元旭，於光緒二十九年（1903）嗣教。民國
元年，江西都督府取消前朝給予的「天師」封號，沒收田產二十多畝，以
及大規模山林、宮觀。民國三十年代末，江西龍虎山，只剩上清宮門樓、
下馬亭等殘破景象。第六十三代天師張恩溥，於民國三十八年來臺灣，在
臺北覺修宮成立天師府。民國五十五年擔任中華民國道教會第一屆理事
長。民國五十八年張恩溥逝世後，由其姪兒張源先接任第六十四代天師，
續掌嗣漢天師府迄今。明清以來道教與政府關係漸行漸遠，社會的影響越
來越弱，但是道教經典仍然被彙編印行，道教理論也有所提升。尤其道教
文化不斷的在民間擴散，對文學、歲時節俗、宗教信仰等各方面都有深廣
的貢獻。

(二)道藏的編纂

　　明英宗正統十年（1445），刊校完成《正統道藏》五千三百零五卷。
明神宗萬曆三十五年（1607），第五十代天師續刊《道藏》一百八十卷，
稱為《萬曆續道藏》，完成較完整的道教文化大叢書。民國十五年，上海
涵芬樓根據北京白雲觀所藏《正統道藏》、《萬曆續道藏》影印，共一千
一百二十冊。臺灣新文豐公司根據涵芬樓本，影印精裝為六十冊，方便學
者查閱。清康熙年間，彭定求選取《正統道藏》重要典籍，編成《道藏輯
要》二百餘冊，是《道藏》的節本，更方便使用與學習。此外清代以來的
道士或教外學者，也有新的道書或道教經典的注解。民國以來，歐美各國
也有許多道教學者加入研究陣容，道教已經成為一門國際學術研究的學問。

㈢道教學者的貢獻

　　明代以來道教學者較著名的有張三豐、劉一明、陳攖寧等人。張三豐是一位道教傳奇人物，明成祖永樂年間（1403-1424）為他大修武當山宮觀，使該山成為道教聖地。張三豐精於內功技藝，尚意不尚力，以柔靜制剛動，形成後代的太極拳。張三豐著作有《金丹直指》、《道要秘訣歌》等書，用老子玄論和順其自然的理論，講解調息煉氣的方法，促進全真教的進一步發展。劉一明（1734-1821），山西曲沃人，著有《參同直指》、《悟道錄》等書，後人輯為《道書十二種》。他融會儒釋道三教，主張性命雙修的漸進次第為：勘破世事、積德修行、盡心窮理、練己築基、和合陰陽、外藥了命、內藥了性，最後粉碎虛空、返本歸真，將陳摶以來的內丹學更進一步的發展。陳攖寧（1880-1969），安徽懷寧人，曾經連續三年將《道藏》從頭至尾看過一遍，創辦《揚善半月刊》、《仙學日報》，倡導仙學，主要著作有《黃庭經講義》、《靜功療養法》、《論性命》，主編《中國道教史提綱》等書，主要著作收入《道教與養生》、《中華仙學》二書。陳攖寧出入儒道釋三教，博採內丹學創造唯生的仙學理論和方法。他認為世界以「生」為中心，生之本源為「道」，修道先以生理變化心理，使體內真陽真陰相戀，去濁留清，攝養其「真一」，四時調和則心神安定；以色身冥通法界，進而打破虛空，煉精化氣，煉氣化神，煉神還虛，所謂虛乃細微之真一，並非虛空；最後妙煉「真一之炁」，合道成仙，即可白日飛升。今日海峽兩岸的道學研究，深受陳攖寧「仙學」影響，可以再進一步探討。

㈣道教文化對民間社會的影響

　　道教文化為明清以來的通俗文學創作提供深廣的想像空間，較有名的代表作有《三國演義》、《水滸傳》、《西遊記》、《封神演義》、《聊齋誌異》、《紅樓夢》、《老殘遊記》等書。《三國演義》的諸葛亮散發道士的氣味，例如：在七星壇作法，呼風喚雨，巧布八陣圖，臨終祈禳北斗，求增壽一紀而未果。《水滸傳》以張天師祈禳瘟疫開始，引出三十六天

罡、七十二地煞星下凡，降世為梁山泊一百零八條好漢。全書充滿九天玄女、羅真人等仙魔鬥法故事。《西遊記》有佛祖、觀音的佛教系統與玉皇大帝的朝廷天仙系統，太上老君為首的神仙系統，充滿孫悟空大鬧天宮，鬥妖怪的精彩情節。《封神演義》塑造出元始天尊、通天教主、雷震子、李哪吒、土行孫等神話人物掃蕩妖魔的故事。《紅樓夢》的太虛幻境、絳珠仙草、神瑛侍者、跛足道人等人物，藉著道教仙話，佛教理念，演出寶黛愛情的《石頭記》。除了通俗小說以外，道教文化也影響到氣功、拳法、雕塑、繪畫、善書、寶卷等創作。

道教以仙境為理想境地，所以對自然的觀察，術數的愛好，發展出中國早期的科學。因為對丹藥的提煉，而研析草藥、礦石，屬於本草醫學及化學；導引、行氣、辟穀食氣法（短暫絕食）等練氣法，為身心治療醫學，而臺灣流行的筋絡穴道推拿按摩等，也與道教有密切的關係。對曆法的演算，觀星象，察地理等，為天文學及居住的環境科學。至於法術，則包括符籙、呪禁、祈禳法等，是巫術的精純化。

今日中國與臺灣在歲時節俗方面，仍保留許多道教文化的深遠影響。春節以祭祖為中心，臘月二十四送灶神，貼春聯；除夕子時接財神，正月初九拜天公玉皇大帝；正月十五為上元節，天官大帝生日；三月拜玄天上帝、保生大帝、媽祖；端午節祭祀諸神，掛張天師降五毒符咒之畫像；七月十五中元節，地官大帝誕辰；九月九日重陽節，登高避禍、敬老尊賢；十月十五為下元節，水官大帝誕辰。道教的玉皇大帝、三官大帝等神仙與民間的歲時節俗緊密結合，道教文化仍然繼續向民間社會擴散。

第四節　佛教

佛教起源於印度，在前漢末年傳入中國，已經歷時兩千年之久。佛教經典在第一個千年，幾乎被全部翻譯成漢文，締造影響中國、日本、韓國、越南等地的東亞漢傳佛教文化圈。同時，根據漢字大藏經開創中國化的佛教宗派義理、修持、儀式、組織制度等文化體系，也深廣的影響東亞

各國、各個階層的信仰生活。中國佛教的第二個千年，則與中國傳統的官方祀典宗教、儒家、道教、民間宗教等各類型宗教信仰相融合，開創出齋教、庶民佛教等更中國民間化的佛教型態。明清之際，上述的中國佛教以及流傳在日本、東南亞各國、西藏等地的漢傳、南傳、藏傳等佛教文化類型，又先後匯聚到臺灣的社會文化中，隨著臺灣政局的轉變，社會的發展，締造佛光山等新的四大教團，以及「人間佛教」等新興佛教，並再度立足臺灣，走向世界各地，肇建另一個兼顧臺灣本土與國際化的新佛教文化。

一 佛教的起源與傳入中國

(一)佛教的起源與傳播

　　西元前五、六世紀，印度迦毗羅衛國的悉達多・喬達摩（Siddhartha Gotama）太子，觀察人生不免於因緣變異、生老病死等痛苦，思考如何解脫迷惑、業報等苦迫。他經由持戒、禪定、智慧的提升法門之實踐，終於解脫生死煩惱束縛，證悟到貪、瞋、痴熄滅的涅槃境界。人們尊稱他為釋迦牟尼（釋迦族的聖者）、佛陀（覺行圓滿者），簡稱釋尊。釋尊悟道之後的四十餘年間，在恆河流域各地弘傳「四諦」（苦、集、滅、道四諦，應了解苦集的原因，而實踐無苦的寂滅之道）、「十二因緣」（十二種因緣和合而生，因緣分離而滅的道理。人們應超越這些緣起的困惑，悟入緣起寂滅性的淨樂中）等法門。因此，獲得許多跟隨出家修道的弟子，形成「僧團」。釋尊在世時就形成了信仰對象的「佛陀」，信仰內容的「法門」，傳承信仰的「僧團」，即「佛、法、僧」的「三寶」，展開社會教化，創立了宗教型態的「佛教」。釋迦八十歲逝世後，歷代弟子不斷的集結他的言行學說為「經藏」、「律藏」，以及闡釋他的思想、行為之「論藏」，締造佛教的經、律、論「三藏」佛典。後世佛教徒努力不懈的撰述數千部佛典，構成佛教歷久彌新、永續發展的重要基礎。

　　佛教主張人人皆可以成佛，是徹底覺悟人生，而進行自我人格深化、究極體驗的宗教。佛教以個人覺悟為本，普渡眾生為志願、實踐的場域極

為融通，能適應不同時代環境的需求。然而，隨著佛教經歷兩千餘年不同地域社會的影響，不免於混合各種族群因素，而有不同型態的佛教文化。佛陀在世及入滅後百年間，佛教仍保持原味，稱為原始佛教時期。釋尊入滅百年後，先分裂為保守的上座部與傾向改革的大眾部。其後又適應印度各地域不同僧侶的傳承體系，撰述不同部派的戒律、論典（阿毘曇論），而衍生出二十餘種以上的支派，稱為部派佛教。西元前一世紀前後，相對於以自利為主，在僧院中繁瑣解釋佛義的小乘部派佛教之反動，出現一種以利他的在家居士為主，並積極在社會中教化的運動，稱為大乘菩薩佛教。大乘佛教發展到西元後二至四世紀時，先後出現中觀、般若學派的「空宗」與瑜珈行、唯識學派的「有宗」。七世紀後，大乘佛教中一部分派別與婆羅門教混合而出現「密教」，其後傳至西藏，成為西藏密教傳統。

西元前三世紀，阿育王將佛教推展到印度境內外各國，西元後二世紀貴霜王朝的迦膩色迦王又更進一步的廣泛推展佛教，促使佛教成為世界性的宗教。其中，流傳於今斯里蘭卡、緬甸、泰國等地區的巴利語經典系，以小乘部派佛教為主，稱為南傳佛教。流傳於中國、越南、韓國、日本等地區的漢語經典系，以大乘的空宗、有宗為主，稱為漢傳佛教。流傳於西藏、蒙古等地區的藏語經典系，以大乘密教為主，稱為藏傳佛教。

㈡佛教傳入中國

孕育佛教是在印度河流域至恆河流域一帶的印度文明，接納佛教的中國文明是由黃河流域發展到長江以南一帶的不同地域文明。中國、印度兩大文明形成的地理、氣候、水土等自然環境，以及種族、語言、風俗、社會結構等因素是全然不同的。這兩大文明又因為西藏高原、喜馬拉雅山脈等險惡的地理環境所阻隔，缺少交流、接觸的機會。隨著數百年之後交通路線的開闢，人群的往來，印度佛教才得以不斷的輸入中國。因此，傳入的時間、弘傳經典的類型、流行的信仰內容、接納的地區與階級的差異等，都將造成中國佛教不同型態的發展。

前漢武帝時期，張騫出使西域，在歸國（B.C.126）以後，逐漸開闢一條東自長安，西至羅馬帝國的絲路。從西北印度傳播到中亞一帶的佛教，

經由絲路的商隊與信徒，漸漸被載運到中國。另一方面，西元二世紀起，羅馬人開發了海上交通之際，佛教也經由海路從斯里蘭卡、東南亞半島、南海向中國傳輸。隨著海陸交通的發達，不同類型佛教文化的交流累積，一種特殊的漢語系佛教文化圈漸次形成。

佛教入華最早且可信的史料，是前漢哀帝元壽元年（B. C. 2）大月氏王使者口授佛經給博士弟子的紀錄。後漢明帝時期（約65），楚王英將佛陀、黃帝、老子等並列為神明，作為祈求現世利益的偶像來信奉。顯示在長安、洛陽、彭城、江南的丹陽一帶，在帝國首都或地方封國的宮廷中有外國僧侶及奉佛居士的信仰活動。

後漢桓帝時期，來自安息國的安世高在洛陽譯出《安般守意經》等小乘禪觀經典，《阿毘曇五法經》等小乘部派佛教論典。後漢靈帝時期，來自月氏國的支婁迦讖在洛陽譯出《道行般若經》等大乘佛教般若系經典，《般舟三昧經》有關阿彌陀佛的經典。桓帝在宮廷中立祠並祀浮圖與老子，把佛陀、老子視為祈願長生不老，能禳災造福的神明。後漢獻帝時期，在徐州、廣陵等地區的官員笮融，他利用租稅構築可容納三千餘人的浮屠寺，塑造鍍金的銅佛像，舉辦浴佛法會並課誦佛經，又辦理供應施飯的社會福利事業。佛教乃流傳到江淮流域的庶民階級中。因此，佛教信徒普及上層王族與下層庶民。佛教已被視為與中國原來的黃老之教、神仙信仰等相類似的傳統宗教型態，而被接納到漢人社會中。尤其來自安息、月氏等不同國家，原始的小乘、部派佛教經典與較為發達的大乘中觀系經典，全部視為佛陀親口所說而全被接納；庶民階級又將佛教視為神仙等傳統宗教信仰之一，而開啟中國佛教將大小乘佛教融會為一，且與平民信仰相容的特殊佛教文化體系。

二佛教經典的翻譯與研究

㈠佛教經典的翻譯

曹魏嘉平年中（249-253）曇柯迦羅來洛陽，翻譯《摩訶僧祇律》的戒

本《僧祇戒心》，並為僧眾授戒，是中國佛教傳戒之始，肇啟如法持律的僧侶集團。同時期，漢僧朱士行為求完整的《般若經》前往于闐，他將求得的梵本《放光般若經》由弟子帶回洛陽。元康元年（291）《放光般若經》二十卷被完整的譯出，促進西晉時期知識份子般若研究的流行。《般若經》的「空」思想，與正始年間（240-249）興起的老莊玄學「無」之思想相互呼應，締造了兩晉時期知識人的哲學佛教，綻放出中國特殊的士大夫佛教典型。

孫吳赤烏十年（247）康僧會來到建業，建立佛寺，設佛像教化民眾，並翻譯《六度集經》闡說大乘菩薩實踐布施、持戒、忍辱、精進、禪定、般若智慧之六波羅密法門。康僧會繼承了後漢近似以長生不老為主的道教式佛教，即較為接近中國傳統宗教的庶民佛教典型。

西晉時期，來到長安的竺法護翻譯《光讚般若經》、《正法華經》、《維摩詰經》等百五十四部三百零九卷佛經。《正法華經》的〈觀世音菩薩普門品〉，促進觀音信仰的普及。《維摩詰經》中維摩居士超塵脫俗的風格，為西晉貴族社會清談人士所效法。晉・孫綽《道賢論》以天竺七僧來比擬竹林七賢，而以竺法護比擬山濤來讚歎其盛德，由此可見，中國的玄學清談與印度大乘佛教般若、菩薩行的相互接納，促使佛教普遍進入知識階層中。

五胡十六國時期，龜茲國人佛圖澄，經敦煌、洛陽來到後趙的鄴都。佛圖澄以靈異的神通力、咒術、預言等專長，深受石勒的尊敬，而石虎則以國之大寶般尊稱他為大和尚，而締造鄴都成為亂世裡的佛教中心。佛圖澄興建佛寺達八百九十三所，其弟子安令首尼在洛陽建立竹林寺，初次傳授比丘尼戒就在此寺中，他為中國佛教的比丘、比丘尼寺院僧團奠定良好的發展基礎。佛圖澄集聚的弟子將近萬人，有從遙遠的天竺、康居涉流沙而來的，更有為數眾多的漢人僧徒。佛圖澄門下弟子中，以創立僧團法規的釋道安，主張格義的竺法雅等最為著名。

㈡佛學研究的開展

釋道安（314-385）師事佛圖澄而展露頭角，其師逝世後因避後趙等兵

亂，率同學五百餘人南下襄陽，十五年後又被前秦苻堅迎往長安，僧徒投門受教育者常達數千人。道安於佛經，攻其幽遠，挖其義蘊，注解《放光般若經》等二十二部經典並作序文，可說為注釋佛典之祖。道安為了查證後漢以來佛典的真偽與翻譯的史實，著有《綜理眾經目錄》，創造歷代《經錄》的原型，方便後人研究佛教經典的流傳歷史。道安主張出家僧侶悉以釋氏為姓，將印度及西域傳來冠以各種不同姓氏的僧侶，皆統稱為釋姓，促進中國佛教僧團的統一與發展。道安整理、研究戒律後，將一向雜沓的中國僧團組織、儀式，作了有計畫的統一，制定僧尼規範，其內容包括：⑴行香、定座、上經、上講之法。⑵平日六時行道、飲食、唱時法。⑶布薩、差使、悔過等法。由此使外來的印度佛教，漸次適應中國風土民情，而獲得進一步發展。

　　竺法雅善用儒家、老莊等外典與佛教互相引證以講說佛法，是「格義佛教」的代表者。格義是「以佛經中之事數，擬配外書而為生解之例。」例如將佛教的五戒，比擬作儒教的五常來理解其內涵。格義佛教是後漢以來，中國佛教徒為理解漢譯佛典，不得不以傳統的儒家、老莊等概念為媒介，形成一種解說佛典而雜揉儒道等思想的形式。道安則排斥格義，主張以佛典解佛典，用「般若空義」等正確觀念來解釋佛法。道安致力於佛典研究、僧制改革等貢獻，為稍後來華傳授印度大乘中觀思想的鳩摩羅什教團，開啟一條通往正宗佛教的坦途。

　　後秦弘始三年（401），姚興以國師之禮迎請鳩摩羅什入長安，展開國家主導大規模的譯經事業。鳩摩羅什精通大小乘教理與印度、西域各國語文，能正確的譯出信達雅兼備的上乘佛典。因此，重譯或新譯的佛典能一掃昔日格義佛教的弊病，開啟趨向理解佛教本義的正途。羅什所譯的經論，奠定南北朝各佛學學派與隋唐宗派佛教的主要基礎。《大品般若經》的重譯以及空宗論典的系統翻譯，例如：《中論》、《百論》、《十二門論》、《大智度論》的新譯，移植印度中觀佛教，開啟中國的「三論宗」、「四論學派」。《成實論》為「成實宗」的基本論典。《妙法蓮華經》為開演「天臺宗」提供核心經典。《阿彌陀經》、《十住毘婆沙論》作為「淨土宗」的基本依據。《坐禪三昧經》促進菩薩禪的流行。《金剛般若經》、

《維摩經》流傳至今，為各宗所必讀。《彌勒上升成佛經》促進彌勒信仰的發達。鳩摩羅什的譯作，帶來中國佛教進一步研究，並成為飛躍至新佛教宗派的原動力。

　　釋慧遠（334-416）從釋道安出家，在道安從襄陽前往長安之際，奉師命南下而住廬山三十餘年。東晉元興元年（402）慧遠在廬山般若臺阿彌陀佛像前，親率同道一百二十三人結成白蓮社，立誓發願實踐念佛法門，亟盼能往生西方極樂世界，被後世淨土宗尊稱為蓮宗初祖。東晉權臣桓玄沙汰僧尼，飭令沙門禮拜王者而將僧眾隸屬於王權之下。慧遠乃作《沙門不敬王者論》加以反駁，化解桓玄對僧團的壓抑。慧遠又送弟子入長安師事鳩摩羅什，並且藉由書簡往來與什公討論佛義，留給後人《大乘大義章》的義理精華，促進佛教的理解。慧遠駐廬山三十餘年間，致力於禪與律的傳譯工作，不但繼承道安遺志，吸收長安羅什教團的新知，抗拒中國固有禮教與王權加諸於佛教的批判，使佛法日益普及。

三 佛教的社會發展與藝術成就

(一)佛教的社會發展

　　佛教寺院是供奉佛菩薩聖像，僧侶研讀經典，舉行法會儀式並從事社會教化的主要場所，從寺院僧侶數量的增加可以了解佛教在社會中的發展概況。東晉佛寺約千餘所，僧尼二萬餘人，至蕭梁時期佛寺近三萬所，僧尼八萬二千人。北魏太和元年（477）佛寺六千餘所，僧尼七萬七千人，至北魏末年國家大寺四十七所，王公等所造之寺八百餘所，百姓造寺三萬餘所，僧尼有二百萬人。由此可見，佛教教團的急遽擴張。

　　南北朝時期風行建塔寺、造佛像，度僧尼之外，在民間則有大量的義邑、法社等以在家佛教徒為中心的信仰團體產生。義邑的成員稱為邑子，大部分都是在家眾，以鄉間聚落的平民為主。僧人為邑師，經常巡迴各地區的義邑從事教化活動。數十百位邑子在化主邑師的勸導下，建造釋迦、彌陀、觀音等佛像，並從事造橋種樹等社會福利工作。從義邑造像銘文

中，可以看到邑維那、勸化主、道場主、佛堂主、像主、經主、燈明主、齋主、供養主等組織、職務名稱。由此可知，義邑組織活動將佛教信仰進一步的推廣到民間社會中。法社在南朝係以貴族為中心，例如：慧遠的白蓮社，然而北朝的義邑卻以庶民為中心。南北朝後期僧侶巡迴各城市及村里的法社、義邑，教化奉行八戒，行法社之齋會，禁絕屠殺等教法。法社、義邑活動在唐朝天寶之亂以後更以各種不同的佛教教團型態，而普及佛教信仰至一般庶民社會中。

　　四世紀以來，佛教在社會中推廣各種齋懺、浴佛等法會儀式。佛教徒為了禳災、避邪、治病、求福、祈雨等現世利益，而流傳各種禮懺、齋懺等法會儀式。依據《請觀世音經》等諸經之說，而有禮拜請佛菩薩進行懺悔罪過的禮儀。到了唐代淨土宗的「往生禮讚」等，則將這些禮懺發展成信仰阿彌陀佛的禮拜儀則、修行儀規。自五世紀以來，在四月八日釋尊誕辰日舉行浴佛或灌佛會，也開始普及到民間。從西域傳來的行像儀式，將佛像莊嚴的安置在轎子中，巡行城鄉各地，接受民眾膜拜、祭祀等活動，也逐漸普及中國各地。到了唐代的盂蘭盆齋戒法會，也與傳統的七月十五日中元節相互融合，發展成七月鬼節的信仰活動，促使寺院成為城鄉的廟會娛樂中心。唐代長安慈恩寺等地，成為極為著名的廟會場所。唐代中葉，朝廷就以各州開元寺為中心，舉行各州的皇帝誕辰節，國忌的法會以及其他齋會等活動場所。

　　佛教在社會中的快速發展，促使政府建立僧官制度來管理。僧官是由國家在僧侶中遴選任命，以執行統領僧尼，監督佛寺活動的官職。北魏道武帝迎請沙門法果為道人統，是僧官綰攝僧徒的開始。僧官可分為中央級以及各州縣級的僧官，分別統轄全國或各州、縣的佛教教團。北魏孝文帝時，各寺院置上座、寺主、維那等三綱或相當於三官的僧官。上座是寺院中年臘、學德最高者，寺主是寺院的管理者，維那是幫忙管理僧眾雜事。南北朝以後，歷代政府都積極的掌控中央、州縣以及寺院僧官，藉以抑制佛教在社會中的過度發展。

　　梁武帝在天監十年（511）舉行「斷酒肉」法會，嚴厲禁止寺院僧尼飲酒食肉的行為，促使中國僧團走向戒葷而持素的清修生活型態。天監十八

年（519）梁武帝帶領僧侶、官民同受菩薩戒，也締造中國佛教走向大乘菩薩道修持的風格。梁武帝之後的隋文帝、武則天等歷代皇帝奉佛舉動，也大力促使佛教在社會上的普遍發展。

(二)佛教的藝術成就

印度佛教入華，不僅在知識層面上傳譯大量經典、義理思想，在社會層面上傳播教團組織、法會懺儀等信仰活動，而且在藝術文化層面上更展開建築、雕刻、繪畫、石窟建構等偉大成就。

印度的佛教建築，分為塔（Stūpa），支提（Caitya，塔、窟院），毘訶羅（Vihara，僧院）。初期為木造，後用磚造、石造或開鑿成石窟。中國自古以來盛行木造左右對稱的宮殿樓閣建築，影響佛寺的建築格局。中國佛寺建築，係以傳統木造左右對稱的宮殿重層建築為主體，上面則冠以印度式的佛塔形狀，宮殿樓閣中則供奉佛菩薩像。例如：北魏道武帝於天興元年（398）定都平城，建造五級佛塔、耆闍崛山及須彌山殿，別設講堂、禪室，完備了堂塔伽藍硬體設備，使僧尼能在塔寺中進行佛教活動的集體生活。唐代寺院殿廊上不乏吳道子、閻立本等一流畫家的名畫裝飾。例如：遺留至今的唐代長安慈恩寺大雁塔，顯示佛教建築的特色。

中國早期佛教的雕刻、繪畫，保留在敦煌、雲岡、龍門等大石窟羣中，從其窟洞壁面佛像等遺蹟中，可以看出當時藝術的重大成就。敦煌石窟開鑿於西元三六六年，迄十四世紀的元代，陸續開鑿五百餘窟。石窟大多為方形平面，並配置佛菩薩像。四壁及天井，繪製當時盛行的釋迦、彌陀或《法華經》、《維摩經》等變相圖。變相圖是依據經典內容，以連環圖畫的方式，描繪經典內容或佛菩薩的故事。石窟建築、佛像雕刻、經典變相圖等，構成佛教藝術寶庫。一九〇〇年敦煌石窟洞室中，發現古寫本文書三、四萬卷，包含卷子本的佛典、寺院記錄、祈願文書等，最古者可上溯到四世紀，而大部分是九世紀以後所書寫。研究這些古文書，已經成為一門顯學，號稱為敦煌學。

北魏興安元年（454）於山西大同雲岡開鑿石窟，到隋唐時期完成了二十餘石窟及無數的石佛。雲岡石窟有高達十五公尺的石雕佛像，模擬北魏

皇帝容貌，呈現「帝王如來佛」的特殊造型。雲岡石窟是佛教美術的寶庫，包含西南印度、中亞以及北朝胡族的風格，下啟龍門、天龍山等石窟特色，堪稱亞洲佛教美術的母體（圖4-8）。

圖4-8　雲岡石窟

北魏遷都洛陽後，營造龍門石窟。唐高宗敕願在龍門建二十公尺的大盧舍那佛，左右有十七公尺高的二菩薩像，與十二公尺高的羅漢、神王、金剛力士等九尊石像，規模龐大。石窟造像的前庭建有大奉先寺。龍門造像已經脫離印度、

圖4-9　洛陽龍門石窟奉先寺的毘盧遮那大佛與脇侍菩薩像

西域風格，而取法南朝美術特色，到了唐代則顯示圓熟的寫實技法（圖4-9）。

四 佛教宗派的形成

隨唐時期，佛教傳播日廣，要適應各階層、各性質信徒的需求，乃有各種教理和修持體系的宗派佛教產生。主要的佛教宗派有三論、法相、天臺、華嚴、淨土、律、禪、密等八宗。

(一)三論宗

三論宗以鳩摩羅什所翻譯的《大品般若經》為所依經，《中論》、《百論》、《十二門論》三論為所依的論典。羅什所譯「一經三論」由歷代義學僧侶的研究、闡釋，而到隋代吉藏（549-623）集其大成，確立三論宗。

般若理論強調宇宙萬法的當體性空，破除由於假名（即概念）認識所執著的實在；而三論的立說則發揚性空無礙於緣起的中道精神。《中論》：「因緣所生法，我說即是空，亦名為假名，亦為中道義。」認為世間所有的人、事、物，都是憑藉各種因緣條件才存在，他們都沒有恆常不變性，絕對主宰他物的能力，更沒有獨立存在的可能性，因此，佛說萬法是空無，不實際存在的；只是假藉各種因緣暫時存在的假名狀態；因此，人們認知事物應抱持不執著無常變化的「空無」，也不能執著短暫的「假名有」，應持「非有非無」、「亦有亦無」的中道觀。《中論》又進一步說明不生、不滅、不常、不斷、不一、不異、不來、不出等八不法門，從八方面來體會緣起性空的意義。其中生、滅、常、斷是時間的執著，一、異、來、出是空間的執著，這些時空的執著都隨緣起緣滅而不實在，因此，這些邪見都要一一用「不」字來遮遣它，以顯無所得的中道實相。《百論》掃除一切有所得的邪計邪執，歸結畢竟空的境界。《十二門論》以十二門解釋一切有為、無為諸法皆空之義，為中觀入門階梯。三論宗依無所得理，一切事物都應該如實觀察，如理思惟，如份抉擇而不應該執著，因此，佛說一切眾生都可以不執著、超越一切迷惑成佛，只要能掃除煩惱、執著，就可以超越生死進入佛陀法界。

㈡法相宗（唯識宗）

　　法相宗是發源於印度的大乘瑜珈學派，主要經論有《瑜珈師地論》、《成唯識論》。玄奘（600-664）遊學印度十七年，將法相唯識宗的經論加以翻譯弘傳，並由其弟子窺基（632-682）加以注疏並發揚光大。法相宗認為萬法唯識，宇宙萬有悉皆心識之作用所現之影像，沒有恆常不變的實體，否定對心外之物的分別執著，以期吾人能徹悟到世事的無分別智為目的。本宗深入地分析諸法性相，闡明唯識的因緣體用，強調必須修習唯識觀行，以期轉識成智，達到解脫、菩提的境界。本宗認為人有眼、耳、鼻、舌、身五種感覺器官，能感受外界色、聲、香、味、觸五種外界事物，再進一步由第六意識的作用，而形成眼、耳、鼻、舌、聲前五識與第六意識。此外，尚有第七，恆常執著於「我」的潛意識，以及第八更深層、收藏一切意識作用的生命體。人們應該透過修行轉變這些意識，提升更高層次的智慧而成佛。

㈢天臺宗（法華宗）

　　智顗（538-594）於陳太建七年（575）入天臺山隱居，修持止觀，之後出山到金陵、荊州等地，宣講《法華經》，完成《法華玄義》、《法華文句》、《摩訶止觀》等天臺宗論著，創建天臺宗。天臺宗以《法華經》為中心將漢代以來流傳在中國的佛教加以體系化，認為佛有「五時」說法。(1)華嚴時，佛首先對慧根人說《華嚴經》。(2)鹿苑時，對初學者說《阿含經》。(3)方等時，對有小乘基礎的人宣說大乘《方等經》。(4)般若時，再進一步說大乘空宗的《般若經》。(5)法華涅槃時，最後說最完滿、最清淨的《法華經》、《涅槃經》。天臺宗強調止觀修持法門，即止息散亂心，觀想抉擇，獲得般若智慧。將《中論》：「因緣所生法，我說即是空，亦名為假名，亦為中道義。」中的空、假名、中道三種觀法視為同一對象的不同側面，即於「一心」中同時觀照對象的真空、假有、中道的非有非無三個面向，這三個面向不是對立而是統一的，稱為「一心三觀」、「圓融三諦」。再以「一念三千」等各種觀法，來理解各種事物，因而達到不執

著、超越生死困惑而解脫成佛。

㈣華嚴宗

華嚴宗以闡揚《華嚴經》而得名。杜順（557-640）著《華嚴五教止觀》，根據佛教各種經論的不同教義，把止觀分為五類，並將《華嚴經》放在大乘圓教的最高地位，被尊稱為華嚴初祖。智儼（602-668）隨杜順出家，著《華嚴搜玄記》、《華嚴一乘十玄門》，闡述華嚴「六相義」、「十玄門」等思想，構畫華嚴宗主要理論架構。智儼弟子法藏（643-712）曾為武則天講《華嚴經》，撰成《華嚴金師子章》、《華嚴經旨歸》、《華嚴五教章》等書四十二部、八十餘卷，集華嚴教之大成。他認為一切事物都具備總、別，同、異，成、壞六相。總由別成，別由總成，總相與別相是相即的，同、異是相對而言，成、壞是相望而言，因此，六相是相即相入，圓融無礙、不可分離，形成一個圓滿的有機整體，故名「六相圓融」，以此來觀察宇宙萬物都具備總、別，同、異，成、壞六相，因此，可以進一步提升到理事無礙、事事無礙，而達到圓滿、解脫境界。

㈤淨土宗

東晉慧遠在廬山結白蓮社，率眾念佛祈願往生極樂淨土，是淨土宗的先驅。淨土宗以稱念「阿彌佗佛」名號為主要修行方法，借阿彌佗佛本願功德力量，能經由蓮花化生於西方極樂淨土。西方淨土思想係依據《阿彌陀經》、《無量壽經》、《觀無量壽》三部經建立的宗教。善導（613-681）撰《觀無量壽經疏》等五部九卷，奠定淨土教義獨立系統之基礎。善導主張要一心一意念阿彌佗佛名號，以都攝六根，念念相繼為正業，而以禮拜讀誦為助業。他力倡阿彌佗佛的誓願有神聖的力量，能幫助稱念阿彌陀佛號的修行者，他的意識順利離開生死煩惱的肉體與濁穢世界，迅速往生極樂淨土，成為解脫痛苦的佛菩薩。

㈥律宗

戒律是佛教徒的生活規範，釋尊訓誡教團脫軌的行為，並導入正確的

修行途徑，這些倫理規範在佛滅後被結集為「律藏」。律宗係指弘傳「律藏」中《四分律》為主的宗派，由唐代道宣（596-667）撰《四分律行事鈔》等五大部，而集其大成。《四分律行事鈔》畫分整體佛教為化教與制教，化教是指「經、論」二藏。制教是「律藏」。道宣的教理分為戒法、戒體、戒行、戒相四種。戒法是佛制定的戒律；戒體是受戒者於受戒時領納正確規範心靈的力量、促使生命本體不再犯錯的無形力量；戒行是戒律的實踐行為；戒相是五戒、十戒的條文之相。其中以戒體最重要，道宣依唯識之說，以戒體為基礎，認為戒體是受戒者在受戒發誓時，可以得到防非止惡的體性、力量，從而走上成佛之道。

㈦禪宗

印度佛教戒、定、慧三學中的定，是指禪定、靜慮、思惟修之意。三學中以禪定為主軸所發展出的系統，形成了後世的禪宗。中國禪學以菩提達摩為初祖，經五傳之後，到六祖慧能（638-713）大振禪風，嗣法弟子傳承至今不絕。慧能聽《金剛般若經》而大悟，得五祖弘忍傳授衣鉢，住曹溪寶林寺。他的言行被弟子紀錄為《六祖壇經》。《壇經》：「心是菩提樹，身為明鏡臺，明鏡本清淨，何處染塵埃。」主張「心性本淨」，強調眾生「本性自有般若之智，自用智慧觀照」，又強調「一切萬法盡在自身心中，何不從於自心頓現真如本性」，因此，「若識本心，即是解脫」，而可以「直指人心，見性成佛」。禪宗主張在日常生活之中，以平常人的心識活動經由各種禪修法門的實踐，不假外求，即可得道成佛。禪法融入世俗生活中，促進生命境界的提升。

㈧密宗

印度在七世紀時，密教思想發展成完整體系，而以《大日經》、《金剛頂經》為主要支柱。唐玄宗開元三大士：善無畏（637-735）譯《大日經》，金剛智（669-741）譯《金剛頂經》，不空（705-774）使密教廣為流布。密教是顯教的對稱，係顯示密教所詮解之教理、修持必須由上師祕密傳承，認為前此的大乘教派可以用語言、文字突顯教理，稱為顯教。密教

認為凡夫的身、口、意三業，都相應佛的三業與三密。經由身體的手印、行為，口唱佛的真言、咒語，心觀想本尊佛菩薩的法門，表徵與想像一切如來加護自己，使自身聚集本尊佛的無限能力，了知「此心本性清淨，隨彼乃用，隨意堪位」，而達到自身即佛菩薩的自覺。凡夫經由三密加持的修練，就可與佛的三密相應，而即身成佛。

五 佛教在東南亞地區的發展

　　日本、韓國、越南等東亞地區各國，自古代迄十九世紀都使用中國的漢字作為各種公私文書的寫作工具，形成特殊的東亞漢字文化圈。中國文化也以漢字為傳播載體，對日本、韓國、越南等國的文學、思想、學術、宗教、信仰方面產生重大的影響。

　　佛教雖然起源於印度，但是在後漢末年傳入中國以來，印度大小乘佛教各派經律論等重要典籍，幾乎全部被翻譯成漢字《大藏經》。魏晉南北朝時期，中國人以傳統儒道文化為基礎，進一步解讀研究各部派經典而開創各種佛學學派。到隋唐時代，佛教已經深入中國社會各階層、各地區，除了興建數萬座寺院，發展僧團，且開鑿石窟藝術，舉行各種法會活動之外，還進一步創立獨特的大乘諸宗派，形成中國化的佛教。近代學者的研究認為佛教在中國的廣泛流行，也進一步傳播到東亞地區的越南、韓國與日本等相鄰的東亞國家，構成以中國漢字大藏經、中國諸宗派為中心的東亞佛教文化圈。

(一)中國佛教對越南佛教的影響

　　越南在唐代以前為中國郡縣，到五代時期才出現自主的國家政權。因為越南位於印度經斯里蘭卡，到中國南方的海路上，所以，早在三國時代就有康僧會從交趾到孫吳的建業，造寺弘法、翻譯經典。西晉惠帝元康六年（296）天竺僧耆域，也經交州至洛陽。越南丁、黎、李、陳、阮諸王朝都流傳中國佛教。越南丁氏王朝太平二年（971），效法中國設立僧官制度，有國師、僧統、僧錄、僧正等職名。李朝的李太祖參照宋朝制度，以

考試方式度平民為僧侶，設戒壇傳授戒法，並於宋真宗大中祥符三年（1010）
遣使求取《大藏經》。越南佛教盛行中國南方的禪宗，可歸納為毘尼多流
支、無言通、草堂等中國禪師的傳承體系。

　　黎利建立後黎王朝，實行僧侶考試，凡是不持戒律、習誦經典者，則
勒令還俗。後黎王朝雖然厲行重儒抑佛政策，但是中國僧侶仍然前往越南
弘法，例如：康熙四年（1665）謝元韶，往順化造寺傳禪法。康熙三十四
年（1695）廣東的石濂和尚，往順化傳戒律及禪法。阮福映建立的阮氏王
朝，厲行崇儒抑佛政策，控制僧籍，佛教乃漸趨於衰微。

㈡中國佛教對韓國佛教的影響

　　佛教傳入朝鮮半島，始於高句麗小獸林王二年（372），前秦苻堅派使
和僧順道攜帶佛像佛經至高句麗。十餘年後，百濟也開始有胡僧從東晉來
傳佛法。新羅接受佛教，稍晚於百濟，由蕭梁遣使傳入。三國既先後允許
佛法流傳，便不斷從中國輸入漢字佛經，而且三國僧侶也不斷的前往中國
求法，其中尤以高句麗僧義淵，百濟僧慧顯，新羅僧元曉（617-686）等最
為著名。於是中國大乘佛教各宗派，隨著僧侶、使節的來往，而不斷的傳
入朝鮮半島，至新羅統一前後，已有大乘佛教涅槃、律宗、三論、華嚴、
法相等五教的成立。新羅在八世紀以後，傳入唐代禪宗的北宗神秀禪法與
南宗慧能禪法。晚唐五代時期，中國禪宗的南禪獨盛，分成五家七宗的分
立發展，新羅受到此種潮流的影響，也有禪宗九山的分立。九山的祖師都
曾經留學中國，都以明心見性為主，與先前流傳在朝鮮，重文字義解的五
教不同，因此，也形成五教與九山宗風的對立。高麗王朝大量興建佛寺，
盛行法會，以高僧為國師，弼輔國政。

　　高麗肅宗二年（1097），留學宋朝返國的僧侶義天（1055-1101），創
建國清寺，正式成立天臺宗，刊行高麗本大藏經五千卷，成為流傳迄今的
漢字佛經重要的版本。義天提出「教觀兼修，教禪合作」的主張，矯正佛
教禪宗派分爭的弊害。從此以後，朝鮮佛教史上的五教、九山，轉變為五
教，與天臺、禪兩宗。李太祖開國，實施崇儒抑佛政策，禁僧侶募捐經
費，佛教受到打擊。至世宗時，將佛教各宗派併合為禪、教兩宗，每宗十

八寺，只承認三十六寺的寺格。由於儒教打擊，朝鮮佛教日趨衰弱。

(三)中國佛教對日本佛教的影響

中國佛教自百濟傳入日本，始於欽明天皇七年（546）。後來聖德太子（574-622），大興佛法，因都於飛鳥，史稱飛鳥時代。飛鳥時代早期是經由百濟、高麗間接傳入中國六朝時代的小乘佛教。到了奈良時代，乃直接由唐朝傳入中國的大乘佛教。奈良時代主要宗派有六，號稱「南都六宗」：三論宗、法相宗、華嚴宗、律宗、俱舍宗、成實宗。平安時代，除原有的六宗之外，又新興大乘二宗，以最澄為開山祖的天臺宗，和以空海為開山祖的真言宗。

奈良時代的佛教是城市佛教，平安時代新興的天臺宗，真言宗是山嶽佛教。平安時代新興二宗，除了避開都市而選擇深山幽谷建立寺院之外，都提倡本地垂跡說，認為佛是神的本體，神是佛的化身，促使外來的佛教和日本傳統的神道教互相調和，而讓日本佛教增強國家主義的色彩。十二世紀末，日本進入鎌倉幕府時代，武人當權，王朝時代貴族信仰的八宗，已經不能滿足大眾社會的需要，所以，平安朝的八宗，至鎌倉時代又增為十二宗。新增的四宗為淨土宗、真宗、日蓮宗、禪宗。淨土宗的興起，順應了日本佛教平民化的趨勢，淨土真宗開山祖親鸞，主張和尚可以帶妻食肉，而廣受人民的信仰。日蓮宗的開山祖日蓮，標榜「唱題成佛論」，只要虔誠的唱念「南無妙法蓮華經」的經題，就可以修行成佛。禪宗不重視經典研究，主張精神修養，適合鎌倉時代武士的愛好，所以獲得政府的大力支持，而漸壓倒其他宗派。

日本禪宗與幕府武士道的結合，促使曹洞、臨濟、黃檗等禪宗三大派風行於日本朝野各階層。近代日本禪宗大師鈴木大拙，更將禪宗介紹到歐美等國家，使得中國禪宗經由日本禪師的發揚光大，獲得世界各國的普遍信仰與修學傳布。

六 臺灣佛教的淵源與轉型

㈠荷鄭至清代齋教・庶民佛教的傳入

近代學者認為荷蘭時期的臺灣，至少有五萬以上的漢人移墾到今臺南市區一帶。齋教金幢派齋友蔡文舉避白蓮教之亂到臺灣設齋堂（今臺南慎齋堂，建於 1628-1644），展開傳教工作。鄭成功能迅速打敗荷蘭人，與齋教徒祕密組織的協助有關。鄭氏入臺後，金幢派的發展頗為順利，隨著鄭氏與清朝對立，嚴禁兩岸往來使齋堂建設停頓下來。清朝占臺時期，金幢派齋堂發展至三十餘所。齋教龍華派在乾隆年間傳入，先後建立化齋堂、德善堂，後來合併為德化堂，至今傳承十餘代堂主。龍華派是臺灣勢力最強大的齋教。齋教先天派將其開教祖上溯至菩提達摩禪師，在咸豐年間來臺傳教，今臺灣有二十餘所齋堂。齋教是在家佛教，以佛教禪宗為主，吸收道教、儒教及民間信仰的成分，因此，臺灣初期的佛教並不是純粹的宗派佛教、正統的僧侶佛教。

鄭氏王國時期，鄭經在今臺南市建立彌陀室、陳永華在今臺南縣六甲鄉建立龍湖巖，供奉觀音菩薩。此外，還有準提室、觀音亭、竹溪寺等寺廟，大都供奉觀音菩薩。沈光文、李茂春等文人也與寺廟僧侶相互詩文唱酬往來。

清朝康熙年間，由於官吏的護持，開元寺、法華寺等佛寺相繼建立，盛傳於福建禪宗的臨濟宗、曹洞宗等僧侶也相繼東渡臺灣來住持寺院，弘揚佛法。乾隆二十九年所修的《臺灣府志》記載佛寺三十四所。有清一代，臺灣境內建立佛教寺院一百零二座，主祀觀音菩薩的佛寺有五十五座以上。綜合清代方志與佛寺碑文史料，清代佛教的特色是：⑴佛教與官方祀典廟宇相結合，例如：位於嘉義市的普濟寺，初創期前廳為關帝廟，後殿為觀音亭，二者結合的寺廟。⑵佛教、道教與庶民信仰的神祇被共同供奉，例如：佛寺兼祀媽祖、文昌帝君。⑶民間廟宇聘請僧侶住持，例如：北港朝天宮媽祖廟由臨濟宗僧侶住持迄今。⑷佛教宗派義理乏人問津，而

庶民佛教神佛不分的現象極為普遍。總而言之，荷鄭至清代的臺灣佛教，流傳的是中國佛教中的齋教、觀音信仰以及與道教、儒教、民間信仰相融合的庶民佛教。隨著漢人移墾社會的發展，庶民佛教逐漸傳布到臺灣的城鄉各地。

㈡日治時代日本佛教的傳布

日本統治臺灣，日本佛教各宗派皆派遣「隨軍布教師」，跟隨軍隊到臺灣各地從事布教活動。臺灣局勢穩定後，日本佛教十三宗四十八派來臺傳教的就有曹洞宗、臨濟宗妙心寺派等八宗十二派之多。到一九三五年為止，日本各宗派在臺共設立五十六座寺院，一一〇座布教所。他們在全臺各地從事經典解說、祭典、葬禮儀式等活動，也有信徒總會、婦女會、青年會等組織，並附設職業介紹所等社會服務性事業。比較重要的有曹洞宗設私立臺北中學（即今泰北中學），淨土宗設私立臺南商業學院等十餘所學校，臨濟宗設高雄佛教慈愛醫院等十餘種社會機構。

一九一五年余清芳以臺南市西來庵齋堂為中心，連絡全臺齋堂的齋友從事抗日活動，史稱西來庵事件。此事件一方面促使欲自清的齋堂成立全臺灣的佛教組織，另一方面促使齋堂、佛寺紛紛加入日本佛教宗派以求自保。日本政府更在事件平定後，即派人徹底調查臺灣的寺廟庵堂，進一步統合全臺的佛寺、齋堂，設立由總督府主導的全臺性的佛教組織——南瀛佛教會。本會會刊為《南瀛佛教》，自一九二一年創刊後，即按月發行迄終戰時才停刊。《南瀛佛教會》辦刊物，舉行定期會議，並派遣講師到各地弘法，逐漸提升、統一臺灣佛教水準。此外，又遴選優秀的留學生，到日本駒澤大學等校，專門進修佛學。因此，在臺灣或日本受日本佛教教育者，逐漸在教義、修持、信仰等方面，為日本佛教所同化。

一九三七年臺灣進入皇民化時期，日本更加強寺廟庵堂的整理運動。寺廟庵堂如果不及時依附到日本佛教宗派，就難逃被廢毀或改為神社的命運。皇民化運動，使得臺灣佛教寺院的設備、僧侶服裝及一切法會儀式活動，都全部日本佛教化了。

日本治臺五十年間，進行日本佛教宗派高水準的佛學教育、嚴密活躍

的組織活動,強烈衝擊以閩南佛教為主軸的漢傳佛教,從而醞釀出臺灣的四大法脈。善慧法師開創基隆月眉山靈泉寺法脈,義敏與永定法師開創高雄大崗山超峯寺法脈,本圓法師開創淡水觀音山凌雲寺法脈,覺力法師開創苗栗大湖法雲寺法脈。這四個根本寺院培養、嗣法的弟子,代代相傳,輾轉在臺灣各地成立相關寺院,形成漢傳佛教網絡,它們在各地區的影響力迄今不絕。

㈢戰後佛教的轉型

戰後,日本佛教全面撤出,中國大陸僧侶及正統佛教徒大量來臺,由國民黨支持的中國佛教會(外省僧侶為核心)主導臺灣佛教的發展。中國佛教會擁有傳授沙彌、比丘、菩薩戒等三壇大戒的唯一合法權力,受戒的出家人才是合法的,才具有住持或居住寺院的資格。中佛會透過受戒等法會活動,將寺廟、齋堂逐漸改為正統佛寺,掃除日本佛教僧侶肉食、娶妻等傳統,使臺灣佛教走向中國僧侶主導的正統漢傳佛教。此外,大陸來臺的學者、居士也在各個大專院校提倡建立佛學社團,創辦各種獎學金,發行佛教刊物、佛典書籍,舉辦佛學活動,鼓勵大專青年學佛的風氣,促使佛教由民間迷信的庶民佛教提升為知識份子的學術性研究修持層次,佛教乃逐漸轉變為中國傳承的漢傳佛教。

一九八七年解除戒嚴令,臺灣佛教也進入一個嶄新階段。中國佛教會淪為眾多佛教團體之一,而喪失主導力量。星雲主持的佛光山、證嚴主持的慈濟功德會、聖嚴主持的法鼓山、惟覺主持的中臺山等四大佛教勢力,它們的事業發展都遍及全臺,而且延伸到國際社會。此外,本土新興宗派有現代禪、維鬘學會等,日本新興宗教,例如創價學會、靈友會等派。西藏佛教的各大教派,法王也大規模來臺弘法。由東南亞各國傳入的南傳佛教等修持法門,也在臺灣設立分支道場。因此,臺灣佛教同時擁有漢傳、藏傳、南傳佛教的特色,擁有日本、中國佛教的精華。尤其,印順法師領導的「人間佛教」承傳自中國、印度佛教的精髓,依據「此時、此地、此人的關懷與淨化」等精神而順應現代政治、社會、文化的需要,正進行新一波的臺灣佛教改造運動,促使臺灣佛教走向另一個新境界。

第五節　民間宗教以及基督教

　　民間宗教是流傳在統治者上層知識階級所支持的正統宗教之下，而在民間下層大眾庶民階層的多種宗教信仰的統稱。通常，民間宗教往往被統治者仕宦階級視為迷信、淫祀、邪教、祕密幫派，而被政權鎮壓、取締或消滅，所以它們的活動都在民間進行，甚至祕密傳播，被認為是民間祕密宗教或庶民信仰。民間宗教同樣傳承自中國原始社會的靈魂觀念、圖騰崇拜、自然崇拜、祖先崇拜、巫祝占卜信仰等原始宗教。夏商周三代以來，有一部分的原始宗教信仰被帝王統治階級、吸收轉化為宗法性國家宗教暨官方祀典宗教。東漢時期，流傳在民間的神仙方術、巫術、讖緯等信仰，被張角、張陵、張魯等人整合成為早期的民間道教，例如太平道、五斗米道等。民間道教經六朝時期葛洪、寇謙之等道士的努力提升，獲得統治階級的支持成為正統宗教。兩漢之際由印度傳入中國的佛教，首先在地方被視為神仙方術而被接納為民間宗教的一部分，得以流傳在城鄉各地。佛教在六朝時期經由西域東來的高僧與中國知識階層共同翻譯、研究、著書立說，逐漸成為官方接納的正統宗教。世界上著名的宗教在初創時期，大都先在下層民間社會流傳，其後有部分民間宗教因為領導者能帶領信眾，適應社會的普遍需求，而且獲得統治上層知識份子的支持，走向正統宗教地位，甚至統治地位。然而，大量的流傳各個城鄉地區的民間宗教信仰，未獲得統治階層與菁英社會的支持，仍然以各種民間宗教信仰型態，歷數千年之久，廣泛傳播至今，對中國的政治、社會、文化等各領域，產生各種大小不一的衝擊與影響，值得進一步的關懷與理解。本節將依序說明民間宗教的發展，庶民佛教的轉變歷程。

　　唐朝承分裂動亂的魏晉南北朝時代，又吸取隋朝速亡的經驗，留意政治，採取種種長治久安的政策，經過貞觀之治，國力達到鼎盛，社會繁榮，隨著與周遭鄰國的經濟、文化交往，基督教、伊斯蘭教、猶太教等外國宗教不斷的傳入中國，並且在宋元明清等時期，獲得持續的發展。因為篇幅的限制，本節只選擇影響中國最大的基督教，作為西方外來宗教的典

型，加以敘述說明。

一 民間宗教

㈠民間宗教與正統宗教

民間宗教學者認為社會底層大眾的信仰有庶民古樸、真誠、粗糙、甚至荒誕、怪異的現象，但是他們的信仰、風尚，可以孕育雛形的民間宗教，也有可能發展為統治階層所承認的正統宗教，例如：三代以來的宗法性國家宗教暨官方祀典宗教，兩漢以來的道教、佛教。正統宗教的發展，有部分的宗教經驗、觀念、行為會因在民間階層的需要而世俗化，或正統宗教內的異議份子被迫往民間發展，走向下層社會。因此，正統宗教與民間宗教之間，隨著時代、地域、階層的不同發展，有著彼此互動、糾結、盤根錯節的複雜關係。由於民間宗教主要傳承在不識字的庶民社會中，缺乏文獻記錄。民間宗教發展成為威脅到政權的組織幫會教派時，才會被官方鎮壓或取締，而留下歷史紀錄。因此，我們除了從史籍零碎、片斷的斷簡殘篇中了解民間宗教之外，數千年來經由口耳相傳、代代承襲流傳在今日中國、臺灣以及世界各地的華僑社會的民間宗教信仰，仍然鮮活的展現他們的宗教經驗、觀念、儀式、組織、活動、建築設施等型態，值得我們深入的參與、觀察與了解。

中國文化有儒、釋、道三大體系，也有流傳在廣大平民階級的民間宗教信仰，這四大文化體系之間的相互批判，或融攝創新，構成整個中國傳統宗教。

㈡民間道教

上古時代氏族社會的原始宗教信仰，有一部分為上層君王掌控成為宗法性國家宗教暨官方祀典宗教，而一般庶民階層成為正統宗教的附庸，遵循官方的指導，配合進行相關的祭祀活動；另外一部分的原始宗教信仰仍然留傳在民間，成為散漫的民間信仰活動，並未能形成有體系、固定形式

的宗教形態。兩漢時期民間的讖緯、迷信等信仰互相融合，逐漸形成太平道、五斗米道等民間道教體系。太平道的黃巾之亂，遭鎮壓而衰微。五斗米道的張魯歸降於曹操，因政權的寬容得以合法流傳到華北、江東一帶。東漢末年至魏晉南北朝，民間道教的支流，仍然在平民階層中流傳不息。例如：帛家道、于家道、李家道等道派。

東漢曹魏之際，巴蜀地區有部分李姓方士，例如：李八百、李阿、李寬等人，他們由巴蜀來到江東、華北一帶傳教，以祝禱符水為人治病，舉辦齋戒祈福法會。宗教史學者湯用彤研究指出，從三二二年到四一六年的東晉時代，東起山東，西至四川，南到安徽等地，均有人以「李弘」為太上老君化身領導的農民起義事件。「稱名李弘、歲歲有之」。後來為官方正統道教大力誡斥而漸平息。東晉末年天師道徒孫恩、盧循領導的宗教抗爭運動，遍及長江各州數千里，前後歷時十三年，才被劉裕等人平定。

㈢彌勒信仰與白蓮教

佛教的三世十方佛普渡眾生思想與道教教義相結合，形成三佛應劫救世觀念，過去世是燃燈佛，為青陽劫；現在世是釋迦佛，為紅陽劫；未來世為彌勒佛，為白陽劫。三佛應劫救世思想，又被稱為三陽劫變觀念，佛道兩教融合思想，對民間宗教產生重大影響。其中彌勒佛在末劫之時，從兜率宮降世，在龍華樹下三行法會，普渡眾生，離苦得樂。彌勒佛將降生救世思想，形成彌勒教信仰。南北朝、隋唐時期假借彌勒佛轉世，聚眾向官方爭取權益的活動，不斷的挑戰世俗政權。唐玄宗開元三年（715），政府不得不禁止彌勒教。五代時期，浙江四明和尚契此法師，矮胖大腹，身負一布袋，能示人吉凶，化解水旱災等禍亂，被稱為彌勒佛化身的「布袋和尚」。南宋以來，彌勒佛救世思想又與淨土思想形成的白蓮教相結合，將彌勒佛奉為白蓮教最高的神祇來膜拜。歷經元明清迄今，民間宗教部分教派仍奉彌勒佛為教主，相關的信仰崇拜歷久不衰。

唐代會昌法難之後，以義理研究為主的宗派迅速沒落，以簡易修行為主的淨土宗、禪宗得以盛行。宋朝時期，淨土宗與禪宗的結合，進一步的向庶民階層傳播，大量的民間佛教團體紛紛興起，例如：白雲宗和白蓮

教。白蓮教創始於南宋紹興二年（1133）江蘇吳郡沙門茅子元，他勸人皈依三寶，受持五戒，念阿彌陀佛五聲，以證五戒，普結淨緣，淨五根，得五力，出五濁娑婆世界。茅子元創立白蓮懺堂，勸誘男女同於懺堂中共修淨業，不必落髮為僧侶，可以娶嫁生子，家居修行，滿足民間大眾的宗教需求。白蓮教教義通俗易行，在民間迅速傳布。元代時，白蓮教在江南各地建立白蓮堂，白蓮教徒以堂為家，子孫世代經營土地產業與傳教工作，促進民間宗教的發展。元朝末葉，民族與階級衝突越來越尖銳，加上天災人禍並行，平民大眾遂以白蓮教為組織形式，在元順帝十一年（1351）以紅巾為號，爆發紅巾之亂。白蓮教、彌勒教等民間教派結合的紅巾軍以「彌勒佛下生，明王出世」為口號；迅速得到各地人民支持，最後推翻元朝。明太祖朱元璋，出身於白蓮教信徒，開國稱帝之後，深知民間宗教對政權的威脅力量，乃下令禁止白蓮教，因此，彌勒教、白蓮教等受到政權打壓，漸趨衰微。

㈣一貫道

　　春秋戰國時代興起的儒家，在前漢武帝時期由於董仲舒提倡的「獨尊儒術，罷黜百家」成為君主官僚體系的主軸思想。東漢時期以來，佛教、道教歷經魏晉南北朝的發展，儒、道、釋三家互相批判，也互相融攝，並為帝王貴族階層所接納。隋唐時期，儒、道、釋三教逐漸成為統治階層的主要意識型態，三教鼎足而立，同時三教也都先後出現倡導三教融合，三教同一的思想家，促使三教合一的思想形成社會思潮。三教合一思想產生了宋代理學、明代王陽明的心學，即新儒學。道教則出現融合三教的全真教，即新道教。佛教則出現以在家居士融合三教的居士佛教。明代中葉，三教合一思想在民間普遍流傳的結果，孕育誕生了一支影響後世深遠的民間教派——羅教。

　　羅教創始者為羅清（1442-1527），又名羅因，被尊稱為羅祖。羅祖於明正德四年（1509）撰寫刊刻《苦功悟道卷》等五部六冊經典，將三教經典的深奧義理通俗化，以庶民大眾的口頭語言闡述難解的生死、有無、淨土、宇宙、人生等一系列的生命課題。羅教為不識字的下層民眾，提供簡

易可行的解脫成佛途徑，迅速地獲得廣大群眾的信仰，形成民間教派。羅祖死後，羅教逐漸形成四大支派：第一支稱為無為教，是羅祖正宗嫡系子孫世代傳承，流傳到清朝嘉慶二十年（1815）才被官方禁絕；第二支係以師徒相傳的方式，共傳承了八代祖師，他們不但將羅教傳布到華北各地，也不斷的創造各種寶卷經典，提出「真空家鄉，無生老母」的信仰，被其他的民間教派共同宗奉；第三支是通過大運河的漕運水手，將羅教由華北傳播到江南，形成了清代著名的「青幫」；第四支是在浙江、福建一帶，以羅祖轉世降生的方式，產生了殷繼南、姚文宇等宗教領袖，形成了齋教系統，也成為今日一貫道的根源。齋教、一貫道等民間宗教一直流傳至今不絕。

　　一貫道在大陸淪陷後，才流傳到戰後的臺灣，一貫道的宗旨，即一即道，以一統天、地、人三才，以一統儒、釋、道三教，以一統天地萬物，而一即理，理即道，常存至今。一貫道供奉無生老母，以三教一貫之旨，會通各種宗教；一貫道以老母為一切萬物靈性的根源，並將宇宙畫分為理天、氣天、象天三個境界。理天是永恆不滅的，是人靈性最終要到達的地方，也是老母娘所在之地，達到這個境界就能超脫輪迴；氣天為諸神明所居住之地，天上眾神明雖然有遠超過凡人的壽命與法力，但依舊受到輪迴所限制，神明一樣要繼續修行才能真正超脫生死；象天則為一般人與眾生之所在；也就是說除了到達理天之外，不管是人或眾神依舊要持續的悟道與修行。但是一貫道在臺灣流傳初期曾遭受政府強力的取締，後來一貫道主動與當時的執政當局合作，取得溝通管道才逐漸消除政府對於一貫道的取締，一貫道雖被查禁，但活動一直沒有中斷。至一九八〇年代，一貫道已經是世界性規模的大教派了。因此便有「合法化運動」的展開。宋光宇對這段過程的研究，著重於一貫道建立與國民黨的關係，並取得合法化的過程。瞿海源則認為一貫道的解禁是當時臺灣威權體制鬆綁後的必然現象。根據宋光宇的研究，一貫道支線分為大中小三個類型，大型支線如基礎組張培成支線、發一組陳洪珍支線，中型有浩然組陳耀菊、梁春華支線等，另有有許多地區的小型支線，支線之多實無法完全掌握。一貫道經過取締到合法的艱困過程，傳布在今日臺灣知識階層以及廣大的平民大眾之間（圖4-10）。

圖4-10　嘉義市元一宮屬於一貫道正義組

㈤庶民佛教的轉變

　　佛教起源於印度，後漢初期傳入中國，歷經魏晉南北朝經典的翻譯，佛學的研究，佛教社會活動的發展，締造佛教藝術的高度成就。隋唐時期終於完成在中國產生的宗派佛教，宋元時期中國佛教進一步的實踐與扎根融入庶民生活中。明清時期，佛教不但是中國儒釋道文化三大基礎之一，與國家宗法宗教、民間宗教充分的融合，成為俗民生活中不可分離的部分，中國特殊的庶民佛教也得以獨立的發展。因此，中國不僅擁有傳承自印度新生的，以出家僧侶為主導，在寺院中的宗派佛教、正統佛教，而且有流傳在民間與中國社會相融合，以在家民俗生活為基礎的民間佛教、庶民化佛教。

1. 諸佛菩薩的信仰

淨土宗流行於各層民眾之間,使阿彌陀佛的信仰普遍為庶民接受。雕刻、塑造、彩繪阿彌陀佛像,作為禮拜、頌讚、懺悔的聖像,同時也作為信徒口稱念佛、觀想佛莊嚴容貌的聖像,一切善行、功德也都迴向給阿彌陀佛。《彌勒菩薩上升經》與《彌勒佛下生經》等說明彌勒菩薩現在兜率天說法,將要下生人間,在龍華會上普渡眾生。彌勒思想不但導致道安法師求生兜率淨土的實踐法門,而且在南北朝時期被叛變者利用為彌勒教匪之亂,以及宋元時期的白蓮教之亂。

《妙法蓮華經·觀世音菩薩普門品》、《華嚴經》的普陀勒伽山觀音菩薩,《高王觀世音菩薩》的十念觀音等觀音菩薩現世聞聲救苦的說法,促使觀音信仰盛行。天臺宗的「觀音懺法」、密宗的大悲咒、千手觀音等信仰透過造像、繪畫、禮懺、疑偽經典的撰述,使觀音大士女性化、母性化,出現水月觀音、白衣觀音、送子觀音、魚籃觀音、南海觀音等各種不同型態的觀音面貌。觀音信仰在流傳過程中,逐漸與道教、民間信仰融合而庶民化,讓中國民間社會出現「戶戶彌陀、家家觀音」的景象。觀音信仰傳播到臺灣,也以民間保護神的形態,被奉祀在「觀音巖」中,被稱為「觀音媽」(圖4-11)。

2. 疑偽經、變文、善書、寶卷的轉化

印度佛教流傳在中國社會文化中,逐漸與中國傳統儒、道思想,民間習俗相互融合,在佛教經典方面出現為國人撰述的疑偽經、變文、善書、寶卷等中國化、世俗化的典籍。早在釋道安撰《新集安公疑經錄》就有二十三部疑偽經的登錄。北魏比丘曇辯撰《寶車菩薩經》說受持三歸五戒、守八關齋戒,須按月持戒生活,與中國的泰山信仰、佛教的地獄報應相結合。劉宋比丘寶雲譯《四天王經》應用道教思想,視人們的現世善惡行為決定壽命長短。鳩摩羅什譯《仁王護國般若波羅蜜經》說明國王請法師講般若經、說菩薩戒,可以退散怨敵得以保護國家。疑偽經的創作與流傳,因適應中國傳統思想,使佛教更普及化。

寺院僧旅遊化地方，在向村民宣講佛經時，往往使用變相圖與變文的方式。變相是以繪畫的方式，表現佛教的內容，為了說明這些變相圖畫附加上散文、韻文混合書寫的文章，稱為變文。例如：〈阿彌陀經變文〉、〈維摩經押座文〉、〈目連冥間救母變文〉等。演說變文的僧侶，搭配巧妙的音樂曲調，與具有說服力的言詞，而出現〈五更轉〉、〈十恩德〉等佛曲。敦煌出土的佛典近三百首，可以看出佛教大眾化的努力。宋代以前的談

圖 4-11　臺南縣六甲鄉龍湖巖的觀音媽

經、說經、彈唱等，在佛教庶民化過程中，擔任重要角色。

　　儒、釋、道三教合一與佛教向民間深層的廣泛發展，促使許多適應不同信仰層次的著作不斷問世，而形成善書與寶卷。善書是勸善之書，明代釋袾宏撰《自知錄》是以佛教為主體的勸善書，將封建倫理道德完全融解到佛教義理之中。明末以來，佛教的善書在民間廣為流傳，給庶民佛教生活深刻影響。寶卷是由唐代佛教變文演化而來，較早使用題材多為佛教故事，宋元以後加入民間傳說。例如：宋代釋普明撰《香山寶卷》係述說妙

善公主在香山修行成為大悲觀世音菩薩的故事，對於觀音信仰的流傳，有廣泛的促進作用。明末以來的宗教結社，各派各有其《寶卷》之作，為各教派祕密受持流傳的經典依據。

二 基督教

㈠基督教的產生與傳播

　　基督教學者認為基督教是奉耶穌基督為救世主的宗教，約公元一世紀，相傳為猶太的拿撒勒人耶穌於巴勒斯坦創立，在傳承發展中，建立了包括天主教、東正教、新教和其他各種類型的教派。根據《聖經·新約》，上帝為救贖世人派遣其子，通過童真女瑪利亞因聖靈感孕而生於人世，取名耶穌，被稱為神子或救世主。耶穌在猶太人中傳播「悔罪得救」的福音，教人愛上帝或愛人如己，及信、望、愛三種美德。耶穌招收十二個使徒，顯現各種奇蹟，為了救贖人類的原罪，被釘死在十字架上，三天後復活升天，門徒尊他為救世主（基督）。西元三〇至四〇年代，由其使徒領受聖靈為「靈召」，以耶路撒冷為中心建立初期的基督教教會。四〇年代後期，隨著保羅向異邦人傳教，教會突破猶太教律法的限制而走向世界化，相繼在敘利亞、埃及、羅馬等地，建立教會。二至三世紀，史稱公教會時期，意為不分地域、種族的普世教會。三九二年，公教會被羅馬帝國皇帝宣布為國教，也發展出主教、長老等教職，以及隱修制度所形成在各地的各種修院。基督教創立初期，即在羅馬帝國境內形成東部希臘語地區的東派，和西部拉丁語區的西派。西派教會以羅馬為中心形成天主教傳統，以耶穌門徒彼得為第一任羅馬主教，發展出教皇制。東派以君士坦丁堡為中心，形成正教傳統。一〇五四年，東西兩派教會正式分裂，東派自稱東正教，西派自稱公教（即天主教）。十四世紀文藝復興時期，醞釀教會的改革運動。一五一七年，馬丁路德主張信徒個人「因信稱義」，直接與上帝相通並以《聖經》為主，無須教士作中介，而建立新教。一五四一年，喀爾文在日內瓦領導改革，以「預定說」為核心，建立長老教會制和

政教合一的共和國。天主教面對宗教改革運動的強大衝擊,更加強調虔修生活和社會服務,其中以一五三四年成立的「耶穌會」影響最大。一六二〇年,第一批清教徒乘坐「五月花」號,抵達北美洲,新教隨之廣泛傳播到世界各地。

　　基督教的基本教義有五種:(1)信仰「聖父、聖子、聖靈,三而為一」的上帝(天主或神)創造並主宰世界。上帝是靈、全知、全能、全善,是獨一真神。(2)信仰拿撒勒的耶穌是救世主基督,即上帝的道。耶穌降世為人,即道成肉身。耶穌為人類傳福音並贖罪,死後復活升天,將來還要再來,施行最後審判。(3)信仰聖靈受耶穌基督的差遣而運行在人類心中,使人知罪、悔改、成聖。(4)相信教會是由基督所建立,具有聖潔性和普及性。(5)相信人為上帝按自己的形象所創造,由身體和靈魂組成,唯有信賴基督才能蒙救稱義,獲得永生。基督教最普遍的崇拜儀式是在星期日舉行主日彌撒,主要內容有唱讚美詩、祈禱、讀誦《聖經》、講道、祝福、聖餐(領聖體或聖血)等活動。

㈡唐代的景教與元代的也里可溫教

　　景教是基督聶斯脫利派,信奉君士坦丁堡主教聶斯脫利(約380-451)所倡導的教義,認為道成肉身的基督,具有真正的神性,也有完整的人性,神性和人性在耶穌身上的統一,是精神上的統一,不是肉體上的統一,即耶穌二性分立論。聶斯脫利的追隨者於四八四年,在波斯創立教派。該教派教士阿羅本(敘利亞人)於貞觀九年(635)來到長安,受到唐太宗的禮遇,並在長安賜建景寺一所,度僧二十一人。高宗時准諸州各置景寺,封阿羅本為鎮國大法主。唐德宗建中二年(781),大秦寺僧景淨撰立《大秦景教流行中國碑》於長安。唐代景教流傳於李唐皇室及上層官僚,例如:房玄齡、魏徵、尉遲恭、郭子儀等,也都尊崇該教。但教士多為外國人,甚少流傳到下層民眾。唐武宗會昌五年滅佛,景教亦遭波及,在內地被禁絕,只有在中國西北地區及沿海一帶還流傳基督教信仰。

　　基督教再次傳入中國,是隨著元朝建立歐亞大帝國傳來的。元朝人統稱流傳在西域以及剛傳入的天主教方濟各會為「十字教」,蒙語為「也里

可溫」（Erkeun），意為「奉福音的人」，或「長老」的尊稱。一二八九年，教皇尼古拉四世派義大利人，方濟各會修士約翰・孟高維諾（John of Montecorvino 1247-1328）航海來華，受到元成宗的禮遇，准許他公開傳教，並於一二九八年在大都建立第一座教堂，孟高維諾在華傳教近三十年，建立數座教堂，收信徒六千餘人。一三〇七年，教會任命他為中國教區大主教，以後又派數位傳教士來華。至一三二八年，天主教已達三萬人，尤以江南沿海一代為盛，杭州、鎮州、泉州等地皆建有教堂。也里可溫教在元代主要是蒙古人、色目人的宗教，並沒有扎根在廣大的漢人社會中。隨著元帝國的覆亡，基督教第二次傳入中國，也跟著逐漸衰微。

㈢明清之際的天主教活動

　　一五三四年，西班牙人羅耀拉（Ignacio de Loyola）創立天主教耶穌會，企圖通過向東方傳教來復興天主教，明清之際來華的傳教士多屬於這一派。利瑪竇（Matteo Ricei 1552-1610）義大利人，明萬曆十年（1852）奉派到澳門學漢文，一五八三年進入廣東肇慶，建立小教堂「仙花寺」傳教。一五九六年，利氏在南昌被任命為在華耶穌會會長。一五九八年進入北京，並主張把天主教教義與孔孟之道、敬祖思想相融合，宣稱西方崇奉的「天主」就是中國的「天」或「上帝」。介紹西方科學給徐光啟（1562-1633）、李之藻（1569-1630）、楊延筠（1557-1623）等三人，獲得他們的信仰與支持，後世稱他們為中國天主教「三柱石」。利瑪竇獲得萬曆皇帝支持，常駐北京傳教，由於朝廷重臣、著名知識份子的信教，加快了天主教的傳播。利瑪竇譯著有《坤輿萬國全圖》、《天主實義》，與徐光啟合譯《幾何原本》，對中國學術發展有重要貢獻。明末，除耶穌會外，有方濟各會、多明我會等傳教士也進入中國傳教，他們將西方文學、數學、地理學、水利學、機械工程學、建築、美術、音樂、西方醫藥學等知識傳入中國。同時，傳教士也將中國儒家、宋明理學等歷史、文化傳到歐洲，對於歐洲啟蒙思想，發揮了積極作用。

　　清朝初年，以湯若望（Johann Adam Schall von Bell, 1592-1666）為首的耶穌會仍受到朝廷的重用，湯氏曾任清朝欽天監監正、領太常寺卿、光祿大

夫等職。十七世紀中葉以後，葡萄牙國勢衰弱，也相對的使受其支持的耶穌會傳教工作減弱，而代之以西班牙支持的方濟各會、多明我會。西班牙支持的傳教士非難耶穌會對中國傳統的祭天、祭祖、祭孔等禮儀寬容，他們促使教皇作出禁止中國教徒祭祖、祭孔等命令。一七二○年，教皇第二次派遣特使到北京，重申禁止教徒祭祖等命令，導致康熙皇帝禁止基督教的傳播。雍正、乾隆、嘉慶不斷的禮儀之爭與教案事件，導致中國百年的「閉關鎖國」政策，傳教二百年的耶穌會退出中國，而天主教傳教活動也日趨沒落。

㈣近代基督教的發展

鴉片戰爭的爆發，不但改變中國由傳統走向近代化的發展，也促使基督教快速的傳布到各地、各階層社會中。一八四二年，中英《南京條約》開啟天主教合法來華傳教的管道。其後的《天津條約》等不平等條約，更加保護外國傳教士在華的傳教工作，可以自由的在各省租借購買田地，建造教堂，廣招教徒，因此，天主教與基督新教在全國各地迅速的發展。

天主教的多明我會，耶穌會等先前來華的教會，在鴉片戰爭後迅速的恢復傳教工作，此外，仁愛修女會（1842）、聖母聖心會（1865）、聖伯多祿修會（1885）等新的教會，接續來華蓋教堂，辦設醫院，創辦各種學校，出版圖書期刊，突顯西方近代化的社會、文化景象。到民國初年，天主教教徒人數已高達兩百萬人，中國、外國傳教士多達兩千人。基督新教傳入中國雖然比天主教舊教晚，但是在鴉片戰爭後的傳教發展卻較為快速。根據統計，到民國初年，先後來華的新教教派多達一百七十餘宗派。例如：喀爾文派的英國長老會、加拿大長老會。路德派的德國信義會、北美信義會、瑞美行道會。公理派的英國倫敦布道會、宣道會。浸禮派的美國浸禮會、新約教會。安立甘派的英國聖公會。以及衛斯理會、內地會、救世軍等新教團體。

基督教的大舉傳入中國，影響到經濟、社會、政治與文化等各個層面的劇烈轉變。例如：洪秀全（1814-1864）等人，受基督新教的啟發，創立「拜上帝會」引爆一八五一年「太平天國」起義事件，侵擾中國江南十

省，長達十五年的政治事件。清末基督教在西方殖民帝國資本主義、商品利益等支持之下，依仗一系列不平等條約的保護措施，造成許多不法之徒假借外來宗教勢力，滋生各種違法亂紀的教案事件。教案事件導因中西文化衝突、經濟利益或政治干預等多種因素，但是結局大半是清廷迫於外國壓力，懲處參與教案的中國官員、民眾，更加累積排外的情緒。終於，在一九○○年釀成全國性的「義和團運動」。義和團運動一年間，殺死數百人的西方傳教士，數萬名教徒，摧毀全國四分之三的教堂。義和團運動導致八國聯軍的侵華戰爭，北京失守，圓明園被毀，慈禧太后避難到長城之外，起義民眾遭到外國人鎮壓與屠殺。戰後鉅額的「庚子賠款」，更使中國陷入衰弱、貧窮的困境。

　　義和團運動是中國基督教發展史上最大的「教難」，傳教工作遭到嚴重的挫折，但是，卻促使西方教會人士徹底的反省，改變以往試圖使「中國基督化」的全盤西化政策，而改變為「基督教中國化」的本土化政策。一九一九年，羅馬天主教教皇本篤十五世也准許中國教團重新回到明清之際的「利瑪竇規矩」，採取與中國傳統文化認同的立場。一九二二年，基督新教更進一步推出「基督教本色運動」。本色化運動，促使中國的教會、信徒在經濟方面能自籌、自養；在組織上選舉中國人擔任教會領袖，實現自治；在活動方面能自傳，減少對外國教士的依賴；在教義方面，「使教會與中國文化結婚，洗刷西洋的色彩」。

　　民國初年，天主教與基督新教在中國創辦各種教育、文化、醫療、社會福利的事業，促使中國社會、文化趨向現代化的發展。例如：美國傳教士明恩溥曾覲見美國總統，用退還的「庚子賠款」建立了「清華大學」。天主教創辦的北平輔仁大學、上海震旦大學。基督新教辦的南京金陵大學、山東齊魯大學、北平燕京大學、上海聖約翰大學、蘇州東吳大學等著名的大學。這些大學培養許多人文與科技的菁英份子，促使中國現代化的快速發展。

　　大陸淪陷後，共產黨推行馬克思主義的無神論信仰，迫使大批的天主教、基督新教的神父、牧師、教徒大量來到主張信仰自由的臺灣。例如：羅馬教皇庇護十二世所任命的遠東第一位紅衣主教田耕莘，隨著國府遷移

來臺，並且於民國五十年間，在臺北縣新店市創辦著名的「耕莘醫院」，成為李登輝總統口中的「新店土地公」，不但悍衛大臺北地區民眾的身心健康，近年更成為輔仁大學醫學院的教學醫

圖 4-12　天主教新店耕莘醫院

院，朝向醫學中心邁進，提供國人更好的醫療品質（圖4-12）。

　　基督教新教美國行道會海外差會於一八九一年，在湖北創立的中華基督教行道會，也在一九四九年大陸赤化之後，教會被迫關閉。一九五二年，美國行道會海外差會創立的臺北行道會在臺灣恢復傳教工作。繼臺北行道會穩定成長後，敬拜中心和福音據點也迅速地在海內外各地被建立。例如：北投、中和、士林、新店、臺中、屏東、菲律賓、南非等地的行道會。一九七六年成立的新店行道會，從一個公寓的租屋會堂與二十人的主日崇拜，發展至今建立一棟六層智慧型大樓，同時容納一千人的主日崇拜與十個團契活動的聚會場地。（見圖4-13新店行道會）以新店行道會為據點，又向外發展出新竹、中壢、紐西蘭等十四個行道會。一九九一年起，更差派宣教士進入中國大陸從事各種服事工作。新店行道會除了進行四堂主日崇拜、兒童主日學、禱告會以外，更進一步融入新店等各地社區，從事社區兒童、老人的教育、福利工作，並與新店市公所合辦聖誕節園遊會等活動，參與人數多達四萬人。新店行道會不但是神的教會，也是在地人的教會，希望能影響城市，改善世界。

中國宗教從舊石器時代中晚期以來，便出現靈魂觀念、圖騰崇拜、社稷信仰、祖先崇拜等原始宗教信仰，隨著三代禮樂宗法社會的形成，創造出中國獨特的宗法性國家宗教暨官方祀典宗教。原始宗教到兩漢時期，逐漸孕育出本土的道教，也吸收印度傳入的佛教。元朝時期，佛、道互動的結果，不但使佛、道二教更趨完備，也開啟隋唐儒、釋、道三教鼎立的

圖 4-13　新店行道會

局面。宋元以來，儒、釋、道三教不但各有進一步新的發展，同時也傳入民間，促使民間宗教邁向教派性的發展。官方祀典宗教，儒、釋、道三教與民間宗教構成中國宗教的主要內容。而西方基督教、伊斯蘭教、猶太教等各種宗教更豐富中國宗教的內涵。上述中國宗教隨著漢人移民臺灣，也先後成為臺灣宗教的重要基礎。臺灣文化開放包容、多元並著的特質，更使宗教在臺灣綻放瑰麗優美的花朵。臺灣同時擁有原始宗教信仰與世界性的高級宗教，構成宗教研究者尋寶的美麗花園。如果學者能抱持原始宗教的尊敬與探究普世性宗教的終極關懷，那麼，從源遠流長的中國宗教到百花齊開的臺灣宗教，虔誠的研究者將透入中國文化的精髓與臺灣文化微妙

的心靈深處。

問題與討論

1. 宗教有各種不同的類型與內容，請就所知的宗教信仰現象，討論它們不同的定義與特質。
2. 現代中國的少數民族以及臺灣的原住民仍保留不少的原始宗教信仰，請進一步比較各民族原始宗教信仰的異同。
3. 道教保留《道藏》，各種科儀抄本，建醮儀式，喪葬禮儀等資料，請討論道教對華人世界的影響。
4. 臺灣現代有漢傳、藏傳、南傳、日本佛教各種型態的佛教宗派流傳，請就所知的佛教教義、修持方式加以比較探討。
5. 天主教、基督新教各有不同的教派，請進一步討論各教派對《聖經》的解釋、各種教會儀式實踐的異同。

參考書目

1. 呂大吉著，《宗教學通論新編》，北京：中國社會科學出版社，1998。
2. 牟鍾鑒、張踐著，《中國宗教通史》上、下冊，北京：社會科學文獻出版社，2003。
3. 周燮藩等著，《中國宗教縱覽》，南京：江蘇文藝出版社，1992。
4. 卿希泰主編，《中國道教史》四卷，成都：四川人民出版社，1996。
5. 劉鋒、臧知非著，《中國道教發展史綱》，臺北：文津出版社，1997。
6. 任繼愈主編，《中國佛教史》三卷，北京：中國社會科學出版社，1988。
7. Ninian Smart 著，許列民等譯《劍橋世界宗教》，臺北：商周出版，城邦文化發行，2004。
8. 馬西沙、韓秉方著，《中國民間宗教史》，上海人民出版社，1992。
9. 王治心著，《中國基督教史綱》，上海古籍出版社，2004。
10. 高明士著，《東亞教育圈形成史論》，上海古籍出版社，2003。
11. 朱雲影著，《中國文化對日韓越的影響》，臺北：黎明文化事業公司，1981。

第五章
科學、技術與醫學

第一節　導言

　　科學技術因應人類生活的需要產生，在特定的時空脈絡中成長、變遷與發展，是構成文化的重要內容之一，也能反映文化與思想的特色。因此，透過研究科學與技術的歷史，可以深入了解古代的社會與文化。本章以科學和技術為中心，呈現古代中國文化豐富的特質。

　　古代中國的科學與技術，以陰陽五行觀念為重要的思想基礎，重視實證的精神。科技的種類與內容繁多，既與軍國大事相關者，例如天文、曆算與火器；也與宗教禮俗攸關者，譬如青銅器；也與教育文化和學術思想關係密切者，例如造紙和印刷術；又與商業貿易關係密切者，例如瓷器與造船術；還有和民生日用息息相關者，譬如農業、水利灌溉工程與釀酒技術等等，這些都是古人因應各類需求創造發明的，在不同的歷史時期與疆土地域中，或有因循，或有革新，面貌各有不同。所以，科學技術不僅能體現古人適應與改善環境的努力，表現文明的特色與時代的脈動，同時也具體展現中華文化的精神。

　　古代科學技術的創造與發明，依託於聖賢，或記名於神祇，除了少數留有姓名的科學家之外，多為名不見經傳的無名英雄。雖然歷代不乏對科技懷抱濃厚興趣的人士，默默耕耘，但是科技不為各方倚重，一般人多以小道看待。正因為大環境如此，古代科技研究與發明較不受到各方鼓勵，僅僅在少數的家族、師徒或個人之間傳承，缺乏形成大規模科學社群的客

觀環境，與創造研發的積極動力與風氣，科技的研究與發展不免有所局限。然而，外在與人為環境的限制，並不意味著古代沒有卓越的科技成就，例如造紙、印刷與火藥的發明，締造中華文化豐富深刻的內涵，也改變戰爭與生活的型態，其影響的範圍還遠達亞洲其他地區與中亞、歐洲等地。

　　古代科學技術與醫療雖未受到政府與社會的普遍重視，但是各朝均設有相關的官僚機構，選用特定領域的專才，例如天文官與醫官，為皇室與官方服務。這些機關設置特定的考選與稽核辦法，以及教養人才的管道，以拔擢和獎勵菁英。不過，這些技術官僚的品秩偏低，俸祿也相對較少，對一般人來說鮮少吸引力。至於民間的科技人才，往往隱身百工、宗教教團或化外方士之中，他們的經濟與社會地位亦不高。值得注意的是，若干科技專家具有官僚身分，但他們的官職並不屬於技術官僚，科技與醫療是他們業餘的興趣。

　　古代的科技與醫療以實用為主，主要源自本土獨立發展，不僅裨益國家民生，是古人日常生活不可或缺的一環。同時，它還自成體系獨樹一格，經由陸路與水路向外傳播，影響擴及中國四鄰，包括地理位置較近的日本、韓國與越南等地，並且也遠及中亞與歐洲地區。另一方面，古代中國與其他文明之間頗有往來，透過頻繁的商業活動或戰爭關係，科學技術與醫療也是其他文化輸入的主要項目之一，不同時期進入中國的外來科技與醫療，對中國的影響與衝擊各有千秋。這些外來因素的加入，使得中國的科技不再是一個封閉的系統，在相互觀摩與刺激之下，促其成長與發展。

　　世界其他文明的科學技術與醫療，對中國歷史造成最重大影響者，非近代歐美莫屬。近代歐美科技突飛猛進的發展，不但促成其國力興盛，更促使他們挾此長技對外進行殖民活動，影響世界歷史極其深遠。近代歐洲科技從明末開始進入中國，最初與傳教事業結合，雖然有識之士已意識到西方科技的進步，但終究未對中國造成太大的衝擊，一直到清朝中晚期以後，才為中國帶來空前未有的影響。西方領先的科學技術，不但逐步地改造甚至顛覆中國傳統的自然觀與科技思想，更為中國人的社會文化與精神心理層面帶來史無前例的震撼，中國人的人生觀與價值觀隨之面臨巨變。

中國知識份子在揚棄舊觀念與接受新思想之餘，也開始反省中國科學技術的本質與結構，隨即在學術思想上，揭開一場新、舊與先進、保守互相對壘與長期衝突的特殊局面。另一方面，各式各樣新思潮蜂擁而入，加速中國近代科技的發展與變遷，並徹底改變中國長期以來不重視科技的態度，科技至此搖身一變，成為近代中國人救國與富強的最重要手段之一。與此同時，中國現代科技以歐美馬首是瞻，中國傳統的科技逐漸被視為落後與保守象徵的代名詞，於是傳統與現代科技之間的聯繫至此宣告中斷。

　　長期以來，論者迭有「中國科學落後」的假說，並將之詮釋為近代中國遭受列強侵略與國力衰弱的主要原因，因此多數從事古代科技史研究的學者，在寫作中國古代科學與技術史時，若非在述說一部落後的歷史，細數中國科技落後的各種原因，就是特別發揚古人的科學技術成就，強調古人斐然的成績，以激發與凝聚民族情緒和國族認同。此一特殊的史觀，是研究者身處近代中國歷史情境所使然。時至今日，時代環境業已不同，我們應該提出新的問題意識與觀點，不應該再囿於「科技落後」說的框架，所以本章的主旨，不在討論所謂「中國科學落後」的問題，而是將科學技術置入古代的社會與文化脈絡中，從中觀察其特色與變遷，將古代的科學技術與醫療視為文化的一部分，作為深刻了解中國古代社會的一端。

第二節　天文曆法與算學

　　中國傳統的科學技術中，天文曆算最受官方重視，充滿豐富的政治與人文色彩，歷代專家多有卓越的貢獻。曆法的制訂與補注的內容，對社會各階層人士影響深遠，黃曆更是前近代銷售最多的書籍之一。古代的算學具有相當濃厚的實用目的，除了運用在曆法的計算之外，更是官吏從政與一般商業貿易活動必備的技能之一。因此，本節介紹並討論天文曆算。

　　在近代化的過程中，西方天文學與數學取代傳統天學與算學。雖然如此，古代傑出的天文觀測紀錄，對於現代天文學研究仍然重要，主要是因為觀測天體發展與演化的過程，往往需相當長的時間累積，而古代中國官

方豐富詳細的天象紀錄，恰可提供現代天文學研究所需的歷史資料。

一 天 文

　　中國許多古老的神話，例如盤古開天闢地、后羿射日、牛郎織女、女媧補天等，雖然不乏想像的成分，但這些故事其實都與天文觀測、天地起源與宇宙論有關，顯示古人關心天象的變化，以及充滿對天地結構與組成的好奇心。戰國時代，法家商鞅的老師尸子曾說，「宇」是天地四方，「宙」是往古來今，所以「宇」表示空間的概念，「宙」則是時間的代表，而時間與空間正是中國古代天文觀測和研究的對象。

　　古代對於宇宙的認識，有三種不同的學說。第一是蓋天說，基本上認為天圓地方，大地是靜止的，日月星辰在天穹上隨天運轉，天穹有一極，所有星辰繞極旋轉，這是最古老的宇宙論。第二是渾天說，主張天與地都是球形構造，北極是天的最高點，日月星辰在天穹上交替出沒，形成晝夜。東漢天文家張衡形容天就像雞蛋一樣，而地則是蛋黃。渾天說出現之後，並未取代蓋天說，此後兩家相互指責，爭論不休。第三種則是宣夜說，指出宇宙沒有形質，並且是高遠無極的，所以天色蒼蒼，日月星辰漂浮其中，以氣決定其行止。此一假說最晚出現，但影響力卻不及蓋天說與渾天說。

　　古代天文學是一門源自本土的知識體系，二十八宿系統的建立，以及使用赤道座標，是中國傳統天文學獨特之處。中國古人觀測天象，他們的注意力首先集中在北斗所在的北天區，其次是二十八宿分布的赤道帶與黃道帶。他們藉由建立北極星與赤道或黃道星座之間的聯繫，將這兩個區域視為一個整體，從而獲得對二十八宿更精確的觀測結果，中國特有的天文學體系於是建立。

　　古代天文學以二十八宿作為觀測星空的主要依據，將包括赤道在內的一條恆星帶，由西向東分成二十八個天區，稱為二十八宿。戰國初年，二十八宿已普遍使用，並分成四區，分別以動物命名：東方蒼龍（角、亢、氐、房、心、尾、箕）、北方玄武（斗、牛、女、虛、危、室、壁）、西方

白虎（奎、婁、胃、昴、畢、觜、參）、南方朱雀（井、鬼、柳、星、張、翼、軫）。每一宿之間所占的位置大小不一，最大的是井宿，赤徑範圍達三十三度左右，觜宿與鬼宿最小，在一、二度之間。

　　商周時期的甲骨文上，已記錄日蝕、月蝕、日珥等天象，顯示中國天文觀測的起源甚早。先秦時期，《春秋》記載三十六次日蝕，根據現代推算，其中三十三次是正確的，可見當時天文觀測已有相當水準。魯文公十四年（B.C.613），《春秋》首次記錄哈雷彗星的蹤跡，漢代《淮南子》也有類似的觀測記載。此外，西漢成帝時期，天文學家還留下世界最早的太陽黑子觀測紀錄。

　　北宋仁宗時期，天文官觀測到一顆明亮大星，出現時間長達兩年之久，這顆星在靠近黃道的天關星附近，故稱為「天關客星」，天文官細心記錄該星出現的日期、位置、亮度與消失時間。根據現代天文學的研究，天關客星是一顆爆炸的超新星。超新星是質量很大的恆星，發展至晚期時會產生爆炸現象。超新星爆炸是罕見的天象，爆炸時釋放極大的能量，光度高達太陽的好幾億倍，此時它所拋射的物質，與爆炸後殘留的痕跡，都是研究天體演化的重要依據。不僅如此，在天關客星出現的六百年後，中國人在原來的位置附近發現一團像螃蟹之星雲，近兩百年來，這團星雲還不斷地擴散。此一蟹狀星雲是天關客星爆炸後的殘餘物，是恆星可能轉變為星雲的重要佐證。北宋這項觀測記載，是世界史上傑出的天文觀測紀錄之一。

　　宋朝政府非常重視恆星觀測，前後一共進行五次大規模的測定，其中最精確的一次，是在宋徽宗崇寧年間（1102-1106），天文學家姚舜輔為了編修《紀元曆》，再次觀測恆星及其去極度數的位置，所得的數值更為精確。另一次傑出的觀測，是在熙寧年間（1068-1077），沈括發現北極星最初在窺管的範圍中，但過了一段時間卻超出管外，於是在連續觀測三個月之後，繪製極星變化圖，並計算出極距為三度有餘。

　　南宋理宗淳祐七年（1247），黃裳繪製〈天文圖〉，這是中國現存最大且星數最多的古星圖。黃裳繪圖的目的，主要是為了教育皇子嘉王，可見天文學是太子教育中非常重要的一部分。〈天文圖〉採用元豐年間

（1078-1085）渾儀觀測二十
八宿距度的數值，繪有恆星
1,436顆，觀測位置是在北
緯34.8度，也就是北宋首都
開封的緯度，當時宋朝政府
已將首都南遷臨安，黃裳以
開封的觀測點作為繪圖依
據，目的是在勉勵嘉王收復
北方失土（見圖5-1）。

　　明朝沿襲元朝恆星觀測
的結果，直到崇禎初年徐光
啟才學習西洋新法，並且藉
助望遠鏡、天球儀與象限儀
等儀器的幫助，重新觀測星
象，在崇禎四年（1631）進

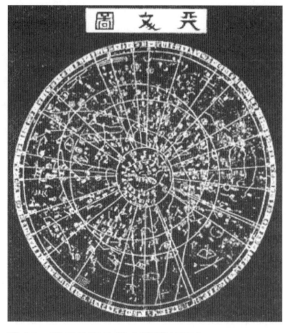

圖5-1　黃裳繪製的天文圖石刻摹本

呈《崇禎曆書》，崇禎七年（1634）完成《恆星出沒表》，這是中國首次
採用歐洲傳教士傳來的天文學知識觀測天象與繪製星圖。清朝康熙與乾隆
年間，各進行一次恆星觀測，分別由比利時傳教士南懷仁與德意志傳教士
戴進賢主持。道光十八年（1838），工部尚書敬徵發現日、月交食推算與
運行漸有不合的現象，上奏修輯恆星黃道、赤道經緯度表，於是從道光二
十二年（1842）起，敬徵與欽天監監正周餘慶等人，重新測定恆星，所測
定的星數共計3,240顆。道光二十五年（1845），敬徵等人完成《儀象考成
續編》，將黃道歲差值定為每年東行52"，這是清朝滅亡前中國最後一次，
也是最完備的一次恆星測量，當時所使用的星名、星數及其命名編號，就
是現在通用的中國星名。

　　除了以肉眼觀測，戰國天文學家已利用窺管觀測天象。窺管是一根中
空的竹管或金屬長管，兩端口徑相等，可以單獨使用，也可以裝置在渾儀
上，成為其附件，藉著旋轉觀測不同區域的星體活動。窺管在中國天文學
史上扮演重要的角色，例如戰國天文學家甘德，透過窺管的協助，觀測到

木星的衛星。宋朝沈括也利用改良過的窺管，測量當時的極星位置，發現極星與天極的距離。

渾儀是古代觀測天象與天體座標的儀器，其前身是四游儀，由一個雙重的圓環組成，圓環靠著兩個支點轉動。圓環中間夾著一支窺管，透過圓環與窺管的旋轉，便可以觀察天空任何區域的天象。除了四游儀與窺管之外，渾儀還包括許多圓環和支撐的結構，有經過天頂南北方向的「子午環」，有經過天頂東西方向的「卯酉環」，也有代表平面的「地平圈」，以及「赤道環」、「黃道環」、「白道環」等，歷朝的渾儀結構變化不一，依據當時觀測的需要有所增減。

中國早期天文學是以實用為主，透過觀測星象，找出天體運行的規律，判斷方向，與了解季節的轉變，編定曆法，助益農事的進行，同時也運用在建築測量，以及政治、社會與文化生活的安排。因此，「觀象授時」是古人觀測天象的主要目的。由於觀測天象多掌握在上古巫者或王的手中，作為制訂與維持社會秩序與規律的藍本，因此早期天文學一開始就帶有相當濃厚的政治色彩。

戰國時期，中國天文學經歷重大的改變，從此決定中國天文學發展的基本格局與特色。從春秋晚期開始，由於當時的政治局勢發生變化，不但周天子的共主地位受到嚴重挑戰，封建禮法也逐漸失序崩壞，諸侯國之間的競爭越來越激烈，為了生存與壯大，諸侯紛紛禮賢下士，諸侯大量養賢的結果，使得社會階級流動增速，各類人才以他們的專長，為諸侯提供服務，並為自己在政治上謀求出路，這一批賢士當中，也包括了天文學家。戰國時期，天文學家已能精準地掌握五大行星運行的規律，其觀測值與現代天文學所得的結果十分接近，天文家便在此基礎上透過觀察天體運行的實況，配合歷來人事變化的故事與經驗，創立一套天文星占體系，藉此協助國君參與這場生死存亡之戰。此後除了天文觀測與制訂曆法之外，傳統天文學更重要的功能是占卜，以日、月、五星和天文家所挑選的若干具有星占意義之星辰為中心，進行各項軍國大事的預測。

戰國中晚期開始，古代天文學逐步取代其他的占卜媒介，成為國家最重要的預測工具。從秦朝開始，歷代政府都成立官方天文機構，專門負責

天象占卜、制訂曆法與測定時間的事宜。秦漢以後，天文以占卜人事為中心，穩定地發展。天文占卜的基本觀念是天人感應，古人相信自然界萬物依循著一定的韻律，既彼此關連又相互影響，因此天體的運行與變化，與人事的發展和起伏之間，具有感應的關係。另一方面，商周以來，天命觀成為政治思想的主流，因此人們認為君主施政的優劣，反映在天體的運行上，異常之天象正是上天給予君主的嘉獎或警訊，故皇帝尤其關心天文，隨時注意上天的旨意，以便調整施政以符合天意，繼續保有天命統治天下。

　　天體運行反映君主的政績，可分成兩類，災異表示君主有過失，祥瑞則象徵君主德政。一般而言，若有災異出現，譬如日蝕，皇帝通常避正殿、減常膳，下詔罪己或詔舉賢良，以示改過的誠意與決心。倘若祥瑞出現，例如五星連珠，群臣上表稱賀，普天同慶。災異型的天變種類繁多，天文官根據實際的天象，向皇帝報告當次變異所隱含的意義，再決定如何應變。理論上皇帝應直接向天意負責，然而，事實上卻是由臣子負起實際的政治責任。例如西漢成帝綏和二年（B. C. 7），據稱出現「熒惑守心」的天象，根據占文，此一天象暗示皇帝即將死亡，若要轉移災禍，須由宰相負起全責，在毫無選擇的情況下，丞相翟方進被迫自殺盡忠。但是，根據現代天文學的計算，當時根本沒有熒惑守心之象，這可能是有心人士假造的消息，目的是進行殘酷的政治鬥爭。

　　既然古人相信天體的運行與變化表現上天的意志，因此天文占卜的內容，都是以皇帝個人與政治軍國大事為主，並非占卜一般庶民的命運。既然天文占卜攸關皇帝天命與國家機密，歷代皇帝均非常看重天文，設置天文機構壟斷天文知識，規定天文官員以世襲的方式傳遞知識與官位，並頒布多項禁令，禁止一般人私習天文，或私藏相關的書籍，違者或處以徒刑，或流放海島，或甚至處以死刑，密告者則可獲得獎賞。為了防止天文官員作偽或疏忽，宋朝同時設立司天監與翰林天文院，彼此合作與相互監視。即使到了清朝，欽天監主要成員是來華傳教士與奉教天文家，應用西洋新法進行觀測與計算，然而欽天監的主要任務還是進行天文占卜，並提供皇室勘輿與擇日等術數服務，傳統天文連綿不絕的政治與人文特質可見一斑。

二 曆法、黃曆與通書

(一)曆法

　　遠古時期，古人觀察動植物的生長與活動，來判斷季節的變化，例如《夏小正》就以候鳥、昆蟲與星辰的變化出沒，作為判斷月份的參考指標。然而，這些物候的出現與週期並非精確，無法精準地測量時間。經過一段時間的觀察之後，古人發現天空星體的運動，是更好的計時與決定季節的憑藉，天文曆遂逐漸取代物候曆。早期的天文曆以觀測北斗斗柄或恆星，來決定季節與時間，這種觀象授時的原則，直接影響傳統曆法體系的建立。殷商時期，人們以十天干（甲、乙、丙、丁、戊、己、庚、辛、壬、癸）與十二地支（子、丑、寅、卯、辰、巳、午、未、申、酉、戌、亥）相配的六十甲子記日，以月亮記月，以太陽記年，並以農曆十二月為歲首。此外，他們定義十二個月為一年，大月三十天，小月二十九天，大小月間隔，同時也知道置閏的方法。

　　古代曆法所採用的「月」是朔望月，是陰曆的一種。「朔」是指太陽與月亮黃道經度相同的時刻，「望」則是指日與月黃經差一百八十度的時刻。因為日與月的運動都不均勻，所以每連續兩次的朔或望之間的時間並不相等，因而經過多次觀察以後，取其平均值，該平均值就稱作一個朔望月。以朔望月推算出來的朔是「平朔」。然而，平朔並不是真正的合朔，一直要到東漢時期，人們才理解月亮運動的不均勻現象，並據此改正曆法的計算，用這種方法所得的合朔時刻稱為「定朔」。從隋朝開始，天文學家在定朔的計算中，又加入太陽運動不均勻的因素，使得曆法計算更為精準，到了唐代以後，定朔法成為一般曆書採用的主流。

　　戰國中晚期，古人根據月初、月中星象與物候的知識，將一個回歸年日數分為二十四等分，並予以命名，就是二十四節氣，此法所得出的節氣，稱為「平氣」。二十四節氣以冬至為始，而冬至也是回歸年的起點。至少從西漢開始，人們已用節氣注曆。二十四節氣創立的目的，是為了精

確地指出氣候的變化，它是一種陽曆。因此，古代曆法以太陽記年，又以月亮記月，所以是陰陽合曆，它的特點是必須要設置閏月，來配合調整季節的寒暖，以利農業活動與日常生活的安排。隋唐時期，由於發現太陽不均勻運動，出現另一種畫分二十四節氣的方法，就是將太陽經過的黃道等分為二十四份，太陽每過一個分點，就交一個節氣，此一方法得出的節氣，稱為「定氣」。每一個定氣包含的時間，由十四至十六日不等。但在清初之前，由於定氣與一般日用曆書關係不大，所以並未用於注曆。

古代的曆書多達百種以上，歷代所以頻繁的改曆，原因有二，第一是政治的因素，遠從周朝開始，告朔就是權力的象徵，頒訂曆法是皇權的專利，因此在改朝換代時，須更改年號與曆法，以突顯皇權的正統性，並禁止一般人私造曆法，違者將受到嚴懲。第二是曆法本身的缺失，由於預測日月食的時間不夠精確，促使曆法必須經常修正，以符合天象的變化。例如漢武帝元封七年（B.C.104），公孫卿、壺遂與司馬遷上奏改正朔，重新制訂漢朝的曆法，但新曆卻無法順利運算，於是漢武帝下令招募各地的曆算學家，一共召集鄧平等二十多位專家，共同商討制訂新曆法，最後議定以鄧平所造的八十一分律曆為準，定名為《太初曆》，這是流傳至今第一部完整的中國曆法。《太初曆》一直用到漢章帝建初九年（84），才被《四分曆》所取代。雖然如此，但終東漢之世，仍有多次恢復《太初曆》的呼聲，釀成不少爭議。安帝延光二年（123），由於日月食的時間與曆法不符，宣誦與張衡等人對曆法意見不同，爭執不下，皇帝只得下令學者詳加討論，結果八十四位天文學家決議恢復使用《太初曆》，但最後皇帝竟裁決繼續採行《四分曆》，暫時平息紛爭。此後《四分曆》分別在順帝漢安年間與靈帝熹平年間，仍與天象不符再度引發朝議，但終漢之世《四分曆》仍保持其正統的地位。

唐朝兩百多年之中，歷經八次改曆，唐高祖武德元年（618），東都道士傅仁均編成《戊寅曆》，次年頒行，這是中國首次正式頒訂採用定朔法的曆法，但仍有疏漏，又改回平朔法。唐高宗麟德二年（665）頒訂李淳風《麟德曆》，此後定朔法才取代平朔法，為後世沿用。唐代的改曆運動中，最著名的曆法之一，是僧一行所編制的《大衍曆》。開元五年（717），

由於《麟德曆》對日食的預測不準，唐玄宗下令一行改曆，開元十五年（727）完成《大衍曆》。一行透過天象觀測與大規模的大地測量，並在隋朝劉焯《皇極曆》的基礎上，以定氣計算太陽的經行度，創立不等間距二次內插法，對於日月食和五星運動的計算方面均較前人進步。

宋元曆法使用的天文數據較前朝精確，主要歸功天文儀器的空前發展，此時曆法所用的各種天文數據，例如冬至時刻、回歸年長度、日月交食週期、五星運動與赤道歲差值等，均有長足的發展。從宋英宗治平元年（1064）頒行周琮製作的《明天曆》開始，各曆推算的冬至時刻平均誤差是十刻（一刻約等於 14.4 分鐘），南宋寧宗慶元四年（1198）編定《統天曆》以後，平均誤差下降為二刻左右，到了元朝郭守敬製作的《授時曆》（1280），誤差更小於 0.5 刻。

自明太祖頒布《大統曆》起至萬曆年間，明朝的曆法絕少發展。《大統曆》主要是繼承元朝的《授時曆》，兩百餘年之間，《大統曆》多次與實際天象不符，卻不見改曆，直到萬曆二十年（1592）才有朱載堉、邢雲路分別上書建議改曆，但卻未獲採用。萬曆三十八年（1610），邢雲路等人再度提出改曆的建言，終於獲得肯定，從此展開一場長達十多年的改曆運動。在改曆的過程中，最引人矚目的，莫過於徐光啟與李之藻主導，並商請耶穌會傳教士龍華民、鄧玉函、湯若望、羅雅谷參與的《崇禎曆書》，有系統的介紹歐洲天文學知識，明顯改善《大統曆》的缺失。但《崇禎曆書》編成之後，受到保守人士的激烈反對，始終未正式頒行。清朝入關之後，湯若望將增訂過的《崇禎曆書》獻給清廷，並由順治皇帝親筆提名為《西洋新法曆書》，開始頒行於世，此後西洋曆法在中國取得主導地位。

(二)黃曆與通書

黃曆古稱曆日，是古代中國最暢銷的讀本，以元文宗天曆元年（1328）官印的黃曆為例，一共賣出三百多萬本，政府的賣曆收入，更高達全國歲賦錢鈔部分的千分之五，可見黃曆不僅是中國地區的銷售冠軍，更是當年全世界最暢銷的單一書籍之一。

黃曆所以深受各方喜愛與重視，除了有基本的曆法之外，黃曆還包含

選擇術與一般常識等實用的內容，可以作為日常生活的指南，使人們預知每日的吉凶宜忌，以趨吉避凶。為了適應各階層的不同需要，官方分別印製各式各樣的黃曆，例如皇帝御覽曆日，包括頒詔、出師、招賢、遣使的宜忌，並以黃綾黃羅銷金包袱包封；官僚階層所用的欽定壬遁曆，就提示了上官、上冊、進表、赴任的吉凶；至於一般民眾使用的民曆，則多鋪注入學、安床、裁衣、沐浴、剃頭等事。

　　古人認為制訂曆法是擁有最高政治權力的象徵，故制曆是官方獨占的事業，由於民間的需求量極高，印製黃曆遂為政府帶來豐厚的經濟利益，受到以上兩項因素的影響，從元朝開始，法律就嚴禁私人印售黃曆，犯法者予以嚴懲。明朝出版的黃曆封面上，特別印製一則告示，言明每本黃曆都必須蓋有欽天監的印信，否則就視同私曆處置，盜印的人一旦被查獲，處以斬首，密告者可獲得賞銀五十兩。然而，在若干偏遠地區，由於無法及時獲得當年官方印售的黃曆，所以私曆仍有其市場，一直無法禁絕。

　　民間選擇術家在經濟厚利的吸引下，並為了滿足大眾對術數的高度需求，最晚在清代初年就開始私下編印年度通書，它除了涵蓋原有的黃曆形式之外，還大量增添了與趨吉避凶相關的規則和內容，公開販售牟取利益。清乾隆十六年（1751），律例館終於順應社會的現實，准許民間翻刻官方印製的黃曆，不須蓋欽天監的印信，於是民間刊行黃曆不再違法，各地選擇術家競相投入這個廣大的市場，積極地以自己的名號或堂號為標誌，出版年度通書。

　　清朝民間的通書編者推算的朔閏和節氣，往往標榜遵循欽天監使用的「西洋新法」，有關行事宜忌的鋪注，則是參照《欽定協紀辨方書》，嘗試與官方的正統合流。由於通書廣為社會所接受，清朝中葉以後，一些時憲書甚至開始吸納通書的部分內容與格式，這樣的現象，深刻反映出中國傳統天文與社會間密切的互動關係。

　　清朝以來影響閩臺地區最深的通書，首推繼成堂趨避通書，該書是由洪潮和在嘉慶二年（1797）左右開始編印，發行量很大，甚是銷售到海外，目前臺灣各擇日館出版的通書，大多源自於洪氏繼成堂。由於繼成堂的招牌日益響亮，嘉慶十年（1805）左右，出現刻匠施彤與漳州城內的聚文樓

等書店勾結，假冒翻刻的事件，於是洪潮和之子洪彬海和洪彬准具狀提出控告，但盜印本仍發往各地散賣。嘉慶十二年（1807），洪彬海前往省城上告，施彤和聚文樓的負責人陳滄海畏罪潛逃。自此以後，繼成堂開始在通書中每年正月的鋪注上，預留一塊長方形的空白，上面鈐蓋朱印，告訴讀者何處才可以買到正本，避免仿冒。

道光六年（1826），繼成堂通書再度遭到盜印，施彤的徒弟洪志士又與漳州城內的文林號書店同謀翻刻，並送往臺灣各處銷售。雖經洪彬准呈請晉江縣令出告示禁止，並派人到漳州查禁，但盜版者不但置之不理，又再度冒名翻刻道光八年（1828）的繼成堂通書，同時泉州城內還出現其他的假造者。從以上這些頻繁的盜印事件，可見繼成堂通書受歡迎的程度。

繼成堂廣收門人，這些門人所開設的擇日館，不但使用總堂傳授的選擇術為顧客服務，也售賣總堂製造的通書、定時刻香以及萬應神油等產品，以類似連鎖商店的方式經營。此外，從光緒二十五年（1899）開始，繼成堂通書的末頁刊登接受郵寄擇日的廣告，因為光緒二十四年（1898）起，清廷在各省廣設郵政，所以繼成堂立即掌握時代的脈動，短時間內就利用新設的郵政機構開創商機。

從黃曆和通書提供的資訊與服務來看，一般民眾除了記日記時的基本需求之外，還普遍仰賴其中有關選擇術與禮俗的內容，作為日常生活的參考。曆日與通書兩者都是古代天人感應思想的產物，人們藉此趨吉避凶的心態，普遍反映中國庶民生活與文化的特色。

三 算學

算學應用的層面廣泛，古代政府應用數學計算，管理經濟、財政與賦稅等事務，一般民眾工作與生活也需要數學，各項商業活動和工藝技術亦然。算學早在周朝的六藝教育占有一席之地，《周髀》相傳是周朝作品，是現存最早的天文著作，其中也包含數學的運算內容。《周髀》記述周人在都城進行日影觀測的概況，前半部以周公向商高學習算術的對話形式寫成，後半部則是榮方向陳子請教蓋天說的理論。該書運用勾股定理來測量

天體，並涉及較複雜的分數計算，以計算如何置閏與月行度數。《周禮》記載周朝設置司會一職，帶領一批職官，負責全國性的統計與計算工作，掌理會計事務。戰國時期，連軍隊也設有專門進行統計與計算的人員，到了漢代，通曉會計是官吏必備的才能之一。

古代利用算籌作為計算的工具，籌是小竹棍，算家將籌擺成不同的形式，表示不同的數目，自左而右橫排，以進行各種計算。春秋戰國期間，人們已能熟練運用算籌進行計算，並以十進位法來計數，也懂得加減乘除四則運算法，同時還編制九九歌，就是至今仍沿用的九九乘法，但其排序始於九九八一，與今表不同。

《九章算術》是許多不同時代數學家共同修訂而成的算學書，代表周、秦漢時期算學的發展，介紹各種四則運算與幾何、代數方法，是古代數學著作的經典，並曾傳入朝鮮與日本，影響其數學發展。全書分成九章，收錄二百四十六個例題與解答，這種書寫形式成為後世數學書的範本。《九章算術》舉出的例題以日常實用為主，例如第一章的主題是「方田」，主要是講述如何計算田畝面積，第二章「粟米」講述比例問題，尤其是穀糧的比例交換，第六章「均輸」是依照人口、路程遠近等條件，安排各地運輸粟米與分配徭役。

從唐朝開始，《九章算術》成為歷代數學教育的基礎教科書，不少數學家為它撰寫注釋。魏晉時期，劉徽寫成《九章算術注》，經過他的整理、補充與注解，《九章算術》變得更有條理。劉徽為書中的各種算法，提出簡要的證明，同時還提出創造性的見解，「割圓術」就是他主要的成就之一。《九章算術》採用 $\pi=3$ 的數值，劉徽以割圓術開創新的圓周率計算法，採用內接正多邊形逐漸增加邊數，使之與圓逐漸相合的方法來計算圓周率，求得 $\pi=3.14124$。後來經祖沖之進一步計算，得到 $3.14126<\pi<3.14127$ 的數值，更為精確。

北周甄鸞曾寫過一本《五曹算經》，一共五卷，每曹一卷，五曹分別是指田曹、兵曹、集曹、倉曹與金曹。田曹全是有關田畝的計算，兵曹講述軍隊配置與補給運輸事宜，集曹介紹貿易交換的計算方法，倉曹說明糧食稅收和倉儲容量計算問題，金曹是關於絲織品買賣與金錢貨幣的處理，

以上五卷雖然未超出《九章算術》的範圍，但都是極具應用價值的算術，是上述五曹官員的為官指南，因此，它不僅是一部算書而已，同時也是實用的政書，可見古代算術非常注重實用，是官吏必備的基本能力之一。

《孫子算經》是唐朝官方數學教科書，主要介紹分數算法與開平方法，其中最著名的是「雞兔同籠」與「孫子問題」，前者至今都還見數學教本之中，後者另有「韓信點兵」、「鬼谷算」等異名。孫子問題是在求聯立一次同餘式的解，亦即有一個數 N，以 m_1 除之餘 r_1，以 m_2 除之餘 r_2，以 m_3 除之餘 r_3，問 N 是多少？宋朝有人將它的解法寫一首詩：「三歲孩兒七十稀，五留二十一事尤奇，七度上元重相會，寒食清明便可知。」其中上元是 15，寒食清明是 105，105 是 m_1、m_2、m_3 的最小公倍數。將孫子問題運用在曆法上，可以得出曆元 N，一般來說，傳統中國曆法都有一個計算的起點，叫作「曆元」，通常是各種週期的共同起點。譬如某年十一月初一日，適逢甲子日，夜半又是日月合朔與冬至發生之時，於是此一時刻即回歸年、朔望月、日名干支與一日時刻的共同起點，將之定為曆元。確定曆元所在後，就可以一次推算各年、月與節氣的起始時間。

古代天文與曆法都必須仰賴算學，隋朝劉焯發現內差法與等間距二次內差法，前者是找出兩個相連數字的中間數值，後者是找出兩個相連數字平方數的中間數值，此法可以較精確地計算出兩次觀測時間內日、月與五星的位置。隋文帝開皇二十年（600），劉焯便運用上述公式，編制成《皇極曆》，取代張賓的《開皇曆》。《皇極曆》以內差法處理日、月、五星不均勻運動，並採用定氣、定朔法與歲差法，算出更精確的日月交食時間。

魏晉到隋唐之間，印度算法與書籍傳入中國。唐朝聘用印度籍的天文與算學專家，在司天監服務，其中以瞿曇悉達最為著名，他將印度《九執曆》譯成中文，並編制《開元占經》，流傳至今。瞿曇悉達在《九執曆》說明印度與希臘的圓弧量法，並寫成一份三角函數表，同時也介紹印度十進位數碼，這是目前通行阿拉伯十位數字碼的起源。然而，這些內容並未引起中國數學家的重視。

雖然北宋官方的數學教育時興時廢，南宋甚至完全廢止，但民間數學教育並未因此終止，以南宋末年數學家楊輝為例，他的著作通俗易懂，並

制訂學習進度，循序漸進地誘導學習者，同時還包含許多商用數學內容，因此在民間廣為流傳。宋元時期數學家的興趣與成就，主要表現在高次方程式的數值解法、任意高次方程式、高次聯立方程組、二項式定理係數表以及等差級數等方面。受到理學家探索《周易》的影響，數學家對結構性的問題特別關心，故常以圖示或表格的形式，來展演他們的研究成果。

唐朝末年，數學家開始尋找比較便捷的方法，將三層算籌才能完成的乘除算法，改良成為一層，化繁為簡，增進計算的效率。宋朝以後，數學著作更出現簡易的歌訣，容易記誦與運用，風行一時，這與宋朝高度發達的商品經濟與海內外貿易密切相關。這些歌訣在籌算演變到珠算的過程中，占有重要的地位，元朝朱世杰《算學啟蒙》（1299）的〈歸除歌訣〉，一共三十六句，包括耳熟能詳的「二一添作五，逢二進一十」，與現代通用的珠算九歸歌訣一致。〈歸除歌訣〉完成之後，籌算乘法與除法的每位得數，一呼而得，不必再仰賴算籌一一計算。為了順應算法歌訣，出現了珠算盤與珠算算法，最早的雛形可推溯到元朝末年。珠算除了一般的四則運算之外，也可計算開方與解高次方程式，基本上涵蓋籌算的功能，但更為便捷迅速。明朝以後，珠算算法書籍備出，其中以程大位《直指算法統宗》（1592）傳播最廣，影響最大。《直指算法統宗》收錄五百九十五個算術問題，以珠算為計算工具，是一本應用的數學書。

明代末年，耶穌會士利瑪竇來華，採取知識傳教的策略，將西方科學帶入中國。《幾何原本》與《同文算指》是最早的西方數學著作，由利瑪竇與徐光啟、李之藻合作翻譯，目的是為了推動曆法改革。《同文算指》有系統地介紹西洋筆算方法與形式，《幾何原本》是希臘數學家歐基里得的作品，具有嚴謹的邏輯體系，它的敘述系統與《九章算術》迥異，前者由少數的公理、公設出發，進行演繹式的論述；後者則是在舉出例題之後，採用歸納的方式介紹解法。《幾何原本》是西方各國數學教育的主要課本，原書十三卷，後人又增添兩卷補遺，但徐光啟與利瑪竇的譯本，僅有前六卷，一直到清末，才由李善蘭完成後九卷的翻譯。

康熙熱中自然科學，聘請傳教士張誠、白晉等教授西洋數學與天文學等知識，也與國內數學家梅文鼎、陳厚耀等一起討論問題。康熙五十一年

（1712），下令中外數學家合作編譯《數理精蘊》，歷經近十年完成，有條理地介紹當時已傳入或新傳入的西方數學，並就中西數學進行比較性的研究。乾嘉時期，考據風氣興盛，也對古天文、算書進行整理與校勘，現存《四庫全書》天文算法類圖書就是其成果。鴉片戰爭戰敗之後，西方數學知識再度受到重視，李善蘭與華蘅芳是西方數學書籍最重要的翻譯者，隨著新式教育與學制的逐步建立，西方數學成為中國近現代的主流。

第三節　科技的發展與變遷

　　古代科學技術的種類與內容繁多，其中影響國家民生與社會文化最鉅者，除了天文曆算之外，還有與航海技術相關的指南針，與影響戰爭關鍵的煉丹術、火藥與火器，以及與教育文化有關的造紙與印刷術，本節將簡要介紹古代指南針、煉丹術、火藥與火器的發展與特色，至於造紙與印刷術的內容，則請參見第六章。

　　雖然前近代的科技並未受到高度重視，但歷代政府均設有專門機構，考選、稽核與培育科技人才，因此本節亦將簡介古代的科技教育。

　　近代西方科技的突飛猛進，促使他們對外展開殖民活動，對中國歷史造成空前的影響。在尋求富強與進步的現代化過程中，科學技術成為知識份子矚目的焦點，於是科技的變遷加速，並在近現代中國史扮演關鍵角色，故本節亦將討論中國近代科技的變遷，及其與政治社會的密切關係。

一 古代的科技舉隅

㈠指南針與航海

　　除了藉由觀測天體來辨別方向，古人還發明指南車與指南針，確定方位，以利行軍作戰、旅行與航海，甚至也運用在風水勘輿之上。

　　指南車內部是機械構造，以齒輪與滑車為主，無論車子如何轉動，車

上木人手指的方向，永遠朝向正南。相傳黃帝與蚩尤戰於鹿野，蚩尤作大霧，黃帝以指南車辨別方向，擒蚩尤即帝位。另有一說，認為周公發明指南車。現存文獻記載最早的指南車，是三國馬鈞所製。晉朝製作的指南車，外觀華麗，由四匹馬拉載，頂端刻有仙人，以手指向南方，是皇帝出行的前導車。後趙石虎也曾命人仿造指南車，後來被南朝宋武帝所獲，但這具指南車有外形而無機巧，必須有人在內部轉動，才能指南，於是宋順帝下令改造，不久，祖沖之完成一架銅製指南車。南齊太祖即位後，命人攜往校試，結果卻不甚準確，遂將焚燬。北魏太武帝拓拔燾多次命工匠造指南車，均未成功。隋朝到宋朝之間，指南車的造型越來越豪華，宋太宗雍熙四年（987）製造的指南車，由三十二人駕駛，車身以青龍白虎與花鳥、重臺、勾欄裝飾，四角並有香囊，仍作皇帝儀仗之用。金元以後，正史上不再有指南車的記載。由此可見，指南車雖然具備辨識方向的功能，但是在歷代的製造與運用均不普遍。同時，指南車造型不甚靈活，無法隨時精準測出方向，多為皇帝出行儀仗之一，象徵意義大過實用目的。

戰國到西漢時期，人們已知天然磁鐵和它的吸引力，及其南北兩極，於是利用磁鐵製作指南儀器，稱為司南。司南的製作，乃是將磁石磨成杓狀，放在標示二十四方位的地盤上，杓柄便指向南方。然而，由於司南的磁性較弱，指測方向的功能遂減，故不普及。

古人以鐵針摩擦磁鐵的人工磁化法，製造出指南針，準確度遠超過指南車與司南。宋代指南針有四種裝置方式，或將磁針浮在水面上，或是將之放在碗口上，或是把它置於指甲上，或以絲線拴在磁針中心，將它懸掛起來。北宋晚期，指南針已經運用於航海，航行的舟師日觀太陽，夜觀星象，陰雨晦暗的時候，則以指南針辨識方向。北宋將指南針運用航海的紀錄，比世界其他文明的時間早。元朝以後，不論晴雨，指南針已是最重要的導航工具，舟師根據指南針繪製的航海路線圖，便稱作針路。

明末以前，中國人普遍使用水羅盤，就是在羅盤中心的圓孔中盛水，將磁針橫貫燈芯草放置其中。明初鄭和航行西洋時，船上設有針房，透過羅盤辨識位置與航向。萬曆年間，旱羅盤開始風行，旱羅盤中心圓孔內，以垂直的鋼軸固定磁針，裝置精巧靈敏。指南針用於航海，不僅可資判斷

方向，更使航行的範圍得以擴大，間接促成經貿發展與文化交流。

(二)煉丹術

　　古人煉丹的目的，是為了追求長生不老，服丹成仙。在商周封建宗法的政治與社會型態下，人們專注宗族生命的延續，春秋戰國以後，人們著重個人生命的追求。到了戰國時期，受到燕齊神仙思想的影響，神仙與不死之藥的傳說盛行，於是方士紛紛前往海上求取仙藥。

　　秦始皇醉心長生的夢想，不僅派人前往海上仙山尋藥，並下令方士煉製奇藥，甚至還多次出巡訪仙。秦始皇派徐福率領大批童男女入海，但徐福等人卻一去不返，東渡日本開闢新天地。方士煉藥所費不貲，卻一事無成，紛紛逃去，結果造成四百六十餘人坑殺於咸陽。漢武帝亦寵信方士，汲汲追求長生，派遣方士入海找尋蓬萊仙島與仙人安期生，並開始化丹砂為黃金的事業，四處祠廟宮觀與封禪，花費不計其數，但終究無所應驗。在皇帝熱中求仙的影響之下，漢代求仙與煉丹風氣盛行，劉向編纂《列仙傳》記載不少煉丹與服食丹藥的例子。東漢末年，煉丹術逐漸理論化，出現煉丹的專門著作，其中以魏伯陽《周易參同契》最具代表性，該書講述陰陽、五行、天文、時令、易卦與煉丹過程的關係，介紹煉丹的器具與方法，後代丹家奉為經典。

　　魏晉到隋唐之間，煉丹風氣臻於鼎盛，人們不再入海求仙賜藥，而以煉製與服食丹藥為主，雖然丹家也重視形神的修練，但卻認為金丹才是最高的仙道。丹家煉製之金丹含有輕重不一的毒性，有害人體，嚴重者造成死亡。北魏道武帝拓跋珪在京師設立仙坊，命令仙人博士煮煉百藥，讓死罪者先行試服，結果多死無驗，但他仍不罷休，繼續煉煮仙丹。據此可見，即使當時的人已知服食可能中毒，卻仍然前仆後繼，甚至有人將服丹致死解釋為尸解成仙。唐朝文起八代之衰的韓愈在《故太學博士李君墓誌銘》中，列舉許多服食丹藥身亡的悲劇，韓愈兄長的孫女婿李干，從方士之處學得煉藥法，服食後下血，四年後病故。另外，同朝中還有七位官員也因服丹而死。儘管韓愈義正辭嚴地指出服食丹藥的危險，煉丹與餌藥的風氣依舊相當盛行，唐朝皇帝熱中煉丹，死於丹藥中毒者，亦不在少數。

　　然而，在許多人服食丹藥致死的同時，由於丹家致力研究煉丹所需的各種藥物，促成本草學的勃興，而煉丹所得的化學藥物，也運用在醫學治療上。因此，古代的丹家通常都兼通醫術，其中亦不乏醫學名家，例如葛洪、陶弘景與孫思邈等人。魏晉到隋唐期間，由於煉丹與服食丹藥相當昂貴，因此只流行在官宦與富貴人家。經過數百年來的煉丹試驗之後，成仙的目的始終難以達成，人們開始懷疑煉丹的效能，並逐漸轉向修練精氣神的內丹之路，宋朝以後，受到道教興盛的影響，修習內丹更加風行，煉製外丹的風氣逐漸式微。

　　古代的煉丹術，除了煉製長生不死之藥以外，還可以點石成金，故煉丹術又有黃白術之稱。透過煉製所得的「黃金」或「白銀」，稱為藥金或藥銀，與天然生成者不同，但色澤上卻十分雷同，一般人不易辨認。漢朝淮南王劉安聚集方士撰寫神仙黃白術書籍，劉向曾依其法煉成藥金，差點被處死刑。古代利用藥金來魚目混珠者比比皆是，武則天賞賜鳳閣侍郎劉禕之黃金，其友孟詵指出這批金子並非真金，兩人當場測試的結果，證實是藥金，武則天相當不悅，稍後找藉口將劉禕之貶為臺州司馬。宋朝政府雖然明令禁止製造藥金與藥銀，但卻無法禁止，甚至還有人以藥金捐助國費，並獲得官職。

(三)火藥與火器

　　古代煉丹家在累積本草與化學知識之餘，發現了火藥。唐代煉丹技術最顯著的一項進步，是將用藥量逐漸依照比例，朝定量化發展，更能掌握實驗與製藥的過程，同時，他們運用昇華與不同溶解度等煉製藥物的技巧，也漸趨成熟。《真元妙道要略》記載唐朝丹家以硫磺、雄黃混合硝石加熱，引發爆炸與丹房失火，這就是黑火藥的誕生。

　　北宋初年，火藥與火器開始運用在戰爭上。宋仁宗慶曆四年（1044），曾公亮《武經總要》首次使用「火藥」一詞，並記載火球火藥方、蒺藜火球火藥方與毒藥煙球火藥方三種配方，是世界最早的火藥配方紀錄。這三種配方以硝石、硫磺與木炭為基本配方，再混合其他物質，配製成不同性能與用途的火藥，產生燃燒、製造煙霧與散毒的功用。北宋官方獎勵製造

火器，各地將領紛紛投入研製的行列，成功者投入生產。北宋研發的火器中，以火球的種類最多，並發明了火藥箭，這些武器在使用時，必須藉助拋石機、弓、弩或其他彈設裝置的力量，才能拋入敵軍陣營中，產生威嚇與殺傷的效果。南宋研製與改良火器中，以長竹竿火槍與突火槍兩種金屬管形火器最重要，使火器的射擊與命中率大幅提高。

北宋末年的抗金戰爭中，宋軍使用火球、火藥箭與霹靂炮等火器禦敵，不過，金軍卻從被俘的宋營軍士與工匠手中，學得製造與應用火器的方法，並用來與宋軍作戰。金人改良火器，製成鐵殼火砲，稱為震天雷，威力相當強大，並研發飛火槍，在對宋與蒙古的戰爭中，獲得多次的勝利。蒙古也在與宋金作戰的過程中，學得火藥與火器的製作，元朝建國以後，更在突火槍的基礎上，創制管形射擊武器，稱作火銃，以金屬作銃管，分為尾銎、藥室與銃膛三部分，利用火藥燃燒後的氣體膨脹力，將彈丸射出。由於它的射擊速度加快，使用壽命較長，規格統一容易製造，殺傷力增強，於是火銃投入戰場之後，短時間內成為決戰的重要武器。朱元璋在元末起兵逐鹿中原，在著名的鄱陽湖之戰中，便以火銃、火炮、火箭、火蒺藜等武器，擊敗陳友諒。

蒙古軍隊以威力強大的武器四處征戰，西征中亞與歐洲、東征日本、南征爪哇，蒙古大帝國遼闊的版圖與偉大的事業，奠基火藥與火器之上。同時，蒙古在對外征服的過程中，扮演了傳播火藥與火器的媒介，此後火器不僅改變戰爭型態，也是決定戰爭勝敗的關鍵，同時更因此改變了歐洲的政治與社會結構，影響深遠。

明朝從朱元璋建國開始，非常重視火器，除了在中央設置寶源局、軍器局與兵仗局製造火器以外，各地駐軍與地方政府也都設有專責單位。明代火器的研製重點，以改良火銃的結構和性能，以及開發新種類為主，火銃因此成為明軍的制式配備。明朝製造的火銃種類繁多，其大小與型製各有特色，數量非常龐大，不但是明朝政府每年重要的歲支項目，同時更是決定國防戰略與戰術布局的關鍵。

明朝晚期，葡萄牙人將歐洲的佛郎機與鳥銃傳入中國，無論就構造與性能而言，都超越中國自製的火器。明軍在西式火器傳入後不久，便已著

手仿製，甚至在崇禎年間（1628-1644）開始大量生產，然而，由於明人製造西式紅夷大砲的技術並不精良，不熟悉火藥藥量與砲彈重量的關係，無法掌握銃尺的操作，以致於所生產的火炮容易膛炸，難以精確瞄準目標，因此射擊威力有限。明清戰爭之際，雙方使用火炮作戰，皇太極在仿製紅夷砲與建立砲軍之後，輕易取得大凌河戰役的勝利，孔有德、耿精忠與尚可喜投降後，滿人在接收明軍的紅夷炮與工匠之餘，還接收了葡萄牙人製造的火炮，以及葡人直接訓練的匠師與砲手，在這批精良火器的助威之下，清軍從此勢如破竹，終於從明軍手中奪取江山。

　　火炮是促成清初康熙盛世的關鍵之一，康熙分別在北京的紫禁城養心殿、景山與鐵匠營設立火炮製造場，火藥則由工部濯靈廠製作，並規定各地方單位只能製造鳥槍與輕型火炮，大型與精良槍砲則不許在京城以外擅造。康熙順利平定三藩之亂，主要得力傳教士南懷仁鑄造的火炮，康熙二十年（1681），康熙親自檢閱南懷仁督造的二百四十門神威將軍炮，命中率甚高。除了製炮以外，南懷仁還進呈歐洲火炮技術書籍，因此受封為工部侍郎。兩年之後，在康熙收復雅克薩的戰役中，南懷仁督製的火炮再次發揮作用，取得勝利。

　　隨著康熙末年海禁政策的實施，中國關閉與歐洲交流火器的大門，在清末列強叩關時，中國研製與改良火炮明顯落後，導致一連串的戰敗。第一次鴉片戰爭時，廣東虎門砲臺安設二百一十二門炮，不僅射擊速度緩慢，威力小而且機動性差，舊炮不僅磨損而多膛炸，新炮的質量亦不佳，與英軍使用的火炮相比，優劣立見。鴉片戰爭失敗之後，朝野上下將注意力集中在武器的改良上，採取「師夷長技以制夷」的策略，著手改良武器，研究西洋火炮、火銃、地雷與水雷的技術，並購置西洋火器。太平天國戰爭後期，李鴻章大量購置新式的西洋火器，並獲得武器配備精良的戈登常勝軍幫助，湘軍才能成功的平定亂事，並成為清末最精良的軍隊。

　　然而，直到第二次鴉片戰爭失利以後，清廷才開始興辦軍工廠局。咸豐十一年（1861），在第一位留美學生容閎的協助下，曾國藩創建安慶內軍械所，這是中國近代軍工廠之始。同治四年（1865），江南製造總局成立，這是晚清創辦最大的綜合軍工廠，中國的軍事工業從此逐步走向現代

化。配合新式武器的使用，中國同步進行軍事教育、訓練與作戰方式的革
新。

二 古代的科技教育

遠古的傳說中，聖人是知識與技術的發明者與傳授者，例如神農嚐百
草與水泉的甘苦，黃帝與顓頊製作曆法。商周時期，在貴族的六藝教育
中，數與書兩項包含科學與技術方面的內容。在宗法制度之下，科技職官
與教育以世襲的方式傳承，這些科技官僚稱為疇人或疇官，他們世代所承
襲的知識與技術，就是疇人之學，繼承祖業與續任疇官的人，稱作疇人子
弟。漢代及其以前的疇人，以精通天文與曆算為主，也深諳占卜術數之
學。清朝阮元撰寫《疇人傳》，也以蒐集歷代著名天文算學專家的傳記為
中心，可見在古代的科技中，天文曆算最受重視。

根據《周禮》的記載，周代已設有科技職官，其中天文官包括保章氏
與馮相氏，隸屬太史之下，醫官則有食醫、疾醫、瘍醫與獸醫四類，此
外，還有負責農業技術與土地測量規劃的官員。這些技術官僚基本上都是
世襲，他們在官僚體系中的位階不高。周朝建立官營手工業，由擁有各種
專長的工匠，製造天子與貴族所需的生活用品，《考工記》至少錄有三十
個專事生產的手工部門，由於其種類繁多，故有百工之稱。百工的政治與
社會地位都不高，在傳統社會士農工商的四民行列中，名列第三，這些工
匠的技藝以父子相承為多，也兼有收徒學藝的形式。

春秋戰國時期，隨著封建制度的瓦解，疇人子弟分散各地，他們所擁
有的知識與技術，也從中央向地方流動，甚至傳入夷狄之邦。周天子式微
以後，諸侯開始競逐霸主的地位，國際局勢變化劇烈，為了贏得這場戰爭
的勝利，延續與發揚氏族的政治生命，各國諸侯力求富國強兵，紛紛致力
各項武器的研發，軍事工業技術得到進一步的發展。同時，他們還禮賢下
士，延攬各類人才，除了雞鳴狗盜之徒外，也有不少科技與醫療人才，其
中以天文學家的表現最為突出，由於官方迫切的需求與鼓勵，天文曆算發
展更為迅速，學者已能精準掌握五大行星的週期與變化，描述各種彗星的

形狀與運行，並製作較精良的曆法。另外一方面，諸侯競相角逐山林漁鹽之利，經營各項資源的開發，多種工業技術也隨之發達。

由於百家爭鳴的結果，戰國時期的科技與醫學不再局限於宮廷內，而是走向比較活潑的道路，對於自然界的各種現象，提出許多饒富趣味且具有啟發性的議題與思維方式，同時也發展出實用的技術與理論。以墨家為例，他們的知識內容，包括了現代學術分類中的光學、力學與幾何學等自然科學。傳說齊國曾在都城稷門設立學宮，這批稷下之士是襄助齊國稱雄的謀士，科技、軍事與醫學也是他們學習或交流的知識之一。儘管時勢如此，疇人與百工的地位並未明顯地改善，在治國平天下的大道中，依舊被視為小道與末技，此一觀念與現象，一直持續到近代。

在秦漢開啟的中央集權政治體制下，雖不乏各式各樣的疇人百工，也有傑出的科技與醫學成就，然而其中若干的科技知識卻始終掌握在官方手中，並且因為特殊的政治需求，影響其主要的功能與發展的方向，甚而決定中國古代科技的特質，最明顯的例子就是天文學。西漢初年，司馬遷出身於世典天官的家族，繼承父親司馬談的學術與官職，在宮廷中服務。司馬氏家傳天官之學，其內容與職守均相當多樣，除了天文、曆法與數學之外，還包括歷史、禮儀、占卜與術數。從《史記》〈天官書〉與〈曆書〉的內容來看，當時的天文曆算在觀測天體與制訂曆法方面，已達到相當的水準，不過它的主要功用是進行預測與占卜。古代天文占測的對象是皇帝與軍國大事，預測的內容與皇權關係密切，因此歷代官方設置天文機構，以及天文官進行科學觀測與計算的目的，都是政治性的，與近現代西方天文學的性質與發展迥異。由於古人賦予天文強烈的政治色彩，歷朝皇帝禁止一般人私習天文，於是天文知識的傳承往往只局限在父子之間，加上天文官的員額有限，天文曆算知識的傳播因此不廣。

古代醫學知識的傳遞，主要有三種途徑，第一是父子相傳，由於他們世代從醫，故有世醫之稱；第二種是師徒相傳；第三種則是自學，透過閱讀醫書自修而成。第一類的醫學教育是在家庭與家族之間進行，在鄉里間容易創造口碑，贏得病人的信賴。世醫起源相當早，明朝以後，世醫家庭的競爭越來越激烈，除了競相爭逐病人外，還爭奪中央與地方醫學教育體

系的職位與榮譽，藉此保障家庭聲譽與擴大影響力。第二類不僅是在私人之間進行，官方自晉朝以後，中央與地方的醫學機構，除了為皇室與官僚服務之外，也從事教學培育人才。一般來說，學生不僅學習醫學理論，也跟隨老師參與實際的臨床工作。第三類自學醫術者，藉由閱讀歷代醫學經典與其他醫學作品學習。從宋朝開始，造紙與印刷技術的不斷改良，以及商業網絡的擴大，醫書的出版事業隨之興盛，一般士人接觸醫書的機會大為提高。同時，宋代社會出現儒醫社群，學醫成為許多科舉考試失敗的士子的新出路，他們以「不為良相，則為良醫」自我期許，在原有的儒學知識基礎上，自行閱讀參詳各類醫書，卓有效驗者便以行醫為業。

　　從晉朝起，官方醫學機構開始舉辦醫學教育。唐朝太醫署明確設立醫、針、按摩與禁咒四科，各科由博士負責教學，其中醫科再細分成五門學科，包括體療、瘡腫、少小、耳目口齒與角法，學習的內容與年限各有規定。此外，太醫署還設藥園，指派專人負責種植與採收藥材，也具有教育的功能。為了了解太醫署師生的技藝與學習概況，唐朝訂定晉升與考核的標準，舉行考試稽核。貞觀元年（627），創設地方醫學體系，在各州設置醫博士、助教與學生，教育地方人才，以因應地方的醫療需求。唐代建立的醫學教育體系，此後成為各朝的常制。宋朝中央醫學機構採分級教學制度，招收的學生名額，最多曾高達三百人。明朝政府設置醫戶，以子襲父業的方式，保障醫官的來源與品質，然而醫戶的經濟收入與社會地位俱低，常頗有逃戶與冒充改籍的弊病發生。

　　清末以降，中國人開始學習西醫，最初是在西醫院診所中進行，由來華傳教士自行招收學徒或助手，加以訓練。光緒十二年（1886），美國傳教士醫師嘉約翰創立博濟醫學校，這是教會在中國開辦第一所西醫學校，此後各國教會陸續在南方各地設立醫校，其中也包括女子醫學校。清朝官方迫於外患的壓力，在同治元年（1862）設立同文館，開辦新式學堂。同治十年（1871），同文館設立生理學與醫學講座，由德貞擔任教席，最初只有課堂講授，稍後加入見習課程，前往北京教會醫院實習。光緒二十年（1894），李鴻章創設北洋醫學堂，是近代第一所官辦的醫學校，教師以英國人為主，修業四年，以天津總醫院為實習醫院。光緒二十四年（1898），

京師大學堂創立，也開設醫學課程，光緒二十九年（1903），增設醫學實業館，更有系統的從事西醫教育，但四年之後停辦。光緒二十八年（1902），袁世凱開辦北洋軍醫學堂，教席多由日本軍醫擔任。此外，同治十一年（1872）起，清廷開始有計畫地派遣留學生前往美國與日本習醫，這些醫生回國之後，成為西方醫學教育的中堅份子。

　　古代數學教育起源甚早，商周貴族教育的六藝中，數學就是其中之一。隋朝國子寺（607年更名國子監）正式開辦官方算學專科教育，設置算學博士二人，助教二人，學生八十人。唐朝沿襲隋制，在國子監設立算學館，但不設助教，學生減為三十人，文武官八品以下與庶人之子都有入學資格，其中十五人專攻《九章》、《海島》、《孫子》、《五曹》、《張丘建》、《夏侯陽》、《周髀》與《五經算》，另十五人以攻讀《綴術》和《緝古》兩部經典為主，《記遺》與《三等數》為兩組共同必修。以上各經典的學習年限不等，《綴術》需時四年，時間最長，並定期舉行考核。唐朝國家頒行的十部數學教科書，經李淳風、趙爽與甄鸞等人的注釋與修訂，成為古代數學教育的經典教材。算學館成立兩年之後被廢，龍朔二年（662）又再重設，但學生人數減至十人。算學博士在官僚體系中，屬於從九品下，地位最低，到了晚唐，明算科考試終止，精研算學的人失去晉身的機會。此外，唐朝宮廷中，設置宮教博士兩名，負責教導宮人書、算與各種藝能，可見數學也是他們必備的基礎技能。

　　宋朝開國之後，國子監亦從事數學教育，但卻時而設立，時而取消。宋徽宗時學生人數一度多達二百一十人，靖康之難後，金人帶走國家典藏的書籍，南宋廢算學科。明朝國子監的教學內容，也包括數學，以學習四則運算為主。清朝康熙學習西洋算法，重視算學教育，康熙五十二年（1713），設立算學館，並規定滿人與蒙古八旗子弟也應修習算學。雍正元年（1723）更規定八旗官學增設算學，有十六位教師負責教學，每旗官學選出優秀的學生三十餘人，上課時間是每天下午一點到五點。乾隆三年（1738），廢止八旗官學，改設一般算學教育。嘉慶以後，算學生每月領取獎學金，定期考試，五年期滿畢業，成績優秀者選入欽天監服務。

　　清末新式數學教育，最初由基督教與天主教會開辦。道光十九年

（1839），基督教教門公會在澳門創立最早的學校，數學是其中教學項目之一。隨著教會學校的設立，西方數學教育開始在中國扎根，教會自行編制或翻譯數學著作，作為學生的教本。清廷官辦新式數學教育，始創於同文館，直到光緒四年（1878），才設立小學，教授數學。

三 從奇技淫巧到科學救國

　　十七世紀下半葉，法國路易十四雄圖遠略，尤其希望在科學與藝術方面有所成就，任命柯爾伯主持科學院的建立，並籌建巴黎天文臺。受到來華傳教士著作的影響，柯爾伯一心想建造一個超越中國，而且更雄偉壯觀的天文臺，可見在他的心目中，中國科學與技術是他追趕的目標。十八世紀初，德國科學家萊布尼茲雖然發現中國科學的不足，卻仍協助創設柏林科學院，致力於中國交流，並寫信給彼得大帝，期望透過俄國連接歐亞，向中國學習科學與技藝。一直到十八世紀下半葉，中國的科技、道德、科舉與法律制度等，都是歐洲人仰慕與學習的對象。

　　然而，明末傳教士來華時，有識之士徐光啟已率先感受到中國科學的落後，他批評當時士人空談心性的流弊，並指出科學教育的問題，積極學習與翻譯利瑪竇等人傳入的歐洲科學，試圖力挽狂瀾，但卻阻止不了明朝的滅亡，也遮掩不住中國科學的落後。西元一七二八年到一七四〇年間，法國皇家科學院科學家德梅朗與來華傳教士巴多明通信，討論中國科學停滯的原因，可見傳教士已經洞悉中國近代科技比歐洲落後的事實，但是此時絕大多數的中國人卻不知情。一直到鴉片戰爭戰敗，中國人才開始驚覺西方科技的強大實力。

　　清朝康熙年間（1662-1722），法國巴多明曾在清宮服務，根據他對欽天監的觀察，他發現當時中國科學有六項弱點，第一，欽天監的官員收入微薄，地位低微，無足輕重；其次，欽天監的科學家因同儕壓力，不敢求精進，以免引發軒然大波，甚至失去工作；第三，儘管康熙皇帝擁有歐洲製造的科學儀器，像是望遠鏡與座鐘等，也依西洋新法編制新的數表，但卻未下令科學家使用它們，甚至科學家中還有人反對用這些儀器；第四，

雍正出版康熙下令編輯的《曆象考成》之後，此書變成永恆的準則，若是天體運行與該書不合，不是計算者的失誤，而是天體本身的錯誤；第五，中國科學既缺乏內在與外在的競爭，也沒有來自國際的競爭，只關心黃曆上的選擇數術，並為此爭執不休；第六，在中國國內，由於天文並非士人走向富貴的捷徑，乏人問津。根據上述原因，巴多明指出中國的天文學長期故步自封，政府不支持科學研究，缺乏遠見與需要進步的緊迫感。巴多明所說的欽天監官員貧困窘境，早在順治年間（1644-1661），傳教士湯若望的奏疏中，就已提過。

　　十八世紀中葉，法國哲學家伏爾泰在讚賞中國科學之餘，也提出一些對中國科學停滯的批評，他認為中國人過於重視實利，在應用學科方面很有成就，但在思辨上少有進步。許多其他歐洲學者的見解，亦與伏爾泰的觀點相互呼應。此一時期，正是歐洲對中國印象改觀的關鍵時期，不但法國人看出中國的科學落後，正值工業革命前後的英國，也透過來華傳教士的報導，評論中國的社會，其中不乏對中國科學採取輕蔑的態度。從一七九三年英國馬嘎爾尼使團出使北京，到鴉片戰爭之前，英國社會掀起一陣討論中國文化的熱潮，他們多嘲諷與貶抑中國，認為中國科學停滯不前。十九世紀上半葉，英國人甚至認為中國處於半野蠻的狀態。當歐洲科學發展加速，並轉向蔑視中國的時候，閉關自守的中國卻對此一情況毫無所悉。

　　順治元年（1644），湯若望以其精確的日食推算，展示西方科學的優越性，不僅以西洋新法取得製作曆法的權力，更掌握了欽天監。稍後雖然經歷一場中西天文家之間的激烈衝突，但康熙八年（1669）以後，傳教士再度執掌欽天監，西方天文學在官方的地位從此確立。康熙皇帝曾經接受過西醫治療，他非常重視科學與技術，撰寫過相關的著作，宮廷內聘用不少傳教士，也擁有若干歐洲的科學儀器。不過，此時中國君臣對待西學的態度，基本上繼承明末以來西學中源說的觀點，認為西方是將古中國的創造發明予以保存與發揚，因此在禮失求諸野的心態與立場上，沒有拒絕接受西學的理由。在西學中源說的影響之下，即使部分中國士人了解西學的優點，中國尚缺乏迫切學習西學的動機與壓力。

　　從鴉片戰爭開始，歐洲帝國主義才敲開中國封閉的大門，為中國帶來

千古未有的大變革，過去始終以天朝自居的中國人，才意識到中西科學之間的巨幅落差。第一次鴉片戰爭失敗後，中國出現要求與實踐改革的知識份子，以龔自珍、林則徐與魏源為代表，他們在禁菸、農政、河工、漕運、鹽政等關乎民生的重大議題上，均提供具體的改革方案，並強調學習西方科技，「師夷長技以制夷」，抵抗列強的侵略。第二次鴉片戰爭再度戰敗之後，中國才逐漸了解到西方的科學內涵不只是奇技淫巧而已，從而改變對西方科學的的認知與態度，較積極展開洋務運動，採取中學為體，西學為用的原則與方針，以西學為學習的對象，以科學技術為模仿的焦點。甲午戰爭失敗後，清廷經營的洋務運動受到更嚴厲的挑戰與批判，日本躍居世界強國之列的現實，促使更多知識份子體認到學習西學的必要性，紛紛轉向日本學習。

　　雖然明末以來，西學傳入中國的同時，不可避免地遭受阻力，然而，此一現象並非中國所獨有，其他遭逢帝國主義入侵或殖民的國家或文明，也多有類似的反應。清末民初，歐洲帝國主義東來，迫使中國人走進國際世界，即使思想界對西學的理解與接受程度還有一些分歧，但迫於列強的侵略，接受西學已經成為刻不容緩的急務，於是隨著列強入侵的腳步與一次次戰敗的事實，要求改革的知識份子越來越多，他們的主張與策略，在強度與力道上也越來越強。中國科學落後與連續戰敗的事實，在嚴重打擊國人的民族自尊心之餘，卻也激發出強烈的民族自尊心，從此以西方科學馬首是瞻，於是傳統科學技術在這個巨大的浪潮之下，很快地退出歷史舞臺，成為落後的代名詞。

　　晚清到民初，在許多積極的知識份子倡導之下，中國人對西方科學的觀念不斷地改變，從將它視為追求富強的踏腳石與目標，進一步以科學作為救國的首途，最後演變成將科學當作是最高的準則，成為中國人積極全面追求的價值。尤其是在五四運動前後，科學一方面向各個知識領域擴展，知識份子普遍視為正確知識與真理的來源，它不但是知識的理想型態，同時還是畫分知識與非知識的唯一標準與權威。另外一方面，科學也被引入文化領域與廣義的生活世界，科學成為一種新的人生觀，人不僅是科學認知的主體，也是科學認知的對象，科學轉化為人生的價值與信仰體

系，徹底改造與主導人生。可見在中國備極艱辛的近代化過程中，先進的
西方科學技術，不只取代傳統的中國科技而已，它還改變了中國人的生活
方式與思維模式。這是近代中國思想最大的變革，其影響力一直持續到今
天。

第四節　古代的醫藥

　　醫學關注身體與生命，與人息息相關。傳統醫學看待身體的方式與現
代西醫不同，它以經脈與氣形構成的身體觀為中心，糅合天人合一與陰陽
五行的思想，形成一獨特的醫療體系與文化。隨著時代的推移，傳統醫學
不斷發展與變遷，並吸收外來醫學的養分，深刻根植中華文化之中。清中
晚期以降，受到西方醫學傳入的刺激，傳統醫學推陳出新，走向科學化與
現代化的目標，此一過程仍在持續中。由於傳統醫學仍具備療效，因此在
今天的社會中，仍與現代西方生物醫學並存，繼續發揮影響力。

一古代醫藥的特色

　　古代的醫生如何為病人看病？一般來說，他們透過望、聞、問、切四
種方法，進行檢查、診斷與處方，「望」是觀察病人的外在表徵與形色，
「聞」是注意病患身上的氣味，「問」是直接詢問病人患病的概況、症狀
與病史，「切」則是為病人把脈。在這臨床的四診中，以切法最為重要，
是醫生診斷疾病主要的依據。醫生以手指接觸病人左、右手寸、關、尺的
位置，感知各部位的脈象，以了解病人身體內部臟腑概況，判斷疾病的屬
性與輕重程度，從而開立處方，進行治療。
　　為什麼古代醫生透過脈查察病人身體的變化？因為經脈理論是傳統醫
學的基礎。脈的觀念與操作，源自古人對自然的觀察與想像，周秦以來，
人們以為身體有許多類似水道一樣的脈，這些脈分別與人體內部的五臟六
腑相互關連。經脈是身體內部的網路，聯繫臟腑，通貫全身，形成一個完

整的體系。既然脈與臟腑連通，便可透過診察脈象，了解體內臟腑的變化，查知疾病所在，然後對症下藥。人體經脈的數目究竟有多少？漢代以前各派醫家的看法不同，湖南長沙馬王堆漢墓出土的《足臂十一脈灸經》與《陰陽十一脈灸經》，記載的經脈數目為十一條，而四川綿陽雙包山出土的針灸木人則是十脈系統，此外，還有在頭、手、足各取三處的三部九候說。以上這些經脈數目與理論，都與後來成為主流的十二經脈系統不一樣，可見中國早期各地脈學的源流與發展相當多元，一直到戰國以後，才逐漸出現匯流整合的現象，並與陰陽、五行與氣的思想結合，成為傳統中國醫學的核心理論。

　　「氣」是古代的脈學思想中，最關鍵的觀念之一。戰國以降，人們以為氣在經脈中循行流轉，具有一定的規律，並受到外在環境與身體內在情緒因素的影響，因此，氣的通暢與否，反映身體的實況。身體若發生病變，氣在經脈中的運行會受到阻礙，此時必須依賴針灸，導正經脈中的氣，使氣繼續無礙地循行人體，恢復健康的狀態。此外，古人認為進行針灸治療，還需配合時間、季節與病人本身的狀況，因而發展出許多繁複的針灸禁忌理論，譬如提出何時適宜或不適宜進行針灸，或者身體哪些部位在特定時間不宜針灸等等，這些內容甚至還記載在黃曆中，供一般民眾參考，這使得傳統醫學蒙上不少數術的色彩。

　　經脈上穴道的概念與應用，均較脈晚出，換言之，古人先發展出脈的想法，然後才延伸出穴道的觀念，兩者都與古代的宇宙論關係密切。古代宇宙論的核心思想是天人合一，古人將身體視為一個有機的整體，並認為人體與宇宙是同質性而有分殊展現的有機體，人是天具體而微的模型，天是大宇宙，人是小宇宙，兩者都遵循著一定的規律與秩序，都有脈絡可循。在此自然觀之下，古人將人體的經脈與山川、河流與天文相互類比，並相信透過查察人體的經脈，可得知身體各部門的狀況，同時，也能藉由經脈治療身體的病痛。所以，在古人的心目中，經脈與穴道、天、自然、季節相互交流感應，人與天之間需隨時保持動態的平衡，以維持身心的健康，並達到天人合一的最高境界，故古人特別重視養生之道，強調配合天地與四季的變化，保養身體。

　　古代的針灸療法，包括針刺與灸灼兩種，在臨床上依實際的需要而取用。最早的針刺工具，以石器為主，稱為砭石或箴石，後來在冶金術的基礎上，發展出金屬質材的針具，並出現各種長短、形狀和用途不同的針。灸灼療法是藉由火、艾草與雄黃等媒介，在體表上進行薰灼，其中以艾灸最為普遍。使用過灸療的人，會在皮膚表面留下瘢痕，於是古人便利用檢查人身的灸痕，來了解此人曾經罹患過的疾病，譬如唐朝醫者孫思邈曾建議人們在挑選乳母時，可檢查其身上的艾灸瘢痕，以了解乳母的病史，再決定是否僱請。

　　現代的中醫診所常見以針灸銅人作為擺設，作為中醫的重要象徵。古代最著名的針灸銅人，是宋朝王惟一所製作的。宋仁宗天聖四年（1026），王惟一撰《新鑄銅人腧穴針灸圖經》，該書在汴京出版後，還雕刻在兩塊大石碑上供人拓印。次年（1027），王惟一鑄造兩座針灸銅人，其大小與一般成人相仿，銅人的體內鑄有臟器，體表則有穴位，並標示出穴位名稱。鑄造針灸銅人的用途，主要是教學與考試，考試之前，先將銅人塗滿黃蠟，隱藏所有的穴位與名稱，應考學生根據考官提出的穴名進行針刺。

　　人為何生病呢？古人認為造成身體發生病變的原因，主要有三種，第一是外在的因素，包括外界氣候與環境的異常變化。第二是內在的因素，人的七情六欲若過度失衡，將影響身體健康。第三項古人稱為「不內外因」，也就是因意外對人體造成的傷害，例如蟲獸咬傷、溺水與刀劍傷等。以上這三項病因理論，從周秦以來逐漸成形，一直要到南宋陳言撰寫《三因極一病證方論》（1174）時，才明確提出「三因說」的理論，成為傳統醫學病因學說的主流。

　　傳統醫學重視季節與身體健康的關係，醫者認為四季循環有固定的規律，春天溫暖，夏天炎熱，秋天涼爽，冬天寒冷。然而，若不注意保養，四季之氣有可能對人體造成傷害。至少從漢代開始，醫者普遍認為冬天寒氣最易傷人，冬天疏於保暖的人，一旦不小心傷風感冒，便會罹患「傷寒」。從三因說的分類角度來看，傷寒的主要病源來自於外因。東漢末年張仲景撰寫《傷寒論》，確立辯證施治的基本原則，強調因人、因時、因地制宜的治療方針，是中醫重要的經典之一，該書經北宋校正醫局重刊之

後，廣為流傳。

在了解病因與進行診斷之後，古代醫生就根據病人的病情開立處方。傳統醫學所採用的治療方式，以內服藥物為主，植物、動物與礦物均可入藥，其相關的知識古人稱之為「本草」。由於這些藥物的性質與藥效快慢不同，因此在臨床運用上，可調製成各種不同的劑型，包括湯、丸、散、酒、膏，其中以湯液最為普遍，既可內服，又可外用，但丸、散、膏等劑型較利於儲存與外出攜帶。醫生處方時，主要是配合陰陽五行的思想，以及參考前人的配方與個人的經驗來選取藥材，並註明藥材所需的份量，與調製、使用的方法，指導病人服用。同時，依據病情的變化，醫生會隨時改變處方，以提高治療的效果。

古代的本草學與脈學一樣，都以師法自然與天人合一為根本觀念，藉由自然界物質的特性，調和與改善身體內部失衡的狀態，使身體氣血順暢，恢復健康。古人將藥物分成上、中、下三品，不但能消極治療疾病，同時還具備積極養生功能，透過吸收自然界萬物的精華，達到滋補身體的目的，在這種思想影響之下，古人發展出食療與食補的觀念，強調平時就應滋養身體，以預防疾病和延長壽命。在眾多的藥養服補之中，較多用而貴重的是人參，本草著作將它列為上品藥物，明朝溫補學說興起以後，人參更成為家喻戶曉的上等補品，價格逐漸昂貴，但卻不免有濫用之虞，明清許多醫者批評這樣的風氣，主張應依據病人的體質，並明辨病患症狀之後，才能使用。

除了治病與追求長生之外，古人還運用本草藥物來美容。唐朝氏族階層相當講究儀表與化妝，一般的社交場合裡，男人比女人更講究儀容，口脂面藥成為反映個人身分貴賤的標誌，上流人物與官員對此需求量高，於是美容藥物成為時髦，不但親友相互餽贈，甚至皇帝也用來賞賜臣子，《全唐文》謝賜口脂面藥的表狀就多達十八篇，包括蘭膏、絳雪、臘日、紅雪、紫雪、香餌高脂、五藥膏脂等。這種風氣從貞觀年間（627-649）開始，一直到元和（806-820）以後才有所減少。

古代醫者使用的治療方式相當多樣，除了內服本草藥物與針灸以外，還有按摩與咒禁法。戰國以來，醫者透過各種專門的按摩手法，在病人體

表進行治療，以疏通經絡宣通氣血，甚至進行急救。唐朝官方醫療機構太醫署設置五種醫學分業，其中也包括按摩。咒禁法古稱祝由，主要是透過念誦咒語與施行禁法，治療某些特殊的疾病，唐朝太醫署設有咒禁博士。由於古人多相信鬼神精怪也是引發疾病的病因之一，故這類疾病多以咒禁法治之。咒禁法治病的原理，與巫術、術數相近，這與上古時期醫學與巫術源流相近有關。

　　古代醫生多到病患家中進行診斷與治療，特別是身分較尊貴或富有的病人。病人也前往固定的診所就診，醫生或兼設藥局為病人診療開方，或由藥局聘請醫生坐堂開診，這些醫藥局號多立有招牌，或在門口懸掛葫蘆為記。另外還有到處巡迴旅行的走方醫，由於他們多搖鈴四處招攬生意，因此又有鈴醫之稱。走方醫或鈴醫多從事外科、眼科或牙齒手術，例如摘除皮膚瘤腫、眼翳或牙齒等，他們的治病原則，講究簡易快捷，故常使用成本較為低廉和峻利的藥物。

　　不少古代醫生留下診療的紀錄，作為效驗的依據與教學的參考。西漢名醫淳于意的二十五則診籍，是現存最早的醫案。從明朝開始，由於印刷術的發達，交通與商業網絡的便利，醫案著作與體例勃興，許多醫者將自己或老師的醫案出版，一方面希望在激烈競爭的醫療市場中，藉由出版成功的醫案來提高聲譽，以招來更多的病人，並透過書商全國性的銷售網絡，將作者的聲譽傳播更遠。另一方面，醫者以醫案作為臨床教學的藍本，或提供醫學同業參考。

　　古代病人在選擇醫生時，首先考慮醫者的聲譽與口碑。一般來說，人們對於世代從醫者予以較高的肯定，因為他們相信世醫家庭出身的人，能獲得父祖的真傳。近代的醫生為了提高知名度，以獲得更多病患的信任，多在報刊或雜誌上刊登廣告，以民國十一年上海的申報廣告為例，醫藥廣告位居商務部門廣告出現的次數之冠。申報上的醫藥廣告可分成二類，第一類是醫療院所的廣告，包括醫院名稱、醫師姓名、科別、費用、診療時間、地址電話等。第二類是藥品的廣告，主要包括中藥房與西藥房兩類，他們廣告宣傳的藥品絕大多數是成藥。這些醫藥廣告的主要訴求，常以醫師、藥品發明人或是名人的學經歷和品德作為號召；或強調來自祖傳祕

方；或註明是外國名藥；或指出具體治癒的實例；或以某種醫學理論作為保證，促使讀者前往就醫或購藥，甚至還以打折或贈品的方式鼓勵消費。

　　古代醫生重視學養與醫德，唐朝孫思邈《備急千金要方》指出，一位好的醫者，除了醫學經典之外，還必須嫻熟五經、歷史、老莊、周易，並精通陰陽、五行、天文、占卜、六壬與相法祿命，才能成為「大醫」，具有慈悲喜捨之德，達到盡善盡美的境界。後世醫者以孫思邈所提的標準為依歸，並且長期浸淫在儒家文化的影響下，提出了以仁為中心的醫學倫理觀念，作為醫生的道德準則。明清時期，拜印刷技術之賜，醫學書籍的出版與行銷事業逐漸發達，醫者在寫作或編纂醫書時，都會寫下序言，說明著作或編輯的動機與目的，絕大多數的作者均以儒家的博愛濟世精神作為著作宗旨，以造福鄉梓為使命。

　　古代醫生所追求的道德與技術典範，不只是消極的為病人治療而已，他們還將醫生分成上、中、下三等，上醫治於未病之先，中醫治欲病之病，下醫治已病之病，故最高的醫學理想，是要能在尚未顯示病徵之前，就已察覺疾病，並及早採取必要的治療。具備這種未雨綢繆能力的醫者，以戰國時期的扁鵲最為著名，根據司馬遷《史記》記載，扁鵲路經齊國臨淄，透過望診，察覺齊桓侯已有疾在身，必須盡快醫治，但齊桓侯卻因身體並無病狀不予理會。五天之後，扁鵲告訴齊桓侯，疾病已經入侵血脈，若不治療，將會更嚴重，齊桓侯依舊不理睬。又隔了五天，扁鵲告誡齊桓侯，疾病已經蔓延，若再拖延，勢必無可挽回，齊桓侯仍然不聽。再過五天，扁鵲一見齊桓侯，就立即躲開，齊桓侯派人詢問原因，扁鵲回答齊桓侯業已病入膏肓，無法治癒，所以只得避開。數日以後，齊桓侯感覺身體不適，急忙派人前去請扁鵲，扁鵲卻早已離開齊國前往秦國，不久，齊桓侯病故。

　　扁鵲另一個為世人稱道的事蹟，是使虢太子起死回生。扁鵲行經虢國時，聽到太子剛因急病死亡的消息，在了解太子的發病經過與死後症狀之後，扁鵲認為太子尚有一線生機，虢君立刻請扁鵲進宮，扁鵲發現太子兩股尚有微溫，判斷他其實是罹患尸厥之症，於是召來弟子以針刺、熱敷的方式，配合本草湯藥，使太子死而復生。司馬遷記錄這個故事的目的，除

了指出脈學是當時醫學的主流，並表彰扁鵲醫術的高明以外，同時還以起
死回生作為醫學技術的最高準則，將扁鵲塑造成古代名醫的典範。

　　隨著時代的發展與變遷，不同時代與地域的醫者，在醫學理論與臨床
治療上，各有所偏重，提出獨創的見解，於是醫者遂有門戶之別。以金元
時期的醫學為例，劉完素、張從正、李杲與朱震亨並稱金元四大家，他們
基本的醫學理論取材自古代經典，然而各家對經典的理解與運用卻不同，
形成源同而流異的四大學派。劉完素久居北方，當地經過戰爭之後，出現
許多熱性疫病，同時該地區風土剛燥，飲食以燴炙醇釀為主，久而久之，
容易蘊積化熱，因此他以火熱論為理論核心，主張一般人多罹患火熱屬性
的疾病，宜服用寒涼藥品。張從正的醫學思想以攻邪為中心，認為疾病是
邪氣所致，邪氣或自外而入，或自內而生，故強調汗、吐、下三項治療原
則，靈活運用於臨床之上，以驅除邪氣為治病的根本。李杲經歷多次戰
亂，目睹時人困於飢餓，致使脾胃受損的現象，撰寫《脾胃論》一書，闡
發內傷脾胃的治療原則與方藥。朱震亨以「養陰論」著稱，在臨床治療方
面，並重清熱瀉火和滋補真陰，此一理論對於年老或體弱之人尤其適宜。

　　傳統醫學的分科觀念與形式，多與現代西方生物醫學不同。《周禮》
已出現分科的概念，分成食醫、疾醫、瘍醫與獸醫四科，分別處理飲食、
一般疾病、皮膚病變、外傷與家畜等問題，其分科的基本出發點，在辨明
疾病的內、外之別，以及人、獸之異。隨著醫學逐漸發展，以及在官方醫
學的主導下，分科漸漸明朗具體，唐朝太醫署將醫生分成醫師、針師、按
摩師與咒禁師四類，其中醫師之下，又再細分成體療、瘡腫、少小、耳目
口齒與角法五科。宋朝太醫局分醫學為九科，元明之間擴展到十三科之
多，清初減為十一科，稍後再減至九科。

　　狹義地說，古代醫學並無內科之名，主要是因為傳統醫學將身體視為
一個整體，以調整身體的平衡達成治療的目的，因此其理論體系與治療方
法，不僅適用於現代醫學定義的內科病患，同時也是其他臨床各科的準
則，故古代醫學的分科中，除了特殊獨立的專科，像是婦人、小兒、正骨
與眼科以外，都可以納入內科的範疇。傳統中醫外科以研究和治療各種皮
膚病、化膿性感染、外傷、癭瘤、痔瘺等為主，雖不乏以手術的方式去除

病灶，但基本上仍以本草藥物為重，與近代醫學的外科手術治療，有許多本質上的差異。

古代醫學不僅診斷與治療疾病，也運用於法律訴訟方面，檢查與鑑定傷者或死者的身體。負責驗屍工作的人稱為仵作，他們將檢查的結果寫成驗狀，作為斷案與判刑的依據。一九七五年，湖北省雲夢縣睡虎地出土秦簡《封診式》，就有不少與法醫學相關的內容，包括檢驗痲瘋病人與流產胎兒、首級與屍體的損傷概況與程度等。唐朝的律法明文規定檢驗制度，制訂損傷和死亡的法律定義、分類與刑罰，這些都需要醫學知識與技術的配合。此外，唐律對於醫療失誤致人於死者，也有一定的罰則。由於古人認為身體髮膚來自父母，不敢輕易毀傷，在這種孝道思想與儒家文化的影響之下，古代仵作對於屍體的檢驗，以進行體表檢查為主，不以解剖的方式查察死因。

二　疾病、醫療與社會

生、老、病、死是人生必經的過程，疾病影響個人的健康與生活，甚至生死繫於一線之間。因此，不論今人與古人，都希望能避免生病，今人多以身體健康預祝親友，古人則以無恙彼此祝福。然而，每一個人都可能生病。由於地理環境、飲食與文化習慣的差異，各地多有特殊的地方病或流行病，例如隋朝江東若干靠山的地方，就多膝蓋以下腫脹的疾病；嶺南地區流行青草瘴與黃芒瘴，病患往往經年不癒。大約從晉朝開始，嶺南與江南地區出現一種新的疾病，最初被稱為腳弱，罹患這種疾病的人相當多，患者除了下肢萎軟無力外，多伴有腹痛下痢或精神惛憒、語言錯亂等症狀，該病從南方逐漸向北方蔓延，唐朝醫者定名為「腳氣」，但與今天所謂的腳氣病不同。造成「腳氣」的原因，與當時盛行的煉丹術有關，人們服食的丹藥主要是礦物，長期服用水銀、鉛、砷等後，產生慢性中毒的現象，其症狀與古醫書所描述的腳氣相似。

以秦嶺為界，古中國南北兩大地區的氣候與地理環境差異甚大，南方水道較多，比北方潮濕炎熱，尤其是春夏兩季。漢代及其以前，北方是政

治、經濟、軍事與文化的中心，從漢末開始，由於政治、戰爭和外族入侵等因素，北方人多遷往南方避禍。北人向南移墾的過程中，或因長途旅行過度疲累，或因營養失衡，或因水土不服，故多罹患傳染病、流行病與地方病等。南方濕熱多雨的環境，孕育不少毒蟲與病菌，居民的一些生活習俗和信仰，也間接促成疾病的傳播，因此，古代南方的流行病比北方多，即使是同一種疾病，在南土流行的程度也常比北方嚴重得多。永嘉南渡以來，北方移民更多，隋唐時期運河開鑿之後，南方水網密布，交通便利，更加速疫病的傳播。北人到南方所遭遇的疾病之一，是各式各樣的蟲病，例如被毒蟲螫咬與各種寄生蟲引發的疾病等。當時的醫學著作，多論及蟲所造成的種種病症，可見蟲病的確帶來困擾，尤其是對南來的北人，這是因為南北地理環境與水土差異，使他們必須面臨新的健康問題與挑戰。於是，當時的醫生蒐集許多驗方，或撰寫成具有備急用的方書，內容多以處理南北常見的流行病與急救為主，作為遠行旅人與移民的參考指南。

古代文獻記載許多「疫」與「瘟疫」，這些疾病近似現代西方醫學中流行病的概念，泛指短時間內普遍流行於某一地區的疾病，其中有些具有傳染性。大規模流行病肆虐造成人口減少，東漢中晚期，各地至少發生十四次大規模的「大疫」，多數都在春天爆發，其中三次流行的地區，僅限京師洛陽或會稽、九江、廬江等地，其餘八次都遍及全國。建安二十二年（217）之疫，當時著稱文壇的建安七子中，徐幹、陳琳、應瑒、劉楨與王粲都因此而死。瘟疫所帶來的災難，常跨越州縣的疆界，影響的範圍廣泛，譬如北魏獻文帝皇興二年十月（468），豫州疫死的人數，多達十四、五萬之多。

大規模流行的疾疫影響人類歷史，可從戰爭中找到例證。兩軍對峙，衝鋒殺敵與短兵相接固然帶來傷亡，然而，軍士因疾疫死傷的人數，往往比戰死者多。譬如赤烏九年（246），孫權出兵圍珠崖及夷州，士兵疫死的人數，就高達十分之九。圍城之戰，疾疫帶來的人口損失更鉅。抵禦外侮的一方因為閉城鏖戰，封閉對外的聯繫，城內人口過度聚集，又因飲食、用水與衛生等問題，多淪為疾疫肆虐的溫床，例如梁武帝時，郢城被圍，困在城內的十多萬人口中，將近百分之八十因疾疫而死。

流行病在戰爭中造成嚴重傷亡，軍民的大量損耗，直接影響戰爭的成敗。古代疾疫決定戰爭的勝負，最著名的例子之一，莫過於赤壁之戰。建安十三年（208），曹操率領大軍南下，與孫權、劉備的聯軍對峙於赤壁，曹軍不幸感染疫病，將士死亡人數甚多，曹操被迫引兵北返，劉備因而取得荊州與江南諸郡，魏、吳、蜀三國鼎立的局勢至此底定。古人早已了解疾疫的重要角色，在研商或決定作戰策略時，常將疾疫列入考慮。譬如黃龍三年（231），孫權想要督軍親征公孫淵，薛綜指出戰地常有傳染病，孫權取消親征。甚至連經常入寇唐朝的吐番，也避免在疫病經常發生的春季入侵，改在秋冬發動攻擊。

魏晉南北朝時期，疾疫頻繁的出現與流行，不僅影響政治與軍事，同時也波及經濟與社會。連年疫情造成人口大量損失，能夠從事生產與參與政府勞役的人力減少，政府的賦稅收入也隨之降低。不少人為了避疫逃離家園，任田園荒蕪，罔顧賦稅與勞役，甚至流離失所，在這種情況下，政府維持國內治安與社會秩序，與對外的國防力量能力，也都連帶受到影響。連年疫病肆虐的結果，死亡人數增多，導致棺木價格提高，貧窮者只能以葦席裹屍，棄於路旁。

流行病也為人們帶來恐懼與焦慮，魏晉到隋唐之間，嶺南瘴癘病流行，隋朝派兵征服琉球時，士兵死於瘴癘者多達十之八九，而唐代醫生王燾等人被貶守房陵，一路上不幸感染瘴癘者超過百分之六十。這許多悲慘的事例，每每使人對嶺南地區心生恐懼，擔心染疫而死。隋朝酷吏庫狄士文揭發千餘人的罪行，這些人受到配防嶺南的處罰，出發當天，親友相送，擔憂哭嚎的聲音震動州境，這批人到嶺南之後，幾乎因瘴癘全軍覆沒。因此，為了表現孝道，前往嶺南的子女不攜父母同行，必須遠投瘴鄉的丈夫，深恐無生還的可能，臨行前多叮囑妻子改嫁，一般人多不願前往該地擔任官職，只有因罪被貶的人才被派往嶺南。

造成疫病的原因很多，古人普遍以為是氣候失常與鬼魅作祟的結果。古代醫者多指出冬季氣溫失調，尤其容易種下疫病的根源，而使疫病多見於春夏兩季。醫生與一般人一樣，也多相信鬼神致病之說，早期道教典籍中，像是《女青鬼律》與《太上洞淵神咒經》，也有疫鬼或惡鬼行疫的觀

念。另外，先秦以來就存在的厲鬼信仰，到南北朝時，因戰爭與瘟疫的影響而更加興盛，這個現象也助長了鬼神致病之說。所以，除了請醫生治疫之外，古人還向宗教、巫與方術等尋求解決之道。漢末以來，疫病的流行，促成道教的興起，人們依附宗教以解決生命危機，道士則透過各種方法，包括使用符籙、神咒，或針灸、藥物、養生、房中、悔過等，協助信眾驅逐疫鬼和消解病厄，並藉機壯大教團的勢力。佛教在當時也有許多精通醫術的僧侶，幫助信徒度過疾病的考驗。此外，人們還向巫者求助，透過巫術或法術禳除厲鬼或怨靈，或是建築廟宇，祭祀厲鬼，以避免瘟疫的傳染與蔓延。

　　為了避免疫病發生與蔓延，早在《周禮》就記載宮廷舉行儺祭以驅逐疾疫。北齊的儺禮，除了主持儀式的方相氏與十二獸以外，還有二百四十名年輕的侲子參與，驅除宮中惡鬼，規模相當浩大，類似的活動，也見於隋唐兩朝。為了不讓瘟疫散播，宮廷多採取必要的防範措施，例如東晉規定朝臣家裡若有三人感染瘟疫，即使該臣健康無病，必須等百日之後才能進宮；清朝王室明訂家人罹患天花的大臣，一個月之內不准入宮，鄰居罹患天花者減半；若家中天花病患死亡，必須等一百日，若鄰居死亡，則禁足一個月。

　　不僅官方舉行去疫儀式，民間也有許多驅避的活動。從漢朝開始，人們就有避病的風俗，就是讓病患離開住處，以躲避病鬼的傷害。魏晉南北朝時期，避疫的方法更多，例如在臘月殺雞，將雞血塗在大門上，或是在五月五日，在手臂上繫著五綵的絲帶，甚至在門上畫虎頭，以祈求身體健康，不染瘟疫。以上這些驅避疾疫的風俗與祈願，顯示古代不論官民都普遍畏懼疫病與疫鬼，從而將這種焦慮與恐懼，具體反映在生活禮俗與信仰上。

　　古人相信某些疫病具傳染性，其媒介主要是氣，傳染的途徑，則是與病患、疫病死者接觸，或是不慎觸碰疫死者的棺木，或是暴露在時氣或尸氣之下，或是遭逢邪氣、疫鬼行疫等。為了避免感染疫病，古人多採取拋棄病人，或逃離疫區的方法。至於罹患傳染性疾病的患者，親友避之唯恐不及，極少自願主動收容或照顧，不過也有少數人不畏傳染照顧病患的例

子，其中最著名的實例之一，是晉朝庾袞恃親的事蹟。晉武帝咸寧年間（275-280）大疫，庾袞的兩個兄弟病故，他的二哥也不幸感染，當疫情最嚴重的時候，庾袞的父母與親友都逃到他鄉避疫，只有庾袞堅持留守。庾袞晝夜不眠地照顧兄長，經過數月，疫情減緩，不但庾袞安然無恙，其兄也獲痊癒。《晉書‧孝友列傳》收錄這個感人的故事，作為友愛的表率，庾袞受到史家的表揚，是由於他不怕瘟疫傳染，敢於和病人接觸，而他與當時一般人普遍懼疫與避疫的心態、行為，以及拋棄病患的社會風氣，剛好形成強烈的對比。另外一方面，庾袞與眾不同的作風，突顯一般人遭逢瘟疫時，普遍選擇逃亡與棄親，這種罔顧孝道與親情的現象，使得傳統倫理價值受到嚴厲的考驗與挑戰。

　　為了進一步預知疾病發生的規律，以便確定治療的原則，宋朝醫學發展出五運六氣說，受到理學的影響，該學說著眼於討論宇宙本源，以及理和氣的關係。五運六氣說的基本內容，認為天有木、火、土、金、水五運，地有風、熱、濕、火、燥、寒六氣，以五運配合天干，以地支配合六氣的變化，然後以六十年為一週期，定出每年的「主運」與「主氣」，據此來推斷該年的「歲氣」，預測這一年容易罹患的疾病，以及氣候對疾病與治療的影響，以利進行治療。運氣學說與天文、術數關係頗為密切，北宋太醫局與地方醫學校，都將此列入基本的考試範圍，政和七年（1117）起，宋徽宗下詔頒布「運曆」，是一部公布每年氣候、物候與病候特點，與該年應如何養生預防疾病，以及治病的飲食、藥物性味與宜忌的曆書。由於宋徽宗的大力支持，運氣說在官方修纂的《聖濟經》與《聖濟總錄》兩部醫書中，占有重要的地位，並影響明清時期的醫學。

　　東漢獻帝建安初年（196-220），張仲景家族兩百多人，其中十分之七染「傷寒」而死，於是張氏發憤著作《傷寒論》。傳統醫學所稱的「傷寒」，與現代醫學定義的傷寒不同，泛指因受到外在寒氣侵襲產生的疾病，種類繁多，其中也包含具有傳染性者。傷寒是傳統醫學主流之一，北宋校正醫書局刊刻《傷寒論》之後，鑽研傷寒的人越來越多，蔚為傷寒學派，他們尊稱張仲景使用的方劑為經方，是傳統醫學治療外感疾病的主流典範。

　　根據醫學經典《素問》，溫病的病因與傷寒近似，冬天傷寒之後，春天必有溫病，溫病雖也屬於外感病證，但古代醫生強調溫病尚有內在伏邪。從宋朝開始，治療外感疾病的方法，分為寒熱兩途，有好用寒涼藥物的醫生，也有喜用熱藥的醫者。元朝以前，醫者雖已注意到溫病的重要性，但在尊經的風氣下，不敢標新立異，另立新說。直到明末吳有性寫作《瘟疫論》（1642），才從病因、病機與治法三方面，明確區分溫病與傷寒的差異，溫病學派至此逐漸形成一個獨立的學派。吳有性提出新的醫學理論之同時，正是南北直隸、山東、浙江等地大疫肆虐之際，他認為溫病具有傳染性，是由戾氣、雜氣入口鼻所致，邪氣進入人體以後，留在半表半裡的膜原中，並將瘟疫細分成常疫與癘疫兩類，後者如瓜瓤瘟、疙瘩瘟等，瞬息之間能致人於死。

　　古代影響社會最深遠的傳染病之一是天花，天花在第五世紀末年傳入中國，因軍隊與外族作戰感染天花，然後將病毒帶回，此後遂逐漸在中土傳播流行。由於天花患者痊癒以後終身免疫特點，時間既久，感染者的年齡不斷降低，約在唐末五代以後，天花的患者以兒童為主。天花對兒童生命造成相當大的威脅，所以人們將它稱為小兒生死關頭或嬰童人鬼關。宋代醫生主張天花是先天胎毒所致，孕婦懷孕期間因飲食或生活習慣不當而累積毒素，該毒素傳遞給胎兒，小兒出生後隱藏在體內，一旦外界有痘氣出現，就會引動胎毒觸發天花。明代以後，醫生認為胎毒來自於父母雙方，父母不恰當的生活起居，與過度的情緒表現，都是導致胎毒積蓄的原因，胎毒的輕重，直接影響其兒女天花的嚴重程度。

　　醫生治療天花病患的方法繁多，基本上是以本草藥物為主。除了消極的治療以外，古人也發展出許多預防的方法，例如拭去新生兒口中惡血，或是服用特定的藥劑，或以運氣說預測天花的發生時間與地點，不斷遷移以躲避痘氣。到了明代晚期，江南出現人痘接種技術，採取完全不同的思維模式應對天花危機，利用罹患天花一次終生免疫的特點，讓尚未出痘者感染較輕型的天花，以減輕患者的痛苦，增加存活的機會。人痘接種法是牛痘傳進中國之前，處理天花最有效的方法。嘉慶十年（1805），歐洲的牛痘法從澳門傳入中國，由於商人、官吏與地方仕紳的支持與推動，牛痘

法逐漸由南向北傳播。然而，牛痘並未立即取代人痘接種術，二十世紀前半葉，中國仍有許多地方仍採用人痘接種法。

(一)中外醫學交流

中國傳統醫學發源甚早，由於地域與時代的差異，發展出多種不同的醫學理論與技術。傳統醫學並非封閉不變的體系，自古以來就與其他文明有所接觸，進行雙向的交流。

由於地緣的關係，古代中國與鄰近的日本與朝鮮之間早有交流。秦朝方士徐福率領數千人，包括專精百工技藝與醫巫卜筮的人，東渡日本，是中日醫藥文化交流的濫觴。隋朝以前，日本多透過高句麗、百濟得知若干中國醫學的內容，隋朝以後，開始派遣使節到中國，隋煬帝大業三年（607），日本派遣小野妹子來華，攜回《四海類聚方》三百卷，這是中國官方首次將醫學直接傳往日本。古代中日醫學交流，與佛教僧侶關係密切。第一位來華學醫的日僧惠日，於大業十年（614）抵華，學醫九年，並帶回《諸病源候論》，入唐以後，又兩度來到中國習醫。惠日回國之後，天皇賜姓藥師，其子孫世居難波並世襲其業，故有難波藥師之稱。大寶元年（701），日本文武天皇頒布《大寶律令》，其中《疾醫令》的內容，多模仿自唐朝的醫藥行政、教育體制與相關法令。同時，日本的官方醫藥機構，例如內藥司與典藥寮的編制，以及醫學教育學制，亦多與唐朝相仿。

唐朝對日本醫學影響最深的中國醫者，以鑑真和尚（688-763）最為著名。鑑真在天寶年間攜帶許多藥物到日本弘揚佛法，其中部分交由正倉院保存。同時，鑑真也在當地行醫，他的病患包括聖武天皇與光明皇太后。鑑真傳授日本僧侶醫術，後來鑑真的弟子整理他留下的驗方，編成《鑑上人秘方》一卷。日本遣唐使來華，喜歡攜回香藥，供皇室以及天皇賞賜近親大臣之用，用於治療與預防疾病，因此唐朝中日之間的香藥貿易相當興盛。安祿山之亂後，日本因唐朝政局日衰，終於在乾寧元年（894）決議停派遣唐使，唐朝滅亡前夕，中日交流暫告中斷。

兩宋期間，日本與中國絕少官方的交流紀錄，醫藥交流主要透過民間貿易與入宋僧侶進行。平安朝（794-1183）鍼博士丹波康賴編纂《醫心方》

三十卷（982），摘錄當時在日本的中國醫藥方書多達兩百餘種，可見日本極重視中國的醫學。但《醫心方》呈獻給皇室（984）之後，流傳不廣，直到安政時期，日本文化受到蘭學挑戰，漢方醫家為了與蘭醫抗衡，才重新將《醫心方》付梓刻印，作為漢方醫學的代表著作一。此外，值得一提的是茶文化東傳日本，曾經兩度來華的榮西（1141-1215），不僅將茶種帶回日本，還撰寫《吃茶養生記》（1211）兩卷，介紹以茶防治疾病與養生的功效，還以清茶治癒幕府將軍源實朝宿酒過度的疾病，於是飲茶保健的風氣盛行。

明清時期，中日雙向交流再度興盛，不僅日本僧人來華習醫，中國醫生前往日本行醫者亦多。這段期間日本大量地進口與翻刻中國醫書，多由寧波、南京出口運往長崎，根據統計，十七世紀傳日中醫書籍多達四百六十三種，十八世紀增至六百三十四種之多，可見日本對漢方醫籍的重視與需求。但是，日本明治維新以後，西方現代醫學逐漸取得正統地位，漢方醫學的地位與影響力均遠不如前。

朝鮮曾是古代中日文化交流的橋梁，它與中國的往來也相當頻繁。朝鮮與中國之間的醫藥交流，主要分成兩類，第一是醫學技術與書籍的交流，較早的例子是在南朝陳文帝天嘉二年（561），吳人知聰攜帶脈學、本草、明堂圖等醫籍前往日本，途經高句麗，對當地醫學頗有影響。唐朝與朝鮮官方交流頻繁，新羅文武王曾獻給唐高宗針醫四百人，唐高宗時，新羅派遣使者向唐朝索取官方編纂的《廣利方》，以應付當地頗為猖獗的疫病。宋神宗曾派醫師為高句麗文宗治療疾病，高句麗獻給宋哲宗一部在中國失傳既久的《黃帝針經》。高麗多次向宋朝索取醫學典籍，例如《太平聖惠方》與《神醫普救方》等，並加以翻刻流傳。此外，中國的人痘接種術，在十八世紀中晚期傳入朝鮮。

第二類是藥方與藥材的交流，譬如唐朝王燾《外臺秘要方》曾引用高麗老師方治療「腳氣」；貞元年間（785-805），鄧思齊獻新羅僧所傳的威靈仙方，經宮廷試驗有效，將此藥編入本草書籍之中，鄧氏因此取得太醫丞的官職。中國採用不少來自朝鮮的藥材，其中以人參最為重要，不論是在雙方的朝貢關係或貿易往來方面，人參都扮演重要的角色，宋神宗時，

高麗文宗曾遣使進貢人參逾千斤。中朝之間不僅相互贈藥，明朝還曾協助朝鮮鑑定其國產藥物，並贈送他們動植物種苗。朝鮮在明初頒行政策，鼓勵唐藥輸入，允許藥鋪自中國進口藥材。

　　東漢末年，隨著佛教的傳入，印度醫藥也隨著進入中國。來華僧侶在翻譯佛經的同時，也將醫藥引進中國，例如安息國太子安世高不但翻譯與醫藥相關的佛經，同時也擅長醫術，安世高首先介紹印度醫學理論「四大說」，認為世界是由地、水、風、火四大元素組成，人的生死也不離此四大元素的調和變化，故人的生理與病理變化都與四大元素息息相關，該學說從晉朝以後，頗為若干中國醫籍所採用。

　　魏晉南北朝到唐朝之間，是印度醫學輸入最興盛的時期，僧侶除了翻譯醫藥佛經，介紹印度醫生診療理論與方法之外，還有醫學技術與藥方的傳入，前者尤以金篦術影響中國最深。唐人熟知以金針拔除或撥除白內障的金篦術，多作詩歌吟頌，醫界亦採用此法，並不斷加以改進。印度傳入的藥方，廣為中國醫者接受，中國對印度藥材的需求因此增加，雙方貿易關係密切。此外，印度佛經還介紹刷牙潔齒與淨身洗浴等方法，維護個人衛生，印度喜以菩提樹枝揩齒，中國則改用楊枝代替。佛教傳入之前，中國已有洗澡習慣，但以沐浴治病的觀念或傳自印度，印度進口的藥材中，包括不少香料藥，除了用以浴佛，也提供一般人藥浴之用。

　　雖然早在西方現代醫學傳入之前，其他醫療體系早與中國有所接觸與交流，但他們的規模與影響均遠不如西醫。西方醫學的傳入，可分成兩個階段，第一階段是在明末清初，隨著傳教士來華傳入，其本質屬於西方古代醫學體系。第二階段是在清朝晚期，是指鴉片戰爭以後，由英國醫生合信氏等人陸續傳入的西方醫學，內容為歐洲文藝復興以後的近代醫學，傳播的規模遠超過第一階段，對傳統中國醫學的影響也最為深遠。

　　明季天主教耶穌會士來華，這是中國接觸西方醫學知識的開始。明末清初來華的傳教士中，多以天文或數學見長，精通醫學者較少，主要是因為明清政府特別重視天文曆算，因此教會多派遣通曉天文數學的專家來華。雖然如此，在耶穌會士所撰寫或翻譯的書籍中，仍有部分介紹西方醫學知識，其中以鄧玉函所譯的《泰西人身概說》最具代表性，該書譯於李

之藻家中，鄧氏死後，經畢拱辰潤色後付梓，是這個階段中唯一在中國刊刻流傳的西醫著作。

　　由於明末清初的西醫翻譯著作多未出版，藏於教會圖書館中，其影響相當有限。不過，在一些非醫學的著作中，多少涉及一些西醫的內容，例如利瑪竇《西國記法》提到腦的記憶功能，熊三拔《泰西水法》介紹西洋煉製藥露法，艾儒略《性學觕述》提到消化、循環與運動系統。此一階段傳入的歐洲醫學，在病理學方面，遵循西波克拉底液體病理說，解剖生理學仍以蓋倫學說為主，甚至也傳入占星醫學。明末清初中國士人接受西方醫學觀念者不多，即使有採用者，他們的西醫知識也都是零星片段的。

　　清初傳教士來華行醫的事蹟中，以替康熙治病最為著名。康熙罹患瘧疾，服用傳教士進獻的金雞納而痊癒，此後常將此藥賞賜給染病的大臣。法國傳教士羅德先治好康熙的心悸與唇疾，受封為內廷醫生，並多次隨康熙巡遊。稍後，則有傳教士安泰擔任康熙的御醫，隨侍在側。康熙雖然得益於西方醫學，但晚年卻宣布禁教，西方科學技術與醫學知識的傳輸至此暫告一段落。

　　中國醫學對歐傳播過程中，來華傳教士與荷蘭東印度公司醫生扮演重要的媒介。最初令歐洲人感興趣的中醫，主要是脈學、針刺術與中藥，波蘭教士卜彌格是先驅之一，他在《中國概述》中，介紹中國脈學，以及大黃、黃連、人參與茶等中藥。一六八二年，荷蘭東印度公司醫生克勒那出版《中醫示例》，講解中醫脈診理論，並附三十幅插圖，引起歐洲醫生極大的興趣。首次在著作中談到中國針刺術的歐洲人，是荷蘭東印度公司的邦特醫生，另一位醫生萊因除了介紹針刺之外，還繪製人體經絡圖，標明針刺的位置。來華的耶穌會士由於親見中藥的效能，因此相當熱中介紹中藥，在法國傳教士巴多明的書信中，首次介紹了冬蟲夏草、當歸、三七、阿膠等中藥，並寄回樣本，由於這些藥材的特殊功效，使得歐洲人非常感興趣，巴多明的許多書信發表在法國科學院的刊物上，對歐洲科學與醫學界產生相當的影響。

　　傳教士將中國醫學傳入歐洲，其中尤以法國教士角色最重要。法國耶穌會士殷弘緒詳盡介紹中國人痘接種法及其使用的藥物，並翻譯中國種痘

書籍。法國哲學家伏爾泰讀過殷弘緒的書信之後，在《哲學通信》轉介中國的人痘法，並於法國推廣種痘。巴多明隨侍康熙達十八年之久，除了介紹中國的藥材與性病藥方之外，他還以極佳的語言天分和能力，與中國醫生自由交談，對中醫經絡系統與血液觀念的了解較為深刻，將之傳入歐洲。不過，巴多明認為中醫治病具有一定的療效，但卻缺乏理論。他曾與白晉一起將歐洲最新的解剖學知識翻譯成滿文，但該書始終未在中國出版。

　　十九世紀，西方醫學傳入與推廣的腳步加快，對中國造成空前的影響。傳教士不僅繼續翻譯西醫著作，並出版西醫報刊，同時還開辦教會醫院與醫學院校，甚至免費為窮人服務。此一時期，還有西醫來華在各地設局執業，並從事醫學研究，直接擴大西醫的影響力。西洋醫學知識輸入的過程中，中國留日學生扮演重要角色。日本明治維新以後，迅速躋身世界列強之一，大批中國人湧入日本留學，習醫的學生轉譯日文西醫著作，系統地介紹西方醫學，創辦醫學團體與刊物，回國行醫之餘，亦致力於西醫教育事業。

　　隨著西醫作品譯著數量的增加，以及留學歐美、日本醫學生的積極引入，西醫逐步在中國打開市場。西式醫院與教育體制建立之後，獲得官方認可，西醫逐漸取得優勢地位。另一方面，西醫傳入中國，亦曾經歷被猜疑、排拒的過程，例如社會上頗有流傳西醫挖眼、剖心、蒸食小兒一類的傳聞，造成不少誤解，以一八七〇年的天津教案為例，天津民間謠傳傳教士誘拐嬰孩至天主堂，修女將他們害死，挖眼剖心，製作各種迷魂藥。當時適逢時疫流行，天主堂內的育嬰堂有不少兒童患病死亡，於是群情譁然，民眾圍住天主堂，法國領事因此槍擊民眾，引發雙方激烈衝突。

　　清末西醫傳入中國逐步推廣，使傳統醫學遭遇前所未有的衝擊。面對理論與臨床體系迥異的西洋醫學，傳統醫學各家的反應不一，其中有嘗試會通中西醫學者，主張以中醫為主體，擇取西醫優點，融會貫通，例如唐宗海與張錫純；亦有致力維護傳統醫學的人，企圖振衰起弊，保存國粹，譬如謝利恆與張贊臣；也有提倡廢除中醫者，倡言全面西化，以余雲岫為代表；還有矢言改良中醫者，提倡中醫科學化，例如丁福保。各家醫者不同的態度與作法，使得近代中西醫學的交會過程，處處迂迴曲折。但無論

堅持哪一種主張，對近現代的中醫來說，西醫是刺激朝向科學化與現代化發展的主因。

　　一九二九年二月，南京政府通過「廢止舊醫以掃除醫事衛生之障礙案」，數日之內全國中醫藥團體分別提出抗議，並召開全國醫藥團體代表大會，成立全國醫藥團體總聯合會，推選代表赴南京請願，南京政府暫緩執行廢中醫案。然而，不久之後，衛生部禁止中醫參用西法西藥，中醫界再度組織代表團向政府請願。一九三一年，南京政府雖暫時因應輿論，設置中央國醫館，但中央偏廢中醫的意圖依舊鮮明。此後中醫藥界續有請願活動，積極要求中西醫平等待遇，取消禁止設立中醫學校的法令，以及通過中醫條例等。一九三六年，國民政府終於公布中醫條例，並於次年成立中醫委員會，但廢除中醫的聲浪仍然持續發酵。一九二〇至一九四九年間，中醫藥界針對南京政府政策，採取一連串的請願與抗議活動，最重要的意義在於團結中醫藥界人士，使中醫首度形成一個具有行動力的利益共同體，透過他們一波波的呼籲與行動，不僅加強成員之間的認同，並獲得部分民眾的同情與支持，同時，他們還獲得海外中醫藥界的支持，其影響力同時向內及向外擴散。

　　在中醫是否廢除的拉鋸戰中，雙方除了在政治與經濟方面角力之外，中西醫界還展開了空前的辯論，並將中西醫學之爭擴大為中西文化之爭。中西醫之間的主要論爭，表現在對於中醫理論的攻訐與保衛上，前者竭力攻擊中醫陰陽、五行、氣等觀念的謬誤，後者則是盡力維護中醫理論，嘗試賦予中醫理論新解，強調中醫藥的實際效能。當然，雙方在攻防之間，不免意氣用事。中西醫論爭的正面影響所及，使得中醫重新檢視經典與傳統醫學的理論，並促使中醫體認到必須朝科學化方向發展，才能繼續生存，與西醫分庭抗禮。

　　在同樣的時代潮流之下，臺灣也面臨中醫的存廢問題。日本統治時期，臺灣醫學發展深受日本醫學現代化的影響，殖民政府引進西方醫學，採行漸進方式淘汰漢醫。一九〇六年日本政府公布醫師法，要求漢醫登記，並積極培養西醫，舉辦醫學校與西醫檢定考試。一九二〇年代，臺灣漢醫與藥店經營者合力展開漢醫復活運動，試圖力挽狂瀾，成立東洋醫道

會臺灣支部，發行《漢文皇漢醫界》雜誌，籌畫請願運動，向臺灣總督府提出請願，但並未成功。與當時中國相較之下，臺灣的復興漢醫活動規模、成效與影響較不顯著，然而兩者卻都面對類似的生存競爭，以及來自國家與政治的壓力。

自清末中西醫密切接觸以來，其間歷經會通、衝突、結合等激烈的起伏，影響中國醫學發展最為深遠。自一九四九年開始，中國政府積極支持中醫與中西結合醫的發展，到了一九八〇年代，呈現中醫、西醫與中西結合醫三種醫學體系並存的現象。一九四九年以後，臺灣承繼日本殖民時代的醫學政策，以發展西醫為主，一直到一九九〇年代，受到海峽兩岸文化交流的影響，中西醫結合事業才開始受到注意。

研究與討論

1. 火器在歷代戰爭中扮演什麼角色？
2. 清末民初，西方科學對中國產生什麼影響？
3. 為何古代皇帝特別重視天文？
4. 黃曆與古人生活有何關係？
5. 流行病如何影響社會？

參考書目

1. 李儼，《中國數學史大綱》，北京：科學出版社，1958。
2. 洪萬生主編，《格物與成器》，臺北：聯經出版事業公司，1982。
3. 杜石然、范楚玉、陳美東、金秋鵬、周世德、曹婉如，《中國科學技術史稿》，北京：科學出版社，1985。
4. 廖育群，《歧黃醫道》，瀋陽：遼寧教育出版社，1991。
5. 梅汝莉、李生榮，《中國科技教育史》，長沙：湖南教育出版社，1992。
6. 馬伯英、高晞、洪中立，《中外醫學文化交流史——中外醫學跨文化傳通》，上海：文匯出版社，1993。
7. 薄樹人，《中國天文學史》，臺北：文津出版社，1996。
8. 李經緯主編，《中外醫學交流史》，長沙：湖南教育出版社，1998。

9. 韓琦，《中國科學技術的西傳及其影響（1582-1793）》，石家庄：河北人民出版社，1999。

10. 陳敏章、李經緯等，《中國醫學通史》（四卷），北京：人民衛生出版社，2000。

第六章

生活禮俗

第一節　導言

　　今日，所謂「文化」一詞，係翻譯自英文culture而來。廣義的文化泛指人類的生活形式，是人類為適應、克服生活環境創造出來的產物；狹義的文化乃指精神層面，包含宗教、哲學、藝術、科學等思想層面。古語有言「人文化成」，是指聖人以《詩》、《書》、《禮》、《樂》之法來教化天下，所以包含了典籍與禮儀風俗兩大內容。總括而言，不外是意識型態、生活方式與物質文明等等，本章針對傳統中國的生活禮俗如食衣住行、物質文明傳播、風俗禮儀加以概說，並從「禮尚往來」理解中國文化特質。

　　民以食為天，是傳統的飲食觀念。由於南北自然環境的差異，黃河流域主要生產小麥，還有高粱、小米、蕎麥、黃豆和玉黍蜀等雜糧；稻米分布於長江流域及其以南的區域。新石器時代晚期，黃河流域的人們已經使用陶器烹煮食物。七千多年前，馴化了狗、豬、牛、羊；約四千至五千年前，也馴化了雞、鴨、鵝和馬，同時結合豢養和放牧的方式，家畜數量以豬為最多。烹煮食物時，使用許多調味料，以增添食材的風味，如：有「無醋不入」的煮魚習慣。至於飲料方面，商代可以釀製許多種類的酒，唐宋以後，泡茶風氣盛行。

　　自古中國號稱「衣冠禮儀之邦」，以服飾表徵文化水平與身分地位。「冠」是古制禮服的重點，古稱「元服」，未成年及身分卑微的人沒有服

冠的資格。而衣的發展，也可說是人類從原始進入文明的重要標幟。歷代對於服飾材質、顏色、式樣都有等級規定，以顯示尊卑貴賤。由此可知當時的生活狀況，以及技術的演進。

住宅起居方面，新石器時代的初期，就有營建房屋的遺蹟。北方地區，多是「半穴居」，如半坡的遺址，後來發展出夯土高臺的建築，二里頭文化遺址是個鮮明的例子。南方地區，多是「干欄式」，如河姆渡的遺址。在建築格局上，逐漸形成以中軸線為中心，左右呈現對稱的建築體。秦漢以後，出現了樓閣的建築。宋元年間，從唐代的沈重樸實轉變成柔和絢麗，木造建築形式趨向輕巧。由於建築主體多是木造材料，所以防火設施極為重要，官府有消防隊、望火樓，民宅前多以水池防範火災。

人是群居的動物，彼此間需要互相交流。從最早的步行到使用獸力拉車，商人已經「服牛乘馬」，春秋戰國以後，秦惠王築「褒斜棧道」，打通川陝通路。秦始皇統一中國後，行旅更加發達。頒發「車同軌」之令，廣築遍及全國的「馳道」，又因征討南越，而開鑿了「靈渠」。自隋代開鑿大運河，迄明成祖完成今日的大運河，此運河成為南北交通運輸的大動脈。

中國文明的發展史上，留下不少精緻的文化遺產，透過觀察特殊文物的歷史，如絲綢、瓷器、印刷術、清明上河圖及紫禁城等，可以進一步了解中國文化的傳播以及庶民階層的興起，乃至皇權的威儀化等等。

絲綢之路出現於海運不發達時期，東西交通必須跨越歐亞綠洲的陸路，才能進行貿易與文化交流。早在先秦之前，中原與中亞阿姆河、錫爾河之間，逐漸形成一條交通路線。兩漢時期，這一條通路上是以絲綢為主要貿易貨品。漢代出關西域，經營絲綢買賣是重要目的之一。從中國大量輸出的絲綢，製成絢麗的產品在西方大受歡迎，也成為最具代表中國特色的物品。西方亦從這條路將物產輸入中國，包含農作物、牲畜、宗教及樂器等，造就了不同文明相互交流，促使東西方的物質享受也更多元化。

陶器是中國海上貿易重要貨品。從宋代開始，除了絲織品，陶瓷器源源不斷的輸往海外，尤其是景德鎮的青花瓷，除此之外，東南亞的香料亦從海上來。瓷都景德鎮在宋代曾出產刻花與印花的白瓷，自元朝之後，則

以青花瓷馳名天下。由於瓷器在海外貿易及文化傳播上，有很大的影響力，所以談及瓷器，就會聯想到中國，因此英語的「中國」與「瓷器」同為一詞，略可知瓷器是古代世界認識中國的第一印象。

造紙與印刷術是累積文化的重要工具。中國早期的書寫在竹簡上，一般認為蔡倫發明造紙術，但目前出土漢代的麻紙，比蔡倫早了一百年。西漢早期的麻紙比較粗糙，蔡倫改進造紙技術，增加紙的產量，推廣紙的使用。七、八世紀左右，中國的造紙術先後傳入朝鮮、日本與阿拉伯。雕版起源於手工雕刻技術，最早見於新石器時期的陶器或製陶模具所刻畫的圖案和符號。由於印刷的改良，促進文化的累積速度。十三世紀以後，印刷術流傳至世界各地。當蒙古人遠征歐亞時，將中國印行的紙鈔、葉子戲紙牌、佛經等傳入歐洲，於是這些印刷品及技術經由波斯（伊朗），輾轉影響西方世界。

從夏商周三代以來，城市的形成側重建立祭祀、政治、軍事功能。唐以前的大城市有宵禁和市坊的管控。宋代是都市解禁與商業發達的時期，商業的繁榮造就了庶民文化的興起，北宋畫家以當時首都汴京（開封）為題材，成就不朽之作《清明上河圖》，全圖有七百多人。這幅名畫曾被宋徽宗收藏，後因金人攻陷汴京流落民間。從這一幅畫中，可想見宋元明清以後的城市生活，尤其是物質的進步，促成庶民文化的快速發展，如飲茶文化、通俗說書、瓦子雜劇等。

皇帝的居所是皇權的象徵，皇城的建築必須合乎天子的規定。目前以明清皇都紫禁城保存最完整，建築結構是模仿傳說中的「天宮」，除了展現皇宮的雄偉壯麗，也融合中國「天人感應」和「天人合一」的思想。

禮是治國的根本，也是決定人倫關係、明辨是非的標準，制約人們的生活行為。傳統的人際關係就是「五倫」，乃指父子有親、君臣有義、夫婦有別、長幼有序、朋友有信。古代的禮儀，如婚、喪、冠禮等，往往是為了使人際關係得以正常運作而產生。至於一般節慶，和農業生活息息相關。中國人的生活節奏，一直是按照每年耕作的順序推進。一年之中有許多節日，各有不同習俗與慶典活動，調劑庶民平淡無奇的生活，也活絡了人與人之間的交往，增添許多樂趣。

　　自西周以來，中原地區已經有專偶婚，可分為一夫一妻與一夫一妻多妾。「婚姻」亦可作「昏因」，指嫁娶於黃昏之時間。中國的婚姻，重視「合二姓之好，上以事宗廟，下以繼後世。」婚禮不僅是代表著男女二人的結合，亦是兩個家族的聯繫。古代禁止婚姻成立的規定中，有以血緣、倫理、親屬、先姦不婚等為考量的律條。婚姻儀式各地不同，但多以父母之命、媒妁之言為主。《儀禮》中規定聘娶婚禮的程序為「六禮」，即納采、問名、納吉、納徵、請期和親迎。六禮結束後，還得舉辦婚宴、新婦見公婆、廟見、反馬回門。婚姻終結的若干形式中，基本上是以家族利益為考量條件，除了有「七出」、「協離」的形式外，還有強制離婚的「義絕」。

　　喪禮的進行方面，周朝的喪葬儀式深受商代的影響，漸漸訂立一套完整繁複的程序。喪葬禮結束後，必須為死者進行一系列祭悼活動，直到禮制允許解除的期限為止。喪服共分五等，俗稱「五服」。五服亦是中國社會的基礎關係，許多禮儀、法律都是依此而定。而「入土為安」觀念，影響漢人的土葬與墓葬制的演變。

　　「冠禮」是為男子二十歲（弱冠）舉行的成年禮，男女青年通過「成丁」儀式的考驗，才具有氏族成員的權利，亦必須履行生產勞動和保衛部落安全的義務。受冠後，青年要穿戴整齊並拜見鄉里地方官和告老退休的官吏，宣稱他已具有成人身分。古代女子成年是舉行「笄禮」，「笄」也就是女子插在髮髻上的簪子，「及笄」是說女子到了盤髮插笄的年齡，《禮記‧內則》稱女子十五歲，是可以出嫁的年齡，具有成年的象徵。笄禮比冠禮簡略，從這方面體現出傳統「男尊女卑」的觀念。

　　自先秦以來，中國的人際交往講究情面，遵守約定俗成的禮節。相見禮儀、稱呼方式、書信格式、男女之別及送禮時機等都有一套規定。這些複雜的禮制是傳統社會人們相處的模式，形成了禮俗社會，影響深遠。日常相見以行禮表示歡迎與尊敬，相見禮大致分為跪拜禮與站立禮，而跪拜禮是使用最久與次數最多的禮節。宋代以後，桌椅的普遍使用，影響跪拜禮的演變。至於站立禮包括拱手、作揖、鞠躬等數種，現今仍多用此禮。

　　稱謂禮在不同的交際場合與對象，使用上也會有變化。姓名是稱謂中

最重要的項目，除了正名之外，還有許多別名，有乳名、名、字、號等。稱謂禮中還有避諱禮儀，「為尊者諱，為親者諱」，應避免直接說尊親者的姓名。書信是人際交往與傳遞消息最實用的工具，其內容應視對方身分、等級不同而異，十分講究文辭的使用和書寫的格式。

　　古代社會是「男女有別」，《詩經》以兩性特質差異與負責不同工作，闡述男女之別、父系社會。男女自嬰兒起，待遇就大不相同，如懸掛的物品、命名儀式及教育方法等。內室的女子被教導成為人妻母，外室的男子訓練治外的本領，學習書記、禮樂、射御等技巧，此即「男主外，女主內」。成年後，男女之別有更嚴密的規範，孟子：「男女授受不親。」等到西力東漸，男女之別才漸漸弛禁。

　　「施報」是傳統中國社會的重要禮俗。《禮記・曲禮》：「禮尚往來，往而不來非禮也，來而不往亦非禮也。」一來一往形成人情的網絡。人們使用饋贈禮物、互相問候拜訪等方式，與親友保持聯繫及維持良好的人際關係。先秦時代，即有相互饋送的禮儀，後代各階層廣泛以餽贈活動聯絡感情。餽贈活動約可分成三種類型：一是節日餽贈，二是人生賀儀餽贈，三是社交性餽贈。贈禮時必須注意時宜、習俗與禮節。禮尚往來，就是一種有恩必報的生活態度。

第二節　日常生活

　　人類最基本的活動就是解決吃、喝、住、衣的問題，在滿足生活需求的同時，經營創造各種工具技能、組織規範和觀念意識，甚至發展出獨特的經驗。舉例而言，遠古人類進入畜牧和農業階段，以種植和飼養獲得食物，就不必如其他動物依賴自然界現成的資源。雖然耕稼牧畜、飯菜茶食、紡紗織布、衣帽鞋襪、起居衛生、舟車鞍馬都是細微瑣事，但從不同時代的物質、精神的生活條件和方式與狀態，更能觀察歷史文化的演變。

一 民以食為天：五穀雜糧美食多

民以食為天，生命延續必須依靠充足的食物，自然環境影響食材來源及烹調技巧，逐漸形成不同的飲食文化。俚語有謂北人「殺雞為黍」、南人「飯稻羹魚」，透露出南北主食的差異。

遠古人類使用火，除了取暖、防範野獸侵襲外，也從生食進入熟食階段，於是將食物變得美味可口。新石器時代，黃河流域的人們使用各種方法處理糧食，從考古的挖掘發現陶鬲和陶鼎，推測他們已經會烹煮食物。

古籍指出「五穀」是主要糧食的作物，包括稷、黍、麥、菽（大豆）及稻（有一說是以麻為五穀之一）。列為五穀之首的「稷」，一說是粟，因江東人稱粟為粢、稷；一說是北方稱高粱的別名；一說是不黏的黍。《史記》中描述周的始祖棄幼年遊戲時，就喜歡種植麻、菽，長大後又善於找出好的農地及種出好的作物，於是堯便封棄為稷官。自古以來，稷是「穀神」，以能植百穀的「農」及農師「后稷」配享，與象徵土地的「社神」具有相同重要的地位。

《漢書・食貨志》指出「聖人於五穀最重麥與禾」。麥類區分為大麥、小麥及燕麥，用來磨成麵粉，或製作糖與釀酒。「禾」就是粟，也是去殼後的小米。中國可以說是世界上唯一發展種粟的農業國家，從陝西鬥雞臺、山西半坡村到長城內外的新石器時代考古遺址中，都發現了大量碳化的粟粒，經由碳-14測定出的年代，可知早在七、八千年以前，中國北方就已經培育出粟的品種。而古代所謂「梁」就是粟的優良品種，戰國的魏國首都稱作「大梁」，可見魏是以農業富國的特徵。

稻米主要分布於長江流域及其以南的區域，大約是全中國三分之二人口的基本糧食。江南地區是栽種稻米的發源地之一，古稱稻為「稌」，一九七四年在浙江餘姚縣河姆渡遺址中發現距今約七千多年前的大量秈稻穀粒，是目前世界上已知最早的栽培稻，在上海的崧澤遺址中也發現距今約五千年的碳化稻種。

從春秋戰國時代開始，農業使用牛耕和鐵製農具，並且修建灌溉渠

道，所以「深耕熟耨」的土地，提高生產量。秦漢時期，黃河流域的土地利用從連種制轉而採取輪種複耕技術，亦即冬麥收播的季節和春麥相錯，所以同一塊土地輪種冬、春麥，還可以搭配耕種其他作物，黃河下游地區以穀、麥、豆進行複種的二年三熟制。漢水流域又有稻、麥的一年二熟制。唐宋時期，南方農業迅速發展，南方水田已形成一整套耕、耙、耖的精耕細作，不但廣泛推行稻、麥輪作複種，達到一年二熟，有些地區甚至可以一年三熟，有所謂「蘇常熟天下足」的諺語。北宋末年，南方出現闢山耕種的梯田，北方則以井水灌溉出水稻北移的條件。

蔬菜的種植方面，傳說烈山氏之子「柱」能植百穀百蔬，說明了蔬菜和糧食的栽種幾乎同時發展。戰國、秦漢的《黃帝內經・素問》中指出，當時人是以葵、藿、薤、蔥、韭等「五菜」為主。魏晉至唐宋，蔬菜的品種不斷的增加，還從印度、泰國、尼泊爾及地中海等地引進了黃瓜、茄子、菠菜、萵苣、扁豆、刀豆等新品種。此時，民間也培育出白菜和茭白等重要蔬菜。白菜，古稱為菘，賈思勰的《齊民要術》記載白菜加工成醃菜。元代以後，從國外引進如胡蘿蔔、辣椒、蕃茄等蔬菜。

中國字裡的「家」，「宀」下頭正是一隻「豕」，表示中國人的家中養著一隻豬，代表著中國人自古有飼養牲畜的習慣。從考古顯示七千多年前，中國人馴化了狗、豬、牛、羊，約四千至五千年前則馴化了雞、鴨、鵝和馬，同時還結合圈養和放牧的方式。而家畜數量最多是豬，其次是牛、狗和羊，甚至以豬殉葬。

畜牧技術在夏商周的傳說時代發展精進，數量增長快速的是狗，而狗、牛、豬、羊常被用作祭祀的犧牲，也是當時的主要肉食品種。傳說商代人韋豕以選育豬種聞名，而《大戴禮記・夏小正》：「執陟攻駒。」是指牲畜配種與公馬去勢。《周易・大畜》中的「豶豬」是對公豬進行閹割飼育，西方到了西元前四世紀才有這樣的記載。不過，畜產品畢竟是美食，一般人無故不食珍，孟子說：「雞、豚、狗、彘之畜，無失其時，七十者可以食肉矣。」西漢時，由於圈豬積肥的經驗，而使用畜類改良土壤肥力，這是中國傳統畜牧業發展史的成就之一。

魏晉南北朝時期，許多北方游牧民族遷入黃河流域，並與漢人雜居，

一度使得當地畜牧業興盛，游牧民族將牲畜視為重要財產，生活幾乎大多依靠牲畜，只有年節或重大節日，才將飼養的牲畜用作供品或宴客。《齊民要術》中有系統總結家畜、家禽飼養的歷史和經驗，首次紀錄了遠緣雜交的騾之功用及特點，也詳述畜產品的加工方法。此時，狗已不再是肉用畜產的主流，但是民間吃食狗肉的風氣仍很盛，甚至有人專門以屠狗為業。

　　主副食之外，烹飪重視調味料的使用，《周禮》、《呂氏春秋》有鹹、酸、甜、苦、辣等五味的記載。自商朝以來，鹽就是重要的調味必需品，調鹹味的還有釀造豉、麥豆醬和醬油，漢代已有很好的豉汁，醬油一名出現於宋代。最早的酸味取於梅子，後來才釀造醋（又稱醯或酢）。醋可以除腥解膩、殺菌殺毒，因而形成「無醋不入」的煮魚習慣。甜味就是「飴蜜」，通常使用麥芽糖或蜂蜜，東漢才有甘蔗製糖的記載。北部地區，因天然條件不適合種甘蔗，乃採用甜菜製糖。苦味，在南方用豉調製，北方則是從釀酒而來，酒不僅可供飲用，還可散發和緩作用，賈公彥疏《周禮‧疾醫》明確指出酒是苦味，米酒是調味品。辛辣味有辣椒、胡椒、薑，使用最普遍的辛辣品是生薑，《呂氏春秋》：「和之美者，楊樸之薑。」薑能調和諸味，稱為調味之王。

　　調味香料也頗豐富，如茴香、桂皮、陳皮、甘草、花椒、茱萸等常用來加入肉類食品，可以去臭腥味。桂花、菊花、茉莉花、玫瑰花是常見的香花調味品，蔥、蒜、薑、香菜是調鮮佐料，蔥很早就用來入食提味殺菌。此外，製醬提鮮，也是一大特色。孔子食肉時，「不得其醬不食」，而歷代有形形色色的美醬。調味品不僅烹飪藝術多樣化，也是營養保健食品。周代的烹調理論中，從選食材到菜餚的搭配，以及控制調味與火候的烹飪技術，甚至食材切割入味的方法，都有詳細說明。戰國以後，強調「醫食同源」的概念，飲食結合醫學，更重視各種料理具備的醫療保健效果。

　　茶是世界三大飲料之一，中國可說是重要的發源地。飲茶之風始於漢代，最初只重視茶的藥用性，後來才進入消遣及嗜好的品茗階段，八世紀中唐時逐漸普及全中國。唐代陸羽的《茶經》對茶的起源、栽培、煮茶、用水及品飲都有精湛論述，是中國品茶的名著。宋元時期，重視茶葉的香

味，製作茶葉的技術提高，將煎茶改為泡茶，更講究茶具的使用。明代有文人組織「茶會」，一同品茶論道。清代飲茶盛況空前，人們交際、應酬與送禮都和茶有關，茶葉成為日常生活的開門七件事之一。康熙以後，茶葉還大量外銷歐美市場。

飲酒起源甚早，而且好酒風氣也很盛，從龍山文化遺址發現酒器，商周製造各種青銅酒器，明清精工打造金爵銀盞，以及各式酒壺酒器，都可得到證明。遠古時期，酒並不是一般人的生活必需品，只是貴族享樂的奢侈品。春秋戰國以來，酒可以敬事祖先與神明，達成賓主盡歡之禮，所以是祭祀、慶祝勝利、盟會、接待使者等各種儀式不可或缺的東西。唐代除了釀造糧食酒，還釀葡萄酒和天門冬等酒。貪杯豪飲的名人不但喝酒，也留下許多千古傳誦的佳句。至於造酒的技術，古代多屬釀造酒，醇度較低。為了提高酒的濃度，蒸烤取酒，通常稱為白酒或燒酒。南宋已有蒸餾燒酒，如宋慈的《洗冤錄》記載使用燒酒為毒蛇咬傷者解毒。李時珍認為燒酒「自元其有法」，說明元代燒酒是常用的飲料，所以已經不可能有李白「千杯不醉」的情況了。

漢代時，由於武帝常年對外征戰，為了籌措財源，實施鹽、酒的專賣。首先將鹽收歸國有，設立鹽官，由國家經營成為專賣事業。酒的方面，設立榷酤官設廠製酒，禁止民間私釀。鹽酒專賣雖然可以增加朝廷稅收，卻也使武帝的政策被批評為與民爭利，其後專賣制度是斷斷續續而未嚴格執行。隋唐盛世，曾經開放民間自由買賣鹽與酒，唐代中葉以後，才恢復鹽、酒專賣，以平衡稅收。專賣項目不只是鹽、酒類而已，如宋代茶的流通路線擴大，於是形成茶葉專賣制度。歷代官府對於經濟效益高的物資，都會藉行專賣增加國庫收入。以往，臺鹽、臺糖、臺灣菸酒公司都是國家重要收入來源。

鹽的專賣影響民生甚鉅，唐肅宗時代實施就場專賣的榷鹽法，在產鹽區設置鹽院，指派原業戶和游民作為亭戶承辦官鹽。亭戶製造官鹽後，由官府收買後加價轉賣於民，這是民製官收，官運官銷。後來又改成民製官收，商運商銷，向鹽戶收鹽後，再將鹽稅加入賣價，售予商人運銷，所過州縣不再徵稅。宋元明清大致繼承唐代專賣制度，不同的是鹽引和專商制

度逐漸形成。所謂「引」就是商人向官府交錢後，領到一種可以運銷食鹽的執照，分成長引和短引，長引路程較遠，限期一年，短引運程較近，限期一季。元代憑引支鹽的運銷，趨於系統化。

中國各地飲食風俗習慣各有特色。因為南北飲食文化交流，加上各地物產、風俗的差異，形成各地不同的菜系。其中以蘇、魯、川、粵四大名菜最為著名。清末民初之際，西風漸進，各種西式菜紛紛經由各通商口岸傳入，其中以法國菜最受歡迎。

二 衣冠服飾：冠戴美服的禮儀之邦

中國自古號稱「衣冠禮儀之邦」，服飾是文化水平與身分地位的表徵，歷代對於服飾材質、顏色、式樣都有等級規定，以顯示尊卑貴賤。商周以來，冠服制度逐漸形成正式的禮服，是統治者「正名分」、「辨尊卑」的政治工具。另一方面，服裝也是區別夷夏差異的標準之一，如孔子說：「微管仲，吾其被髮左衽矣。」可見周人是以右衽為主。

四萬五千年前，山頂洞人的遺址中有骨針、穿孔石珠、海貝及骨墜垂飾，可見已能縫製衣物。新石器時代以後，人們使用搓製麻線和養蠶取絲的技術。仰韶時代的晚期，山西西陰村出土半個碳化蠶繭，是世界上最早人工培養家蠶的紀錄。遠古以來，絲和麻是中國人衣服的兩大材料。棉花是東漢末年傳入南方，棉織品約在魏文帝時由新疆傳入，南朝時的南布、唐代西域的桂管布都是棉布。宋代長江下游已種植棉花，元代黃道婆自海南島黎族習得並改進棉織技術後，棉業大興，棉織品成為中國最普及與實用的布料。

傳統服飾，各時代不盡相同。遠古的服裝，如鄭玄箋注《詩經》：「因衣其皮，先知蔽前，後知蔽後。」是以遮飾前面為重點。西周以前，男女都穿著「上衣下裳」，即上身有衣，下身有裳，相傳出自於黃帝堯舜「始垂衣裳而天下治」，甘肅彩陶文化出土的陶繪中，發現了上衣下裳的形制。河南安陽出土的石雕和玉雕的奴隸主人，頭戴扁帽，上身穿右衽交領衣，下穿裙裳，腰間束紳帶，裹腿，著翹尖鞋。「裳」類似今日的圍

裙，其內雖穿「褲」（絝），僅是兩支褲管套住小腿而已，私密處全以「裳」遮掩，漢代始有褲襠，亦多為開襠，不分長幼、男女均如此穿著。

　　春秋禮崩樂壞之際，服裝也有重大變化，縫合「上衣下裳」成為連身的「深衣」，廣泛流行。深衣的衣襟加長，使下襬可以穿繞到背後，繫腰帶固定。此外，間接引進北方胡服的短衣、長褲與皮靴，如戰國趙武靈王變法引進胡褲與窄袖短衣，大多為軍人及奴僕穿著。漢代衣襟不再繞後，改為相交，使其變為直裾窄袖的交領袍。魏晉南北朝時，流行對襟寬袖的「衫」，比交領袍更顯清涼。「袍」與「衫」可說是中國人日常衣著的基本形式。唐代男子在袍衫之內，大多著褲，婦女亦喜歡穿褲。

　　唐代，男子多穿著長及腳踝的圓領袍服，上裹幞頭，下著長褲，足穿皮靴，相當具有游牧民族的風格。宋代服飾趨於保守素淨，因為理學的影響，以寬鬆長衫為多。元代蒙古貴族多仿漢地，卻又保有其特色，所以制度混亂。明代大致沿襲唐制，穿著以圓領、束帶與黑靴為主。

　　清代滿人入主中原後，規定男子剃髮梳辮，著長衫。康熙以後，民眾模仿滿人貴族的騎馬裝束，平時也穿馬褂與馬蹄袖。晚清西力東漸，衣裝形式由傳統寬腰大袖，變成緊身合體，男子穿著西裝皮鞋。不過，傳統服飾仍具影響力，所以常見西裝、中山裝與長袍馬褂混穿。

　　冠制，是服飾禮制中的重要部分，古稱「元服」，未成年及身分卑微的人沒有服冠的資格。《後漢書‧輿服制》：「上古衣毛而冒皮。」可見是利用獸皮縫合成帽形而加於頭上。但束髮習慣逐漸形成後，就製作帽箍式的冠。冠與帽的區別，冠只罩住髮髻，而帽則覆蓋整個頭頂。冠可以分別貴賤等級，若是貧賤無身分者，不准戴冠。

　　周代的冠，分為冕與弁兩種。冕是冠上加前圓後方木板（綖），前後有以玉珠穿成的垂旒，不同等級身分，其垂旒的數目也有差別，周天子最尊貴的袞冕是十二旒，最低級大夫的玄冕是二旒。玉旒是「垂明旒蔽明」提醒人君學習睜一隻眼，閉一隻眼，以免政治流於苛政。此後，冕成為正式的禮服，沿用至清代。弁是次於冕，形狀像覆杯，自天子至士都得戴，也用於一般正式的場合。由於古人的冠與弁是搭配服裝，所以時常連稱「冠服」。

　　魏晉南北朝的官服雖多承襲漢制，由於和少數民族交往頻繁，所以流行便於脫戴的帽子，從天子至庶人都有戴帽。此外，習慣使用「巾」，如東漢末年，不分貴賤多喜用幘。三國時，除了軍事打仗多用巾幗，不僅文人用巾子表示名士風流，連王公大臣和將帥也喜歡以巾裹頭。最初，是以兩角向後裹，後來又裁成四方，兩個巾角向前繫住髮髻，兩個巾角向後繫結下垂，稱為襆頭。宋代的公服亦多戴襆頭，帽形平直，襆腳平展很長，據說這樣的設計是防止臣僚在朝儀時竊竊私語。宋代為了方便脫戴襆頭，還在巾上加漆固定形狀，退休在野的官僚或士人多戴巾、帽，還有一種方頂重檐的帽子，稱為「東坡巾」。明代新創儒巾，是仿襆頭形制，但無翅，設垂帶，無功名者多戴之。至於四方平定巾，相傳是士人楊維楨初見太祖時戴的，其四方平直，有吉祥之意。

　　關於婦女的服飾，上古三代，婦女的服裝形式和男子基本上是相同，就是上衣下裳或是連身的深衣。漢代婦女的禮服是深衣，日常則穿著上衣下裙。裙是由裳演變而來，裳似單片圍裙，裙則由多片布帛製成。穿裙之風始於漢代，因裙無紋飾，亦不縫邊，故稱「無緣裙」。唐代裙子加長，束於胸部，宋代則流行「百摺裙」。

　　魏晉受到北方少數民族的影響，服裝樣式由上長下短變為上儉下豐，就是由褒衣博帶，變成了窄袖緊身，還出現長圍巾式的帔帛。由於世家大族的女性熱衷打扮，營業性的妓女也專事修飾，所以女子的服裝很多樣性，並以京師妓女的衣著最為新潮。

　　唐朝婦女喜歡穿男裝，或穿著西域裝，就是翻領小袖的上衣，裙長曳地，衫子的下襬裹在裙子裡，肩上披以帔帛，帔是受西亞、波斯的影響，衫衣貼身、領口開低、袒胸露肩，戴著始於北齊的帷帽，形式類似斗笠有大沿的帽子，四周垂以網子或薄紗蔽面。由於唐代婦女體態比較豐腴，所以服裝加寬，而且不著內衣，僅以紗羅蔽體，可見唐代大膽開放的風氣。宋代婦女漸不戴帔帛，外衣趨於幅窄貼體稱身，一般平民婦女也穿短身窄袖的衣裙，並有方幅紫羅障蔽上半身，稱之為蓋頭。

　　明代婦女仍著上衣下裙，不過衣裙長短有變化，如孝宗弘治時，衣衫僅掩至裙腰，武宗正德間，衣衫漸大而裙褶漸多，世宗嘉靖初，衣衫長大

垂至膝下，離地僅五寸，袖闊四尺多。明朝崇尚南妓，流行時尚由京師轉為南方，具有雅淡樸素為尚的特點。清代滿族女子以上下連裳的旗袍為主，並穿高跟在足心的花盆底鞋，又喜罩馬甲。漢族婦女南北有所不同，南方多穿裙，北方則愛穿紮腳褲。西風影響後，女性常穿洋裝及改良式的旗袍。

中國婦女特有的纏足習慣，起源時間有南北朝、唐代和五代三種說法。大概到了宋代，纏足已經很流行，據說神宗元豐（1078-1085）以前，纏足的人不多，可是北宋晚年卻以不纏足為恥。纏足蔚為風氣的原因，有學者以為和宋代民間歌舞表演者有關，也就是說宋代士人家中的女性模仿舞妓們纏足，以便舉手投足皆可曼妙。纏足是一種摧殘肢體發育的行為，女子從小要裹束腳盤，並且慢慢地拗折足部骨骼，何以流行於上層家庭，實在匪夷所思。迄明清時期，小康之家的女孩若不纏足，可能造成婚嫁的問題。而纏足女性所穿著的「弓鞋」，是明清的情色小說時常描述的體裁。

三 住宅起居：中軸線上的正道

舊石器時代，人們「構木為巢」，棲身大樹或是盤踞巖洞，居處十分原始。新石器時代初期，氏族社會形成後，開始營建房屋。在中國的北方地區，多是「半穴居」，建造半地穴式的房屋，如半坡的遺址。由於北方木材取得不易，所以就地以夯土建築。在南方地區，多是「干欄式」，由樹巢逐漸下降至地面，如河姆渡的遺址。由於南方雨量較多而且天氣較為炎熱，將房子架高，才能免瘴癘之氣以及蛇虺蚊蚋的侵擾。

南北建築型態的差異，充分表現中國南北自然地理條件的不同。進入農業社會後，居住地點不會離水太遠，又不易遭受水災之處，因而多選擇背山面水的緩坡地。二里頭文化遺址中有陶製的排水管道，可以分別排除中庭及後庭的積水。夏商周三代，發展出夯土的高臺，既可防潮又可加強守衛，具備「四合院」的雛型，更展現出統治者的權威。

周代的宗法嫡長制強調直系、嫡傳，弱化貶低旁系、庶出，形成正統觀念，影響於建築上，講求型態中正，如《禮記》：「中者也，天下之天

本也。」周代的考古資料中，院落空間已呈均衡對稱，並且有中軸線。由於中國地處北半球中、低緯度地區，自然地理決定最佳的建築方向是南方，導致中國文化有許多「南面」的特徵。面南成為至尊至貴

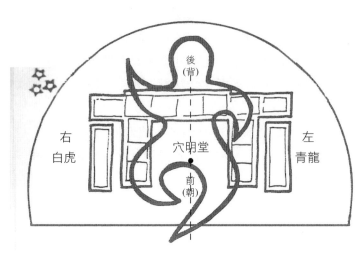

（轉引自陳文尚，《臺灣傳統三合院式家屋的身體意象》。）

圖6-1　民間家屋與身體意象圖

的方位以後，南北軸線逐漸成為各種重要建築的主軸。這種以院落空間為經營基礎的對稱秩序，以皇家與官府的建築最具代表性。至於民間家屋「坐落」的空間圖式，則有彰顯「身體意象」的平衡感，而臺灣「大厝宅」的空間命名中有正廳、正身及伸手，則透露出「正」道的重要性（圖6-1）。

西周時期，大型建築物的格局頗嚴謹，前後三進，左右對稱；建築技術更進步，使用瓦片解決屋頂漏水問題，也有原型的「斗拱」。東周時期，瓦的使用更為普遍。諸侯的宮殿盛行以高大階梯的土臺為基礎，並以空心磚鋪地。秦漢之後，出現樓閣建築，興起多層木造建築，最高達五層樓。

木造結構為主，是中國傳統建築的特色，東漢時期已發展得相當成熟。這種體系是以立柱與橫樑的架構，形成「抬樑式」與「穿斗式」，將屋頂的重量，通過架樑傳到立柱之上，並非以牆壁作為承重的結構，具「牆倒屋不塌」的特性。如此不僅可以建造高高的「重屋」，於是漸漸淘汰夯土高臺的建築，而且更便於門窗的開設、室內的隔間、牆壁材料的選擇。

　　六朝的佛教興盛，佛寺、佛塔與石窟等建築大量出現。又因玄學發達，士大夫盛行隱居山林，所以修建仿造自然山水的園林，奠定中國園林建築的基礎。唐代建築技術進步，普遍運用各式各樣的建材，如木、土、石、竹、磚、瓦、琉璃。磚塔日增，可見其取代木塔的趨勢。長安城宏偉的設計及對稱的布局，皆可證明當時技術之進步。此外，漢族已養成坐椅凳的習慣，傢俱從几、席變成椅凳為主。

　　宋元年間，木造的建築趨向輕巧的形式，從唐代沈重樸實轉變成柔和絢麗，並以「減柱」和「移柱」的技術，使內部構造更具變化性。北宋末年李誠撰《營造法式》，是建築技術的經典之作，詳述了測量到設計、用料、施工、彩畫等全部過程。明清時期，結構與施工法更為簡化，而採用煤炭燒磚，使磚塊產量大增，亦使用石灰漿砌築，增加磚牆的強度。豐富的雕飾運用於大、中型的住宅中，由於地方經濟發展，所以地區性建築特色逐漸顯著，園林建築是具有豐富變化的類型，《園治》一書是總結明代造園經驗的專著。

　　近代人口暴增，傳統建築中獨棟的三合院已不敷使用，於是出現聯排三間二廂的「里弄房屋」，後來發展成公寓。開港通商的緣故，西式建築也相繼出現在各地通商口岸。二十世紀，引進西方鋼骨與鋼筋混凝土的技術。

　　防火，是公共安全中的重要項目。春秋管仲曾訂定防火的法令，戰國荀況更重視制定防火法與設立防火官。除了山林澤藪必須防火，以利農業生產，且民房大多是木造，所以官府很注意防火安全，如宋代相當講究防火之道，在首都汴京設有消防隊，還有「望火樓」，專家更提出「防為上，救次之，戒為下」的觀念。至於一般民宅前面設置水池，以及紫禁城裡鍍金的水缸，都具備消防功能。

　　關於清潔衛生的習慣，先秦已形成三日一洗頭，五日一沐浴，天天洗臉與洗腳的習慣。從《史記・萬石君列傳》可知，漢代每五日給職吏一天洗沐假並歸家謁親，稱為「休沐」。而古人勤於洗頭的原因，可能和男女均束髮覆巾有關。宋元時期，城市中出現「混堂」的公共澡堂，後來蓋了大水池，用轆轤取水，貯存於穴壁，並由一人專門燒火，使得熱水與池水

相通，提供沸湯。晚近的揚州與上海澡堂，有將大池分隔為數池，近鍋者熱，還有小而水不熱的娃娃池，並設有貯衣櫃，以及專門按摩擦背的人員。

廁所的起源很早，廁即側之意，其位置在建築物較偏僻的地方。秦漢的廁所往往和豬圈相通，有積肥的目的，近代的農村還有接連豬圈的茅廁。由於廁所下方有豬圈，所以排糞池坎得很深，時常有人如廁不慎跌入廁所身亡的事例。漢代城市設有公共廁所及專門管理員，葛洪的《神仙傳》說劉安死後升天時，對天神不恭敬，被謫守都廁三年，傳說雖然荒誕，卻可看出漢代已有都廁了。魏晉世家大族多在室內設有豪華的廁所，廁內還有奴僕服侍，所以有些身分地位較低的訪客往往「多羞不能如廁」。此外，由於衣著是長衣，如廁必須除去長衣，所以上廁所也以「更衣」雅稱。大便後的擦拭物，最初是使用竹片，用畢後以水洗淨，還可重複利用。紙張發明後，由於價格較貴，而且民間有「敬惜字紙」的風俗，因此元代才有以紙拭穢便的記載。

四 行萬里路：無遠弗屆的車同軌

《詩經》：「周道如砥，其直如矢。」似乎是說周代已經有很好的道路。但從字面上，看不出這道路是在城外或城內，很難分辨其長短。鄭州商城的考古，出土車的結構物件，可見夏商之際具有造車的能力。商人「服牛乘馬」用畜力拉車，在河南安陽發現的「車馬坑」可以印證。春秋戰國時，秦惠王築「褒斜棧道」，打通川陝通路，是陸路的重大建設；吳國修築「邗溝」，魏國修「鴻溝」，連接長江、淮水、黃河三條大河，都是水路設施。另一方面，各國設立「驛傳」制度，以便官吏往來及公文傳遞，逐漸形成一套乘車文化，即是御者在中，尊者在左，陪乘者在右。

秦始皇統一中國後，頒發「車同軌」之令，並廣築遍及全國的「馳道」，行旅更加發達。又因征討南越，開鑿了「靈渠」，就是今日溝通長江和珠江水系的興安運河。漢代張騫通西域，絲綢之路成為中西文化交流之途。東漢桓帝時，大秦王安敦遣使來華，可見歐亞交通大開。

隋代開鑿大運河，是為後世漕運的基礎。隋代李春監造趙州橋，又稱

安濟橋，是中國現存最早的石拱橋，全長近五十一公尺，寬約九公尺。唐代在水路交通要道，廣設 1,600 處驛站，使長安成為國內外的交通中心，條條大路皆可通達長安。宋代國力較衰，陸路發展頗受限制。但海上航行技術大為精進，北宋末年的海船已使用指南針，南宋更改進為羅盤。元代則有完整發達的郵驛制度，大致可分兩類：其一為站赤，辦理驛務，供應官員的驛傳與膳宿；另一為急地鋪，辦理郵務，負責政府文書的傳送，順道服務商旅與教士等。元代也開通會通與通惠等運河，完成 1,700 公里長的京杭大運河。

明成祖建造今的大運河，使南北漕運及商旅往來更順暢。另一方面，派遣鄭和下西洋，展現中國古代高超的航海技術。清朝末受到西力衝擊，西洋的輪船、汽車與火車相繼傳入，傳統交通工具日趨沒落。船務方面，李鴻章創辦輪船招商局，希望能與外輪競爭。鐵路方面，光緒六年由中國出資修建的「唐胥鐵路」是最早的鐵路；而宣統元年，由詹天佑建成的京張鐵路，是中國人自行設計施工的第一條鐵路。公路方面，民初才開建造，十年建國期間，完成十萬多公里，西北邊疆和雲南邊區也都建有新式公路。

交通工具的使用方面，遠古人們會駕馭獸力後，就使用牛馬來替代人力，南方則因地形而必須使用船。七千年前的河姆渡遺址，出土一支船槳，顯示已有獨木舟。六朝士大夫對於乘坐馬車的繁文縟節，漸感厭煩，轉而改駕時髦的牛車。同時也有士人乘「肩輿」，是以人力擔行。宋代的轎子已相當常見，乘轎之風日盛。

離家遠行的習慣中，由於人口稀少，有很多安全問題，包括各種野獸的攻擊，甚至是鬼怪的侵害。所以農民曆上，也會看到有關出門旅行的宜忌之日，以及應祀的神明。

第三節　物質文明

中國文明發展上，留下不少精緻的文化遺產，隨著中國的國力和對外

貿易,遠播他方。本節透過了解絲綢、瓷器、印刷術、清明上河圖及紫禁城的歷史,觀察中國文化邁向世界的通路、庶民的日常生活,以及皇帝權力的具象化。

一 絲綢:通往綠洲的極品

十九世紀,德國地理學家李希霍芬(Richthofen)注意到漢代的中國與河中地區(中亞阿姆河與錫爾河)之間,出現一條以絲綢貿易為主的交通路線,於是命名為「絲綢之路」。

絲綢之路,廣義上分為三大路線──草原路線、海洋路線和綠洲路線。草原路線,是從中國華北地區,向北越過戈壁沙漠到蒙古,接著穿過西伯利亞南部的廣闊草原,抵達鹹海、裏海而向西延伸;海洋路線,是指中國與南洋甚至是更遠地區,如印度、非洲等的海上貿易路線;綠洲路線,便是人們常說的絲綢之路,是從中國內地出發,經過西北地區,橫貫亞洲,連接非洲與歐洲的古代陸路交通路線。

(一)絲綢之路略圖

綠洲路線,又可分成東西兩段。西段,確立於西元前六世紀的波斯帝國時期,以御道和驛館制度為基礎;東段,直到西漢張騫出使西域才有所改變。《後漢書‧西域傳》指出從洛陽向西穿過河西走廊到西域敦煌後,分南北兩道伸入西域。北道出玉門關,沿塔里木河北面通路,途經龜茲(今新疆庫車附近),在疏勒(今新疆喀什市)以西翻越蔥嶺(今帕米爾高原和崑崙山脈的總稱),穿過大宛(今中亞費爾干納地區),橫越康居(今撒馬爾罕附近),朝向木鹿城(今稱馬里,在蘇聯土庫曼加盟共和國境內)前進。南道順著塔里木河以南通路,取道鄯善(今新疆若羌)、于闐(今新疆和田),抵達莎車。漢代打通兩個區段的連結,出了阿蠻(今伊朗哈瑪丹),便到達兩河流域,從巴格達東南北上,順著幼發拉底河而行,至上游轉向西行,抵達終點,即地中海沿岸的商埠安條克(今土耳其安塔基亞)。

　　絲綢之路通行後，民間利用此路從事買賣，漢朝廷則用於政治活動，在經濟與政治的影響之下，絲路文化呈現出多元、豐富且具特殊性。中國文明沿著絲路往西傳播，同時也吸收西方的文明，促成中西文明的交融。

　　早在先秦之前，絲綢之路就逐漸形成。從新疆、中亞出土漢代以前的墓葬及遺址，其中發現不少來自中原地區的絲織品與漆器；而且中原地區並不盛產玉石，但在關中地區的商周墓葬與遺址中，卻挖掘出新疆和闐玉加工的玉器。中國多用軟玉，產地是塔里木盆地和闐地區。《漢書·西域傳》記載鄯善國出產玉石，其實鄯善並非真正產地，只是轉販和闐玉。由此可知，新石器時期，中原與西域就以玉石達成東西交流。此後，中國絲綢也藉由該通路傳入西方世界，羅馬人把東方的絲綢視作奢侈品，說明了中國、西域，甚至歐洲世界，已有相當程度的貿易活動，北方和西北方游牧民族亦扮演推手的角色。

　　漢代出關向西域發展，經營絲綢貿易是重要目的之一。漢初對匈奴採取溫和的和親政策，但歷經幾十年的休養生息，漢武帝決定與匈奴開戰，以取得晉北、陝北、鄂爾多斯、河套、陰山等地區。武帝想聯合西域各國，切斷匈奴西部物資補給及與羌族等西北民族聯絡的管道，於是派張騫出西域尋找同盟。

　　西漢張騫，是開啟東西文化接觸的大功臣。武帝建元二年（B.C.139），張騫以郎官身分應募出使西域，乃中國第一次出遣西域的官方代表，武帝以軍功封為伯望侯。他必須與大月氏（今阿姆河上游）聯盟，由於匈奴曾殺死大月氏的先王，並以其頭顱作為酒杯，迫使其後代逃至天山北麓的伊犁河流域，又被烏孫攻擊而遷徙。張騫率領一百多名隨從出使，卻被匈奴抓獲並拘禁了十一年。逃出後，才繼續西行，先後到達大宛（今費爾干納）、康居（今楚河、塔拉斯河流域）、大月氏，但未達成任務而返回。返程中，又被匈奴俘虜一年多，趁匈奴內亂才得以逃走。武帝元朔三年（B.C.126）回到長安，隨從只剩甘父一人。雖然張騫沒有成功聯合大月氏，但帶回來嶄新知識，中國開始對西域產生極大的興趣。

　　第二次張騫出使西域時，漢人已經控制河西走廊。此次是為了聯絡烏孫，進一步打擊匈奴，以開通往西域的道路。到烏孫後，派出副使前往大

宛、康居、大月氏、大夏、安息（今伊朗）、于闐、身毒（今印度）。由於漢朝和西域諸國建立了友好關係，而烏孫重視與漢朝關係，向武帝要求和親，自此兩國長期通婚。張騫兩次出使西域，歷經十五年，行程數萬里，打開中國內地與西域、印度、中亞、西亞地區的直接往來，綠洲之路成為歐亞大陸東西最重要的交通路線。有關西域各國的訊息也被載入《史記》、《漢書》等文獻，在司馬遷的《史記》中，就盛讚張騫開通西域的功蹟是「張騫鑿空」。

中國絲綢西傳，是藉由西域各國的轉販，經過中亞到西亞與歐洲，沿途國家都參與絲綢貿易。古羅馬人透過波斯和西亞，接觸到中國絲綢，十分珍愛從絲路運來綺麗柔滑的織物。羅馬共和國晚期，貴族與富人都崇尚穿絲綢，凱撒以穿絲綢袍為榮，著名埃及女王克里奧帕斯特也曾穿過中國絲綢。那時羅馬人的衣服質料還是以羊毛、亞麻為主，輕柔鮮亮的絲綢是相當珍貴。在羅馬，絲綢與黃金等價，是富貴的象徵。又因貿易商對於絲綢技術的保密，所以羅馬人認為絲是生長在樹上，取下後浸水而成，並不知道是由蠶吐絲而來。直到北朝時期，蠶絲技術才傳入于闐，輾轉傳到波斯和東羅馬，在十二、三世紀傳及西歐。

養殖桑蠶技術的歷史久遠，傳說黃帝的后妃是養蠶取絲的創始者，但尚未找出實物遺蹟和可靠的文字記載。浙江河姆渡的遺址中，出土若干紡織的紡磚、織機零件，合股的麻線，以及骨制盅上刻有蠶紋，包括蠶的頭部和身上的橫節紋歷歷在目，這是新石器時代的證物。在河南與山東的殷墓中，也發現形態逼真的玉蠶。殷代的青銅器花紋中，有看似身軀蠕動的「蠶紋」，甚至在青銅器裡面還附著絲織物的痕跡或絹絲的斷片，故推算中國育蠶織綢的歷史約有三千多年。

漢代絲綢的需求日益增加，絲織品質與織綿的技術更為精湛。西漢發展出束綜花機，能夠編出飛禽走獸、人物花卉等複雜的花紋，但需要一名織工和一名挽花工，兩人配合操作，挽花工坐在花樓上，口中按著花紋組織的程序所編的口訣，與下面的織工一來一往引緯打緯，西漢馬王堆墓葬和新疆的古絲路上都曾出土這類織錦。而馬王堆的「素紗禪衣」只有四十八公克，現代科技望塵莫及。

　　絲綢之路上，運送的中國物產有瓷器、鐵器，以及許多品種的植物，如桑樹、方竹、梨、樺樹、蜀葵、玫瑰、茶樹，還有各種藥材，如肉桂、生薑、黃連、土茯苓等。中國的造紙、指南針、火藥、印刷術等四大發明與先進技術也藉由此路傳入西方。十五世紀後，西方的文化傳播或是軍事征服，都是交流的結果。四大發明改變了世界，可見絲綢之路影響世界文明發展甚鉅。

　　西方文化物產也從綠洲絲路東來，大量西方植物品種從中亞和西亞絡繹不絕輸入中國，如葡萄、苜蓿、石榴、紅蘭花、酒杯藤、胡麻（芝麻）、胡桃（核桃）、胡豆、胡瓜、胡荽、大蒜、大蔥、橄欖，對於中國農產品、畜牧業、工藝製造、醫藥都有極大影響，大多數成為中國人生活的必需品。除了植物外，還輸入許多動物品種，如駱駝、獅子、犀牛、孔雀、鴕鳥等，而中亞著名的「大宛馬」，是漢武帝時期將軍李廣利遠征大宛的戰利品。另有一些珍奇物產，如玻璃、琉璃、海西布、水銀、琥珀、瑪瑙、蘇合、香料。其中，玻璃與琉璃影響中國瓷器技術的改良，毛皮與毛織品則促進中國毛織業的發展。

　　西方宗教，亦是綠洲絲路傳播的另一文化，如祆教、景教、摩尼教、伊斯蘭教、佛教。祆教（古波斯）在南北朝傳入，唐代曾具相當勢力；景教（基督教聶斯托良派）於唐初傳入，唐中葉還立「大秦景教流行中國碑」，因武宗滅佛，受牽連而沒落；摩尼教也在唐初傳入，曾經是北宋方臘之亂與元末反蒙的旗幟；伊斯蘭教在西元十世紀傳入塔里木，改變了西北地區的宗教習慣與文化面貌。其中，影響最大者莫過於佛教。佛教起源於南亞，東漢時由西域傳入，在充滿戰亂的南北朝時期蓬勃發展，鳩摩羅什等僧侶將攜帶而來的大量佛經翻譯成中文。隋唐以下，中國化的佛教影響風俗習慣、價值觀、哲學、繪畫、雕刻、建築，構成中國文化重要部分。

　　雜技百戲和音樂舞蹈，也是經過絲路傳來。中亞各民族的樂曲、樂器、歌舞對於改造中國傳統音樂，如著名的龜茲樂、蘇慕遮，波斯的樂器亦成了中國的傳統樂器，如箜篌、琵琶等。總之，絲綢之路造就不同文明相互交流，相互增色，促使東西方的物質享受更多元化。

二 瓷器：通往海洋的貨品

　　中國的海上貿易，是從宋代開始，除了絲綢，陶瓷器源源不斷的輸往海外，尤其是景德鎮的青花瓷。此時，東南亞的香料也是從海上來貿易。明代《沈懷清記》：「昌南鎮陶器行於九域，施及外洋。」從世界各地考古調查中，發現在許多國家和地區，不論有無和景德鎮貿易，幾乎都收藏景德鎮瓷器。

　　這一條絲綢之路亦稱作「陶瓷之路」，或稱「香料之路」。東南亞曾發現宋代的青白瓷，是海商的中轉站和避風港。西亞和非洲是早期「陶瓷之路」的終點，阿拉伯商人掌控大量的瓷器貿易。十七世紀以前，景德鎮瓷器輸出品主要是青白瓷、青白花瓷等，宋代時期就曾達於北非。在埃及開羅，家家戶戶幾乎使用過品質精美的中國瓷器。非洲的坦尚尼亞，發現數量可觀的中國瓷器。

　　陶、瓷器的製作技術，二者密不可分，瓷器乃由陶器脫胎而出。新石器時代，黃河流域與長江流域的遺址中，出土大量陶器及碎片，如黃河下游和東部沿海地區，有胎薄如蛋殼，修飾光潔的「黑陶」。大約同一時期的長江下游地區，在浙江餘姚、紹興一帶的良渚文化出現了「灰陶」，有許多不僅是生活日用品，尚有藝術傾向的陶製品，如陶塑。此時，已使用輪盤拉坯的技術，橫穴窯與豎穴窯取代平地起燒，能夠控制溫度，燒製溫度已接近陶瓷的「臨界溫度」。

　　殷商早期，出現以瓷土為胎料的白陶器，還有以高溫度1,200℃燒成的印紋硬陶，可說是陶瓷器發展的重要階段。河南安陽小屯和鄭州二里崗出土商代的殘片中，有淺綠色和黃褐色的釉質，是目前中國發現最早的瓷器。原始青瓷不同於陶之處，在於青瓷比陶器質地堅硬耐用，器表施釉，敲擊聲清脆悅耳。不過，原始青瓷的原料處理和坯泥煉製仍然很粗糙，胎料的可塑性較小，造型比較單調，雜質較多，胎體還會產生裂紋，釉色不穩定，有薄厚不均的情形。

　　東漢浙江的越窯已出產成熟的青瓷，器型規整，器表光滑，釉層增

厚，胎釉結合大為改進，很少發生脫釉的現象。魏晉南北朝普遍燒製的青瓷，而且分布地域也擴大了。此外，也有少量的黑釉瓷和白瓷。由於異民族的進入及佛教的傳入，陶瓷藝術風格展現多樣化。北朝晚期，白瓷首先在北方出現，由此證明提升製造「釉」的技術水準，並克服胎釉中鐵的呈色干擾，且控制在百分之一以下，奠定製作彩瓷的基礎。白色一向是游牧民族崇敬的顏色，所以白瓷可視為民族融合的結果之一。

　　隋唐是中國瓷器生產的繁榮階段，唐代越窯的瓷器，胎質細薄，釉色晶瑩，相當受歡迎，陸羽的《茶經》稱讚越瓷類玉、類冰，瓷色青而茶色綠。江西景德鎮和四川大邑的白瓷也很有口碑，杜甫尤盛稱大邑白瓷輕薄、堅緻、潔白及清韻，而若干地方瓷窯以青釉、黑釉、褐釉等燒出彩瓷。一八九五年，洛陽的鐵路工程中，從唐代古墓挖出消失千餘年的「唐三彩」。唐三彩流行於唐朝最盛的百年間，其基本顏色訴說著唐朝具有世界性風格，包括漢代以來最常見的褐色及綠色，游牧民族珍愛的白色，還有從西域取得鈷料製成的藍色。自安祿山變亂（755）以後，由於大唐的衰落，不易取得鈷藍原料，並且改進製作青瓷、白瓷的技術，唐三彩就神祕地消失了。唐末五代出現名窯林立的局面，尤其是長沙窯出產許多價格便宜的瓷器，上面刻出庶民生活的心聲，可見此時瓷器大量生產及商品化。

　　宋代，是中國瓷器發展的轉捩點。除了老牌名瓷全面衰落外，瓷器市場的興起和競爭，以及素雅沉靜風格形成，提供瓷窯發展的方向和空間。北宋真宗景德年間是轉折點，官窯和民窯的瓷器風格迥異。汝官窯的白瓷曾經風靡宮廷，而宋徽宗製造的「雨過天青」瓷，今日科學家還無法掌握其中的成分及色彩。南宋時期，因為禮器全被擄至金朝，所以朝廷製作形狀似青銅器，又質感如玉的瓷器，成為祀典中的祭器。南宋各地名窯各具特色，如浙江龍泉窯胎薄釉厚的青瓷、哥窯的片裂紋瓷、弟窯胎質厚實無紋瓷，福建吉州窯的黑釉碗等。窯場大量生產的祕訣在於分工與覆燒，加上不斷改良控制溫度的技術，於是量產的瓷器一批批地裝上貨船，航向海外的日本、韓國及東南亞、印度和阿拉伯。

　　瓷都景德鎮在宋代曾出產刻花與印花的白瓷，元代之後，以青花瓷、釉裡紅瓷和卵白釉樞府瓷等馳名天下。元朝在此設「浮梁瓷局」，是史上

第一個官方瓷業機構，專門負責燒造官府用瓷及官辦貿易所需的瓷器。瓷局代表朝廷集中了人才、技術、原料等多種優勢，對於景德鎮瓷業形成一大推力。

明初景德鎮設禦窯廠，官府將戰亂中失散的工匠重新集結，「工匠來八方，器成天下走」，專燒官府使用的瓷器。此時，景德鎮不僅官窯興旺，民窯也很興盛，形成「官民競市」。瓷器的質量與數量迅速提高，以青花瓷為代表。青花出現於宋代，卻大量製作於明代。青花胎骨上用鈷礦料彩繪紋飾，再吹以白釉焙燒。圖案多是白地藍花，由於明淨、素雅，多為文人們賞玩、讚美和典藏。還有文人直接參與青花瓷的創作，富有文采。萬曆以後，景德鎮的鬥彩瓷器傾向宮廷趣味，體現富貴氣息，形成兩種截然不同的格調，而明清的粉彩瓷有「東方瑰寶」之稱。

日本與朝鮮曾經發現大量的中國古陶瓷。在日本，目前可見較早的中國瓷是宋代景德鎮青白瓷器，印證了景德鎮瓷器外銷始於宋代的史實。此外，福建的黑釉碗也出現於日本九州的博多考古遺址，而龍泉窯的盤口鳳耳瓶成了日本的砧青瓷，吉州窯的黑釉葉文碗成了日本的木葉天目碗，都是南宋貿易品的大宗。

中國瓷器暢銷海外的重要原因，是瓷器既可取代簡陋的木器、陶器和昂貴的金屬器，又可作為珍貴的藝術品或裝飾品。各國的上層社會，莫不以珍藏中國瓷器為榮，例如埃及河尤布王朝的創建者薩拉丁，曾以四十件龍泉青瓷作為高級禮品，贈送給大馬士革蘇丹諾爾丁。

由於瓷器在外貿易及文化傳播上，具有相當大的影響力。一談及瓷器，往往聯想到中國，所以英語的「中國」與「瓷器」同為一詞：china，開頭字母大寫意為中國，小寫則為瓷器；阿拉伯語中「瓷器」發音為「悉尼」，也和中國一詞相同；土耳其語稱中國為「秦」，稱瓷器也用這個字，無形中可見瓷器成為世界認識中國的第一印象。

三　造紙印刷術：累積世界性文化

紙則是印刷所必需的物質。造紙，根據《後漢書·蔡倫傳》的說法，

認為是東漢宦官蔡倫於西元一○五年發明的。二十世紀，在新疆羅布泊的漢代烽燧遺址中，出土了西元前一世紀的西漢麻紙，比蔡倫早了一百五十年。在西安市東郊灞橋又出土西元前二世紀的西漢古紙，是由大麻和少量苧麻纖維製成。在甘肅天水市附近的放馬灘古墓葬中，出土西漢文、景二帝時期繪有地圖之麻紙，是目前發現最早的植物纖維紙，上述三項都證明蔡倫不是最早的發明者。但早期的西漢麻紙是比較粗糙，不便於書寫，蔡倫改進造紙技術，運用樹皮（特別是楮皮）、魚網，擴大原料來源，提升紙的產量，推廣紙的使用。

　　魏晉以後，造紙原料除了有麻、楮，又增加使用桑皮、藤皮，紙也逐漸取代縑帛與簡牘，成為最方便的書寫材料。隋唐五代還出現檀皮紙、瑞香皮紙、稻麥桿紙和新式的竹紙，產生不少名紙，如唐代的「硬黃」、五代南唐的「澄心堂紙」等。紙的產量與質量都提高，價格也不斷下降，各種紙製品普及於民間日常生活中，因而出現雕版印刷書業。

　　造紙術的傳播，在七世紀初經朝鮮傳入日本；八世紀中葉，經中亞傳到了阿拉伯的報達（今伊拉克巴格達）、大馬色（今敘利亞大巴士革）和撒馬爾罕（今俄羅斯哈撒克地區）。當地第一批造紙工廠，據說是在高仙芝的怛羅斯之役戰敗後，由滯留的唐朝士兵充作造紙工人傳授技術。阿拉伯紙大量生產後，就不斷向歐洲各國輸出，造紙術也傳入歐洲。十二世紀，最先在西班牙和法國設立造紙廠。十三世紀，在義大利和德國也相繼設廠造紙，取代羊皮紙，帶動西方的文藝復興。

　　雕版起源手工雕刻技術，最早見於新石器時期的陶器或製陶模具刻畫的圖案和符號，工具都是直接取於自然界，如動物的尖齒、石刀之類。秦漢時期，由於雕刻工藝的發展，反刻文字的印章已經非常普遍，也有用木戳在銅範和陶量器上印製銘文，有的長達數百字。在印章上敷塗染料，漢代以前的印章多為陰文，後來逐漸演變成反向刻陽文。用陰文印章蓋印，是黑地白字；用陽文印章蓋印，則是白地黑字，更接近雕版印刷。

　　南朝的蕭梁時期，從印章和碑刻發展出拓碑技術，就是先用浸潤的紙張鋪在石碑表面，然後用木槌和刷子輕輕敲打與揩抹，使紙張密合碑文的刻畫，等待紙張乾後，再用絲綿團或棉絮做成的「樸子」蘸墨在上面刷，

揭下之後，就變成一張黑底白字的拓片。刻在碑上的文獻因此得以大量被複製，這是印刷術的雛形。

唐朝產生了真正的印刷術，貞觀十年（636），唐太宗曾印行長孫皇后的遺著《女則》。而馮贄的《雲仙散錄》中，提及玄奘印刷普賢菩薩像廣贈四方，這些書卷的問世是世界上雕版印刷之始。現存最早的印刷品是南朝鮮慶州佛國寺發現的漢字譯經《無垢淨光大陀羅尼經咒》，據推斷是西元八世紀中期的文物，一般認為這種印刷術是從中國流傳而來。在敦煌石窟中也發現咸通九年（868）刊刻的《金剛經》，其刀法細膩，人物逼真，顯示印刷術已有相當的水準。當時是採用雕版印刷，和刻碑及拓碑非常相似，就是在線裝書的兩頁大小的木板塗上漿糊，再把謄寫在透明紙上原稿反貼在木板上，用刀將字刻出，然後於刻成的版上加墨，用拓碑的方式將版上文字轉印到紙上。

北宋時期，出現活字印刷術。據沈括《夢溪筆談》記載，畢昇是發明者。他將膠泥製成一個個小方塊，上面刻出反字後，再用火燒硬。常用字多刻一些，生僻字少刻幾個，完成後再刻版。他在鐵版上塗上用松香、紙灰和蠟做成的黏合劑，並就文章的內容，一字字依順序排滿一鐵框後，就置於火上，將松蠟燒化，用一平板將字壓平，冷卻後成為版型，便可以印刷。印刷結束時，印版用火烤一下，粘合劑復又熔化，把活字取下來，還可以重複使用。通常會準備兩塊鐵板，一版印刷，一版編排，相互更替，使得印刷效率極為快速（圖6-2）。

明代的印刷

圖6-2　黃一楷刻《牡丹亭還魂記》插圖

品，不論數量和印刷規模，都遠超過宋元時代，技術和工藝也有創新。前代的儒家經典，都被翻版或重新雕版印刷。當時普遍應用雕版、活字版和彩色的印刷，出現了銅、錫等金屬活字。彩色印刷是以雕版印刷為基礎，採用各色分版套印，呈現出繽紛的彩色印刷品，閱讀對象由士大夫擴大到平民百姓，為了滿足下層民眾讀書的要求，編印大量的通俗讀物，配有大量插圖的平話、小說，深受農民和市民的青睞，因而擴大發行量。儒家經典、歷史著作，往往也以通俗化的形式出版，反映書籍普及的程度，這是前所未有。

　　清代延續明代的印刷技術，沿用宋、元、明以來的手工作坊，並擴大規模。活字版印刷的比例大為增加，各種活字如木活字、銅活字、泥活字等製作都有很高的技術水準。印刷字體、出版物的開本和版式逐漸有了規範。雕版彩色印刷更普及，質量更佳，如年畫印刷由一個地點遍及全國的行業，印刷產品進入千家萬戶，印刷品的普及率達到高峰。

　　十三世紀以後，印刷術流傳至世界各地。首先東傳朝鮮、日本；由南傳入越南、菲律賓等國。由於蒙古人遠征歐洲，將中國印行的紙鈔、葉子戲紙牌、佛經等傳入歐洲，這些印刷品及技術經由波斯（伊朗），輾轉影響西方世界。中世紀的歐洲書籍都依賴人工抄寫，蒙古西征後才有木板印刷。一四五○年，日耳曼人戈登堡以鉛、銻、錫合金製造活字印刷，比畢昇的發明晚了四百多年。關於印刷術傳播方式有兩種說法，一是往來元朝與歐洲間的人士所傳，另一說是由日耳曼商人間接從朝鮮傳往歐洲。

　　雕版印刷術的發明，促進書籍的生產，宋代不但在京師的秘書監和國子監印書，地方官府和私商刻書亦興盛，所以有不少的私人藏書。活字版印刷出現後，更加改變以往只有少數人能夠讀書及接受教育的狀況，而印刷術也推動了學術、思想、科學與工技的交流，有助於世界各地文化的累積。

四　清明上河圖：城市的庶民生活

　　北宋畫家張擇端以當時首都汴京為題材，畫下不朽之作《清明上河

圖》。這幅名畫曾被宋徽宗收藏，後因金人攻陷汴京而流落民間。元朝建立後，被翰林學士趙孟頫潛送回老家湖州，並以摹本送回藏珍閣。此後，原圖的真偽就成了歷史之謎，也出現三十多種版本。姑且不論真假，透過圖中七百多人的描寫，看到宋代庶民生活的鮮活面貌。

宋代是城市解禁與商業發達的時代。中國的城市形成，早期夏商周三代側重於建立具備祭祀、政治及軍事功能的城邦，春秋戰國的城市，除了祭祀與政治軍事外，尚有文化、經濟和商業的功能，戰國最大的城市是齊國首都臨淄，據估算當時有三十五萬人口，「車轂擊，人肩摩，連衽成帷，舉袂成幕，揮汗成雨」，就是描寫臨淄道路上的盛況。

迄唐代，如長安與洛陽等大城市，為了方便管理，實施市坊與宵禁的管控。市坊制就是在商業區的市與住宅區的坊四周，各方以城垣圍繞，不可隨意活動。城內各設坊門，除了特定的高官外，商家住戶均必須經由坊門進出。因為不能面對街道開門，所以商舖只能限定在市內的巷道中。而夜間宵禁，是在規定時間內，坊門朝開夕閉，未經許可，不得進出。由於宵禁緣故，限制並妨礙住民生活與城內商業活動，營業時間無法延長，造成民眾買賣交易的不便。城市的運作受到人為的嚴密控制，因而展現清簡肅穆的氣氛。

晚唐與五代，城市發展出不同的風格。草市興起後，不再重視市坊制，甚至拆除市坊的牆垣。商業的活動範圍不再受限制而逐漸擴大，營業時間也因市坊制的崩潰而愈來愈長。宋代市坊制幾乎蕩然無存，《東京夢華錄》：「夜市直至三更盡，纔五更又復開張。」沒有宵禁，商店可以向大街開門。在空間或時間上，城民或商舖的活動，都沒從前的限制，這是中國城市發展的大轉變。城市的解禁，帶動商業發達，也使得人口結構發生變化。從事買賣的人口有逐漸增加的趨勢，商人不再如以往受到鄙視。明代商人入仕的風氣大盛，士人從商也不算少數，商士不分，甚至還有儒商。明代商人的地位與評價都提高了。

物質生活進步，是促使庶民文化快速發展的原因之一。有錢的平民模仿官員的生活，僭用官服車輿、高級食材與名貴器皿。北宋承平日久，城市生活日漸奢侈，宋室南遷，隨著海上貿易的成長，豪奢僭越之風依舊不

減。明代的商品經濟發達，百姓日益奢華。明中葉之後，白面兒郎流行稱翁喚老，販夫走卒尚稱字加號，城市男女競相爭奇鬥豔，追逐時裝流行以表現自我。

　　庶民文化的興起，庶民是城市生活中的主角。新文化出現於茶館裡的休閒、通俗小說與演藝活動。唐宋飲茶之風漸盛，是茶館文化興起的前提。飲茶變成一大服務行業，發展成茶肆、茶行、茶亭、茶定、茶攤、茶店、茶館。一個小茶館像是社會的縮影，也是知識與經驗交換的傳播場所。

　　通俗說書行業的出現，從春秋戰國的寓言、魏晉六朝的志人志怪小說，到唐代的傳奇，發展出宋代的話本，更為庶民文化開啟新頁。唐代後期流行僧侶的俗講及日後的話本，大多用通俗易懂的白話寫成，穿插歷史故事，大量吸收庶民的口語，提高小說表現生活、描寫人物能力。說話人之間有競爭，茶肆酒樓、寺廟佛舍、私人府第、鄉村集市、宮廷內府，到處可以發現他們的蹤跡。說話人的門類分工細膩，說書技藝則是師徒相傳。話本直接訴諸人的聽覺，是一項說唱藝術，具有曲折情節與明快節奏。話本不斷地被修改、增補、潤色，以因應群眾的休閒生活。除了帝王將相、才子佳人以外，小商人、店員、小手工業者的角色，也登上舞臺。下層市民出現在說書裡，反映他們的喜怒哀樂與追求理想，造就了豐富的庶民文化。

　　話本藝術奠定明清小說發展的基礎。宋元以前，詩歌、散文是文壇主流，宋元以後，小說和戲曲逐漸發達，取代了詩文。明清三部著名的長篇小說，《三國演義》、《水滸傳》和《西遊記》都是由話本再加工而寫定，其中《三國演義》仍採用半文半白的語言。明代中葉，《金瓶梅詞話》更以世俗凡人的日常生活為題材。明代後葉，馮夢龍選集宋代以來的短篇社會寫實小說，編輯成《喻世明言》、《警世通言》、《醒世通言》，還創作出《拍案驚奇》與《二刻拍案驚奇》，合稱「三言二拍」。

　　城市裡還有「雜劇」表演。宋代出現大規模的娛樂場所「瓦子」，每個瓦子中有數十間「勾欄」（棚），即使風雨天也可欣賞演出。活絡的商業活動帶動戲劇的興起，瓦舍勾欄不僅招徠大批固定觀眾，也彙集民間各種技藝，並吸引無法進入官場的民間文人，加入創作的行列。藝人和文人

共同交流融合後，宋元的雜劇脫穎而出。宋元雜劇中，大多以歌舞為主體的劇目，相當簡短，不過也有較長的連臺本系列劇，如「目蓮救母」。

城市生活空間的開放，庶民階層的變動，造就特有的飲茶文化，帶動說書行業的流行，話本小說又因說書更豐富了。庶民參與話本的觀賞以及話本小說的寫作，對於中國戲劇與文化創造都具有相當大的影響力。

五 紫禁城：皇權威儀的具體化

歷代統治者制定各類精密的法條，以建立一種等級的思想與制度，既是國家法典，亦是禮儀規範。從傳統建築上，也可以看到「禮法」的影子。唐代都城長安是中古世界上規模最大的城市，故址包括今西安城區和近郊，城垣為版築土牆，全城有一○八坊，並有東西兩市，城內主街有二十五條，筆直寬闊，中軸線上的朱雀大街寬約150公尺，貫穿南北。皇城在北部中央，內有宮城，大明宮是主要的宮殿建築，其宮城周圍7,628公尺，目前遺址中，含元殿和麟德殿雖僅剩基地，但氣魄之大，在明清北京故宮的太和殿之上。

唐朝的《營繕令》規定，都城每座城門可以開三個門洞，大州的城正門開兩個門洞，而縣城的門只能開一個門洞。帝王的宮殿可用有鴟尾裝飾的廡殿式屋頂，五品以上官吏的住宅正堂用歇山式屋頂，六品以下官吏及平民住宅的正堂用懸山式屋頂。

北京紫禁城，於一九二五年改成故宮博物院，它是明清朝兩朝的國都所在，中國及全世界僅存的最大木造宮殿之一。北平古稱薊城、幽州，是五代遼國的南京，金朝的中都以及元朝的大都。從元代迄民國初年，除了明初高祖與惠帝外，其他皇帝皆定都於此，一直是中國的首都與政治權力的中心。

元朝忽必烈建造的「大內」，是明成祖建立紫禁城的基礎。紫禁城名稱的由來，和中國古代哲學和天文學有關，融合「天人感應」與「天人合一」，其結構是模仿傳說中的「天宮」。古代天文學將恆星分為三垣，周圍環繞著二十八宿，紫微垣正處中天。傳說皇帝是天上紫微星下凡，紫微

星即是北極星，乃所有星宿的中心。紫禁城，「紫」就是「紫微正中」，意謂皇宮是人間的「正中」。「禁」則指皇室所居，不能隨便進出，尊嚴無比，嚴禁侵擾。紫禁城是中國的政治樞紐，也是皇帝權力的象徵。

明成祖永樂五年（1407）起，集結全國十萬工匠，徵調二、三十萬民工與軍工，歷經十四年，建成規模宏偉的宮殿組群。清代沿用後，只有部分重建與改建，沒有變動整體的格局。

紫禁城的宮牆周長約為三千公尺，佔地面積約達十五萬平方公尺，宮城平面略呈長方形，東西南北各有一座高大的城門，宮城四角各矗立一座精美的角樓，環繞寬五十二公尺高的城牆，形成一座壁壘森嚴的皇宮。傳說房屋有九千九百九十九間，每個門上的銅門釘也是橫豎九顆，這種奇特的用法和中國人對數字的認識有關。古人認為「九」是數字中最大者，皇帝是人世間最大者，必須以「九」對應。九的諧音為「久」，有永久的意思，所以又意涵江山天長地久，永不變色。

紫禁城的建築必須如歷代皇宮整體規劃和形制一般，以符合宗法禮制，顯示至高無上的皇帝權威，全部的宮殿分成「外朝」與「內朝」兩大部分。紫禁城的外朝建築以「仁」、「和」、「中」、「安」等字命名，如天安門、太和殿等，這些字詞是中國儒家思想的核心，所以「中正」、「仁和」的皇宮建築，展現出儒家治國的理念。

午門，是整座宮城的大門，位於紫禁城的最南面，其呈字形的門樓稱為「闕門」，及重簷式廡殿的屋頂，都是最高級的規格與式樣。乃皇帝頒布詔書、下令出征和戰士凱旋、獻俘虜的地方。每遇宣讀皇帝聖旨，頒發年曆書時，文武百官都要齊集午門前的廣場聽旨。儀式的目的，是要顯示皇威浩大與臣子的忠誠之心。

內朝包括乾清、交泰、坤寧三宮以及東西兩側的東六宮和西六宮，這是皇帝及其嬪妃居住的地方，俗稱三宮六院。居住區以北有一小巧別緻的御花園，是皇室成員遊玩之所。清朝中葉，皇帝和皇后都搬到西六宮。養心殿最為著名，自雍正皇帝以來，為帝王理政和寢居之所，慈禧太后也在此垂簾聽政，長達四十餘年。

乾清宮是後三宮的主要大殿，清初以前，一直是皇帝和皇后的寢宮與

平時居住之所。皇帝也在此召見大臣，批閱奏章，處理政務，甚至會在殿中接見外國使節。

內廷寢宮以乾清宮、交泰殿、坤寧宮命名，亦和儒家經典中的《易經》有關。《周易》說，「乾」象徵「天」，代表「男」；「坤」象徵「地」，代表「女」；中間的「泰」表示「平安」、「暢通」，全部意思是「天地交泰」，暗示帝后關係和諧，而「坤寧」指出「清正」、「寧靜」，意味皇宮的生活美好。

神武門，是紫禁城的後門，位於中軸線之北。神武門原稱玄武門，玄武是古代四方的神獸之一，即左青龍，右白虎，前朱雀，後玄武。玄武主北方，因此帝王宮殿的北宮門多取名玄武門。清朝第二任皇帝康熙名玄燁，為了避諱，乃將玄武門改為神武門。神武門也是一座城門樓，雖採用重簷廡殿式屋頂，但格局比午門低一等級。

紫禁城的顏色有深奧寓意，多用黃色琉璃瓦，室內的顏色亦以黃色為主，乾清宮的布置尤其突出。此種用法源於五行之說，即是古人認為世界由金、木、水、火、土等五種元素構成，五行相生相剋，世界因此變化不定。「黃色」代表「土」，土是萬物之「本」，皇帝也是萬民之「本」，所以皇宮多用黃色。

紫禁城的總體布局中，重要的建築物，以長達八公里軸線為中心，由南向北分布。其他建築物則由左右兩側對稱配置，所以整個宮殿形成井然有序、等級有別的格局。建築物群是由內而外擴張，構成權力秩序與關係分明的建築體系，這就是中國皇帝透過紫禁城具體展現王朝的無上權威與宏偉的氣勢。

第四節　婚喪冠喜

「婚喪冠喜」的儀式包含人的成長、結合、喜慶與謝世，既是個人生命演化的歷程，也顯示出個人對於家族的意義。而各階段所舉行的活動，一方面具有社會性，另一方面表現出個人的責任與群我的關係。這些生活

中的大事紀與慶典，往往大費周章地籌備與安排，並且反映出幾個社群間的互動。本節中，將從婚喪冠喜的禮儀窺探傳統中國文化的內涵。

一 婚姻：合二姓之好

遠古的氏族社會中，可能實行族間「群婚」，如兩個固定氏族間的婚配，或是幾個氏族間的循環婚配，此時並不存在傳統意義的婚姻與夫妻關係。中國自西周以來，中原地區已經行專偶婚，就是一個男子與一個女子發生同居關係，亦即一夫一妻制，如《易經》所說：「有男女然後有夫婦。」不過，實際上專偶婚姻的形式，又可分為一夫一妻與一夫一妻多妾。漢族的民間社會裡，也還有母系社會的「群婚」遺痕，例如古籍中多將公公稱為「舅」，將婆婆稱為「姑」，這種姑舅表婚的形態，是由兩個母系氏族的男女互為婚配演變而來。

媵妾制度中，媵是陪嫁而來，為妻之姪女和妹。妾則是買來的，或謂：「聘則為妻，奔則為妾」。妾不能行婚姻之禮與儀式，妾者接也，字義中指出為非正式配偶。先秦時代，媵的地位高於妾，秦漢以後，媵妾合而為一，凡是側室皆稱為妾，媵亦稱妾，唐宋逐漸形成一夫一妻多妾的情形。

「婚姻」亦可作「昏因」，意謂婿於昏時迎妻，妻因昏時入夫家，是指嫁娶的時間。中國社會的婚姻重視「合二姓之好，上以事宗廟，下以繼後世」，具有家族延續的作用，不僅是男女當事人的結合而已，也和雙方家庭的感情連繫有關。家庭是社會的核心，婚姻又是組成家庭的基礎，所以婚禮的舉行，也是傳統社會重大的禮俗活動。

中國的婚姻儀式，殷商以前已形成，從周代的宗法制度確定後，人們又日益強調婚姻的重要性，逐漸產生一套約定成俗的禮儀，凡是經由這些公認禮儀完成的婚姻，就可獲得合法的地位。歷經了周、漢兩代，婚姻禮制大致完備，唐宋的婚律，只是將「禮」的觀念法制化。換言之，周、漢確立了婚禮的儀式，唐宋以後的法律保障儀式的效力，成為傳統中國婚姻制度的主體。

　　古代有若干禁止婚姻成立的規定，其中有以血緣為考量的禁規，如同姓不婚。這一條是從本族人丁興旺及生理層面考量，如《左傳》說：「男女同姓，其生不蕃。」認為同姓相婚，不能生殖，會產生疾病。此外，還有考慮「重人倫，防淫佚」的倫理問題，恥與禽獸相同。可見同姓不婚是為了保障子嗣眾多，身體健康，不亂人倫，穩固家庭，擴大家族對外聯繫。此一禁規大概自周朝才具體化，但沒有具備處罰，北魏以腰斬刑斷同姓相婚，金元明清律均處「杖離之」。光緒年間修訂新刑律時，刪掉此律。但在民間習慣中，仍有迴避同姓相婚。

　　親屬不婚的禁規，是為了避免家庭關係紊亂與矛盾。宗親妻妾禁止相嫁始見於唐，《唐律》規定祖免親之妻而嫁娶者，各杖一百。緦麻及舅甥妻，徒一年，小功以上則以姦論，若為親屬之妾，罪減二等，以上犯罪者的婚姻必須離之。但是民間卻有「弟娶寡嫂」的事例，有的地方官認為這不算是亂倫，只是鄉間的習俗，所以採取「民不告，官不糾」的原則，即使被告發，也多予以寬免，大概是男杖六十，女則交官媒賣掉。此外，自唐以後，亦禁外姻有尊卑關係通婚，不論有服無服皆包含在內。至明代又禁止中表為婚，亦即母黨為婚。

　　先姦不婚的禁規，一方面不允許男女結婚前發生性關係，一方面是為了區分婚與不婚的界限，隔男女、防淫亂。古云：「男女不以禮交者其刑宮。」宮刑就是男子去勢，女子幽閉。而三國《魏書》刑罰：「男女不以禮交，皆死。」宋代法令：「先姦後婚，在法當離。」《清律》主張先姦後配者，依照律法，各擬絞決外，若是由父母主婚，男女為從犯，律例減一等，男女各擬為應絞監候，可見罪罰不輕。古人結婚為了成家，而不是娶妻，性愛是被忽視與壓抑。通姦是性愛所致，有人對於先姦後婚的行為表示同情與寬容，甚至讚揚，如民間通俗讀物《元明事類鈔》中有富人聘一秀才教其三女，秀才與三女分別通姦後，被告到官府，官員不忍加刑於三女，於是判決三女都嫁秀才。

　　婚姻儀式各地各有不同，但多以父母之命、媒妁之言為主，如《詩經》：「娶妻如之何？必告父母。」「娶妻如之何？匪媒不得。」認為透過媒人才能「遠恥防淫佚」，所以若有男女私定終身，大多認為有辱門

庭。媒聘婚姻是名媒正娶的方式，媒人具有中介、隔離、保證的作用，雖然媒人是不可或缺的，但是媒人的社會地位卻不高。勸俗文中常告誡人們要遠離「三姑六婆」，三姑是指尼姑、道姑和卦姑。六婆是指牙婆（人販）、媒婆、師婆（女巫）、虔婆（鴇母）、藥婆和穩婆（接生婆）。至於《儀禮》中規定聘娶婚禮的程序有六項，即「六禮」：納采、問名、納吉、納徵、請期和親迎。

納采，有男女雙方互相選擇，彼此採納成偶的意思。「采」表示男方選擇妻子，「納」是將禮物致送到女方家，即男家請媒人到女家提親之意。納采的禮物有其象徵性意義。一般多用「雁」，意涵很多，其一是雁為候鳥，從不失時節，象徵堅守信義；其二是古時認為雁順陰陽往來，而男屬陽、女屬陰，以雁為禮象徵一對男女陰陽和順；其三是雁雌雄一配而終，象徵忠貞和白頭偕老，並且娶婦從夫；其四是雁飛成行，止成列，象徵明嫁娶之禮，長幼有序，不相逾越；其五是雁按時往返，象徵女子按時往返婆家和娘家，以通兩家之好。納采也有用羊，羊者是祥也，群而不黨。

問名，是雙方若中意後，由媒人再次帶「雁」禮上門，請問女方生母之名，女子本人名、排行及出生年、月、日、時等，以便回來後占卜婚姻的凶吉。

納吉，即現今的訂婚，男方問名後，在祖廟用龜甲來占卜男女雙方生辰、八字陰陽，以定婚姻吉凶，若得到吉兆，將占卜吉利的結果報告女方。納吉之後，婚約就算正式確定。男方通常會送女方戒指、首飾等少量財禮，作為訂婚的信物，女方也會回贈一些鞋帽和文房用具等。占卜雖是一種迷信，但顯示對婚姻的謹慎恭敬，在漢平帝納王莽女為后時，令人鄭重占卜，所以王莽成了平帝的岳父，不過後來卻也篡奪皇位。自宋朝以後，占卜漸廢，而是根據男女生辰八字，算卦定婚，這種納吉的方法萌芽南北朝，盛行宋朝以後。在古禮中，納吉是婚禮成功與否的關鍵，如《馬可波羅遊記》記載，元朝杭州一帶，若未經生辰八字的推算，不能結婚。

納徵，徵就是「成」，又稱下定禮。男方選擇良辰吉日，按照選定的日期與時辰，和媒人一同到女方家，送上聘禮。聘禮因地區、貧富與地位而定，包括玉石、金銀、鳥獸、酒食等，禮物上會寫一些吉祥話。古人認

為陽奇陰偶象徵陰陽齊備順乎天地，所以送上成對的儷皮（鹿皮），有配偶成對的意思，女方在接受聘禮後，也要回禮，或將一部分的聘禮退回。送聘禮的用意，在於女兒嫁至男方家，本家從此失去一名勞動力，所以是給女方家合理的補償，禮物雖少，卻含有相當的意義。

納徵後，要正式訂婚約。婚約起於何時不得而知，但周朝已有將婚約刻於竹簡，男女兩家各執一半，有的人還會報於官。目前最早的婚約見於敦煌的石窟中，每份婚約均分成兩分，有正書和別紙。正書是虛套文字，別紙具體書寫主婚人和訂婚人的關係、男女姓名與年齡、求婚與許婚的表示。婚約一旦成立後，男方便可擇日成親。

請期，是男方向女方詢問迎娶的日子，請字是表示客氣，其實女家早已將日期的決定權交給夫家。所以大多是男方擇定結婚日期，備禮到女家徵得同意。迎娶日子早在納吉禮中已初定，所以後世的請期禮儀從簡，近代通常用紅筆寫迎娶日期與時辰，有的以口頭通知女方，也有送聘禮時一同約定迎娶日期。

親迎，是新郎親往女家迎接新娘。其儀式各書記載各有不同，司馬光《家儀》中有具體的迎親程序，新郎先在家中舉行儀式後，奉父母之命，乘馬往女家，有人執燭為前導，後有兩輛從車及新娘的坐車跟隨。此時，新娘要祭拜祖先後，盛妝立於房中。新郎到女家後，由新娘父親至門外迎接進入家內。新郎仍必須將雁交給對方，伏拜岳父母行揖禮而出，新娘隨行。新娘父母在送別時，雖不降送，但會囑咐她謹慎、戒慎，不可違逆公婆之命。婿至婦車後右，舉簾請新娘上車。新郎乘馬在前，新娘車在後，二燭為前導，後世的迎親多用花轎、喜車等。

六禮是禮制上的規定，主要是實行於上層社會，又因過於繁雜，所以上層社會也未必一一照辦。中國近代農村裡把納采、問名、納吉結合而為一，而且不舉行儀式。訂婚之前，皆由媒人往返，將當事男女的姓名、生辰八字、長相、品行和家庭狀況及提出的條件通告彼此。雙方同意後，即交財禮、訂婚書，然後就親迎拜堂。

新娘迎入後，還行一些儀式，如沃盥，就是入室前先淨手的洗禮，以洗去風塵，保持新娘的淨身。然後拜堂，又名拜天地，這是婚禮過程中最

重要的大禮，因為結婚是男女相交之始，方有人倫之義，祭拜天神地祇、列祖列宗之後，女方才成為男方家族中的一員。而男女新人即將合為一體，所以新夫婦一定要相互交拜，以示鄭重其事。並舉行酒筵，即現今的喝喜酒，使新人的婚姻得到家人朋友的公證與祝福。

酒宴中，新婚夫婦同吃一份祭祀犧牲品，並將一個瓢葫蘆一分為二，夫婦各拿一半，用來飲酒，稱作「同牢」或「合巹」，象徵夫婦自此以後尊卑相同，夫妻一體，密不可分。婚宴後則有鬧房，是在新婚之夜，新人接受親友祝賀、嬉鬧的禮儀。

新婦見公婆（舅姑），是在親迎的第二天。在新人有了夫婦關係後，才會有公婆媳婦的關係。拜見公婆時，公婆以甜酒招待兒媳，兒媳則以豬肉進食公婆，公婆再以酒食招待兒媳。由於古代婚姻「貴在成婦，不在娶妻」，所以婦見公婆之禮是非常重要，自此兒媳必須遵守婦道、盡孝養義務。

廟見之禮是新婦去祖廟祭拜祖先，告訴祖先家中又添丁加口，後繼有人。廟見後，新婦才正式成為家庭成員。如果未舉行廟見而死者，仍要還葬於女家墳地。廟見的時間，原定婚後三月，後來改為婚後三日。

反馬，就是送回新婦從娘家帶來的馬。從親迎到廟見，原是三個月，此時是對新婦的考驗，不合格者，則乘原馬返家，合格者才返還其馬，以示婦不復返。廟見改為三日後，反馬時間也改成婚後三日。出嫁女第一次和丈夫回娘家探親，稱為「回門」。回門的日期各地不一，大多在成親後的第三天，據說是由反馬演變而來。新婚夫婦趕清晨上路，岳家設宴款待後，夫婦雙雙於日落前返回夫家，而婚禮也到此告一段落。

古代婚姻的結束，也有幾項形式，基本上是以家族利益為條件。如「七出」，最早見於《大戴禮記》稱為「七去」，原本只是一套倫理規範，還不是國家法律。《唐律》列入律令正本，宋元明清各朝都繼承。法律中的七出和禮記中的七去排列略有不同，依令：「一無子，二淫佚，三不事舅姑，四口舌，五盜竊，六妒忌，七惡疾。」此外，還有「義絕」的強制離婚，包括夫對妻族，妻對夫族的毆殺罪、姦非罪（即妻與夫的五服以內親屬通姦，夫與妻母通姦），及妻對夫的謀殺罪。一旦有這些行為，表示

兩家恩斷義絕,無法再保持婚姻關係。義絕不僅有關風俗、道德,還涉及國家法律,所以是比七出更嚴重的離婚。「協離」則是夫妻雙方同意離婚,法律予以承認。而離婚的手續及儀式相當簡單,如果是義絕而產生官司,由法律判決,婚姻關係自然中止。如果不到官而由族內私斷,則由家族長召集族人公議,簽定「休書」,算是夫方給妻方的離婚證明,官府亦承認其合法效力。

二 喪葬:逝者如生

　　人死稱為喪,死者遺體的處理稱為葬。喪葬是人生的最後一次儀式,由親屬、鄰里、好友進行哀悼、紀念與評價、殯殮與祭奠的儀式。在喪葬禮儀中,人們可以緬懷死者生前的功績,表達對死者的感情,祈求庇護活人,因此古人對喪葬的儀節十分重視。儒家經典《周禮》、《儀禮》、《禮記》都有專門的記載。這些禮儀複雜,名目繁多,概括而言,可分為殯殮死者、舉辦喪事、居喪守孝。

　　人類的喪葬活動可以上溯到原始社會,考察出土的古代墓葬,顯示兩萬年以前已有喪葬儀式,如山頂洞人已有意識地將死人埋入土中。新石器時代,人們挖掘土坑,集體掩埋屍骨,嬰兒的屍體還特別用瓮和盆鉢裝殮。一夫一妻制逐漸形成後,盛行單人葬和一男一女的合葬,有些墓還可見木制的棺和槨。商朝的宗教觀中,「尚鬼」是重要內涵,商王是唯一可藉由祭祀與先王溝通的人,一般平民的禍福大多由自己的祖先決定,祖先仍被逝世的商王所管轄,所以先王可透過平民的祖先降災給他們,於是喪葬禮儀對商人而言,相當重要。

　　以土坑豎穴的墓葬,是中原地區最常見的埋葬方法。迄西周初年,還沒有明顯的墳丘。長江以南,由於地勢較低,向下挖掘容易出水,所以採取平地掩屍,上面堆築墳丘,在今之江蘇和安徽發現這類西周的墓葬。商周時期,在墓葬的頂上或邊側造「寢」,成為墓的一個重要部分,寢本是貴族居室中飲食起居的處所,因為當時的人相信死者靈魂會藏在冢墓裡,於是在墓邊為死者建寢,讓死者靈魂方便於飲食起居。

　　春秋晚期，中原地出現墳丘式墓葬。大約有四種不同的式樣，有的四方而高，如堂基一般；有的狹長而陡，如堤防一般；有的四方廣闊而兩向上尖削；有的狹長而從兩旁向上尖削，如斧的刀刃一般。此時，墳與墓的字義有所區別，埋人的塋地稱作墓，墓上的封土稱作墳。自此，人們也開始在「寢」上定期舉行墓祭活動，後世稱為「上冢」或「上墓」，而且為了因應這類活動，逐漸擴大形制，成為專墓祭的享堂與祠堂。

　　秦漢以後，墓葬形制的演變，就兩方面而言，一是墳丘，無論是王公貴族或是一般平民，都是圓錐形，不同身分的占地大小和高低各有不相同。二是墓穴和葬具。西漢時期，南方的大墓及一般平民還保持豎穴土坑，但有些墓穴轉變成象徵宅院的磚室，地下建築物往往有好幾個墓室，大多呈現拱形券頂。王莽時代，有些祭奠死者的活動在墓中舉行，所以豎井式的墓道變成斜坡式或階梯式。南北朝時期，在墓葬中出現石刻墓誌銘置於墓道中，記載死者的姓名、官爵身分，生卒年月、家族和家庭等生平的事蹟。隋唐以後，規定各級官吏使用的磚室與墓儀形制。明代則訂定品官棺木用油杉與朱漆，槨用土杉；庶人棺用油杉、柏或土杉松，只能黑漆與金漆。墓上的附屬建築，除了供墓用的設施外，西漢墓前已立華表，東漢則增加墓碑、石人與石獸的神道碑，歷代對於不同等級官吏的神道碑，都有嚴格規範。

　　土葬是符合漢族的生活習慣、信仰與慎終追遠的倫理情感。至於火葬，則被視作異端。漢代以前，甚至將焚屍當作最大恥辱和嚴刑。如戰國時期，燕軍攻打齊國即墨，盡掘冢墓，燒死人，即墨居民望見，皆涕泣，想要出戰，怒自十倍。王莽作焚屍之刑。宋人洪邁指出「古人以焚屍為大僇」也。不過漢代以後，佛教東移，印度僧侶盛行的火葬也傳入中國。唐宋民間已有火葬習俗，宋太祖一度下詔嚴禁，但是南宋江南地少人多，火葬之風氣更盛。明清兩朝，官府嚴禁火葬，並視作喪倫滅理的行為。後世火葬盛行的原因，不僅是佛教流傳的問題而已，與漢族的生活條件、生產方式和宗教信仰及倫理價值都有密切關係。

　　喪禮的進行方面，周朝的喪葬儀式也深受商代禮俗的影響，並漸訂完整繁複的程序。歷來都認為喪禮是最重大的禮節，古人在大病不起時，家

屬就要著手為他準備後事，臨終之前，要將新的絲絮放在口鼻上，以試探是否斷氣，此儀式稱為「屬纊」，後來成為臨終的代稱。

初死之際，不能立即辦理喪事，親屬要拿著死者的上衣登上屋頂，面向北方喊著死者的姓名，連喊三次，再把死者的上衣捲起來投到屋下，或覆蓋到死者的屍體上，稱作「行復禮」。因為古人認為人死是靈魂離開軀體，只要使死者的靈魂回復到身體上，他就能復活。這儀式是生者不忍心親屬死去，希望祈求鬼神幫助死者的靈魂重回到身體。

經過招魂後，死者若無法起死回生，家屬就會放聲大哭，表現哀痛之情。「哭」雖是為了表達對死者去世的悲傷，但古人對哭的禮儀也有不同規定。「主人啼」是指喪家的主事者，應當最哀痛，哀痛至極欲哭無聲，哭而無聲為「啼」，況且主人還得操持後事，所以不能放聲大哭而失去理智。「兄弟哭」，哭而有聲，表達的是兄弟間的情誼。「婦人哭踊」，婦人要哭而不能啼，一邊哭一邊跺腳頓足，表示極大的悲痛。

家人痛哭後，要安排憑弔活動，首先使人赴告死者的上司、親戚、朋友等。眾親友接到訃告後，分別親自或派人前來弔唁。弔喪者要以親疏等級畫分，站立的位置與哭弔的方式有一套繁瑣的規矩。

再者，要為死者沐浴，沐是洗頭，浴是洗身，洗完後還要修指甲和修鬍鬚，沐浴的人，如死者為男性用男侍者，女性用女侍者，死者的親屬則在沐浴時暫時退出，沐浴是要讓死者乾淨的離開人世。接著就是「飯含」，飯是在死者口中放入米、貝，含是在死者口中放入珠玉，是不希望讓死者死後空著口。這些都是喪禮的第一個程序，死後第一天必須舉行的重大儀節。

再來舉行「殮禮」，是給死者穿衣下棺，「殮」有大殮與小殮之分，小殮是在第二天早晨，以衣衾穿在死者身上，無論死者的尊卑，都是十九套，穿好之後，要在堂上以酒食奠祭，奠祭時主人主婦要哭踊。而小殮禮的前一晚，廳堂中的燈火必須徹夜不熄。大殮禮是在第三天舉行，就是要入棺。棺木和所有的物品陳列於堂上，眾親友一起進行，依舊要哭踊。待棺上加蓋，在靈座前行祭奠禮後，才完成殮禮。

屍體入殮後，必須有一段時間停柩待喪，稱作「殯」。通常是在堂的

西階掘一坎地停柩，因為西階是客位，親人逝世不願讓其早早離去，停在家中如同對待賓客。選定安葬之後，在下葬的前一日，進行祭祖儀式，將靈柩移送到祖廟中。此時，主人可以接受親友的送葬餽贈，餽贈物品有束帛和錢財等。

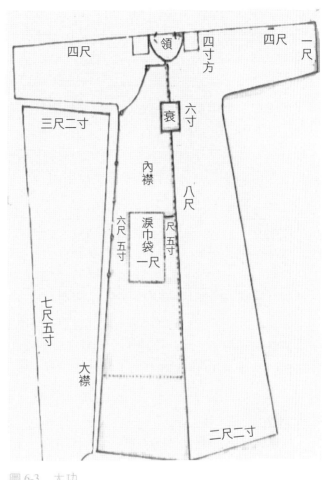

圖 6-3　大功

　　出殯，是喪禮的高潮，即所謂送葬。祭祖儀式後一天，主人與賓客送靈柩到墓地，舉行簡單儀式，旋即下葬。葬禮上，棺木下穴時不能哭，下棺之後，才能大哭大踴，表達悲痛的感情。入葬完畢，喪葬儀式告一段落。

　　出殯後，還有居喪的禮俗，居喪期要身穿喪服，喪服的區別是由生者與死者的親屬關係之遠近決定，於死者大殮的次日開始穿著，稱作成服。喪葬禮結束後，還必須為死者進行一系列祭悼活動，直到禮制允許解除的期限為止。喪服共分五等，有斬衰、齊衰、大功（圖 6-3）、小功與緦麻，俗稱「五服」。五服亦是中國社會的基礎關係，許多禮儀、法律都是依此而定。

　　斬衰，是五服中最重，諸侯為天子，臣為君，子為父，父為長子，都

服斬衰，妻妾為夫，未嫁的女兒為父也服斬衰。以粗麻布為衣，麻布不縫邊，斬斷處外露，表示不修飾。一般斬衰喪期為三年，而實際上是二十五個月。

齊衰，僅次於斬衰，居喪期分為四種：齊衰三年，是父卒為母或母為長子的喪服，其中父卒為母守喪，在《儀禮》是一年，到《唐開元禮》訂為三年；齊衰一年，亦用粗麻布為衣，但將邊縫齊。葬禮中分為「杖期」、「不杖期」兩種，杖期是父在為母及夫為妻的喪服，不杖期是男子為改嫁繼母、同居繼父、伯叔父母、兄弟，已嫁的女兒為父母，媳婦為公婆，孫為祖父母；齊衰五個月，是為曾祖父母的喪服，齊衰三個月，是為高祖父母的喪服。

大功，次於齊衰，大功的喪期都是九個月，用細麻布製成，經加工色白，稱作功服。這是男子為出嫁的姊妹和姑母，為堂兄弟和未嫁的堂姊妹的喪服，及女子為丈夫的祖父母和伯叔父母、還有為自己的兄弟都是大功。

小功，又次於大功，喪期一般為五個月，用更細的麻布製作。這是男子為伯叔祖父母、堂伯叔父母、堂姊妹、外祖父母的喪服，女子為丈夫的姑母姊妹及兄弟媳婦的喪服。

緦麻，是五服之中最輕，喪期都是三個月，用精細的熟布製作。凡屬較疏遠的親戚、親屬都服緦麻，為外孫、外甥、婿、岳父母等亦是服緦麻。

按照禮制，服喪期間必須遵守許多規矩，一是庶民要謝絕應酬外務，為官者要解除職務，在家守孝至居喪期滿，如因軍事需要或其他特殊原因，朝廷乃可強令其出仕，但進入公署時應穿素服，而且不能參加朝會與祭祀等禮儀。二是禁止婚娶、飲宴等喜慶之事，三是禁止赴考。

三 冠禮：出幼成人

冠禮，從原始社會的「成丁禮」演變而來，古代男子十九足歲後（弱冠）的一個月舉行，亦是具備結婚的首要條件。原始社會中，男女青年跨入成年階段，要歷經各種「成丁」儀式的考驗，檢驗他們是否能夠成為部落正式成員，通過後才可穿上成年人的服飾，並且有氏族成員的權利，也

要履行生產勞動和保衛本部落安全的義務。冠禮是一種強化的成年禮，戴冠之後，才成人臣、人子、人弟，是具有宗法上的繼統與歸宗之意。

　　當男子二十歲行禮冠前，由專門負責占卦的人選擇吉日佳期和邀請貴賓，用意在教導孩子，體會父母小心謹慎準備的儀式，從而了解冠禮的重要性，並對相關禮事的重視。此外，貴賓若是鄉里中年高德劭者，加冠者是受年輕人敬重的長者擔任，受冠者在加冠時，懷著既惶恐又榮耀的心情，可以留下深刻的感受。

　　祖廟是舉行冠禮的場所，反映了冠禮是極為隆重的禮節，表示受冠者即將是這一家的繼承人。主持儀式的人，以受冠者的父親為主。加冠之日，冠者父親先在祖廟阼階偏北處設好冠者的席位。儀式開始後，受冠者身著童子服，從東房出來，朝南站立，向參加冠禮的賓主互相施禮揖讓後，便跪坐在席上，將頭髮梳理為成年人的式樣，並用黑綢帶挽成髮髻，並由事先卜筮選定來賓為青年戴冠。

　　然後，受冠者回房，換戴與帽子相配的衣裳、鞋子。出來向所有參加典禮的人亮相，以示自己的外表和舉止行為是一個合格成年人。初加儀式後，還有二加、三加，儀式皆大同小異，初加是加緇布冠，用黑麻布做成的帽子，代表從此有士的身分，將來要領導群倫、管理眾人；其次是加皮弁，是用幾塊白鹿皮綴製的帽子，表示從此有參與軍事活動、捍衛國家的責任；最後加爵弁冠，赤黑色的平頂帽子，僅次於冕的一種帽子，象徵從此有參與宗廟祭祀的權利。換裝成年人的服飾，是希望受冠者在儀表、風度、言談舉止上更加自律，並意識人生將有新的發展。

　　加冠完畢後，觀禮者要舉酒向受冠青年祝賀，受冠者由西階而下，到內室拜見母親，母親得正式回拜，兄弟間也要相互拜見。此舉代表他已是成人，不同於孩童禮節，必須以成人禮節和家人拜見。然後由負責加冠的來賓授字，由親友根據名的字義另取別名，以便於別人對他的尊稱，也由於有了尊稱，使得青年隨時隨地都必須自尊自重。

　　最後，受冠者要穿戴整齊，帶著禮物去拜見鄉里中的地方官和退休的鄉紳。這些禮儀的用意，除了宣稱他已具有成人身分，得以拜見鄉里中的長輩，實際上，也是使他見識場面，增進閱歷，從拜見長輩與大人物的過

程中，培養恢弘的氣度，使心志更加成熟，遇有事故，不可畏縮。也顯示國家社會亦重視他的獨立人格，成人之後，要擔負家庭與國家的責任。

相對於男子成年行冠禮，古代女子成年要行「笄禮」，「笄」就是女子插在髮髻上的簪子，「及笄」是說女子已到了盤髮插笄的年紀，《禮記·內則》稱女子十五歲，是可以出嫁的年齡，要行笄禮。

笄禮由及笄者的女性家長主持，大多是祖母或母親，觀行笄禮者也以女性為主。行禮時，將冠和笄放在一只盤內，上蒙巾帕，大賓祝詞後，便為笄者梳理成年婦女的髮髻，再用黑布包裹，稱為「上頭」。不過後世簡化儀式，女子出嫁上轎前，才由母親為其「上頭」。女子舉行笄禮後也要取字，與冠禮的意義相同，象徵成人的一種儀式。笄禮與男子冠禮相較，少了三次加冠的程序，可見古代女子的社會活動與責任有別於男子，也體現了「男尊女卑」的觀念。

冠禮日漸衰落的原因，自周以降，普遍盛行早婚，一般人多在冠禮前已經結婚，沒有必要再舉行，於是漸不被社會重視。也有將成年禮融合於婚禮中，一旦結婚，就是成人了，不必單獨舉辦成年禮。另外，冠禮的功能消失，由於冠禮是注重個人心理轉換的儀式，儀式的實施是相當困難。歷經社會變遷後，儀式與原始意義的改變，使得冠禮不易流傳。

古代社會禮俗的實行與否，不僅關乎身分地位，也涉及當事人的財力條件。歷代的成年禮，大多是士大夫以上或富裕之家所舉行，此一禮俗是為士人而設，儀節繁複，品物眾多，事前與事後所花費的人力、物力、時間和金錢，並非一般庶民財力所能及，於是後世考量現實需求，愈見簡化，或是將冠婚一併舉辦。

四 喜事：慶祝合時

禮樂活動中，東周以前只有士以上的貴族才可以參加。春秋以後，由於社會發生重大變革，古禮漸廢，禮家著手整理、闡義與系統化，編次為吉、凶、賓、軍、嘉等類目名稱，總稱五禮。五禮之中，以吉禮居首，「莫重于祭」是四時在宗廟的祭活動，保留古人說：「國之大事，唯祀與

戎」的精神。五禮屬貴族活動，而中國古代的生活當中，除了上層社會的禮儀與人生三大禮俗之外，庶民中也有些合時宜喜慶，使平淡無味的生活，增添些許的樂趣。

(1)四時節慶：中國是農業社會，農民依照「春耕」、「夏耘」、「秋收」、「冬藏」的次序過日子。過完四時序，就是一年。「年」亦作秊，是穀物成熟，黃河流域年僅一熟，所以用「年」引申為紀錄時間。「過新年」是最大的傳統節慶，自歲末的「臘月」開始準備。十二月稱作臘月，源於古人感謝神明的保佑，將年終狩獵所得的獵物祭神，除夕家家祭祖祭神的習俗亦是由此而來。臘月要年終大掃除、送灶神，除夕吃年夜飯，講吉祥話，全家共同圍爐守歲。午夜時，晚輩向長輩辭歲，長輩會取出紅包分給晚輩，稱作「壓歲錢」。歲與祟同音，本意是壓住「邪祟」，所以收到紅包，照規矩應放在枕頭下。守歲是通宵不眠，等候迎接元旦。元旦之後，最重要的活動是拜年。新年期間，士農工商一律休假，商店會在初五「迎路頭」開張，而工匠則晚幾天上工。大約過完十五燈節，日常生活才會一切上軌道。

一年之中有許多節日，每個節日各有不同習俗和多彩多姿的慶祝行事。傳統節日的起源，最初多帶有災難不祥的意味，後來才逐漸蛻去禳災消殄的樣貌，演變成具有歡樂的佳節，如端午節和重陽節。古人認為五月是惡月，五月五日出生的嬰兒最不祥，必須丟掉，以免剋害父母。九月九日重陽節，始於費長房勸告桓景全家當天必須登高避災。不過，長久演變後，端午節除了飲雄黃插艾草，尚具有消災防疫的色彩，龍舟競渡成為應時的體育活動。重陽則由單純的登高避災，成為文人雅士登高飲酒賦詩的題糕雅集。

北宋時代傳統的新年、端午節和中秋節，是三大節日，一直沿襲至現代。八月仲秋是一年的良時好日，秋風清爽，桂花飄香，農家忙於收割之餘，慶祝一年的收成。所以在中秋滿月的夜晚，家人月下飲酒，婦女還要拜祭月神太陰娘娘，是自古「男不拜月，女不祭灶」的規矩。唐宋以來，中秋逐漸成為重要節日，晚明劉侗《帝京景物略》中記載北京城賣徑尺大的月餅，月亮相關的神話，如嫦娥奔月、玉兔搗藥以及唐明皇遊月宮，都

成了應景的戲碼。

(2)誕生之喜：由於傳宗接代的觀念，喜獲麟子是天大喜事，許多婦女一旦生下孩子後，就會舉辦誕生慶祝。先秦時期，貴族婦女在臨產的該月月初就要遷入側室居住，丈夫每天兩次派人問候，夫妻不能直接見面，必須透過褓母傳話。一般人家住房較小，由丈夫讓出正寢，出居群室。

如果生男孩，會在門左掛一張木弓，象徵男子的陽剛之氣，如果生女孩，則會在門右掛上一幅佩巾（手帕），象徵女子的陰柔之德。中國傳統認為，舉男生女是家族興旺的根本象徵，尤其是喜生男孩，更是香火有繼、嘉門生輝的大事。

新生兒誕生之後，父親要到祖宗神靈面前上香，象徵家庭添口，然後到外婆家報喜，俗稱「送喜果」，要準備荔枝、龍眼、紅蛋等物品，並告知第三日洗兒。洗兒日，是嬰兒出生後的第三天，父親彙集親友，替嬰兒洗身，這就是俗稱的「洗三」或「洗兒會」，洗兒意謂洗淨污穢，可增長孩子的膽量，增進小兒健康。隨後，主人便擺上類似麵條的「湯餅宴」請客，以示慶賀。

滿月，是孩子出生一個月整舉行的「慶典」，至親好友會送給孩子衣帽鞋襪，或是長命鎖、手環、項圈等等，象徵將孩子圈牢鎖住，以保其平安長壽，有些富貴人家還會擺出滿月酒宴請貴賓。

百日，嬰兒出生一百天或滿三月，擇一吉日，又舉行一次慶典，稱作百日或百歲、百祿等，都是祝嬰兒長命百歲之意。除了行剪髮禮外，還有命名儀式。不過臺灣習俗不慶祝百日，而是慶祝嬰兒滿四個月。有些人家會為孩子「收涎」，用十二個或二十四個有孔的鹹光餅，以紅線串掛在嬰兒的脖子上，父親抱著嬰兒到鄰居家，請幾位福壽齊全的長輩來收涎，他們各自拿一餅，在嬰兒嘴上塗抹，並說一些吉祥話。

周歲，是誕生之喜中最隆重。有的賓客還會給嬰兒「長命鎖」、「百家鎖」等飾物，「鎖」住生命，保障兒童健康。

「試兒」是周歲最有趣的項目，就是「抓周禮」，用來預測將來前途和職業的禮俗。將孩子洗淨後，在他面前放許多具有代表性的物品，如弓箭、紙筆、算盤、飲食、珍寶、玩具等，女孩子面前還有針線，任孩子隨

意抓取。周歲是生命的第一個高潮，也是誕生之喜告一段落。

(3)壽慶之喜：祝壽的禮俗起源很早，《詩經》有「萬壽無疆」，反映春秋時期壽筵活動及熱鬧場景。北宋宰相王旦生日，宋真宗特賜羊、酒及麵線，並且許宴其親友，此後，每逢高官生日，皇帝也會賜壽禮。清代皇帝及皇太后的生日稱作萬壽節，與元旦、冬至並稱三大節日，不僅百官來賀，各邦國也派使臣祝賀。

壽慶是針對長者而言，本來是上層社會的活動，尊老養老是傳統文化支柱之一，有長壽之義，就是「做生日」，古代稱五福之首。就下層社會而信，長者「做生日」，是指五十、六十、七十等整歲壽日的「正壽」，要大張旗鼓隆重擺酒席請客，來客也要送各種各樣的賀禮。

一般生日，則是自家人準備若干酒肴，煮上「壽麵」飽餐一頓，這叫作「過」生日而非「做」生日，庶民之家做生日，雖比不上富貴人家，但子女兒孫等晚輩對「壽星」亦如富貴人家一樣行跪拜祝頌。

(4)喬遷之喜：慶祝遷入新居，稱作賀「喬遷之喜」。漢代以來，就有這種習俗，南宋的臨安城，凡搬新家者，鄰里之人會爭相幫忙安置新家，並獻上湯、茶，會告訴附近店舖所在處，有的還會安排酒食，為新搬來的人家慶賀，這種習俗也稱為「暖房」。

元代時，只要有入宅或遷居者，鄰居會互相湊錢為新搬來的住戶打造鐵鍋器皿，以示歡迎，並獻上飲食茶水作為暖房，或稱暖屋。此習俗一直延續至清代，清代稱作「溫居」，有與新鄰居和睦相處、互相關照的用意。

第五節　禮尚往來

人際交往是社會生活中的重要內容，中國歷來重視人際關係的禮儀，如相見時之禮、稱呼對方的方式、書信格式、男女之別、送禮文化等都有一些規定。這些複雜的禮制，構成中國傳統社會人和人之間的相處模式，形成了禮俗社會，影響深遠。

一舉止禮：以禮相待

　　禮貌，表現日常相見時，從歡迎和尊敬而有行禮的動作。行禮時要遵循若干原則，譬如地位較低的人先行較隆重的禮節，地位較高的人答禮於後，年長者的還禮比較輕，甚至不必回應。不同場所與不同對象，行禮各有輕重，動作也不盡相同。古代行禮的方式，大致可分為跪拜禮與站立禮兩類，跪拜禮由來久遠，也是最常使用的禮儀。甲骨卜辭中出現「拜」字，象徵一個人兩手著於竹席的形狀，表示一個人的雙手向下至地。跪拜禮的基本動作是膝部跪下，雙手著地而拜。古人認為不跪不拜，跪則必拜，所以合稱跪拜禮。

　　最常使用跪拜禮的原因，和遠古的起居環境有關。商周時期，室內地板上鋪有席子。席分成「筵」與「席」兩種，筵是以竹編成，範圍較大，是為了隔開土地，鋪在席的下面。一般的席則用蒲草編製，比筵更柔軟、狹小，是當時人們的坐具、臥具兼跪具。室內鋪滿著整潔乾淨的筵，所以必須先脫掉鞋襪才能入室上席，以免帶入污泥塵土。春秋齊湣王生病，名醫文摯以激怒的方法治病，不脫鞋入室內，齊王大怒，將文摯活活烹死。可知入室脫掉鞋襪，對主人表示應有的禮貌，是古代相當重要的禮儀。《禮記》中的禮規，入席時不能從席子的前邊踏席越過，應當提起衣裳走向下角進入自己的席位。

　　坐席也有許多的禮節規矩。如《論語》中要求「席不正不坐」，席子要擺正，四邊要與室內牆壁四邊平行而不斜，否則就不應該入坐，席正表示坐者莊重端正。古代規定三種情形不能同席，父子不能同坐一席，以區別尊卑；男女七歲後就不能同席；姊妹出嫁返家時不能與兄弟同席。家有喪事者要讓他單獨坐一席，稱「專席」。古代一席僅能坐四人，如果五個人以上，應讓長者另外坐一席。與尊長坐在同一席時，中間不能留太大的空隙，要靠近尊長，以便於服侍、請教。而席中是尊貴者獨坐時的位置，即使卑者獨坐也不能居中，應坐在邊上，即為「坐不中席」。

　　人們在進室內入席後，坐姿也十分講究。席地而坐時，古人的坐姿為

雙膝著地，兩腳腳背朝下，臀部坐在腳後跟上。若臀部不碰腳跟，身體挺直，則稱「跽」，又叫長跪，含有起身告別之意，也表示尊敬。坐姿如果為臀部著地，兩腳向前伸，上身與腿成直角，形似簸箕，稱為「箕踞」，是一種輕視對方、傲慢無禮的動作。《禮記‧曲禮》：「坐毋箕。」

在一般場合，人們就會注意坐的姿勢是否與周圍環境協調一致，必須要「坐有坐相」，尤其在官府和朝堂上，君臣共同議政或莊重嚴肅的情形下，要「正襟危坐」。如果處於比較輕鬆的場合，可以把身體稍微往後坐。宴飲時，則要把身體往前挪，以便飲食。古人於普通聚會、交談等場合中，不論是卑幼對尊長或地位低者對地位高者，都可以使用長跪禮來表示敬意。長跪禮如果再加上彎腰及手和頭的動作，則是比長跪禮更加重，成為跪拜禮。

《周禮‧春官‧大祝》中記載，周代已有九種拜禮，「一曰稽首，二曰頓首，三曰空首，四曰振動，五曰吉拜，六曰凶拜，七曰奇拜，八曰褒拜，九曰肅拜。」前四種是日常生活交往中的拜禮，後五種是特殊情況的拜禮。

稽首，是九拜禮中最隆重的禮節，主要使用官場中，臣下拜見君主、子拜父、學生拜老師以及拜天、拜神、拜祖先之時。行禮時，屈膝跪地，左手按在右手上拱手於地，頭緩緩伏至手前邊之地，並停留一段較長時間。因為頭觸地稽留許久，所以稱為稽首。頓首，是平輩之間互用的跪拜禮。行禮的方法與稽首相同，只是俯身引頭觸地後，立即抬起。因為頭觸地的時間短暫，所以叫作頓首。空首，是君主對臣下或尊者對卑者的答拜禮。行此禮時，屈膝跪地，然後拱手至地，接著引頭至手，又稱拜手或拜。所謂「空」，就是頭沒有真正觸到地面。古人行稽首、頓首禮之前，常常要先行空首禮，如《禮記‧檀弓下》記載：「公再拜稽首請於尹。」振動的行禮方法，是因惶恐戰慄，兩手相擊而拜。

吉拜和凶拜皆為喪禮之拜。吉拜是先行空首禮，緩行稽顙，比凶拜禮輕。凶拜則先行稽顙，再行空首禮。稽顙也是一種跪拜禮，屈膝下拜，額頭觸地，居喪答拜賓客時行此禮，表示極度的悲痛與感謝。奇拜的行禮方式有三種說法：一為先彎曲一膝，然後行拜；二是手拿節、戟，身體倚於

節、戢行拜禮；三為一次拜。肅拜是跪拜禮中最輕的一種，先跪於地，俯身拱手向下而頭微俯，是婦人與將士所行之禮。古代婦女行禮多用肅拜，唐代武則天稱帝時，制定禮儀，將女子的拜姿改為正身直立，兩手放於胸前，微屈膝，稍作鞠躬虛坐之勢，時稱女人拜。女子行此禮時常常口稱「萬福」，所以後來又把女人拜改叫萬福，一直沿用到清代。

行跪拜禮時，另有特別的情況。如「避席」，行禮時離開原本的坐席站立，然後再拜，是表示格外尊敬對方的禮節。拜的次數，於禮節中也有規定。再拜指拜兩次，多用於臣對君、子對母，表示極度的尊敬；三拜是指主人對眾賓客拜三次，以示對眾客人行禮；八拜之禮更重，通常用在民間結義的儀式上，俗話稱「八拜之交」。而官場上，明代朝儀規定大臣四拜或五拜，清代實行三跪九叩禮，為最尊敬之禮。唐宋以後，桌椅等日用家具已經十分普遍，人們不再席地跪坐，跪拜禮顯得相當不便，逐漸簡化。

日常生活中，古人也行站立禮，站立禮包括拱手、作揖、鞠躬等數種。拱手起源甚早，為雙手抱拳舉至胸前，身體直立不向前俯，是一般的生活禮節，無分高低貴賤，如同現今的握手、點頭，是最普遍、常用的禮節。使用親友相見、向人問訊等，也有謙讓之意。街頭賣藝人，向圍觀民眾打招呼時，亦多行拱手禮，習武之人比試之前，也會相互拱手行禮，表示先禮後兵。比較正式的場合，尊者還禮也常使用簡單的拱手禮。

作揖是推手為禮，兩手抱拳高拱向下按，向對方低頭彎腰。此禮比拱手禮重，用於官場上或士大夫迎客往來時，百姓向人致謝、祝賀、道歉等也多用此禮。揖禮根據對象的不同，推手的位置有別。沒有親屬關係者，推手時稍稍往下，稱「土揖」；有姻親關係的異姓，推手的位置適中、平推，稱「時揖」；同族本家人，推手時稍微舉高，為「天揖」；若是地位略尊於己者，必須站立俯身，兩手合抱胸前，並從上移至最下方，為「長揖」。

唐宋的禮節中還有一種與揖相似的叉手禮，無論男女老幼都能施行，見面或交談時，常加上這種禮節動作。行鞠躬禮兩腳並攏，兩手下垂兩側，彎曲上身表示敬意。平輩贈送東西時，雙方彼此都要行鞠躬禮。明代舉行慶賀大典，百官向皇帝祝賀時，先行跪拜禮，起立後插笏版於腰間，

行三鞠躬。現今致敬、致哀時仍然多用此禮。

二 稱謂禮：名正言順

　　人際交往時必須先要稱呼對方，即是稱謂。稱謂代表著一個人的身分、地位，並表現出人與人之間的親疏遠近、尊卑高低和長幼秩序。中國的稱謂禮非常細膩，隨著角色的不同更改，交際場合、對象的不同，所使用的稱謂也會有所變化，甚至影響交際成敗。孔子說：「名不正，則言不順；言不順，則事不成。」這「名」中就有包括稱謂。初次見面時，如果不能得體地稱呼對方，對方留下不好的印象時，被視為不太懂禮節，甚至得罪對方，不利進一步的交往，所以若要有良好的人際互動，應該要懂得如何稱呼對方。

　　姓名是最基本的稱謂，象徵個人的標誌符號與他人的區別。古人除了正名以外，還可能有若干別名，各個別名都其特殊意義和用途，有乳名、名、字、號等。父母為小孩取的乳名，也稱小名，一般只有家人才使用。民間也有為了使小孩成長順利，常以動物命名，如小犬子、黑牛等，具有樸野的特點。依《周禮》記載，出生三個月後就應有正式名，實際上，多數平民子弟到讀書時，才由家長或老師另取雅致的學名，許多人以學名為正名。根據《禮儀》，男女舉行成年禮時要據名取字。名和字都是終身的稱呼，但字卻比名更表尊重，有字者表示成年人，應以成年禮相待。

　　古人何時稱字，何時稱名，有一定的規則。大致上，尊者對卑者、上對下、長對幼稱呼其名，如孔子對弟子就直乎其名。《禮記・曲禮》說：「父前子名，君前臣名。」自我謙稱時也稱名。而卑者對尊者或平輩之間則稱字，表示親近和尊重，如三國時常稱諸葛亮為諸葛孔明、劉備為劉玄德。稱字的限制比較少，因此稱字就成為人與人間普遍的稱呼方式。名、字之外，古人往往還以字取別號，如唐朝李白自號青蓮居士；宋代蘇軾自號東坡居士。對人稱號也是尊敬的表示，稱號的普遍性幾乎與字相同。

　　有時連字、號也不稱，而以地望、官職稱呼對方，表示尊重。地望就是此人的出生地、居住地、郡望或任職所在地，如唐代柳宗元為河東人

（今山西），曾任官柳州刺史，被稱作柳河東或柳柳州。以官職稱人更為常見，如唐朝杜甫曾先後任過右衛率府冑曹參軍、左拾遺、檢校工部、員外郎等職，一般多稱杜拾遺、杜工部；大書法家王羲之曾任右軍將軍，世稱王右軍。明清時期，有一股復古風潮，以古代類似或高一級的官名代替現行官名相呼的習俗，如稱翰林為太史、稱兵部尚書為大司馬、稱刑部尚書為大司寇等等。

在朝廷中，宋代以前的皇帝對大臣大多稱字而不稱名，如漢高祖就常稱張良為子房。就禮節而言，稱名是一種不尊重對方的失禮行為。南朝梁時，梁武帝在宴會中直呼「蔡撙」其名，連喊幾聲，蔡撙都置之不理，對皇帝直呼其名感到不滿，梁武帝才知道自己禮數不周，面有慚色。宋代以後，皇帝稱臣之字號的現象反而不多見，大都稱其名，只有恩寵甚厚的大臣享有例外。如元朝趙孟頫與元世祖的關係十分密切，《元史》中記載元世祖待之深厚，以字稱而不稱其名。清朝皇帝稱大臣字號的情形更少見，都是稱名，若是皇帝稱呼臣子的字號，可說相當千古曠典，只有極少數重臣享有皇帝的特別恩賜。所謂「君前臣名」是指臣子在皇帝面前必須自稱其名，亦直呼其他大臣之名，顯示對皇帝無上的尊重。

避諱，是稱謂禮中的特別禮儀，必須避免直接說出應該受尊敬者的名字，而使用婉轉的方式表達，如改字、空字、缺筆等。古人「為尊者諱，為親者諱」，若是尊者為國諱，全國人都要避諱，主要有皇帝及皇帝的祖、父、皇太子等人的名字，相關的字與諧音都要避開。如漢文帝名恆，規定凡「恆」都需說成「常」，恆山郡也改為常山郡。至於為親者的家諱，即子孫不能稱父祖的名。有道是「入國而問俗，入門而問諱」，談話中不能觸及對方的家諱，否則會被視為非禮。東晉桓玄升任太子洗馬，友人前來祝賀，桓玄設宴招待賓客。有客人嫌酒涼，頻頻呼喚使者取「溫酒」來，不料此言一出，桓玄竟哭了起來，原來桓玄的父親名溫，為避父諱，家中不許提到「溫」字。

書信是一種不必相見的文字交談，在通訊不發達的古代，是人際交往、傳遞消息最實用的工具，也是經常使用的交際方式。不僅是私人交流感情，也應用於公事上。書信的禮儀規範中，包括書信的內容，必須和身

分、等級相呼應，運用恰當才不至失禮，文辭使用和書寫格式高低的規定，都十分講究。

　　書信中首先會出現的稱謂，以表明自己的身分與尊稱對方，由於對象的輩分高低不同而非常複雜。明代出現專門設計書信稱謂的具名活套，成為當時一般的定式。如《翰墨全書》卷十的活套門中，尊長使用的活套為劣（叔、父、祖、伯、兄）某（字啟、信寄、字白）；人子使用的活套為（不才、愚、不孝）男某（百拜書奉、頓首吉拜、百拜上覆）等等。古人遵守「自謙而敬人」的原則，使用敬稱於對方，自己則以謙稱。如稱對方的妻子為夫人，稱自己的妻子為內子、內人、拙荊。避諱之禮同樣也應用在書信當中，對方及其祖、父名字的字詞，都應該要避諱。

三　男女有別：男主外，女主內

　　早期社會已形成「男女有別」的現象，《詩經》中描述的男子多為農夫、獵人，而女子則與採集和紡織等工作有關。男女隨身佩帶的物品也因所從事的工作而有不同，男子佩帶著箭弓、大刀之類的工具，女子則佩帶針線等紡織所需的工具。送禮時，男生多持玉帛和牲畜，女生則持乾果與乾肉。由此可知，古代因為兩性特質不同，所以負責不同工作，漸漸地進入父系社會後，更發展出男女有別的文化。父系的男性掌握權力，女性成為依附者。而男女之別形成了一套哲學思想，如陰陽學說中，男子為天、為陽、為剛、為強，女性則為地、為陰、為柔、為弱。

　　嬰孩一出生時，男女的待遇亦大不相同。《詩經・斯干》：「乃生男子，載寢之床，載衣之裳，載弄之璋。」生了男孩，就讓他睡在床上，替他穿上華麗的衣服，佩帶珍貴的玉珪。「乃生女子，載寢之地，載衣之裼，載弄之瓦。」生了女孩，則睡在席上，給她一件小被，戴上瓦片，瓦是紡織用的紡磚。所以後世把生男孩稱作「弄璋之喜」，生女孩就稱「弄瓦」。

　　古人在自家門口張掛出誕生的標誌中，生男門左懸掛一張弓，生女門右懸掛佩巾。而且生男孩會舉行接生之禮，用一把桑木弓和六根蓬蒿製作

的箭射向天、地和四方,象徵男子志在四方,事業無所不在。生女孩所懸掛的帨,於女子出嫁時隨身佩帶,稱為「縭」,因為女子出嫁後要料理家務、照顧長輩,縭結在身邊可便於擦拭之用。可見弧與帨分別象徵男與女,亦意涵「男主外,女主內」之意。

嬰孩出生滿三個月後,將舉行命名儀式與剪髮禮。屆時,嬰孩的髮型亦分男女,男孩留左右兩個丫髻稱角,女孩留辮子稱羈。取名時,女孩的命名儀式常常被省略,女孩十五歲時才會取字。幼兒的教育,亦採取不同的方法,如教導答話應對,男孩回答應聲要用「唯」;女孩則用「俞」。七歲時,男女就不能同坐一席,共用一套餐具。十歲時,男生搬出內宅,女孩留在內宅不得任意外出。從此分處內外,若無大事不可相見。

女孩留在內宅接受女教師指導,學習講話、禮儀、紡織縫紉、烹調及侍奉父母等,女孩的教育內容著重如何為妻為母,為日後治家作準備。《禮記內則》、《女誡》、《女論語》及後世的《女兒經》中詳細說明女子應學習的技術與禮儀。清代廣為流傳的《女兒經》開宗明義指出,女性教育的軸心是「四德」,即習女德、修女容、謹女言、勤女工。女子教育主要在道德及家事,教養成為賢妻良母、相夫教子,具有順從的美德。男子的教育是治於外的訓練,居住在外學習書記、禮樂、射御等治人技巧,兼具道德與才識。明末,俗謂「女子無才便是德」,益顯男女教育的差別。明代《溫氏母訓》認為,婦女只許粗識柴米魚肉數百字,多識字沒有幫助只有損害。

男子二十歲是「弱冠之年」,要舉行冠禮。女子十五歲,已是結婚的年齡,行笄禮。舉行冠禮和笄禮後,男女均是成年人,就可以論嫁娶了。

成年後,男女之別的規範更嚴謹。在家庭中,也要遵守男女區別,孟子說:「男女授受不親。」除了夫妻之外,男女的身體不能有任何接觸。禮儀便以此為準則,訂定家內男女成員作一系列的規定。《禮記·曲禮》中,規定叔嫂間的相處,不能互相答話,即使是家內男女,亦不可同坐,衣服不可同掛,男女各自的巾帕、梳子不可混用,只可用竹筐之類的容器傳遞東西,不得手接手。女子訂婚後,戴上瓔珞,男子不可進入她的住處,女子許嫁他人後,不許與未婚夫見面。女子出嫁後回娘家,不能與家

中男子同席而坐、同桌吃飯，只有祭典、喪禮等特殊情況，家內男女才可以同處一屋及相互傳遞物品。

　　古代富裕家庭，分成內室和外庭兩部分，內與外是以內宅的門檻為界線，古稱梱或閾。男性住在外庭，女性住在內室，兩處分得很清楚。「男主外，女主內」，宅門以外的軍國大事、社會交際、接待賓客等等，都是男子治理；宅門以內的整理家事、照顧孩童、督管婢僕等，都歸女子管理。

　　春秋魯國公父伯的母親敬姜，是魯國宰相季康子的叔祖母。有一次，敬姜前往季康子家中，正逢季康子在廳堂與家臣議事，季康子連忙起立與叔祖母打招呼，敬姜卻不理睬，逕入內宅。季康子即中止議事，遣退家臣，進入內宅拜見敬姜，敬姜教訓姪孫，外庭是卿大夫商討宗族事務之地，內宅才是婦女操持家務之處，所以叔祖母不便於外廳回應。改天，季康子前去看望敬姜，敬姜與他對談，只在門內，而季康子在門外，兩人沒有越過門檻，這種的守禮行為深受孔子讚賞。

　　宋代以後，男女區別更趨嚴格。司馬光的《溫公家範》指出，凡為宮室要分辨內外，內外不能共井、浴室、廁所。男子不可無由入內宅，女子應盡量避免外出。男子夜間行走內宅要拿蠟燭，婦女若要外出必須遮蓋臉部。男僕除非維修或重大事情，不得進入內宅，進入內宅時，婦女要避開，不得已時，要用衣袖遮面，女僕亦不得無故外出。男不言內，女不言外，是男女的基本分寸。

　　十九世紀中葉以後，西方文化挑戰「男主外，女主內」的傳統。鴉片戰爭後，基督教會傳播男女平等的思想，設立女學校，女性有了外出上課的機會。隨著政府興辦女學、派遣女留學生等政策的實施，女性的生活空間也逐步擴大。

四　「報」的文化生活：投桃報李

　　「報」是傳統中國社會非常重要的行為，報的觀念可說是社會關係的基礎。「施者」給予「受者」人情，受者便欠了對方的人情，一旦有機會應設法回報，即是「滴水之恩，定當湧泉相報」。《詩經》：「投我以桃，

報之以李。」或是《禮記‧曲禮》：「禮尚往來，往而不來非禮也，來而不往亦非禮也。」都強調這種一來一往的「相報」之禮，亦是人與人之間的平衡良法。所以人們經常互相饋贈禮物、問候拜訪等方式，與親友保持聯繫及維持良好關係。

先秦時代，已有相互送禮。初次拜訪時，訪客要手執見面禮物送給主人，古稱為「贄」。贄見禮包括貴族各階層的相交之禮。相見禮是士與士的初次見面，分成兩階段，賓客來訪時，手持贄禮送與主人，主人前往賓客家，還送前次的贄禮。一來一往中，深有禮尚往來之意。相見禮中的「贄物」保有石器時代以來的習慣，如玉、貝、圭璋璧瑗、羔雁雉鶩都是易得的東西；婦女則持採集的棗、栗等。

古代各階層的人們常以饋贈聯絡感情。饋贈活動約分三類：一是節日饋贈；二是人生賀儀饋贈；三是社交性饋贈。節日饋贈方面，自帝王至庶民百姓，都重視農業生產相關的歲時節令，也會有相關的慶祝活動，其中包含了饋贈。而且在「每逢佳節倍思親」的激化下，人們趁著節日，送些禮品與親友聯絡感情，稱為「節敬」。重要的傳統節慶如春節、清明、端午、七夕、中元、中秋、重陽等，都會舉行饋贈活動。

春節是傳統最大的節慶，魏晉南北朝時，人們於年末便有互贈桃符以驅鬼的習俗。宋代，城中專售百貨的店舖會畫門神桃符饋贈主顧，以求來年吉順，民間有以應景食物如年餻糕、棗果，相弓饋贈。明清，南北各地幾乎都有「饋歲」的禮俗，互送禮品，禮品可以是「山川隨出產，貧窮稱大小」，貴賤不拘。年節時，人們彼此祝賀新年吉祥平安，宋代官宦文人間便有投贈名刺、賀年卡以賀節的習俗。

農曆三月清明節，家家祭掃祖先墳墓，並將祭食相饋鄉鄰，或設祠宴贈族人。農曆五月初五日為端午節，各地普遍有吃粽子的習俗，親友間也多以粽子為禮品互相饋送。端午節又稱浴蘭節，用蘭湯沐浴，門口掛上艾草、菖蒲，飲用雄黃酒，臂上繫五彩絲，以避除瘟氣，因此端午節又有贈藥、贈臂絲的習俗。閨閣中的婦女常以彩絲作符，剪艾虎，相互饋贈。農曆七月初七日是七夕，會舉行「乞巧」。《歲時雜記》記載京城民眾用糖、麵製作成各種型態的人物，蒸熟之後，贈與鄉里親戚，作為節日飲食。

農曆七月十五日為中元節，有祭奠祖先、祭秋的活動，親族間進行餽贈。農曆八月十五日是中秋節，除了祭月與賞月，也行贈禮。明清時期流行吃月餅，還送月餅以紀念反元活動中，夾字條於月餅的傳說。農曆九月九日為重陽節，漢代的庶民喜喝菊花酒祛除不祥。魏晉南北朝，人們當日會登高避難，唐代又有吃菊花糕的習慣，宋人則蒸製重陽糕相互餽贈，乃以「糕」諧「高」，求步步高升之意，明清互送糕點的習俗更盛行，有女兒出嫁之家會準備酒禮，宴請出嫁女回來食糕，稱為「迎寧」，因此重陽節又稱「女兒節」。

而人生賀儀餽贈方面，從出生到死亡所經歷的大事，如生、老、病、死、婚喪喜慶等，都有相對應的餽贈禮儀，包括育誕、婚嫁、壽儀、喪葬等。至於社交性餽贈方面，包含著地方、學業、事業方面的餽贈活動，以物傳情寓意，藉此維持彼此之間感情。古代農村中，春、秋兩季會舉行社祭。唐宋的社祭中，人們會屠豬烹羊，並以社糕、社餅，彼此餽贈。而文人互贈禮品時，往往還會以詩詞酬答，書信往來，或直接互送書畫、詩詞及喜好的寓情之物，如文房四寶、琴、花瓶、扇等。

餽贈禮物要合宜。數量上也有一定禮數，並非答禮越多越好，不宜太重或太輕，致使受贈者心理不平衡。習俗上也要留意，如人們認為「喜事成雙」，喜事送禮時，單數成為禁忌，所以喜事與喪事之禮有所區別。禮物具有意義，適宜受贈者，投其所好，諺語：「寶劍贈與烈士，紅粉贈與佳人。」送禮的真情心意更是重要，不在於禮物的價值，有道是「千里送鴻毛，禮輕情意重」、「寧要雪中送炭，不要錦上添花」。

禮尚往來應注意的禮節，如孟子之言：「卻之卻之為不恭。」一再地推卻拒絕收禮物，是一種不恭敬的失禮行為。《禮記‧曲禮上》：「賜人者不曰來取，與人者不問其所欲。」贈送他人禮物時，不應呼叫他人自己來拿取，也不要過問別人收禮後的處置。古人深怕自己會少還報於他人，所以使用本子記錄，人家送禮多少的各種情形，以提醒自己記得回報他人。禮尚往來乃是傳統中國風俗文化中，基本的待人接物之道，拉近距離彼此間的距離關係，是一種有恩必報的生活態度。

問題與討論

1. 從飲食、服飾、居住與交通等方面，觀察中國南北文化上，有哪些明顯的差異性？
2. 中國文化與世界各地交流後，產生什麼變化？
3. 中國婚姻具有什麼社會目的？婚禮如何進行？離婚的要件有哪些？
4. 「報」是人際交往的重要基礎，其意涵為何？試舉一項禮儀說明。

參考書目

1. 林乃燊，《中國飲食文化》，臺北：南天書局，1992。
2. 周汛、高春明，《中國古代服飾風俗》，臺北：文津出版社，1989。
3. 謝敏聰譯，《中國古代的城市與建築》，臺北：大立出版社，1985。
4. 白壽彝，《中國交通史》，臺北：商務印書館，1987。
5. 王煒民，《中國古代禮俗》，臺北：商務印書館，1994。
6. 王壽南等編，《中國文明的精神》，臺北：財團法人廣播電視事業發展基金，1990。
7. 張曉虹編著，《制皮文明與中國社會：萬民所依——建築與意象》，長春：長春第二新華印刷有限責任公司，2005。
8. 影視：N.H.K.，《兩岸故宮——中華瑰寶五千年》，臺北：公共電視。

國家圖書館出版品預行編目資料

中國文化史／張崑將等編著.
一初版.一臺北市：五南，2006 [民 95]
面；　公分.
I S B N: 978-957-11-4272-2（平裝）

1.文化史 - 中國

630　　　　　　　　　　　95002772

1WC3

中國文化史

主　　　編 — 高明士

編 著 者 — 張崑將　陳俊強　顏尚文　張嘉鳳　劉馨

發 行 人 — 楊榮川

總 編 輯 — 王翠華

企畫主編 — 陳姿穎

責任編輯 — 邱紫綾

插　　畫 — 朱美靜

出 版 者 — 五南圖書出版股份有限公司

地　　　址：106 台北市大安區和平東路二段 339 號 4 樓

電　　　話：(02)2705-5066　傳　　真：(02)2706-6100

網　　　址：http://www.wunan.com.tw

電子郵件：wunan@wunan.com.tw

劃撥帳號：01068953

戶　　名：五南圖書出版股份有限公司

台中市駐區辦公室 ／ 台中市中區中山路 6 號

電　　話：(04)2223-0891　傳　　真：(04)2223-3549

高雄市駐區辦公室 ／ 高雄市新興區中山一路 290 號

電　　話：(07)2358-702　傳　　真：(07)2350-236

法律顧問　林勝安律師事務所　林勝安律師

出版日期　2007 年 2 月初版一刷
　　　　　2014 年 3 月初版二刷

定　　價　新臺幣 380 元